21 世纪工商管理特色教材

创业与企业成长
（第2版）

ENTREPRENEURSHIP
AND BUSINESS GROWTH

王国红　邢　蕊　唐丽艳　左　莉 ⊙ 主编

清华大学出版社
北　京

内 容 简 介

本书在内容上涵盖了创业管理的主要知识体系，包括：创业与创新、创业逻辑与创业思维、创业者与创业团队、创业机会与风险、商业模式设计与创业计划书撰写、创业资源整合与创业融资、新企业创建与创业企业成长管理等。

本书的特色之处在于将创业理论与实践有机地结合起来，深入浅出，在注重系统性和前瞻性的同时，运用大量鲜活的创业案例及创业故事，对创业理论加以诠释，使教师在使用本书时更加得心应手，使读者在阅读本书时更加易于理解。

本书适合作为普通高校工商管理类研究生、本科生以及 MBA 学员的创业管理课程教材，也可供相关研究人员、创业者以及企业管理人员等参考使用。

本书封面贴有清华大学出版社防伪标签，无标签者不得销售。
版权所有，侵权必究。举报：010-62782989，beiqinquan@tup.tsinghua.edu.cn。

图书在版编目（CIP）数据

创业与企业成长 / 王国红等主编. —2 版. —北京：清华大学出版社，2019（2025.1 重印）
（21 世纪工商管理特色教材）
ISBN 978-7-302-50875-5

Ⅰ. ①创… Ⅱ. ①王… Ⅲ. ①企业管理－创业－教材 ②企业成长－教材 Ⅳ. ①F272.2 ②F271

中国版本图书馆 CIP 数据核字（2018）第 178597 号

责任编辑：刘志彬
封面设计：汉风唐韵
责任校对：宋玉莲
责任印制：丛怀宇

出版发行：清华大学出版社
网　　址：https://www.tup.com.cn，https://www.wqxuetang.com
地　　址：北京清华大学学研大厦 A 座　　邮　编：100084
社 总 机：010-83470000　　邮　购：010-62786544
投稿与读者服务：010-62776969，c-service@tup.tsinghua.edu.cn
质量反馈：010-62772015，zhiliang@tup.tsinghua.edu.cn

印 装 者：三河市人民印务有限公司
经　　销：全国新华书店
开　　本：185mm×260mm　　印　张：21.5　　字　数：496 千字
版　　次：2010 年 5 月第 1 版　　2019 年 1 月第 2 版　　印　次：2025 年 1 月第 5 次印刷
定　　价：49.00 元

产品编号：076810-01

21 世纪工商管理特色教材

编辑委员会

名誉主任　王众托

主　　任　苏敬勤

副 主 任　李新然

成　　员　（按姓氏笔画排列）

　　　　　　王延章　王雪华　王淑娟　朱方伟

　　　　　　仲秋雁　刘晓冰　李文立　李延喜

　　　　　　陈树文　党延忠　戴大双

协　　调　张秋艳

前言

创业是世界上最好的工作，给我什么我也不换。——比尔·盖茨

创业是一种生活态度，创业是追求幸福的一种方式。——笔者

机会总是青睐于那些有准备的人，本书就是帮助创业者成为"有准备的人"。

《创业与企业成长》（第1版）出版于2010年，时隔八年，创业环境和创业企业都发生了巨大变化，创业研究对象、创业学习内容以及创业教育的目标也都发生了不同程度的改变。从内容和章节安排上来看，本书与《创业与企业成长》（第1版）相比做了比较大的调整，更新内容占比超过了70%，主要体现在以下几个方面。

1. 增加了大量新鲜的、有趣的创业案例

为了帮助读者能够更好地理解创业理论知识，本书插入了约80篇创业案例，所有的案例在确保理论适用性的基础上，都力争新鲜、有趣、贴近生活。案例中不仅包括众多耳熟能详的知名大企业以及他们成功的创业经验，还包括许多正处于初创阶段的、有特点的中小企业的创业故事。当你在读这本书的时候，很有可能正在用着某个案例企业开发的产品或服务。这些创业案例像春风般让原本相对枯燥遥远的理论知识，变得更加真实而有力量。相信教师在使用本教材时也会感到格外的得心应手。

2. 突出对创业实践的借鉴作用

当今，"创业合伙人""商业模式"等已成为社会各界热议的话题，同时也越来越受到创业者和投资人的关注。在《创业与企业成长》（第1版）中，创业团队和商业模式的内容都包含于"创业的策划"一章之中。而在修订版中，却将"创业团队"和"商业模式设计"作为两个独立章节进行内容编排，补充了最新实践经验，包括"创业团队的组建""创业团队的冲突管理""互联网环境下的商业模式创新"等，目的是希望能够更加系统地阐明创业团队组建及管理，商业模式设计相关的理论、方法和技巧，进而为创业实践提供有效的指导。此外，本书在"创业计划书"一章还特别增加了一些实用性的内容，包括如何写出"让投资人一见倾心的创业计划书"等。

3. 注重创业理论的前沿性

近年来，随着创业活动对经济发展的促进作用日益凸显，创业理论也得到了快速发展，越来越多的学者热衷于创新创业领域的研究，产生了一些颇有见地的理论观点和创新性的研究成果。本书的内容是建立在对创业领域前沿理论和文献进行全面梳理的基础上完成的，理论内容涵盖了从创业精神到创业认知再到创业过程相关的各类前沿知识。因此，读者可以通过对本书的学习，进而对创业理论前沿有一个较为清晰的了解。

本书的修订工作主要由王国红、邢蕊、唐丽艳和左莉共同完成，其中邢蕊修订了第2、第3、第4、第5章的内容，唐丽艳修订了第6、第8章的内容，左莉修订了第10章的内容，王国红主要负责第1、第7、第9章内容的修订，并对全书进行最终校改。编写过程中，刘雪梅、万丹丹、汪媛媛、赵辰辰、党展鹏、赵晓雯、赵倩、冯盼和杨海晓参与了案例素材及文献收集工作。

激情、行动和持久决定着创业者创业的发展。

本书鼓励创业者具有积极的心态，独到的见解，创新的思维，精心的策划，并将这些转化为有效的行动。

王国红

2018 年 4 月

目录

第1章 绪论 ... 1

1.1 创业与发展 ... 4
- 1.1.1 创业与经济发展 ... 4
- 1.1.2 创业与个人发展 ... 7

1.2 创新与创业 ... 12
- 1.2.1 创新与创业的关系 ... 12
- 1.2.2 创新型创业 ... 14

1.3 创业逻辑与创业思维 ... 15
- 1.3.1 创业逻辑 ... 15
- 1.3.2 创业思维 ... 23
- 1.3.3 创业导向 ... 26

本章小结 ... 28

重要概念 ... 28

思考题 ... 32

参考文献 ... 32

第2章 创业者与创业 ... 36

2.1 创业者与创业素质 ... 38
- 2.1.1 创业者的概念及其沿革 ... 38
- 2.1.2 创业者的独特素质与能力 ... 41
- 2.1.3 创业者的分类 ... 46

2.2 创业动机 ... 47
- 2.2.1 创业动机的分类 ... 47
- 2.2.2 创业动机的影响因素 ... 48
- 2.2.3 创业动机的结构模型 ... 49
- 2.2.4 创业动机相关理论 ... 50

2.3 创业类型 ... 52
- 2.3.1 基于创业动机的分类 ... 53
- 2.3.2 基于新企业建立渠道的分类 ... 54
- 2.3.3 基于创业效果的分类 ... 56

2.4 创业精神与企业社会责任 ... 57
2.4.1 创业精神 ... 58
2.4.2 创业企业社会责任 ... 59
2.5 创业过程 ... 62
2.5.1 创业过程的阶段划分 ... 62
2.5.2 创业过程模型 ... 65
本章小结 ... 67
重要概念 ... 67
思考题 ... 72
参考文献 ... 72

第 3 章 创业机会的辨识与评估 ... 74
3.1 创业机会的内涵 ... 76
3.1.1 机会与创意 ... 76
3.1.2 创业机会的概念 ... 79
3.1.3 创业机会的来源 ... 80
3.2 创业机会的辨识 ... 84
3.2.1 创业机会辨识的内容 ... 86
3.2.2 创业机会辨识的影响因素 ... 89
3.2.3 创业机会识别的过程与路径 ... 92
3.3 创业机会与风险 ... 93
3.3.1 创业风险的来源 ... 95
3.3.2 创业风险的分类 ... 96
3.4 创业机会的评估 ... 98
3.4.1 基于系统分析的评估 ... 99
3.4.2 基于预期回报和风险视角的评估 ... 101
本章小结 ... 103
重要概念 ... 103
思考题 ... 106
参考文献 ... 106

第 4 章 创业团队 ... 108
4.1 创业团队的概念与类型 ... 109
4.1.1 创业团队的概念 ... 110
4.1.2 创业团队的特点 ... 111
4.1.3 创业团队的类型与构成 ... 112
4.2 创业团队的组建 ... 116
4.2.1 创业者的自我评估 ... 118

    4.2.2　创业团队成员的评估 118
    4.2.3　创业团队成员的选择 120
    4.2.4　组建创业团队的原则 121
  4.3　创业团队的冲突管理 124
    4.3.1　创业团队冲突的类型 126
    4.3.2　创业团队冲突的预防 127
    4.3.3　创业团队冲突的化解 128
  本章小结 131
  重要概念 131
  思考题 134
  参考文献 134

第5章　商业模式的设计与选择 136

  5.1　商业模式的内涵与构成 138
    5.1.1　商业模式的概念 138
    5.1.2　商业模式的构成要素 140
    5.1.3　商业模式创新 144
  5.2　商业模式的设计 144
    5.2.1　商业模式的设计流程 146
    5.2.2　商业模式的设计方法 147
    5.2.3　商业模式的检验与调整 150
  5.3　互联网环境下的商业模式创新 152
    5.3.1　基于"大数据"的商业模式创新 155
    5.3.2　基于互联网思维的商业模式创新 158
  本章小结 162
  重要概念 162
  思考题 165
  参考文献 165

第6章　创业计划书 167

  6.1　创业成功的起点：创业计划书 168
    6.1.1　为什么要写创业计划书 169
    6.1.2　什么是创业计划书 170
    6.1.3　创业计划书有哪些类型 171
  6.2　工欲善其事必先利其器：创业计划书的写作 172
    6.2.1　创业计划书的特点 172
    6.2.2　创业计划书的基本内容 173
    6.2.3　创业计划书的编写过程 184

6.2.4　创业计划书编写的基础工作 185
　6.3　让投资人一见倾心的创业计划书 186
　　　6.3.1　创业计划书必须关注的问题 186
　　　6.3.2　细心检查创业计划书 190
　　　6.3.3　全面评估创业计划书 191
　本章小结 193
　重要概念 193
　思考题 195
　参考文献 195

第7章　创业资源的整合 196

　7.1　创业资源的概念及类型 198
　　　7.1.1　创业资源的概念 198
　　　7.1.2　创业资源的类型 199
　7.2　创业资源整合的内容及原则 202
　　　7.2.1　创业资源整合的内容 202
　　　7.2.2　创业资源整合的原则 204
　7.3　创业资源整合的方式 206
　　　7.3.1　以行业为主线的资源整合 206
　　　7.3.2　以业务为主线的资源整合 207
　　　7.3.3　创业资源拼凑观 207
　7.4　创业资源整合的过程及控制 213
　　　7.4.1　创业资源整合的过程 215
　　　7.4.2　创业资源整合的过程控制 217
　本章小结 218
　重要概念 218
　思考题 220
　参考文献 220

第8章　新企业的创建 222

　8.1　新企业成立的条件与时机 224
　　　8.1.1　新企业成立需要何种条件与时机 225
　　　8.1.2　新企业成立的程序 228
　8.2　新企业创建的相关法律法规 230
　　　8.2.1　成立新企业的法律因素和法规 230
　　　8.2.2　选择新企业的法律组织形式 232
　8.3　创建企业的三种方式 240
　　　8.3.1　创建一个新企业 240

8.3.2　收购现有企业 242
　　　8.3.3　特许经营 247
　8.4　新企业的选址与名称设计 250
　　　8.4.1　新企业的选址 250
　　　8.4.2　新企业的名称设计 252
　本章小结 254
　思考题 258
　参考文献 259

第9章　创业融资 260

　9.1　创业融资的概念与特征 261
　　　9.1.1　创业融资的概念 261
　　　9.1.2　创业融资的特征 262
　9.2　创业融资方式 263
　　　9.2.1　创业融资方式的选择 263
　　　9.2.2　创业融资风险控制 267
　9.3　创业融资渠道 269
　　　9.3.1　私人投资 269
　　　9.3.2　风险投资 270
　　　9.3.3　投资银行和非银行金融机构 273
　　　9.3.4　私募基金 275
　　　9.3.5　大企业（集团）附属的分公司和创业投资公司 276
　　　9.3.6　政府资金 277
　　　9.3.7　互联网下新的融资渠道 278
　9.4　创业融资渠道选择与融资策略 282
　　　9.4.1　创业企业融资渠道的选择 282
　　　9.4.2　不同成长阶段的融资策略 285
　本章小结 290
　重要概念 290
　思考题 295
　参考文献 295

第10章　创业企业的成长管理 297

　10.1　企业成长的一般规律 299
　　　10.1.1　企业成长的内涵与特征 299
　　　10.1.2　企业成长的阶段划分 300
　10.2　企业成长的主要模式 301
　　　10.2.1　企业扩张的几种方式 301

    10.2.2 公司创业 310
  10.3 成长的控制 311
    10.3.1 企业成长失控的表现 311
    10.3.2 控制快速增长失控 312
    10.3.3 成长中的组织调整 314
  10.4 成长中的危机管理 316
    10.4.1 企业危机管理的要素及特征 316
    10.4.2 企业危机管理的基本原则 318
    10.4.3 不同成长阶段企业的危机管理 322
  本章小结 328
  重要概念 328
  思考题 330
  参考文献 330

第1章 绪论

你的时间有限,所以没必要把它浪费在复制别人的生活上。别被教条所羁绊,否则就是活在别人的想法下。不要让他人观点的噪声湮没了你自己内心的声音。最最重要的一点是,要有勇气追寻你的内心和直觉。

——史蒂夫·乔布斯

学习目标

- ✓ 理解创业活动的本质特征
- ✓ 了解创业与经济发展之间的关系
- ✓ 了解创业与个人发展的关系
- ✓ 理解创业与创新的关系
- ✓ 了解创业逻辑与创业思维的特点

引导案例

天才王小川的创业之路

互联网圈子里常常有一句玩笑话,目前,能够生产出核武器的国家有5个,但能够开发搜索引擎的国家只有4个。技术天才们用这句话来比喻互联网搜索技术的难度。而在2003年,一个25岁的小伙子带领着12个大学生兼职员工,只用了11个月的时间便研发出了搜索引擎。这个人就是现在大名鼎鼎的搜狗CEO王小川,他获得了成功,但是在通往成功的路上他也经历过很多挫折。

王小川的家离办公室只有10分钟的步行路程。这些年来,公司搬到哪里他就搬到哪里,公司远了的话他会有一种心理阴影,总觉得有什么东西没和自己接上,不踏实。住在公司附近,24小时在公司加班,专注于产品研发……这符合大家对技术天才的所有想象。事实上,这也是从小到大身边人对他的一贯定位。20世纪80年代,邓小平说过一句著名的话:学电脑要从娃娃抓起。而王小川无疑是那波全国性计算机学习热潮里的佼佼者。初三时他就用吴文俊方法做机器证明,首次在微机上实现了求解初等几何的全部题目,一位院士注意到了这位中学生,并且给出了很高的评价,他甚至还获得了杨振宁设立的"伊利达青少年发明奖"。除此之外,他还是当年风靡全国的奥赛宠儿。一方面,因为从小学二年级就显现出的数学和计算机天赋，所以王小川很快成为各级计算机比赛的种子选手，在著名的重点中学成都七中里，他甚至拥有一个自己的独立机房。王小川在中学里的全部回忆都与那间机房有关，一直到现在，他还记得当时在机房里那种安静而秘密的快乐。"这其中的一部分记忆，一直延续到现在。搜狗的一部分基因也跟那段记忆有关。大家心无旁骛，研究新的算法，在规则之外有创意地去解决问题。"王小川如是说。

另一方面，奥赛的经历也影响着王小川的处世态度。"我总是想要做到最好。"王小川说道。王小川的母亲是一名物理老师，属于追求优秀到极致的一种人，在推着他追求卓越和极致的同时，也给他带来了极大的压力。1996年，获得国际奥林匹克数学金牌的王小川被点招进入清华大学的计算机系。"在清华这样一个上进的学校，如果你在奥赛集训班，那么就意味着你是无所不知的，所有人遇到问题都会来问你，他们不允许你在任何人面前显示出无知。"当时在清华，学校还有把所有人的分数公开张贴在校园里的传统，有一次王小川的成绩非常靠后，他用"精神崩溃"形容了那次的痛苦。那一年，他必须通过学车获得驾照来重建内心世界。

很长一段时间，王小川都与这种完全没有人味、非错即对的技术世界相处，这也造成了他之后的思维模式：完全没有任何灰色地带，缺乏对生命真实的感触。对于一名天才，这一点无可厚非。但是，如果你想在真实世界里做出建树，则会寸步难行。当王小川本科毕业进入研究生阶段（清华大学计算机系高性能所）时，他选择了一个生物信息学的跨学科研究领域，利用计算机技术去解决生物科学的问题，用数字与信息去模仿生物体的构造。当他体会到细胞这样一个有机体结构的复杂时，他惊讶地发现自己对生命的理解有了一次巨大的改变，他第一次体验到生命的复杂与活泼。同样，费孝通在社会学著作《乡土中国》中构筑出的那个不断变化、微妙宏大的乡村系统，也丰富了王小川的眼界，这是死板解题思路之外的另一个世界。

于是我们看到，在"魏则西事件"发酵后不久，在奇虎360公开表示"360搜索放弃一切消费者医疗推广业务"之后，搜狗CEO王小川却发文从另一个角度提出了自己的解决方案——搜狗明医。"唯有让真实、权威的医疗信息触手可得，才能够真正帮助用户，这是搜狗明医诞生的初衷。"而这源于王小川的那句话"让我们相信美好，执念前行"。

王小川在自己的脑子里搭建了一个完美的互联网网络，但同时他也为自己的这种想法付出了多倍的艰辛，并最终成为今天的互联网技术天才，所以我们有想法了就要做出行动，要一直努力，坚持不懈。

资料来源：U88加盟网. 天才王小川的创业路. http://www.u88.com/article/20160801-351280 9.html. 2016年8月5日.

中国互联网在高速发展，天才王小川也并非一帆风顺。他坐过冷板凳，甚至被暗中削权，但他仍然坚持隐忍和变通，以迂回曲折之心和合纵连横之力，搭建着他想象中的理想主义互联网王国。当年的技术天才，如今已经是搜狗公司的当家人。从技术天才到CEO，王小川一直低调但坚忍地转换着自己的思维方式和人生态度。这背后，有他的技术天分、他管理才能的增长，也展现了一个天才内心逐步丰满的动人经历。

追溯中国历史，创业一词最早出自《孟子·梁惠王下》："君子创业垂统，为可继也。"我国《辞海》中对创业的定义是："创业，创立基业"。从字面上理解，创业可以泛指一切开创性的社会活动，"创业"的一般性含义即指"开拓、开创业绩和成就"，"包括个人、集体、国家和社会的各项事业，与'守成'相对应"。从经济学意义上来看，创业（Entrepreneurship）已经成为理解未来社会经济变化的一个关键概念，已成为研究创业家（企业家）和企业活动必不可少的一个重要主题。自1987年《Journal of Management》正式开辟创业研究专题以来，许多学者对创业研究领域都给予关注，但对于"创业"一词却一直没有形成统一的共识，可以说有多少学者探讨过其含义，它就有多少种定义[1]，表1.1精选了部分创业的定义。

表1.1 创业的定义

学者（时间）	定义或解释
Knight（1921）	承受不确定性和风险而获取利润
Schumperter（1934）	实现企业组织的新组合——新产品、新服务、新原材料来源、新生产方法、新市场和新的组织形式
Cole（1959）	发起和创建以盈利为目的，企业的有目的的活动
Shame（1974）[2], Siropolis（1989）[3]	创业者依据自己的想法及努力工作来开创一个新事业，包括新公司的创立、组织新单位的成立，以及提供新产品和新服务，以实现创业者的理想
Casson（1982）	对稀缺资源的协调整合
Gartner（1985）	新组织的创建
Stevenson, Roberts & Grousbeck（1989）[4]	个人（不管是独立的还是在一个组织内部）追踪和捕捉机会的过程，这一过程与当时所控制的资源无关，强调创业的过程性、察觉机会与追逐机会的意愿以及获得成功的信心和可能性
Hart, Stevenson & Dial（1995）	不顾现有可控制的资源而寻求和利用机遇，但是受到创建者之前选择和行业相关经验的限制
Timmons（1999）[5]	一种思考、推理和行为方式，这种行为方式是机会驱动的，注重方法和与领导相平衡，创业导致价值的产生、增加、实现和更新，不只是为所有者，也为所有的参与者和利益相关者
李志能，郁义鸿（2000）[6]	一个发现和捕捉机会并由此创造出新颖的产品或服务和实现其潜在价值的过程
宋克勤（2002）[7]	创业者通过发现和识别商业机会，组织各种资源提供产品和服务，以创造价值的过程
许玫（2003）[8]	一种以创新为基础的以创造价值及提高生产力为目的的综合性社会活动
Harris & Peters（2004）[9]	通过奉献必要的时间和努力，承担相应的经济、心理和社会风险，并得到最终的货币报酬、个人满足和自主性的，创造出有价值的新东西的过程
Dollinger（2006）[10]	在风险和不确定性条件下，为了获取利益或成长而创建创新型经济组织（或者组织网络）的过程
雷家骕，王兆华（2008）[11]	发现、创造和利用适当的创业机会，组合生产要素，创立新的事业，以获得新的商业成功的过程或活动
Kaplan & Warren（2009）[12]	投入必要的时间与精力，承担相应的资本以及心理、社会风险，创造一些与众不同的东西并以获得金钱和满足感作为回报的过程

续表

学者（时间）	定义或解释
张玉利，薛红志（2017）[13]	创业是在（高度）不确定的环境中，不拘泥于当前资源条件的限制而对机会的追寻，组合不同的资源以利用和开发机会并创造价值的过程

从上面这些定义中不难看出，在众多学者们关于创业的定义中，常出现一些共性的关键词："创建、创造"，"新事业、新企业"，"创新、新组织、新市场"，"发现机会、创造机会、利用机会"，"冒险精神、承担风险"等。

其实，创业本身是一种无中生有的过程，是创业者个人价值的实现过程，是企业成长不可逾越的阶段，同时更是新兴产业产生、成长和发展的微观过程。本章将重点讨论创业与国家经济发展、创业与个人发展以及创业与创新的关系，并介绍创业逻辑与创业思维的主要内容。

1.1 创业与发展

近年来，全球性的创业热潮蓬勃兴起，每天大量的创业报道、投资新闻见诸报端，大大小小的公司如雨后春笋般冒出。大街小巷的咖啡馆里到处充斥着"商业模式""VC""天使投资"等各种论调，创业者各种跌宕起伏的创业经历也被广为传播，"创新创业"不再是少数企业家的标签，逐渐走进普罗大众的视野，受到越来越多人的关注。

"大众创业、万众创新"在今天之所以能够被提升到战略的高度，跟我们面临的外部环境和历史发展阶段密切相关。国际经济合作与发展组织对其成员经济发展的历史研究表明：当一个国家投入创新的资源（如研发经费）占 GDP 的比重达到 1%～2%时，社会创新创业活动会特别活跃。[14] 这个阶段被称为科技起飞阶段，到达这个阶段后，创新创业活动会在社会中普遍扩散，创业活动会带动众多普通人参与其中，创业企业规模将迅速扩张。20 世纪 50 年代以来，美国、中国、欧盟、日本、韩国等先后经历过科技起飞阶段。2013 年，我国科技经费投入强度首次突破 2%[15]，宣告已经越过科技起飞的起点。

技术研发的活跃使我们拥有了庞大的研发工程师队伍，创业活动的技术基础越来越坚实。2016 年全球创新指数（Global Innovation Index）显示中国首次跻身世界最具创新力的经济体前 25 强，全球创新热点正在中国兴起。全球创业观察项目（GEM）发布的报告显示，2016 年在 18～64 岁劳动力中参与创业的比例达到 10.3%，排名 32/65，中国俨然成为全球创新创业的新热土[16]。

1.1.1 创业与经济发展

创业是促进经济增长、提高人均产出和形成新的社会结构及经济结构的重要动力。创业活动是以创新要素为基础的要素组合的经济活动，它对推动技术进步、技术创新和制度创新有着特殊的贡献。据有关资料统计显示，新创小企业对技术创新所做的人均贡献是大企业的 3 倍之多，若就中、小、高技术企业而言，则每位科技人员对技术创新所做出的贡献就更大了。

第二次世界大战以后，长达 50 多年的世界和平，使科学技术带动经济发展的作用日益强大，以科技的新发展创办企业，实现创新，造就了一大批高技术企业家。微软、英特尔就是其中成长为高技术大公司的杰出代表，同时支持这些大公司创新的，还有千千万万个信息产业中的中小型公司。这些大公司的研究与开发，绝大多数是通过合同方式由中小技术公司来承担的。

步入知识经济时代以来，创业更成为世界经济发展的关键动力。知识经济的基本特征是知识型企业的大量出现，并在经济活动中发挥着越来越重要的作用。新创企业为社会经济活动提供了大量的新鲜血液，创业成为知识经济时代技术创新的主要实现方式。

（1）创业与欧美的经济发展

1991年4月，美国经济从"二战"后的第九次经济危机中走出来，开始持续、稳定、较快地复苏和增长。截至2001年已经持续增长10年，被称为美国的黄金十年，是美国有史以来第三次也是持续时间最长的一次经济扩张。更为神奇的是，长期困扰美国经济的"滞胀"在这一轮经济扩张中消失得一干二净。在这一过程中，创业活动发挥了重要作用。

据统计，硅谷自1992年以来，创造了20万个就业机会；仅在1997年，硅谷的风险资本投资额就增长了54%，新建公司大约有3 500家，住房开工项目创10年来的最高记录。当1997年硅谷的企业市值超过4 500亿美元时，它已一跃成为美国经济新的动力之源。在1996年，平均每5天就有一家硅谷公司挂牌上市，每24小时就会增加62个新的富翁，创造了5万多个新的就业机会，而工资增加为全国平均数的5倍。1996年，该地区在劳动生产率和出生率增长方面在美国都处于领先地位。制造软件的西贝尔系统公司的创始人托马斯·西贝尔曾说："这是在我们眼前发生的经济奇迹。"

20世纪末的美国，由计算机技术和互联网技术引发的技术革命，对经济增长的传统模式提出了挑战。这种"破坏性创新"的技术突变使得一批昔日的"恐龙企业"步履艰难，但催生了一批具有创新和创业精神的时代宠儿，微软、思科、eBay等就是其中的优秀代表。这些企业从零开始拔地而起，借助于新的商业理念和经营方式获得了巨大的商业成功，它们从诞生之日起，就将创新和创业行为作为企业的常态而非起点。一如微软的创始人盖茨所言："微软离死亡永远只有18个月"。甚至在微软遇到垄断诉讼案的时候，微软总裁鲍尔默仍然表示："即使在5年前，我们也一直觉得微软是一个小公司，还处于创业阶段。"这绝非创业者的哗众取宠，也不是"沉重的危机感"之类简单的溢表之词，这种永远处于"创业状态"的经营思想，体现在产品开发、团队培养、营销方式等企业经营管理的方方面面。甚至连企业购买行为也不再是围绕扩大生产规模和市场范围，而是通过购买获得创新能力和创新精神。如微软并购Hotmail，eBay并购易趣，Amazon.com并购卓越网，这些企业中没有一家是为了扩大规模。他们需要通过购买从而保持其竞争地位，都是为了购买创新的思想和创业的团队，而非企业的资产。

近年来，美国形成了新一轮的创新创业热潮，创业的包容性和参与程度更加广泛。2011年奥巴马发起了"创业美国"倡议，并不断出台新举措，激励创新创业，提振经济和增加就业。在2015年10月出台的第三版《美国创新战略》中，美国政府进一步强调要激励全民创新，发掘美国的全部创业潜力。白宫成为倡导创新创业的风向标。源于加州的"创客节"在2014年6月首次进入白宫，奥巴马举办了第一个"白宫创客节"，来自25个州的100多名创客及其发明成果出现在最高规格的展台上。2015年6月白宫举办了"创客周"及国家创客节；8月4日又举行了第一个"白宫演示日"，展示全美的创业成功故事，宣传联邦支持多元社区创业的新举措。为方便企业融资，特别是加快新创企业融资，美国创业企业扶助（JOBS）法案于2012年4月签署成为法律，为初创企业和小企业获得资本明确了法律依据，该法为"新兴成长公司"融资提供了快速通道。

（2）创业与中国的经济发展

近年来，我国政府高度重视大众创新创业，先后出台了一系列扶持、鼓励创新创业的政策法规，解决了大学生创业经验不足、海外人才创业身份受限、返乡人员创业门槛过高等"瓶颈"问题，让人民群众敢于创业、乐于创业、便于创业。对科技创新创业特别予以重视，破除了创业面临的体制障碍，让创业者有其股、得其利、创其富。鼓励创业者应用新技术、开发新产品、创造新需求、培育新业态，为经济发展实现"双中高"目标提供了新的支撑点。

自2010年以来，中国初创企业数量每年以将近100%的速度增长，据中国国家工商总局统计，2017年中国新登记企业607.4万户，比上年增长9.9%，日均新登记企业1.66万户。2017年全国日均新登记企业超1.6万户。不仅如此，国内有机构针对全球44个国家的近五万名公众所做的创业态度的调查研究也显示，中国的创业环境排在全球前五，且有85%的中国人有强烈的创业意愿。一名投资者表示，目前的市场对创业者来说已经具备了相对成熟的创业环境和配套。除此之外，市场空间、政策红利、"互联网+"延伸出来的创业机会，都使得当下成为大众创业的黄金时代。

据《2017年互联网创业报告》显示，企业服务、云计算、大数据、人工智能等技术领域的创业开始成为热门，在全部创业方向中占比近10%，仅次于传统的电商和文化娱乐领域，2017年互联网创业各行业占比如图1.1所示。而在地域分布上，北上广依旧是最受创业者青睐的地区，创业气氛最为火热。

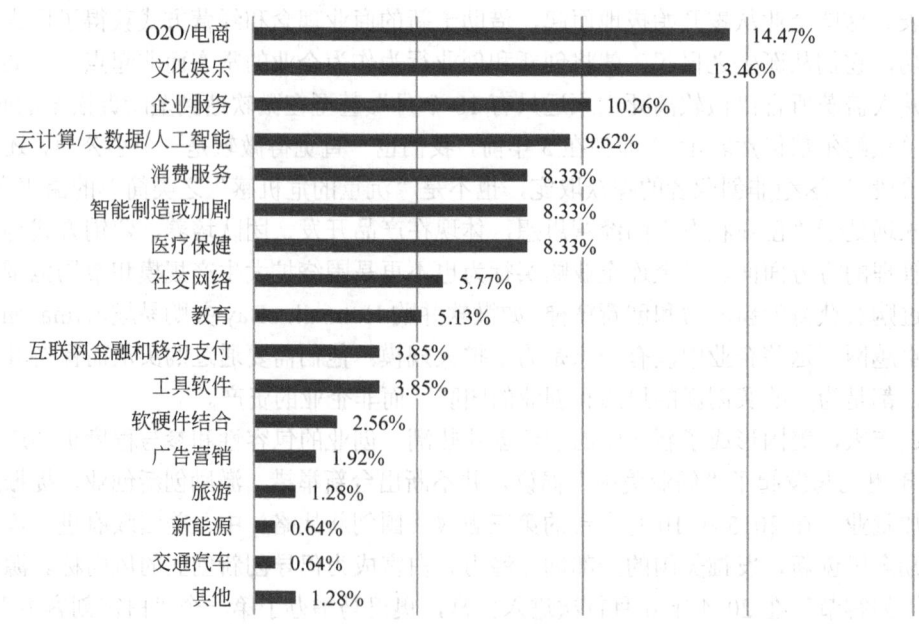

图1.1　2017年互联网创业各行业占比

培育新动能是中国经济转型的关键。为了加快创新驱动发展，国务院发布了《关于促进创业投资持续健康发展的若干意见》，推动了创业资本市场的良性发展。当前，我国的创业投资出现了一轮井喷式增长，成为中国经济中的一大亮点。与此同时，新技术、新产品、新业态的迅猛发展和普及应用，也为创业投资带来了无限机会。放眼未来，作为支持创业创新的"永动机"，创投行业将进入一个政策稳定、目标明确、环境优化的黄金发展时期，"相信创投业只要站在变革和机遇的风口上，紧紧把握投资趋势，就能创造辉煌"[17]。

许多正走向世界舞台的中国大企业也同样是本土企业家创业精神和创业活动的结晶。1984年，11个怀有产业报国的科技人员，靠着20万元的启动资金，在一间破旧的小平房里，创建了联想公司。20年后，联想通过并购IBM公司的全部PC（个人计算机）业务一跃成为占全球PC市场份额第三位的产业领袖。随着新公司总部迁往纽约，联想集团成为一个真正意义上的全球化企业。成立于1988年的华为技术有限公司，当初只有14名员工、2.4万元资产，依靠销售国外小型交换机维持企业的发展。2017年，华为公司实现全球销售额为6 036.21亿元，同比增长15.7%，其中国内销售额为3 050.92亿元；国际销售额为2 985.29亿元，占总销售额的49.5%。2017年，华为公司的业务范围覆盖了170多个国家和地区的1 500多张网络，其中不乏德国、法国、英国、西班牙、葡萄牙、美国、加拿大等欧美发达国家。由于有着更好的创业环境，中国的第二代企业家正在用更快的速度完成他们的创业梦想，搜狐、51job、携程、盛大等都是其中的代表。创业精神和创业活动在中国这片古老的土地上，不断地催生着新的产业领袖，也必将孕育出中国人创办的世界级企业。

中国的许多成熟企业也通过投资企业内部或外部的创业活动获得了增长。华润公司是新中国设立在香港的一个贸易窗口企业，1992年，华润通过注资永达利成立了"华润创业"，拉开了公司内部创业的序幕。通过近十年的努力，最终完成了一个由贸易企业向大型企业集团的转变，成为地产、啤酒和零售三个产业中的国内龙头企业。如出一辙的是，先前以粮油贸易为主业的中粮集团，通过公司内部的创业活动，转而成为一家集贸易、实业、金融、信息、服务和科研为一体的大型企业集团。成功地完成了内部创业的中粮集团，横跨农产品、食品、酒店、地产等众多领域，自1994年以来，一直名列美国《财富》杂志全球企业500强。2017年，中粮集团年营业收入达4 825亿元，利润总额达118亿元，资产总额达5 388亿元。通过各种形式鼓励公司内部创业，使公司获得新的增长，已成为诸多成熟企业选择增长的有效方式，也是成熟企业推动经济增长的一个重要途径。

1.1.2 创业与个人发展

1. 创业与就业

就业是事关国计民生的大事，就业问题已成为当前制约我国经济发展的关键问题，尤其是近些年来高校毕业生的就业难更成为全民关注的核心问题，而鼓励创业则是缓解就业压力、带动就业增长的重要措施。

著名管理学家彼得·德鲁克认为，创业型就业是美国经济发展的主要动力之一，也是美国就业政策成功的核心。通过分析1965—1984年美国的就业结构发现，此期间年龄在16～65岁的人口增长比同一时期就业人数增长低7%，但一直在提供美国经济中几乎全部新就业机会的部门，自20世纪70年代初以来却一直在减少雇用人数。虽然高新技术作用是非常重要的，但直到1990年它创造就业的速度才有了较大的提高；而这种作用在20世纪七八十年代则十分有限。那么这种就业机会来自何处呢？他认为就业机会都是由中小企业创造的，并且几乎全都是由创业型和革新型企业创造的[18]。在20世纪60年代末，大约有1/4的人在（财富）500强的公司工作，到了1980年，这个数字变为1/5，而到了90年代，变为仅仅1/14。到1997年，美国的1/3家庭（相当于37%或3 500万人）在一个新企业或正创立的企业就职。大量研究都证实了同样的结论：平均雇员数少于100人的小企业创造了美国经济中的大多数新就业机会。

工作创造是由公司的诞生和增长驱动的。据估计，在20世纪60年代，美国每年产生大约20万个各类新企业；70年代中期，这个数字增至原来的3倍；1994年，这个数字为110万～120万，5倍的增长清楚地解释了同期的工作数量的增长。

在我国，大学生就业难、农民工招聘难的"两难"现象同时存在，这也是我国就业结构性矛盾的突出表现。与此同时，我国的就业方式也发生了显著的变化。众包的兴起，促使公司向小型、微型化发展，有利于解决一部分人的就业；互联网的全面普及和高速发展，为个人就业提供了多种多样的选择，基于互联网的个性化就业方式包括诸如电子商务营销、网络编辑、自媒体运行等。大众的就业观念也在逐步发生变化，从追求报酬和个人发展转向对个人兴趣和自由的尊重，从而更加注重就业质量，一些传统意义上的自雇职业也受到越来越多年轻人的青睐。在这一新形势下，促进就业的思路和载体也需要不断拓展和创新，创业成为带动就业的有效方式。

2014年的政府工作报告提出"促进创新引领创业，创业带动就业"，进一步明确了政策鼓励的方向。2015年，两会又提出了升级版的"大众创业，万众创新"，集各方力量开展"双创"工作。随后，一系列创新创业扶持政策陆续出台，表明在实践层面已充分认同创业带动就业的作用，宽松的政策环境也促进了我国近年来的创业实践活动越来越活跃。已有实证研究表明，城市创业率的提升，可以提高微观个体就业的可能性，每增加一个单位的创业率，微观个体就业的可能性就增长0.2%[19]。

2. 创业与个人职业生涯设计

众所周知，一个国家、一个地区若要发展经济，则需要制定国民经济发展规划，确定各个阶段发展的方向和目标。同样，一个人的成长与发展也需要进行个人生涯的规划与设计，确定适合个人条件的阶段发展目标和方向。个人生涯的设计与规划是否合理、能否扬长避短、发挥自身的潜能，是一个人事业成败的关键。个人职业生涯通常指一个人一生连续担负的工作职业和工作职务的发展道路，职业生涯设计要求根据自身的兴趣、特点，将自己定位在一个最能发挥自己长处、最大限度实现自我价值的位置，一个职业目标与生活目标相一致的人才会是幸福的[20]。

个人的职业生涯规划是指在对个人和内部环境因素进行分析的基础上，通过对个人兴趣、能力和个人发展目标的有效规划，以实现个人成就最大化而做出的行之有效的安排。要想真正获得职业选择的成功,一个完整的自身职业生涯规划则尤其重要。

从职业生涯发展过程来看,职业生涯的阶段主要可分为[21]:①职业准备期:此阶段是在形成了较为明确的职业意向后,从事职业的心理、知识、技能的准备以及等待就业机会。每个择业者都有选择一份理想职业的愿望与要求,准备充分的择业者就能够很快地找到自己理想的职业,并顺利地进入职业角色。②职业选择期:这是实际选择职业的时期,也是由潜在的劳动者变为现实劳动者的关键时期,职业选择不仅仅是个人挑选职业的过程,也是社会挑选劳动者的过程,只有个人与社会成功结合、相互认可,职业选择才会成功。③职业适应期:择业者刚刚踏上工作岗位,存在一个适应过程,要完成从一个择业者到一个职业工作者的角色转换。要尽快适应新的角色、新的工作环境、工作方式、人际关系等。④职业稳定期:这一时期,个人的职业活动能力处于最旺盛时期,是创造业绩、成就事业的黄金时期。当然职业稳定是相对的,在科学技术发展迅速、人才流动加快的今天,就业单位与职业岗位发生变化是很正常的。⑤职业结束期:由于年龄或身体状况原因,逐渐减弱职业活动能力与职业兴趣,从而结束职业生涯。

近些年,大学毕业生就业压力越来越大,这已成为当前不容回避的客观现实。严峻的就业形势与网络经济下的一个个"创业神话",使得越来越多的大学生选择将自主创业作为毕业后的出路。他们不再依赖家长和学校的帮助找工作,而是主动发现和寻找机遇,把"创业"当作一种职业理想,给自己一片更广阔的天空。

"雅虎最初也是由一家大学生创业公司开始起步的"。即将毕业的清华大学学生小周说,"杨致远是我的偶像",他筹划着和同学们组建一家开发新材料的公司。许多大学生也存在和小周一样的想法。比尔·盖茨、马云等人的名字在大学生中如雷贯耳,他们的创业故事为同学们津津乐道。这些人的经历给大学生提供了自主创业的经典,使他们对未来充满了巨大的想象空间,希望自己有那么一天也能像他们一样成就一番事业。

在今后的社会中,自主创业的人将会越来越多。据报道,在20世纪末,国际教育界曾做过这样的预测:就世界范围而言,21世纪将有50%的大中专学生要走自主创业之路。在我国,大学生自主创业面临着良好的环境,从中央到地方再到各个高校都热情鼓励、支持大学生毕业后自主创业,各级政府为大学毕业生创业制定了一系列的优惠政策。《国务院办公厅关于做好2014年全国普通高等学校毕业生就业创业工作的通知》指出,2014年至2017年,在全国范围内实施大学生创业引领计划。通过提供创业服务,落实创业扶持政策,提升创业能力,帮助和扶持更多高校毕业生自主创业,逐步提高高校毕业生创业比例。《国务院办公厅关于深化高等学校创新创业教育改革的实施意见 2015》指出,健全创新创业教育课程体系、强化创新创业实践、加强教师创新创业教育教学能力建设、改进学生创业指导服务,这些鼓励措施不仅为大学生打通了一条就业渠道,更激发了大学生自主创业的热情和上进心。

目前,大学生创业的途径相当广泛。许多大学生创新意识强,有自己的专利或开发项目,创办高科技企业,是创业的一条理想之路。除此之外,还有许多创业之路可供选择,比如,一些毕业生运用自己的专长、特长、个人或合伙开办餐馆、书店、咨询公司等,这些都属于创业的范畴[22]。大学毕业生自主创业不仅解决了自己的就业问题,而且还给别人提供了就业机会和岗位。可以说,对当代大学生而言,自主创业是实现职业生涯设计的一条光明之路，希望之路。

3. 创业与自我实现

"幸福西饼"：袁火洪的幸福承诺

在深圳，过生日要吃蛋糕时，很多人都会选择一个牌子，那就是幸福西饼。它打败其他西点品牌的秘诀，就是一个字：快！天下武功，唯快不破。受限于人工或者效率等因素，许多蛋糕店都要求客人要提前1天预订蛋糕。而幸福西饼却能够做到当天预订蛋糕亦可交货。客人在包括团购网站、网上商城、微信商城等线上渠道下单后，店家将在2~5小时内送货上门。它甚至敢承诺：如果在约定好的时间内没送达，每迟到1分钟减1元，迟到半小时后蛋糕直接免费赠送。如此高的效率，令其他店家望尘莫及。目前，幸福西饼已经覆盖了全国100多个城市，总日订单量超过13 000单，还聘请了著名主持人何炅担任品牌形象代言人，发展势头相当迅猛。可谁能想到，不过短短四年前，创始人袁火洪还在苦恼着，下一个月的工资该往哪找呢？

故事须从2008年说起，时年28岁的袁火洪正准备开始他的第四次创业，开蛋糕店，这时他的手头上只有2万元的启动资金。和面包蛋糕打交道，是袁火洪的老本行了。他只有小学学历，16岁进入烘焙行业，从学徒干起，三年后出师自己开了第一家蛋糕店，以关门大吉而告终。之后，袁火洪通过打工积蓄资金，在十年内又开了两次蛋糕店，最终都无以为继。连续三次的失败并没有浇灭袁火洪的创业热情。他是一个撞破南墙也不回头的人，更何况，这些失败并不是毫无价值的。通过反思失败经历，再加上大量阅读营销相关书籍，袁火洪最终"顿悟"了，他明白了自己一直以来创业思维上的误区：他一直以技术思维去做蛋糕，而不是以市场思维去卖蛋糕，前者是匠人，后者才是商人。过去，他只顾着埋头做蛋糕，很少花心力在推广、销售蛋糕上，因此生意一直没有起色。想通了这一点后，袁火洪开始了他的第四次创业，于2008年10月在深圳市罗湖区春风路开了第一家幸福西饼。这一次，袁火洪不像以前那样只顾着在内抓生产了，他开始往外去跑，拓展市场、寻找客户。努力用对了地方后，收效显著：从2008年到2014年，幸福西饼在深圳开出了40多家门店，还成了大型连锁超市华润万家的供应商，进驻了300多家超市或者便利店。事业高峰，他却"狠下杀手"，一切看上去都很顺利，但袁火洪却看到了繁荣背后潜藏的危机。

一方面，市面上的西饼店越开越多，竞争加剧；另一方面，由于人工、租金和原材料的快速上涨，导致整体利润在缩减，店铺的现金流一直很紧张，有时候连发工资都很艰难。看清楚并不乐观的形势后，袁火洪做出了令旁人摸不着头脑的举动，他停下了开店事宜，反过头来，把一间间旺盛的店铺关掉，最终40多间门店关得只剩下了15间，和华润万家的合作也中止了。

袁火洪此举，是在为幸福西饼从线下到线上的转型做准备。之所以押注线上，是因为袁火洪凭借自己多年的经验，判断出蛋糕行业转向O2O必定大有可为，因为蛋糕天然地具有预订属性，单价又高，能够支撑起配送成本。同时，移动互联网的兴起，以及移动支付的逐渐普及给其提供了技术条件。袁火洪考察定位相近的几家对手后发现，它们在产品品质上相差无几，产品已经无法提供足够的卖点。最终，袁火洪决定把重点放在服务上，提升差异化程度。一是提升速度；二是产品创新；三是注重细节。凭借着这三点，幸福西饼在转型后迅速发展。

2014年1月网络商城上线，到年底就已经实现了月均每日销售蛋糕780个，成为深圳第一大蛋糕品牌。2015年3月，网络商城、手机APP、微信三种订购方式全打通，并做出"迟到半小时则白送"的幸福承诺。之后，幸福西饼在地铁、公交上打广告，并开始涉足其他城市，销售额迅速提升。到2016年5月，最高日销量突破1万单。雄心勃勃，志在全国，对于未来，袁火洪还有很大期待。

目前，幸福西饼只覆盖了100多个城市，而袁火洪的野心是覆盖全国2 800个城市，实现营业收入超100亿元，打造成为全国知名品牌。

资料来源：节选自"创业故事网.《他只有小学学历，连续三次创业失败，第四次2万元起步日入百万!》.https://www.cyegushi.com/7363.html"。

其实，任何人都期望拥有人生的辉煌，自然界的生物都在追求自身价值的实现。春天里百花竞放，秋天里，硕果累累，植物在成长的特定阶段所表现出来的生机和活力也是一种实现，但作为自然界中的智者，人类显然有更多表现自己的机会。从石器到青铜器再到铁器，从蒸汽机到电动机再到计算机，一次次的突破与飞跃给人类带来了莫大的便利，人类自身的价值也在一次次的飞跃中得以体现。

让我们把目光从整个人类的发展转向我们每个人。我们从离开母体后便开始了自强自立的奋斗历程，从不能支配自己的行动到灵活地使用四肢，从完全没有语言到熟练地使用人类语言，从意识的混沌状态到对自己的清晰认识……这一系列的过程显示了人类个体在追求自身充分发展时所表现出来的巨大潜能。但我们自身还存在许多没被发觉或未被充分重视的潜能，如何唤醒和利用我们自身存在的这些巨大的能量呢？美国心理学家马斯洛的研究理论给我们以很大启示。

马斯洛把人的需要分为生理需要、安全需要、爱与归属的需要、尊重需要和自我实现的需要，其中自我实现的需要是个体希望最大限度地实现自己潜能的需要，是最高层次的需要，是个体潜能充分发挥的最高形式。在食不果腹、衣不蔽体的时候，人们很难想到自身价值的问题。我们在日常生活中必须要先满足自己生理方面的需要，如吃饭、睡觉等，在满足了这一系列的需要之后，我们就会开始追求自己的价值和自我实现。当然，纯粹意义上的自我实现是不可能的，这正如人们对智慧的追求，每个人都希望自己能领会各种知识，而这显然是不可能的，但这并不妨碍我们对于知识感兴趣，我们仍会利用多种手段尽可能多地获取各种知识和技能。对于自我实现的追求也是如此：虽然完全的自我实现对于我们来说是不现实的，但我们仍应向这个目标努力，因为越接近这一目标，我们的人生便越有意义，我们自身的潜能也就越能得以发挥[23]。

马斯洛理论的核心是自我实现。在成长中，我们之所以能够使自身存在的一些优秀品质得到充分的发挥,并在日常生活中表现出这些优秀的品质,是因为自我实现是人们本质上具有的最高需求。正是这种自我实现的需求,使得创业活动在当今世界上频频出现。一个成功的创业活动对创业者本身而言,就是自我实现的过程,既满足了其最基本的生活需求,也满足了其最高层次的需求。这也就能说明,为什么尽管创业过程充满风险和不确定性,尽管创业的失败率很高,但仍有千千万万的人为了自我实现的美好愿望,而去开创属于他们自己的新事业[23]。

1.2 创新与创业

1.2.1 创新与创业的关系

谈到创新,人们总喜欢和发明创造画上等号。发明是解决技术领域中的特有问题,其成果不一定会被商业化。而创新更多地指向经济学范畴,创新强调的是让一个创造性的想法产生新的经济和社会价值的过程。创新可能源于发明创造,也可能源于资源的重新配置,如把资源从产出效率低的地方配置到产出效率高的地方等。

创新通常被视作企业家精神的核心特质,也是创业活动的典型特征。米勒将企业家精神定义为冒险、预见性和剧烈的产品创新活动,这些活动有助于推动组织成长和利润率增长。熊彼特认为,企业家天生就具有打破静态均衡状态的能力,这是成功实现创新所必需的条件。企业家与普通商人或投机者赚钱的动机不同,他们最突出的动机来自"个人实现"的心理,即"经济首创精神",这种精神是实现新组合的原动力,是驱动和激发企业家经营创新能力及其他能力的内在心理意识,是企业家精神的灵魂。

无论对个人还是机构而言,企业家精神都是一种独特的特性,但它并不是人格特征。创新与企业家精神能让任何社会、经济、产业、公共服务机构和商业机构保持高度的灵活性与自我更新能力……任何敢于面对决策的人,都可以通过学习成为一个创业者并有创业精神。创业是一种行为,而不是个人人格特征。

——彼得·德鲁克

德鲁克将创新与企业家精神视作一种创新实践的精神,需要在实践中不断得到提升。他认为企业家精神需要企业加以组织、系统化实务与训练,其被视为管理者的工作与责任。企业家创新精神贯穿于经营活动的全过程,体现在引入开发一种新产品、发现产品新用途、采用一种新的管理模式、开辟新市场等方面。优秀的企业家善于发现别人无法察觉的机会,善于协调利用不同的资源。在德鲁克看来,企业家的本质是企业家有目的、有组织地开展系统创新,这种创新并不神秘,也并不是某些人所特有的特质。他认为人人都可创新、时时都能创新、地地都有创新,创新是有规律可循的实务工作,创新是可以作为一门学科去传授和学习的。某一企业家可能在某些时候具有这种精神,在另外一些时候却丢失了这种精神,或者又重新拥有,这取决于其是否一直把创新当作一种实践,并一直努力寻找新的机遇从而获得成功[24]。

我国学者张玉利指出,创业的本质是创新、变革,没有创新的创业不可能有很好的发展，没有创业精神也同样不可能有重大的创新产生[25]。的确，创业与创新是非常相近的两个概念，创业者通过引入新产品，更好地满足客户需求和环境需要，从而打破市场平衡而切入市场；创新用来创造新产品/服务，但需要创业者通过识别市场利基，开拓供给渠道和促销等，来实现创新产品/服务的商业化[26]。

创新与创业的联系和区别可以用图 1.2 表示，上半部分表示创新过程，下半部分表示创业过程，创新是否成功主要看是否取得了新突破，而创业是否成功则看是否产生了新的事业。创新者以商业化需求为目的，通过开发发明将创意转化为市场需要的产品或服务。整个创新过程包括创意产生阶段、创意开发阶段和新产品（产品开发）、新过程（过程开发）和新服务（服务开发）的商业化阶段，而这个过程受目标、变化方式、资源等组织因素的影响。最终，只有最合适的创意才能被批准执行，其他创意则要么被拒绝、要么经过整合重新进入新创意产生过程。创业过程一般始于机会，而这个机会常常是创新的结果，创业者通过识别并开发商业机会最终产生商业化结果，即新的事业[27]。

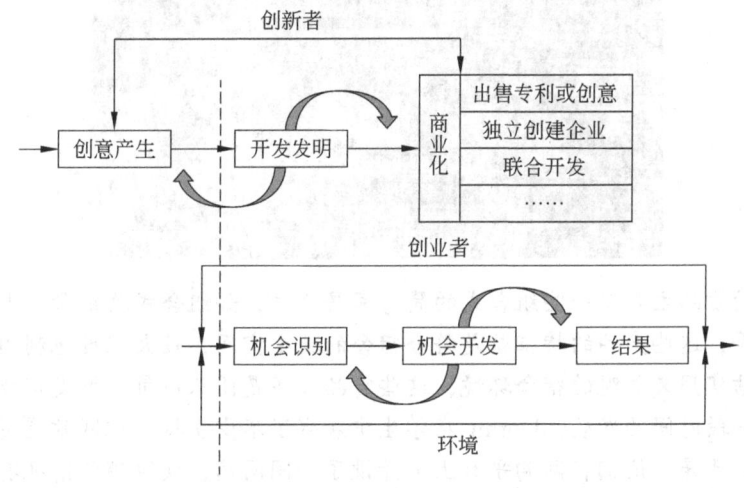

图 1.2　创新与创业过程[27]

Dormi：把宿舍变成家

在这样一个强调个性的时代，大学生无疑是其中最具代表性的群体，他们并不满足于过单调和平淡的生活，从吃、穿到住、行都要展示出自己的个性，就连千篇一律的大学宿舍，也被别出心裁地改造成了功能齐全兼具美观的"秘密基地"。哪里有市场，哪里就有商机。有这么一群大学生看到了"宿舍家居"的潜在市场，针对大学生宿舍改造做起了宿舍家居的电商项目，这就是"Dormi"的由来。Dormi 是由几个广东外语外贸大学的学生共同创办的宿舍家居区域性电商。联合创始人余梓熔说，Dormi 的意思就是"Dormitory and I"，即"宿舍与我"之意。Dormi 的主要消费群体是在校大学生，重点针对广州大学城的在校大学生，提供宿舍家居装饰用品等服务。

余梓熔和几个同学平时喜欢装饰自己的宿舍，有人因为抽奖抽得了一个鱼缸就在宿舍养起了鱼；有人因为有那么点"考据癖"而把宿舍的书架填得很满；有人因为喜欢周杰伦所以将宿舍桌面的每个角落都放满了他的CD。余梓熔说："在 Dormi 的概念里，大学生活应该更有生活的味道，不是中学的三点一线，宿舍也不再是只剩下门牌和方位来标识，它是属于自己的小天地"。仔细琢磨后，他们发现同样不愿趋于平凡而有装饰自己宿舍想法的大学生并不在少数，这个市场充满了商机，于是几个志同道合的人就办起了这样一个平台。他们的初衷是"不希望被格式化和快节奏淹没"，让宿舍有一种家的归属感，这或许有些理想化，但并非不可实现。

最初的团队里有八个人，他们分别来自不同的专业，有学国际贸易的，也有学计算机的。针对大学生的喜好，他们建立了一个颇具小清新风格的简洁而有趣的网站，在上面放上自己的货品和宿舍家居的设计方案。Dormi 无论是从 UI 还是到商品组合，都一致体现了"精致+实用"的诉求，在看惯千篇一律的淘宝模板后会给人眼前一亮的感觉。

网站上的货品主要以一些组合式的简易家居为主，如组合式收纳盒、书架、相框、宿舍床门帘等，这些产品的特征就是符合宿舍的狭小空间，最大程度地利用这些组合家具打造出简洁实用又美观的宿舍环境，这些货品大多是团队成员从批发市场中精挑细选而来。经过一段时间的发展，Dormi 在学生中获得了不少支持，但网站流量并没有达到预期的目标。于是，他们在网购平台上又开设了一间网店，使得销售情况有了很大的改善。尽管目前项目整体还未达到盈利，但网店发展起来之后每个月都能有一笔收入。

资料来源：根据"信息时报.《8人学生团队，宿舍家居电商的创业思维》.黑马网. http://m.ih eima.com/article/59406，2014年3月11日"改编。

"伟大的事业都有一个微小的起点"，就像 Facebook 始于哈佛校园的一个学生社交网络，"饿了么"起源于上海交大的一个针对校园的外送订餐网络，大学生基于校园的创业思维从不缺少成功的案例。余梓熔和几个同学将"让宿舍有一种家的归属感"的创新性想法转变成"创办宿舍家居区域性电商"的创业实践。创新是创业的基础，创新的成效也只能通过创业实践来检验。

1.2.2 创新型创业

2014年9月，在夏季达沃斯论坛上，李克强总理提出，要在960万平方公里土地上掀起"大众创业""草根创业"的新浪潮，形成"万众创新""人人创新"的新态势。在2015年《政府工作报告》中，李克强总理38次提到"创新"，13次提到"创业"，尤其2次专门提到"大众创业，万众创新"，首次将"大众创业、万众创新"上升到国家经济发展新引擎的战略高度，提出推动大众创业、万众创新"既可以扩大就业、增加居民收入，又有利于促进社会纵向流动和公平正义"。

"大众创业"与"万众创新"是相互支撑和相互促动的关系。大众创业，是增加和扩大就业的重要途径；万众创新，是实现经济转型升级的重要途径[28]。一方面，只有"大众"勇敢的创业才能激发、带动和促进"万众"关注创新、思考创新和实践创新，也只有"大众"创业的市场主体才能创造更多的创新欲求、创新投入和创新探索；另一方面，只有在"万众"创新的基础上才可能有"大众"愿意创业、能够创业、创得成业，从某种意义上讲，只有包含"创新"的创业才算真正的"创业"，或者说这种创业才有潜力和希望[29]。

在双创背景下，千千万万的科技型中小企业、中小微企业正在书写着中国创新的精彩故事。这些新企业为社会的经济发展注入了新的活力，他们中的一部分正以惊人的速度发展着，"创新驱动"是这些高速发展的新企业的共性，未来这些新企业将成长为国家经济增长的重要引擎，而这类创业活动则被称为"创新型创业"。

理论上，创新型创业是指能够识别或创造具有创新性的创业机会，通过使用新技术、新工艺、新方法或新模式（或专利）等向市场提供新产品或新服务，更好地满足顾客需求，创造新的价值的创业活动。创新型创业是创新驱动型的创业活动，通过关键性创新活动启动新企业，因而是推动国家科技创新、经济增长和创造就业的主要驱动力[30]。基于特征和概念的正确理解与把握，可以将它与其他创业类型明显地区别开来[31]。同时，创新型创业需要具有创新精神和创新能力的人才，通常表现出灵活、开放、好奇的个性，具有精力充沛、坚持不懈、注意力集中、想象力丰富以及富于冒险精神等特征的创新型人才。与模仿型创业者相比，创新型创业者通常面临着更为复杂多变的外部环境，他们往往具有征服未知领域的勇气、更强的风险承受能力和风险偏好[31]，以及创业精神、挑战风险、把握创新机会、高创造性、创新产品和市场等鲜明特征。

现实中，推进创新创业应改变"选运动员"的方式，需要在全社会高扬创新和企业家精神，营造公平竞争的市场环境，让广大人民群众参与创新创业的大潮，使大量优秀人才在创新创业的伟大实践中脱颖而出。与此同时，创新创业生态体系的建设也非常重要，它包括四个维度：机构和要素、结构、机制、环境。机构和要素分别包括大学、科研机构、企业、劳动力、技术、资金等资源；结构是指这些要素和机构是按照什么比例进行配置的，不同的组合决定了系统的运行效率；机制指这些要素和机构的运行机制，包括协调机制、动力机制等，它决定了创业创新要素资源能否有效配置和有序流动；环境包括公平竞争的市场环境、营商和法制环境、政策环境、创业服务环境、创业文化环境等[32]。

1.3 创业逻辑与创业思维

1.3.1 创业逻辑

1. 因果逻辑

因果逻辑（causation）一词最先由哲学家、逻辑学家勃克斯于1977年提出。因果逻辑决策过程是：进行市场调查，找到消费需求，并根据调查结果对现有市场进行细分，确定目标市场，而后制订计划，确定最大收益战略，在战略实施过程中再不断地调整手段。因果逻辑具有以下特点[32]。

① 以目标确定为前提

当目标确定之后，因果逻辑决策模式开始围绕这个既定的目标做出一系列努力。但是目标能够确定的基础是市场存在且较完善，决策者能够较清晰地认识市场、行业，且敏锐地识别其中的机会。

② 强调竞争分析

因果逻辑决策过程中常常采用竞争分析，如波特五力分析和SWOT分析，了解内外部环境，对自身明确定位，辅助战略制定。

③ 选择收益最大化战略

因果逻辑模型所强调的是通过最优决策来获取最大的收益。为了获取最大收益，在这个过程中，决策者需要收集各种可能有用的信息，估测各种战略未来可能的收益，并且要预估未来的风险和不确定因素带来的损失，综合选择获得最大收益的战略。

④ 未来可预测性

因果逻辑的决策方式认为未来可以预测，因此应该花费充沛的精力应用科学方法预测未来可能出现的风险、损失，进而控制其中可预测方面。对于预测外的偶然事件，如自然灾害带来的收益损失，因果逻辑决策者的态度相对消极，倾向于采取相对被动的态度来应对意外。

2. 效果逻辑

效果逻辑（Effectuation）最早是威廉·詹姆斯教授提出的，由萨拉斯·萨拉斯瓦西（Saras Sarasvathy）教授创造性地引入管理学领域，改进了以往的效果逻辑决策模型，关注了环境因素，形成了以下决策过程：决策者从分析既有手段出发，在此基础上确定自己能够做到什么，积极同认识的人进行互动，从而获得利益相关者的承诺，产生新的手段或者目的，实现资源的不断扩张。同时，环境变化影响决策手段，约束决策过程。效果逻辑具有以下特点[33]。

① 以手段确定为前提

在效果逻辑决策中，决策者首先要明确自己拥有哪些手段，包括三个方面的内容：决策者的个人特质，即"我是谁"；决策者掌握的知识和资源，即"我有什么"；决策者的社会关系网络，即"我认识谁"。这三个手段之间相互联系，决策者的个人特质和知识水平会影响其社会网络，社会网络反过来也会影响个人特质和知识发挥效用。

② 强调联盟合作

效果逻辑决策者更倾向与自己社会关系网络里的潜在利益相关者进行沟通合作，从而构建市场而不是发现市场。采取联盟合作的关键是同利益相关者进行谈判，建立战略联盟，提前约定好做出承诺。效果逻辑者不会像因果逻辑一样制订计划而后一步步地实行，而是与潜在利益相关者接触沟通，将其发展成为实际的利益相关者，弱化竞争分析，追求多赢。

③ 选择损失最小战略

与因果逻辑不同，效果逻辑决策方式根据当前的财务和经营状况，来预估当前可以承受的损失或风险，再对目前掌握的手段进行不同组合以创造各种可能结果及新手段。由于效果逻辑不需要对未来的各种不确定进行预估，只需根据现状估测损失承受能力，因此可以很好地规避决策早期的各种不确定性。

④ 权变应对意外事件

决策过程不可避免地会遇上很多意外事件。在效果逻辑的思维方式里，并非所有的意外事件都是坏的，有些意外事件可以被视为机会并加以利用，通过与各种手段相结合从而创造更多的价值。

3. 因果逻辑与效果逻辑对比

从因果逻辑与效果逻辑的含义、特点、决策过程可以发现，两者在思维方式、决策原则、分析基础上都存在很大的差异，具体对比见表1.2。

表1.2　因果逻辑与效果逻辑对比[13]

	因果逻辑	效果逻辑
前提条件	目标既定	手段既定
对未来的认识	**预测**：把未来看作是过去的延续，可以进行有效预测	**创造**：未来是人们主动行动的某种偶然的结果，预测是不重要的，人们要做的是如何去创造未来
行为的原因	**应该**：以利益最大化为标准，通过分析决定应该做什么	**能够**：做你能够做的，而不是根据预测的结果去做你应该做的
采取行动的出发点	**目标**：从总目标开始，总目标决定了子目标，子目标决定了要采取哪些行动	**手段**：从现有的手段开始，设想能够利用这些手段采取什么行动，实现什么目标；这些子目标最终结合起来构成总目标
行动路径的选择	**既定承诺**：根据对既定目标的承诺来选择从动的路径	**偶然性**：选择现在的路径是为了使以后能出现更多、更好的途径，因此路径可能随时变换
对风险的态度	**预期的回报**：更关心预期回报的大小，寻求能使利益最大化的机会，而不是降低风险	**可承受的损失**：在可承受的范围内采取行动，不去冒超出自己承受能力的风险
对其他公司的态度	**竞争**：强调竞争关系，根据需要对顾客和供应商承担有限的责任	**伙伴**：强调合作，与顾客、供应商甚至于潜在的竞争者共同创造未来的市场

通过对比可以发现，因果逻辑和效果逻辑的适用条件各有不同。因果逻辑决策适用于成熟的大企业，成熟企业拥有的资源较丰富，内部运行机制较完善，危机处理能力和方式较成熟，稳定的内外部环境使得风险概率容易预测，确定和实施目标较为容易。效果逻辑决策适用于创业早期企业，创业早期企业大多缺乏资源，面临着目标、市场、风险等种种不确定情况，无法像因果逻辑一般做出理性决策，因此更强调的是决策者的个人特质、社会关系等参与到决策中，创造各种可能结果。

遵循因果逻辑来决策的创业者（以下简称因果逻辑创业者）认为，未来是可以预测的，人们可以在预测未来的基础上控制未来，并且强调预测未来的重要性。在因果逻辑创业者看来，机会是客观存在的，因此，他们更倾向于支持机会配置观和机会发现观。因果逻辑创业者首先凭借自己的创业警觉性来搜寻和发现已存在的机会，然后针对机会进行市场调查和竞争分析，制订商业计划（筹集资源、招人组建创业团队等），实施计划（控制风险），最终创建新企业。在这个过程中，目标是既定的，或者说是预先确定的，只是在资源约束条件下寻求实现目标的最佳手段。

效果逻辑是一种与因果逻辑相对应的决策方式。效果逻辑决策方式的特点是创业者在高度不确定的情境下从既有手段出发，充分发挥自己的主观能动性，投入他们可承受损失范围内的资源，通过与外部资源所有者互动、建立利益共同体来动员尽可能多的资源，充分利用突发事件来努力取得尽可能好的结果。在充满不确定性并难以预测的环境中，具体的任务目标无法确定，但创业者既有的资源或手段是已知的，他们只能通过整合利用既有手段，甚至创造新的手段来取得尽可能好的结果[34]。

基于效果逻辑的创业过程是：首先，从既有手段入手，根据"我是谁""我指导什么""我认识谁"来分析自身的能力、经验、知识，以及可利用的社会网络关系，从而确定可采取的手段和方法，并以可以承受的损失为限来思考"我能做什么"，这是根据手段来寻找可能的目标的过程。其次，在网络关系中寻找支持，逐步发展可以合作的利益相关者，包括供应商、顾客、投资者等，并取得其承诺。这一互动过程可以形成新的手段，并且有助于逐渐形成一个清晰的、具体的、可行的目标[35]。

因果逻辑与效果逻辑的创业过程比较如图1.3（a、b）所示。

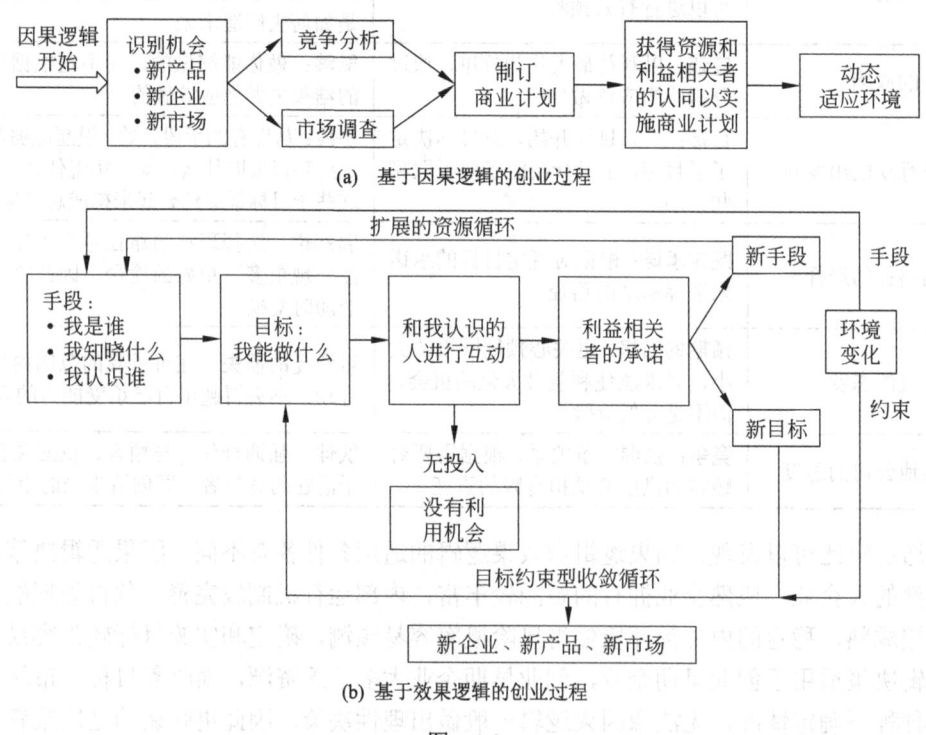

(a) 基于因果逻辑的创业过程

(b) 基于效果逻辑的创业过程

图 1.3

学者们根据创业过程中行动因素的不同，比较出了因果逻辑与效果逻辑的区别如表1.3所示[35]。

表1.3　创业过程中因果逻辑与效果逻辑的行动因素比较

因果逻辑	效果逻辑
分析先于行动	行动和与他人的互动先行，并且驱动整个创业过程
时间和（或）其他资源投入先于信息收集	开始关注的不是资源投入，而是怎样创建新企业——每个利益相关者只投入自己所能承受的或愿意损失的资源
预测的精确性和目标的明确性驱动资源筹集过程	不可预测性本身被视为资源，强调非预测性控制策略
预定的目标决定谁来参与	"谁来参与"决定新企业的目标、形态和市场
通过在趋势和竞争中领先一步来控制结果	面对不可预测的未来，通过不断试错和差错管理来实现对行动和效果的动态调控
风险管理：尽量避免损失	风险管理：尽早发现并制止损失，尽量控制损失

西尔斯百货的创建过程

19世纪80年代末，美国总人口为5 800万，65%的人住在农村，只有少数城市的居民超过20万。1886年，一个芝加哥的珠宝公司运送了一批饰金的手表给明尼苏达州雷德伍德福尔斯村的一个刚刚出道的珠宝商，西尔斯百货的创业之路便从此开始。

理查德·福尔斯原本是雷德伍德福尔斯火车站旁边的一个代理商，给当地的居民靠出售木材和煤来赚取一些外快。当这批手表到达时，雷德伍德福尔斯珠宝店不愿意接受，西尔斯便把这批手表买下来，卖给火车线路上的其他代理商，获得了一笔可观的利润。这批买卖很顺手，于是他订购了更多的手表。第二年，他便转战芝加哥，并遇到了阿尔瓦·C. 罗巴克，开启了两个年轻人之间的合作。1893年，西尔斯百货——最初叫作Sears. Roebuck & Co.——自此起步了。

当时，美国乡下的农场主卖掉庄稼，获得现金，然后在当地供销店买他们所需的东西，这使得他们入不敷出。据报道，那时面粉的批发价是3.47美元/袋，但是零售价至少7美元。这引起了农场主们的不满，并发起抗议运动，抵制高价和中间商的盘剥。

西尔斯百货解决了这个问题。通过批量采购，利用铁路、邮局，以及后来的农村免费运输和包裹邮寄，为农场主们提供了昂贵农村供销店以外的替代选择。19世纪90年代，西尔斯百货迅速发展，在接下来的100年里，他们建立了巨大的产品线，创造出无数成功的品牌，给零售行业带来了巨大的影响。

这是市场研究的结果还是深思熟虑的结果？理查德一开始不可能设想出西尔斯百货将来会怎么样，他所能做的就是竭尽所能抓住最初的机遇，然后，其他好事就会滚滚而来。

资料来源：斯图尔特·瑞德. 卓有成效的创业[M]. 北京师范大学出版社，2015。

从案例中我们可以看出理查德的成功既不是市场研究的结果也不是深思熟虑的结果。这是一个关于效果逻辑的典型案例，强调既定手段和资源的整合可以带来的各种可能结果和效果，从中选择出满意的结果，不强调对未来的准确预测。

4. 精益创业

精益创业的名称来源于精益生产，后者是由丰田公司的大野耐一和新乡重夫发展出来的。精益的思考方法大大改变了供应链和生产系统的运作方式。它的原则中包括了吸取每位员工的知识和创造力、把每批的规模缩小、实时生产和库存管理,以及加快循环周期。精益生产让全世界懂得价值创造活动和浪费之间的差异,揭示了如何由内而外地将质量融入产品之中。精益创业是在"创业"这个背景下对上述概念加以改造而提出的,创业者判断其进展的方法应该和其他类型的企业有所不同。制造业的发展是用高质量的实体产品生产来衡量的,而精益创业则采用不同的发展单元,这些发展单元被称为"经证实的认知"[36]。

精益创业要求人们用不同的方法来衡量生产力。新创企业的目标在于弄明白到底要开发出什么东西,它得是顾客想要的,还得是顾客愿意尽快付费购买的。换言之,精益创业是研究创新产品开发的一种新方式,强调要同时兼具快速循环运作和对顾客的认知、远大的理想,以及壮志雄心。精益创业颠覆了"先通过调查找到市场空缺,然后依据设计者对用户的理解策划出相对完整产品态"的工业思维和逻辑,依据多元和快速变化的外部环境及客户需求迅速迭代产品或服务,使其更好地满足动态发展的客户需要。

精益创业的方式是教你如何驾驭一家新创企业。你需要的不是基于众多假设制订复杂的计划,而是可以通过转动方向盘进行不断调整,这个过程被称为"开发—测量—认知"的反馈循环(如图1.4所示)。通过这样一个驾驭过程,我们可以知道何时以及是否到了急转弯时刻,这个时刻称为"转型"时刻。或者,我们是否应该"坚持"走在当前的道路上。一旦引擎加快转速,精益创业便提供了以最大加速度扩充和发展业务的方法[36]。

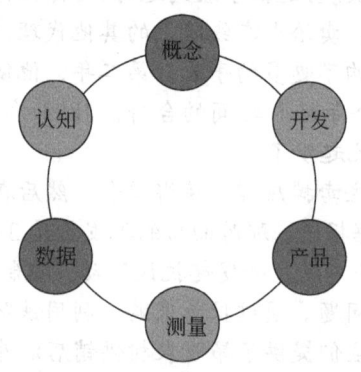

图1.4 开发—测量—认知反馈循环

"开发—测量—认知"反馈循环,即先提出商业模式假设,根据假设在最短的时间内构建最小可行性产品(minimum viable product,MVP),所谓的MVP的产品版本可以让我们花最少的力气、最短的开发时间,经历一次完整的"开发—测量—认知"循环。这个最小化可行产品少了很多日后可能相当重要的功能特性。但是,从某种角度来说,开发MVP需要投入额外的工作:因为我们必须衡量它的影响力。比如,开发出的原型产品只用于工程师和设计师的内部品质测评是不够的,我们还必须把它推向潜在顾客,评估他们的反应,甚至还需要把这个原型产品销售给顾客。

进入"测量"阶段时,最大的挑战在于,产品开发上的努力是否能带给企业真正的发展。要知道,如果开发出来的东西没人想要,那么它是否按时、按预算完成都无关紧要了。因此,根据测量的数据进行"验证性学习"就显得尤为重要。

在完成"开发—测量—认知"的循环之后，就将会面临所有创业者都会遇到难题：是变更最初的战略，还是坚持下去？如果发现有一个假设是错误的，那么就到了需要做出重大改变、设置新战略假设的时候了。也就是说，根据测量的数据进行"验证性学习"，从而做出坚持、转向或终止的决策。如需进行转向，基于"验证性学习"获得的认知再提出新的假说，如此往复，并把"开发—测量—认知"反馈闭环的总时间缩减至最短。精益创业方法在产品开发阶段利用客户反馈迭代开发产品，可以消除由认知偏差等造成的浪费，从而降低创新风险[37]。

精益创业的五项基本原则如下[38]所述。

第一，用户导向原则。精益创业的核心是围绕用户，所有的认知、所有的迭代都是围绕用户而展开。

第二，行动原则。行先于知，而不是用知来引导行，从计划导向转为行动导向。

第三，试错原则。从完美预测转向科学试错。

第四，聚焦原则。从系统思维到单点突破。

第五，迭代原则。从完美计划、完美执行转换到精益创业的高速迭代。需要注意的是，迭代和速度都是非常关键的。

【拓展阅读】

"火箭发射式"创业思维 VS "精益创业"思维

长期以来，火箭发射式创业思维（核心是 GET、BIG、FAST，即 GBF）在硅谷非常主流。我们来想象火箭发射的场景，按下发射按钮之后会有什么后果？

第一种结果是发射成功，这是大家都希望看到的；

第二种结果是惨败，火箭在空中爆炸；

第三种结果是无声无息。

事实上，火箭发射只有很小比例是无声无息的。但在商业实践中，却有70%以上的"发射"属于第三种情况。也就是说，按下按钮，市场没有任何回应，既没有正面的回应，也没有负面的回应。对于创业而言，这是最大的浪费。因为即使只有负面的回应，你还可以从中获取一些经验教训。

火箭发射式创业思维存在一个巨大的缺陷：在整个创业过程中，缺乏持续的反馈、试错和验证，而把所有的赌注都集中在最后按下按钮的那一刻。但是在创业过程中，如果等到按下按钮的那一刻，一切可能都太迟了。

20年前就开始做O2O，Webvan却把行业带入深渊

Webvan是将GBF思维发挥到极致的一个案例，也正是因为这个案例，触发了硅谷开始重新审视和定位创业思维。Webvan是生鲜杂货电商，做的是电子商务中非常窄，同时也是最难攻克的细分市场，即生鲜果蔬类。这个公司起步于近20年前，即1996年，试图切入在线的生鲜杂货Webvan用的是我们现在非常时髦的O2O模式，用户在线上完成一个订购的功能，而线下是一个大型仓库，围绕这个仓库有配送的队伍。

我们来看看 Webvan 的发展轨迹。它于 1996 年 12 月成立,成立 3 个月后,获得第一笔融资 1 000 万美元,紧接着又获得多轮融资。1999 年 5 月,在见到第一个用户之前 Webvan 花了 4 000 万美元建立了第一个仓库中心,同时计划在其他 15 个城市复制这个仓库中心。6 月,Webvan 接到了第一个订单,一个月之后它和一个大供应商签订了 10 亿美元的合约,准备和这个供应商在全美复制 26 个大型仓库总金额大约是 10 亿美元,平均每个仓库的花费是 3 000 万~4 000 万美元。8 月,Webvan 首次公开募股,即使是在互联网泡沫时期,它也是当时最大的 IPO 之一,高达 4 亿美元。Webvan 的估值曾经一度高达 85 亿美元,超过当时全美三大生鲜杂货零售商的市值总和。

然而,事实并不乐观。1999 年这个仓库投入应用之后,从来就没有达到过盈亏平衡点,始终也没有达到它所需要的订单数和用户数。从 1999 年 8 月到 2001 年 7 月,两年间 Webvan 烧掉了 12 亿美元,最终以破产告终。有人做过统计,Webvan 从 1999 年 6 月接收第一个订单,到 2001 年 7 月的最后一个订单,每接一个订单就亏损大约 130 美元。

那么,这个极为先进的仓库系统最大的问题是什么呢?原因就是这个仓库的配送系统永远找不到需要它的用户。

亚马逊在生鲜 O2O 领域的精益创业之路

亚马逊在 Webvan 破产 7 年之后,静悄悄地进入了在线生鲜杂货行业,负责这块业务的部门叫作 amazon-fresh。他们吸取了 Webvan 的很多教训,走了一条与 Webvan 完全相反的道路。

亚马逊作为 NO.1 的在线零售商,以它的体量,完全可以在全美快速地复制这个部门的做法,大规模地铺设供货网络乃至整个仓储系统,但是亚马逊并没有这么做。它选择了对新的科技、新的生活方式接受度最高的城市——西雅图,从西雅图单点切入,进入生鲜杂货行业。

亚马逊一开始并没有覆盖西雅图的所有居民,覆盖的仅仅是几个居住密度最大的高端小区,以减少配送的压力。在西雅图,亚马逊花了五年时间不断测试这个生鲜零售的模型并调整参数,直到 2012 年才切入第二个城市——洛杉矶。尽管洛杉矶对新事物接受程度也比较高,但是亚马逊依然仅选择了几个居住密度最大的小区切入。今天在线生鲜杂货商很少去大规模地铺设仓储系统,而是将精力放在最后一公里,即配送上面。

这里需要特别关注两个信息:

第一,亚马逊试水一项非常艰难的新业务,采用单点突破的战略,选择的地区非常集中;

第二,在这些小区里,这项服务也不是针对所有人的。亚马逊先用缴纳 299 美元年费的方式过滤出天使用户,这些天使用户对购物环节有着极大的痛点,因此对亚马逊提供的这项服务有极高的需求。即使这一部分用户非常少,但是他们的黏度非常高,亚马逊从这群用户开始了整个验证和测试。

火箭发射式创业思维的基本假设在于,它认为所有的变量是可度量的,未来是可以预测的,因此商业模式、用户痛点和解决方案都具有极高的确定性。与之对应,精益创业的基本假设在于,它认为基本参数很难度量,未来不可预测,用户痛点和解决方案具有极高的不确定性，需要不断迭代并不断积累认知，从而去逼近真实的用户痛点和有效的解决方案。

所以我们可以看到，火箭发射式创业和精益创业，不只是方法论或具体做法上的区别，关键是基本思维上存在着很大的区别。

资料来源：转引自"颠覆式创新研习社，龚焱.《美国生鲜电商 Webvan 破产启示录：二十年前就做 O2O，2年烧掉12亿美金》.新芽网. http://news.newseed.cn/p/1320655，2015 年 7 月 22 日"。

1.3.2 创业思维

研究和学习创业，不一定要去创办企业，但一定要具有创业思维，保持旺盛的创业精神，把创业精神和技能运用到自己的工作实践中。在激烈竞争的时代，在社会对创新型人才大量需求的情况下，创业思维尤为重要[13]。

1. 创业思维的定义

思维方式按作用范围不同可分为三个层次：一般的思维方式、不同学科共同的思维方式和不同学科特有的思维方式，创业思维属于创业特有的思维方式[39]。17 世纪法国经济学家 Richard Cantillion 最早将创业思维定义为不确定环境下人们的应急商业判断。创业思维作为应对不确定性的一种态度、一种解决问题的观念和方法，它强调识别机会并尝试利用机会，引导创业者寻找独一无二的成功之路。Eickhoff（2008）认为创业思维是一种工作态度、一种解决问题的观念和方法，是主动性、创造性和从一而终等组成的一种能力[40]。

2. 创业思维的内容

应对不确定性的创业型的思维和行为方式是怎样的呢？塞萨里·萨拉维斯（Saras Sarasvathy）从美国 1960—1985 年最成功的创业者及年度国家创业奖的获得者中邀请了 27 个研究对象，分别对他们进行 2 小时的实验和访谈。受试者被要求针对一项假想的创业企业回答创业过程中面临的 10 个决策问题，对实验和访谈过程全程录音并进行科学的整理，结果发现创业专家的一些特别的行为和逻辑有悖于教科书中的标准模式。例如，他们创建企业不一定从市场调查开始，也不一定对新企业有很清晰的愿景；此外，虽然由创业专家创立的企业绩效不一定比新手创业更好，甚至那些成功创办过企业的连续创业者，创立下一家企业也未必成功，但他们总能迅速抓住机会，从手边最容易得到的资源开始，并且在没有详细计划的情形下展开行动。他们在创业过程中更加强调与认识的人和遇到的人互动，争取伙伴的承诺，合作比竞争更重要[13]。

所谓创业思维，是指如何利用不确定的环境创造商机的思考方式。创业思维的主要内容如下[13]：

创业思维 1：利用手头资源快速行动

创业并非起始于对机会的识别和发现，或者预先设定目标，而是首先分析你是谁（你的身份）、你知道什么（你的知识）以及你认识谁（你的社会网络），即了解你自己目前手中拥有的手段有哪些。创业行动应该是手段驱动，而不是目标驱动；创业者应该运用各种已有手段或手头资源来创造新企业，而不是在既定目标下寻找新手段。创业不同于厨师做菜，不能等到所有配料都准备齐了才开干，更像是手里只有三根残弦乐器的弹奏者，你能利用三根残弦弹奏出什么样的音乐呢？

创业思维2：根据可承受损失而不是预期收益采取行动

创业者必须首先确定自己可以承受的损失以及愿意承担的损失有多大，然后才投入相应的资源，而不是根据创业项目的预期回报来投入资源。毕竟，任何的预期收益都是不确定的，但你失败后可能造成的最大损失是确定的。在采取每一步行动之前，创业者都应该只付出自己能够承担并且愿意负担的投入，否则就跟赌徒差不多了。在考虑投入时，应该综合权衡各种成本，包括金钱、时间、职业和个人声誉、心理成本和机会成本等。

创业思维3：小步快走，多次尝试

果敢的大步行动可能会让你获得很大的好处。不过，除非第一步就迈对了，否则你就不会得到这个好处。第一次就迈对步子的概率微乎其微，因为一个想法或计划的成功率与投入的资源数量无关，所以小步行动通常是有道理的。因为如果能够小步行动，就可以有机会多次采取行动，而较大的步伐将提高我们碰上无法预测事物的概率。通常如果你尝试某种新方法后成功了，你很快就会被称为这个方法的专家，其实今天我们之所以说马云是个天才，真正的原因其实是他尝试的次数少，在第一次行动失败后又尝试了一次，而在第二次尝试时成功了。所以，成功的关键驱动因素是不断尝试。

创业思维4：在行动中不断吸引更多的人加入进来

寻找愿意为创业项目实际投入资源的利益相关者，通过谈判、磋商来缔结创业联盟，建立一个自我选定的利益相关者网络，而不是把精力花在机会成本分析上，更不要做大量竞争分析。联盟的构成决定创业目标，随着联盟网络的扩大，创业目标也会不断地发生变化。

创业思维5：把行动中的意外事件看成好事

西方有一句谚语"如果生活给了你柠檬，就把它榨为柠檬汁"。这实际上是要求创业者以积极的心态主动接纳和巧妙利用各种意外事件和偶发事件，它们在创业途中无法避免，不应消极规避或应付。在创业过程中，你采取的行动很可能不会带来你所期望的结果，这时就需要友好对待，否则将会错失某些重要的东西。很多时候，意外同时也意味着新的机会。当然，意外也可能意味着问题。如果可能，解决这个问题，你的解决方案会变成你的资产。假如这个问题会永久存在并且你无法排除，那么它将成为你采取下一步行动的基础。

创业思维6：把激情当成行动的动力

如果你不断尝试，却总是遭遇挫折，长期下来，我们可能就会彷徨，不知道自己究竟要尝试多少次、犯错多少次才会成功。所以，我们需要一个强大的动机来度过这些磨难，即激情。研究早已证实，"激情是驱动创造力的关键要素"。如果驱动你的动力是诸如激情等内在动机，而非外部因素，那么产生创造性成功的概率就会比较高。激情也是驱散不确定性的另一个关键。激情和我们追求成功时的心态有关，也就是实际执行各种想法时的心态。一个人对创业想法的激情可能是衡量这个想法潜力的最佳标准，它让我们了解一个人有多愿意为了成功而坚持到底。

3. 如何培养创业思维

处于起步阶段的创业者都希望找到一个学习的标杆，如已经功成名就的马云、季琦等人，寄希望于模仿他们的创业方法和行动策略，并沿着他们所走过的轨迹，去实现自己的梦想。不幸的是，最终你会发现，除非你自己就是马云或季琦，否则根本无法创建出阿里巴巴和汉庭连锁快捷酒店这样的成功企业。而从另一个角度来看，即便是成功创业者，他们针对同一问题所采取的行动方案也大相径庭，导致潜在创业者非常困惑，搞不清楚到底什么样的行动更可取。尽管每一个创业活动都有它与众不同之处，创业本身不是可以直接习得的知识，但创业活动中如何获得信息、加工信息，从而形成新信息的途径和方法，即创业思维方式是可以总结和传授的[39]。

Krueger（2007）对创业学习的研究发现，潜在创业者或新生创业者与经验丰富创业者最大区别不在于他们拥有的创业知识或技能的多少，而在于他们的认知结构和思维方式的转变[41]。创业管理的"西点军校"——百森商学院的教授们经过长期研究发现：尽管成功创业者的行动存在差异，但在思维方式上却具有显著的一致性。这是一种截然不同于一般管理思维的思维方式。

从大学创业教育角度来看，大学生创业思维培养的核心内容包括以下几个方面[39]。

① 培养与现实世界的同理心，提升大学生发现创业机会的能力。无论是客户对产品和服务的真实需要，还是更有效的生产方式、组织方式和市场渠道的发现都需要创业者运用同理心思维去识别。创业和创新始于同理心，已经成为很多商业领袖的共识。

② 培养商业价值思维，提升大学生的价值判断力和价值创造力。创业思维不仅强调发现新的商业机会，而且还要知道"用什么方式""在什么时机"利用这些商业机会才能获利。创业机会的发现、创业计划的设计、创业资源的寻找、创业市场时机的选择都建立在商业价值判断与比较的基础上，这就要求创业者尊重市场的力量，以市场价格为依据进行价值判断和价值创造，养成商业价值思维习惯。

③ 培养协作思维，提升大学生的资源整合利用能力与利益分享意识。创业不是一个人单打独斗就可以完成的事业，而是一个系统工程。它需要整合和利用各种人力、物力、财力、技术、社会关系等资源为创业机会服务，这样才有可能成就创业目标的实现。利益分享是协作的基础，这要求创业者必须具备利益分享意识，在利益共享的基础上整合利用资源，养成协作思维习惯。

④ 培养弹性思维，提升大学生应对不确定性的能力和主动承担风险的意愿。弹性思维也称柔性思维，是相对刚性思维而言的思维方式。刚性思维对处理静态性、模仿性、简单性的问题是有效的，但在不确定环境下，当遇到动态、复杂、创造性问题时思维往往陷入空白状态而束手无策。弹性思维则对不确定性持开放态度，并事先将不确定性纳入考虑范围，当遇到问题时，不固执蛮干，而是从多个角度、运用多种思维模式、在试错中寻求解决问题的办法，一种方法不行就换另一种，直到问题得以解决。创业是在动态变动的环境中寻找好结果的过程，不确定性是创业的本质属性之一。这就要求创业者首先要对不确定性与风险有客观认识，事先意识到创业过程中犯错误甚至失败是难免的，重要的是要对各种可能的错误和失败制订周密的行动计划，以超越偶然和运气促成目标的实现。从这个角度来看，培养弹性思维对创业思维的形成至关重要。

⑤ 培养发现驱动过程思维，提升大学生适时调整创业规划的能力。创业的不确定性使创业路径和目标的设定须具有弹性，创业是一个发现驱动的过程。创业活动总是以目前的发现和创新为导向，形成下一步行动计划和目标，在实施下一步计划的过程中又产生新的发现，驱动再下一步的创业行动。当前的发现驱动未来更大的发现，当前的创新驱动未来更大的创新，维系着创业活动不断持续下去，向成功迈进。创业之初，创业规划总是建立在对未来很少的认识和很多的假设基础上，发现驱动过程就是不断地将假设转化为知识，逐步将创业规划从设想变为现实的过程。因此，发现驱动过程思维也是创业者必须具备的创业思维方式。

蜗牛睡眠网：把梦话变成财富

"白天，我们很清楚自己做过什么。可当夜晚来临，意识在梦中游荡，你不会对现实世界产生好奇吗？我会不会打呼噜，会说怎样的梦话？"抱着对此事的好奇，2015 年 1 月，高嵩成立了"蜗牛睡眠"。这款软件拥有梦话录音机、原创催眠音乐、睡眠报告、闹钟等功能。上线后，一个 17 岁小姑娘试用了该软件，并通过用户微信群找到高嵩，假装抓狂地说道："天哪，我以为自己睡觉不打呼噜，结果用了'蜗牛睡眠'，发现自己的呼噜声跟猪一样。我才 17 岁，你让我怎么嫁人？"至今提起此事，高嵩仍哈哈大笑。

其实在早期时，做智能硬件才是蜗牛睡眠创始团队比较有优势的地方。但在 2016 年 1 月 3 日网红沉珂在微博上推荐了蜗牛睡眠 APP 之后"蜗牛睡眠"气势汹涌，一路杀进苹果排行 150 名、50 名、20 名、10 名，最后竟短暂登顶。下载量达 6.9 万，"一天时间超过过去五个月的下载量总和"。这也成为了"蜗牛睡眠"的转折点。此后，软件的日下载量稳定在 2 万。随后高嵩对公司的战略计划做了梳理和分析，既然软件 APP 的发展那么好，在公司人财物资源有限的情况下，应该着力发展软件。现如今，蜗牛睡眠已经成立 2 年多时间，积累了 400 万+的用户，完成两轮共计 700 万元的融资。

资料来源：节选自"铅笔道 微信公众号.《他融 700 万捕捉 350 万用户的梦话 原创音乐调节脑电波 缩短 30%入睡时间》http://www.weixinnu.com/tag/article/1529721168，2016 年 10 月 14 日"。

1.3.3 创业导向

1. 创业导向的内涵

创业导向（Entrepreneurial Orientation）源于战略选择视角，20 世纪 70 年代开始对创业导向进行了研究与讨论[42]。有关创业导向的研究兴起于 20 世纪 80 年代，然而创业导向这一概念被明确提出是在 1996 年，Lumpkin 和 Dess 提出的创业导向是指公司的战略导向，决定了创业的决策方式、方法和实践等[43]。创业导向可能是企业组织方式的一个重要测度，因为创业导向可以通过利用企业以知识为基础的资源来发现及利用机会以提高绩效[44]。因此，创业导向可以解释企业能够在竞争中获得有利地位的管理过程，因为创业导向可以通过来自企业早期内部和外部的信息来促进企业行为[43]。创业导向通常被视为有利于创业活动的一种组织决策倾向[43]。创业导向不但描述了企业追逐新事业、应对环境变化的一种特定心智模式,而且也提供了一个分析企业总体精神氛围的有用框架[45]。在以往的研究中,学者用很多不同的术语来描述创业活动的导向,包括创业导向、强度、风格、态势、倾向等[46]。

创业导向作为一种企业战略具有一个共性:更强调企业的创新行为,核心是新进入,它主要表现为企业对市场机会的追求,企业追求机会所表现出来的创业导向,能推动企业的事业不断扩张,并创造价值[47]。

尽管如此,目前学者们在研究中普遍采用的仍是 Covin 和 Slevin 等提出的三维度的"创业导向"构念[48,49,50],创新性、风险承担性、先动性在实践中也表现出了较高的相关性[51]。

2. 创业导向的维度

有关创业导向的构念属性和维度划分理论界尚未形成共识,不同时期的学者提供了多种不同的理解,关于创业导向不同维度之间是联动共变(Co-vary)关系还是相互之间可以独立地变化,也一直存在争论。

美国学者 Miller（1983）因最早提出创新性、超前性和风险承担性三个构成维度,而被视为创业导向研究的先驱。他指出创业活动可被视为创新性、风险承担性、先动性三个关键决定要素的组合,并且认为这三个维度之间是共变关系[52]。随后,Covin 和 Slevin（1989）提出,战略态势可以大致定义为一个公司的整体竞争导向,创业战略态势在机会更少、竞争更激烈的恶劣环境中可能对小企业尤其有利,创业战略态势可以划分为先动性（proactiveness,主动寻求机会的行为,如关注未来需求的预期）、创新性（innovativeness,创造力和实验驱动,如创造新产品）和风险承担性（risk-taking,如进入未知领域进行创业）三个维度,并开发了衡量创业战略态势的九题项量表[53],此量表在创业研究中被广为引用[51]。

在创业导向三维度的基础上,Lumpkin 和 Dess（1996）对创业导向的概念进行了发展,新增了两个维度:自治性（autonomy,追求行动的独立性）和竞争侵略性（competitive aggressiveness,胜过竞争对手的冲动）,首次提出了创业导向的五维度构成,并认为这五个构成维度会视环境和组织环境而独立变动。

3. 创业导向的研究进展

目前,创业导向研究在学术界已取得较多共识,并逐渐发展成已有一定知识性积累的研究领域。现有研究主要围绕企业战略[54]、企业资源[55,56]、企业能力[57]、组织文化[58]、创新行为[59]和外部环境因素等展开,研究成果总体上可以分为前因（Antecedents）研究与后果（Consequences）研究两大类。其中,对于创业导向的"后果"研究已进入成熟阶段,形成了方法多样化、内容系统化和主题鲜明的研究成果。学者们采用案例研究、实证研究等丰富的研究方法深入细致地探讨了创业导向能够对企业成长产生何种影响、如何影响以及影响的边界条件等问题,从创业行为和创业过程出发,揭示了企业能力[60,61]、资源获取[61]、组织学习[62]和市场导向[63]等要素在创业导向转化为企业绩效过程中的中介效应,社会资本[64]、环境动态性[65]和企业战略过程[66]等因素在这一过程中的调节效应,以及创业导向与企业资源[67,44]、企业战略[68]、组织监管合法化[69]和创业团队特征[70]等因素的交互效应对企业绩效/创新行为的影响作用。这些有价值的研究不仅回答了创业导向产生何种结果（what），也揭示了这些结果是怎样发生的（how），极大地推动了创业导向及相关领域的理论发展。

随着创业导向对企业绩效的积极影响作用被逐步证实，越来越多的学者开始关注通过何种措施来营造容易产生创业导向的环境，以及在何种机制下更有利于促进创业导向的生成，创业导向的"前因"研究正日益成为该领域的热点问题[71,72]。少数学者在研究中强调了外部环境对创业导向的直接影响作用，将环境因素作为创业导向的前因变量纳入实证模型中[73]。更多的学者则认为组织内部因素是影响创业导向形成的决定性因素，外部环境因素是影响创业导向形成的重要条件/调节变量[74]。

 本章小结

创业是在风险和不确定性条件下，为了获取利益或成长而创建创新型经济组织（或者组织网络）的过程。创业具有以下特征：（1）独创性和创新；（2）资源积累以及经济组织的成立；（3）在风险和不确定性条件下获取收益（或成长）的机会。经济增长与创业活动之间存在的紧密联系：创业活跃程度较高的国家，经济增长率和就业率也较高；创业活跃程度较低的国家，经济增长率和就业率也较低。

创业活动对微观主体的影响主要集中在三个方面：首先，创业活动产生了大量的中小型企业。这些中小型企业为经济总量及就业做出了巨大的贡献；其次，频繁的创业活动催生出一批优秀的企业成为国家经济的中流砥柱；最后，一些成熟的企业也凭借创业活动和创新精神获得了新生。一个成功的创业活动对创业者本身来说，既满足了其最基本的生活需求，也满足了其最高层次的需求，也就是自我实现的需求。对任何人来说，自主创业是一项关系重大的决策，因为它将对个人的一生产生极其重大的影响。

创业逻辑和创业思维是影响创业活动的重要内在因素，创业逻辑包括因果逻辑和效果逻辑两种，其中，效果逻辑强调既定手段和资源的整合可以带来的各种可能结果和效果，从中选择出满意的结果，不强调对未来的准确预测。而因果逻辑则是以目标为前提，认为未来是可以预测的，强调对竞争环境的分析。创业思维是指如何利用不确定的环境创造商机的思考方式。

重要概念

创业　创新型创业　效果逻辑　因果逻辑　精益创业　创业思维　创业导向

讨论案例

十年砺剑：赵良华用 AR 技术创造魔法学校

赵良华，大连新锐天地传媒有限公司创始人兼 CEO。从只有四个人的小工作室到 150

人的专业团队，从服务外包到自主研发，成长为 AR 增强现实领域国内行业翘楚，赵良华用了 12 年的时间。他始终以创业者独特的思维方式找寻新的机会和发力点，凭借敏锐的市场触角，坚持自己的创业初心，做出主动的选择。

初创艰难：不知道明天睡醒在哪里

在 2003 年，一个很偶然的机会，经人介绍有一个总款额大概是六万块钱的印刷项目在招标，这对当时一个只有几个人的小工作室来说是一笔非常可观的收入。然而投标的条件是必须要有公司资质，为了拿下这个项目，赵良华赶紧花了 1 万块钱在工商局注册了一个公司，注册资本的 10 万元来自他自己的积蓄以及家庭的支持。尽管最终项目泡汤了，然而幸运的是，就是这样一个很戏剧化的过程，"新锐天地"正式成立了，开启了他在数字创意领域锐意进取、不断创新的创业之路。"新锐天地"这四个字也恰好诠释了赵良华的创业初心。

成立之初，全公司只有 4 个人，办公地点是一个只有 200 平方米的"蜗居"。用他自己的话说，那是一段"不知道明天睡醒在哪里"的阶段。一辆二手面包车、朋友茶馆的一角，就是公司的全部。他白天出去讲课，从早上八点半一直讲到晚上九点，晚上回来研究技术、做项目，每天只能睡三五个小时，困难的时候还要用讲课挣来的钱给员工开工资。在这个曲折的创业初期，赵良华带领自己的团队承接了大连软件园规划片的制作项目，正是在这一项目中的优秀表现，使得公司在业界小有名气，并且和规划院建立了一个比较好的关系，为之后的合作做好了铺垫。

初遇 AR：一下子就着了迷

也是在 2003 年，赵良华参与到为新加坡科技馆设计研发"把模型数字化"的团队中，在那里他第一次接触到了 AR（Augmented Reality）技术，立刻就被这种技术的多变与包容所深深吸引。"当时在国内，3D 技术的市场应用还处于萌芽阶段，"赵良华回忆说，"AR 技术的先进性一下子让我着了迷，我当时看到增强现实这个东西，第一感觉就是孩子一定会喜欢，对儿童用品的行业会所有影响，而且一定能够产业化，这就是直觉觉得是有发展前景的。"这就是赵良华敏锐的"市场触角"。赵良华认为 AR 技术与儿童图书结合的话应该会擦出火花。2005 年，赵良华联合麻省理工学院和浙江大学的技术人员组成团队，在国内研发并应用 AR 技术，为电视生产企业做零部件的三维立体展示，为房地产商做建筑动画……赵良华把 AR 技术应用到了不同领域的多媒体定制产品上。但赵良华并不满足于只做软件外包服务，而是想让这项技术进入人们的生活。

试水 AR 技术

互动投影技术作为一种虚拟现实技术和动感捕捉技术，无论是从视觉上，还是体感上，抑或是情感上，都能带给体验者一种前所未有的全新的人、机完美融合的互动新体验，应用在展览会或展览馆中都很有发展前景。凭借敏锐的市场触角，赵良华捕捉到了这一机会。

2007 年，新锐天地利用自有资金研发的第一项新媒体技术——互动投影技术研发成功。此后，公司承接了很多的动画项目、对日外包项目以及多媒体项目等。2008 年，公司利用自有资金自主研发的增强现实软件——"魔法世界"获得了国家软件著作权，这也是第一个属于中国人自己的增强现实系统软件。2009年正值建筑动画发展的辉煌期，赵良华却做出了一个令人出乎意料的决定。"公司需要转变，尽管现在房地产市场一片火热，但我认为迟早有一天会遇到泡沫，如果到那一天再转的话公司就死掉了。"而且他认为这种没有自己核心技术的服务方式终将耗尽他追求科技创新的激情与梦想，所以赵良华认为当务之急是做技术储备。他几乎将这几年的盈利全部投入新媒体技术开发上，如互动投影、增强现实技术、空气成像、全新立体成像等。

专注AR应用

经过几年时间，公司稳定发展，公司员工已经有五六十人，年收入基本在一千万左右，盈利越来越多。2012年，公司进入新的发展阶段。"单纯从营业利润角度来看，如果我们致力于软件服务外包领域，一定会获得很高的利润，发展态势会更加迅猛。但是，那样做的话企业也就沦为一部利润机器了，这不符合我的创业初心，"赵良华说，"要做自己的产品、自己的品牌，要让新锐天地从一支满足定制化需求的'外包工程队'变为一个提供创新型产品的'自主经营者'"，赵良华认为公司转型迫在眉睫。

赵良华认为公司已经掌握了AR技术，但是还没有转化为成熟的产品，不能只停留在技术层面，要从技术思维向产品思维转变。于是，赵良华做出了一个重要的决策，开始专注于研发AR技术的应用，开发"AR魔法学校"产品。随后，赵良华带领团队在技术开发和内容设计上不断攻关，2012年3月，公司凭借"AR魔法书"项目，进入了中国规模最大的创新型成长企业投融资选拔大赛——黑马大赛的总决赛。2012年5月，新锐天地公司搬进了2 200平方米的新办公室，员工规模扩大至百余人。2012年年底，赵良华带着自主研发的增强现实系统平台，申报国家科技部"十二五"科技支撑计划。在这个过程中，一个新媒体技术应用开发的全产业链团队形成了，从前期策划、到美术设计、3D动画、程序研发、生产、营销，均为原创完成，拥有自己的核心技术和知识产权，这也成为后来产品大卖的根本优势和核心竞争力。

首款产品诞生

2014年1月，首款AR产品"神奇语言卡I"在国内第一众筹网甫一亮相，就深受消费者、投资者和代理商的多方关注，上线不到15小时便众筹成功，这是当时全国第一个在移动端的AR早教产品。10个月后，仿制品开始出现。而这些厂商要么只有营销团队，要么只有三维团队，因为没有全产业链团队，所以这些仿制品做得很粗糙。

在产品的设计上，赵良华也做出了很大的创新。他们的产品是图书和AR技术的结合品，融合了教育和娱乐功能。曾有人问赵良华为什么不把内容写一个程序放在软件里直接应用，而是做在卡片上用移动设备一照才有增强现实的效果？赵良华解释这样做是出于两个原因：第一个原因，卡片一照才出现增强现实的感觉，让人感觉真的好像是从卡片里跳出来一个东西，孩子会觉得更新奇更有意思；第二个原因，也是最主要的原因就是他们通过这种方式改变了中国人的一种消费习惯。众所周知，现在很多教育的APP是不赚钱的，因为大部分APP是免费供大家下载的，而新锐天地将AR技术以图书为载体，家长觉得花钱买到了一件实实在在的东西，最起码是一个高科技的玩具。而这本身就是一个从免费到付费的过程，是商业模式上的一个创新。

从2013年到2014年中旬，除了原来与政府和房地产商等建立的合作伙伴关系，公司又发展了一部分代理商，在这些代理商中，线上代理商占多数，赵良华带领公司艰难而又信心满满的度过了转型过渡期。

风投注资1 000万

随着国内外巨头企业对AR/VR（增强现实/虚拟现实）行业的大规模投资，AR/VR的大热趋势已不可阻挡。国家投资的397万远远不够支撑公司将技术转化成产品，在市场上推广，并找到突破口。2014年7月，赵良华带领团队到创业工坊参加了一个路演，赵良华的团队和他们的"AR魔法学校"系列产品得到了投资人的认可，成功吸引了1 000万元Pre-A轮的风险投资，这让他更有信心和干劲把自己的梦想坚持到底。"这一轮的融资将主要用于新产品的研发，少量的一部分钱用在产品推广上。"赵良华认为投资人之所以选择给他们投资，主要原因是看好了产品的未来发展方向，其次是看准了他们的团队。

从此，公司彻底转型。赵良华决定不再做原来的to B业务，只专注于做AR魔法学校系列产品。

探索营销新路子：产品迎来爆发期

好的产品有了，如何才能提高顾客认知度，打开销售渠道呢？这又成为赵良华面临的一个新的难题。传统的图书都是在书店销售，那么他们的产品是不是也应该走这样的路子呢？赵良华也做出了尝试。在一个周六，赵良华带着几个员工在大连新华书店推销自己的产品。新华书店让他们在三楼的拐角处设置摊位，这是一个很好的位置，公司自己配备了宣传电视和营业员，然而出乎意料的是，销售效果不尽如人意。赵良华在一旁观察，整整一天，从他们摊位上走过的适龄儿童只有六个人。在这种情况下产品怎么能销售得出去？经过一番思考之后，赵良华意识到走传统渠道的路子行不通，必须探索出一种全新的模式。

2015年1月，赵良华摸索出一个新路子，就是微商渠道和线下渠道。事实证明，这种销售模式确实具有惊人的效果。从2015年开始，公司产品进入爆发期，2016年更为典型，第一个季度就创下了2.7亿元的销售额，对一个只有150人的公司来说，这是一个奇迹。而office销售额为27亿元，但office有六千个员工，也就是说新锐天地的每个员工所创造的价值是极高的，按照这个发展趋势很有可能达到主板上市的规模。目前AR魔法学校系列产品通过微商、电商、线下三种渠道形成销售矩阵，代理商、经销商遍布全国，线下渠道主要通过与幼儿园、早教机构、商超、展会、各大合作机构合作。

赵良华认为，公司产品进入爆发期最根本的原因还是团队技术积累到位了，在前期耐得住寂寞，用心打磨出了好产品，然后又建立了一个很好的销售渠道，最终达到了迅速占领市场的效果。

未来发展

新锐天地现今已和乐视、清华同方、中国台湾左臻等国内外一众顶尖企业建立了战略合作关系，形成了从技术平台、硬件设备到核心芯片的一整套战略合作体系。

谈及下一步的打算，赵良华说："从产品角度出发，我们不会仅局限于 AR 产品。我们的口号是'科技让学习更有趣'，我们的产品一定要具备三重属性，一是高科技产品，要新颖、有意思；二是要有趣，孩子乐意去玩；三是要有学习意义，这样家长才会购买。只要符合这三个条件，我们可能都会涉足。"

有时候，赵良华也会想，一个技术型公司，今天还是个芝麻，明天可能就会变成西瓜，发展很快，然而也很有可能一夜之间就会坍塌。"这要求公司的整个团队，包括管理人员、技术人员都要意识到随时都存在风险的可能性。"赵良华一直给公司的每一个人灌输这样的忧患意识。"现在这个时代，走路会被淘汰，跑步刚好够用，必须拼命跑才能在时代的最前端。"

资料来源：邢蕊，刘雪梅，王国红. 十年砺剑：赵良华用 AR 技术创造魔法学校.中国管理案例共享中心，PJMT-0215，2016 年 8 月. 该案例经中国管理案例共享中心同意授权引用。

讨论题：
1. 你认为赵良华取得创业成功的主要原因是什么？对你有什么启示？
2. 赵良华在创业历程中做出了哪些对企业发展影响较大的决策事件？这些决策背后主导的创业逻辑是什么？

思考题

1. 你对创业的概念是如何理解的？
2. 创业和经济发展之间的关系是怎样的？
3. 你是如何理解创业与自我实现之间的关系？
4. 如何理解创业思维和管理思维的差异？

参考文献

[1] 韩国文. 创业学[M]. 武汉：武汉大学出版社，2007.
[2] Shames W H. Venture management: The business of the inventor, entrepreneur, venture capitalist, and established company[J]. Free Press, 1974.
[3] Wishart R. Small Business Management: A Guide to Entrepreneurship[J]. 1995, 3(1/2).
[4] Roberts M J, Stevenson H H, Sahlman W A, et al. New Business Ventures and the Entrepreneur[M]. 机械工业出版社，1998.
[5] Timmons J. New Venture Creation, Irwin McGraw Hill，1999.
[6] 李志能，郁义鸿等. 创业学[M].上海：复旦大学出版社，2000.
[7] 宋克勤. 创业成功学[M]. 北京：经济管理出版社，2002.
[8] 许玫. 创业利益论[M]. 上海：复旦大学出版社，2003.
[9] [美]赫里斯（Hisrich, R.D.），[美]彼得斯（Peters, M.P.）. 创业学（第5版）[M]. 王玉等译. 北京：清华大学出版社，2004.
[10] [美]马克·J. 多林格. 王任飞译. 创业学：战略与资源（第 3 版）[M]. 北京：中国人民大学出版

社，2006.

[11] 雷家骕，王兆华. 高技术创业管理：创业与企业成长[M]. 北京：清华大学出版社，2008.

[12] [美]杰克·M. 卡普兰，安东尼·C. 沃伦. 创业学[M]. 北京：中国人民大学出版社，2009.

[13] 张玉利，薛红志，陈寒松，李华晶. 创业管理（第4版）[M]. 北京：机械工业出版社，2017.

[14] 朱恒源，余佳. 创业八讲[M]. 北京：机械工业出版社，2016.

[15] 国家统计局. 《2013年全国科技经费投入统计公报》[R]. 2014.

[16] GEM 2016 / 2017 Global Report[R]. the Global Entrepreneurship Research Association (GERA). 2017.

[17] 搜狐网. 2017 中国经济一片大好，创业为经济发展注入新动力[DB/OL]. http://www.sohu.com/a/204300746_509894，2017-11-14.

[18] 朱炎. 创业管理[M]. 北京：经济科学出版社，2000.

[19] 侯永雄. 创业促进就业的微观证据及影响因素——基于CGSS数据的实证研究[J]. 现代经济探讨，2017(11)：11-22.

[20] 马彩凤. 个人职业生涯设计的步骤. 企业改革与管理[J]，2005(1)：66.

[21] 王东，孙永新，朱士奇. 大学生求职指导[M]. 辽宁大学出版社，2006.

[22] 共青团中央学校部. 大学生职业生涯设计[M]. 中国言实出版社，2004.

[23] 唐丽艳，王国红，武春友. 创业管理（第2版）[M]. 高等教育出版社，2013.

[24] 白少君，崔萌筱，耿紫珍. 创新与企业家精神研究文献综述[J]. 科技进步与对策，2014(23)：178-182.

[25] 张玉利，宋正刚. 创业活动创新性评价及提升创业质量的建议[J]. 社会科学战线，2015(7)：59-63.

[26] GEM 2017 Global Report[R]. The Global Entrepreneurship Research Association (GERA). 2017.

[27] 彭学兵，张钢. 技术创业与技术创新研究[J]. 科技进步与对策，2010，27(3)：15-19.

[28] 张前荣. 加快推进"大众创业、万众创新"[J].宏观经济管理，2015(6)：17-19.

[29] 李金芳. 如何理解"大众创业，万众创新"[DB/OL].http://www.rmlt.com.cn/2015/0310/376276.shtml，2015-03-10.

[30] 刘沁玲. 创新型创业能力评价指标体系的构建——基于中国大学生初次创业案例的调研[J]. 科技管理研究，2013(24)：65-69.

[31] 买忆媛，周嵩安. 创新型创业的个体驱动因素分析[J].科研管理，2010，31(5)：11-21.

[32] 雍黎. 国家发改委宏观经济研究院常务副院长王昌林：通过创新创业转向高质量发展[DB/OL]. http://www.stdaily.com/zhuanti01/zgcxcylt/2018-01/16/content_624011.shtml，2018-01-16.

[33] 龙丹，汤若曦. 因果逻辑与效果逻辑——两种决策方式的比较[J].企业管理，2015(4)：15-16.

[34] Sarasvathy S D. Causation and Effectuation: Toward a Theoretical Shift from Economic Inevitability to Entrepreneurial Contingency[J]. Academy of Management Review，2001，26(2)：243-263.

[35] 方世建. 试析效果逻辑的理论渊源、核心内容与发展走向[J].外国经济与管理，2012(1)：10-16.

[36] 埃里克·莱斯. 精益创业[M]. 吴彤译. 北京：中信出版社，2012.

[37] 王圣慧，张玉臣，易明.企业内部创业路径研究：以精益创业走出"战争迷雾"[J]. 科研管理，2017，38(3).

[38] 龚焱. 精益创业方法论[M]. 机械工业出版社，2015.

[39] 陈标金，李胜文. 大学生创业思维的内涵与培育途径[J].教育探索，2016(10)：57-60.

[40] Eickhoff M T. Entrepreneurial Thinking and Action--An Educational Responsibility for Europe.[J]. European Journal of Vocational Training， 2008，45：5-31.

[41] Krueger N F. What Lies Beneath? The Experiential Essence of Entrepreneurial Thinking[J]. Entrepreneurship Theory and Practice, 2007, 31(1)：123-138.

[42] Child J. Organization Structure, Environment and Performance: The Role of Strategic Choice [J]. Sociology, 1972, 6(1)：1-22.

[43] Lumpkin G T, Dess G G. Clarifying the entrepreneurial orientation construct and linking it to performance.[J]. Academy of Management Review, 1996, 21(1): 135-172.

[44] Wiklund J, Shepherd D. Knowledge-Based Resources, Entrepreneurial Orientation and the performance of Small and Medium-Sized Businesses [J]. Strategic Management Journal, 2003, 24: 1307-1314.

[45] 魏江, 焦豪. 创业导向、组织学习与动态能力关系研究[J]. 外国经济与管理, 2008, 30(2): 36-41.

[46] Zahra S A, Jennings D F, Kuratko D F. The antecedents and consequences of firm-level entrepreneurship: The state of the field [J]. Entrepreneurship Theory and Practice, 1999, 24(2): 45-65.

[47] Messersmith J G, Wales W J. Entrepreneurial Orientation and Performance in Young Firms: The Role of Human Resource Management [J]. International Small Business Journal, 2011, 31(2): 115-136.

[48] 张玉利, 李乾文. 公司创业导向、双元能力与组织绩效[J]. 管理科学学报, 2009, 12(1): 137-152.

[49] Morse E A, Fowler S W, Lawrence T B. The Impact of Virtual Embeddedness on New Venture Survival: Overcoming the Liabilities of Newness 1[J]. Entrepreneurship Theory & Practice, 2007, 31(2): 139-159.

[50] 胡望斌, 张玉利. 新企业创业导向的测量与功效：基于中国经验的实证研究[J].管理评论, 2012, 24(3): 40-48.

[51] Rauch A, Wiklund J, Lumpkin G T, et al. Entrepreneurial Orientation and Business Performance: an Assessment of Past Research and Suggestions for the Future[J]. Entrepreneurship Theory and Practice, 2009, 33(3): 761-787.

[52] Miller D. The Correlates of Entrepreneurship in Three Types of Firms [J]. Management Science, 1983, 29(7): 770-791.

[53] Covin J G, Slevin D P. Strategic management of small firms in hostile and benign environments [J]. Strategic Management Journal, 1989, 10(1): 75-87.

[54] Tang Z, Tang JT. Entrepreneurial orientation and SME performance in China's changing environment: The moderating effects of strategies[J]. Asia Pacific Journal of Management, 2012, 29(2): 409-431.

[55] Su Z, Xie E, Li Y. Entrepreneurial orientation and firm performance in new ventures and established firms[J]. Journal of Small Business Management, 2011, 49(4): 558-577.

[56] 蔡莉, 朱秀梅, 刘预. 创业导向对新企业资源获取的影响研究[J]. 科学学研究, 2011, 29(4): 601-609.

[57] Renko M, Carsrud A, Brannback M. The Effect of a Market Orientation, Entrepreneurial Orientation, and Technological Capability on Innovativeness: A Study of Young Biotechnology Ventures in the United States and in Scandinavia. Journal of small business management, 2009. 47(3): 331-369.

[58] De Clercq D, Dimov D, Thongpapa NT. The moderating impact of internal social exchange processes on the entrepreneurial orientation-performance relationship[J]. Journal of Business Venturing, 2010, 25(1): 87-103.

[59] Perez-Luno A, Wiklund J, Cabrera R V. The dual nature of innovative activity: How entrepreneurial orientation influences innovation generation and adoption[J]. Journal of Business Venturing, 2011, 26(5): 555-571.

[60] Zhou L X, Barnes B R, YA Lu. Entrepreneurial proclivity, capability upgrading and performance advantage of newness among international new ventures. Journal of International Business Studies, 2010. 41(5): 882-905.

[61] Li YH, Huang J W, Tsai M T. Entrepreneurial orientation and firm performance: The role of knowledge creation process[J]. Industrial Marketing Management, 2009. 38(4): 440-449.

[62] ZhaoY, et al. Entrepreneurial Orientation, Organizational Learning, and Performance Evidence From China[J]. Entrepreneurship Theory and Practice, 2011, 35(2): 293-317.

[63] 李雪灵，姚一玮，王利军. 新企业创业导向与创新绩效关系研究：积极型市场导向的中介作用. 中国工业经济，2010(6)：116-125.

[64] Stam W, Elfring T. Entrepreneurial orientation and new venture performance: the moderating role of intra-and extra industry social capital. The Academy of Management Journal Archive, 2008, 51(1): 97-111.

[65] Li Y, Guo H, Liu Y, et al. Incentive Mechanisms, Entrepreneurial Orientation, and Technology Commercialization: Evidence from China's Transitional Economy[J]. Journal of Product Innovation Management, 2008, 25(1): 63-78.

[66] Covin J G, Green K M, Slevin D P. Strategic process effects on the entrepreneurial orientation-sales growth rate relationship. Entrepreneurship Theory and Practice, 2006, 30(1): 57-81.

[67] 姚先国，温伟祥，任洲麒. 企业集群环境下的公司创业研究—网络资源与创业导向对集群企业绩效的影响[J]. 中国工业经济，2008(3)：84-92.

[68] Wang C L. Entrepreneurial orientation, learning orientation, and firm performance. Entrepreneurship Theory and Practice, 2008. 32(4): 635-657.

[69] GuoH, TangJT, SuZF. To be different, or to be the same? The interactive effect of organizational regulatory legitimacy and entrepreneurial orientation on new venture performance[J]. Asia Pacific Journal of Management, 2014, 31(3): 665-685.

[70] 胡望斌，张玉利，杨俊. 同质性还是异质性：创业导向对技术创业团队与新企业绩效关系的调节作用研究[J].管理世界，2014(6)：92-109.

[71] De Clercq D, Dimov D, ThongpapanlN. Organizational Social Capital, Formalization, and Internal Knowledge Sharing in Entrepreneurial Orientation Formation[J]. Entrepreneurship Theory and Practice, 2013，37(3): 505-537.

[72] Engelen A, et al. The Effect of Organizational Culture on Entrepreneurial Orientation: A Comparison between Germany and Thailand. Journal of Small Business Management, 2014. 52(4): 732-752.

[73] 刘伟，杨贝贝，刘严严. 制度环境对新创企业创业导向的影响[J]. 科学学研究，2014, 32(3): 421-430.

[74] 黎赔肆，焦豪. 动态环境下组织即兴对创业导向的影响机制研究[J]. 管理学报，2014，11(9): 1366-1371.

第 2 章 创业者与创业

> 创业家是这样的人：他能发现机会；筹集发掘机会所需要的资金和其他资源；并承担发掘中的有关风险。
>
> ——C. 巴罗

学习目标

- ✓ 了解创业者的概念及分类
- ✓ 了解创业者的独特素质与能力
- ✓ 理解创业精神的实质
- ✓ 了解创业动机的类型及影响因素
- ✓ 了解创业类型和创业过程

引导案例

赶集网 CEO 杨浩涌：一个比电商更大的蓝海

杨浩涌，赶集网创始人、首席执行官。中国科技大学工学硕士，美国耶鲁大学计算机科学硕士。曾在硅谷世界最大的网络安全公司之一 Juniper Networks 核心开发组从事研发工作，曾创办 Tromphi Networks 并任 CEO。2004 年 12 月，杨浩涌从旧金山回到北京，用了一周时间注册公司、招聘员工，在清华科技园的一间 70 平方米的房子里开始了自己的创业旅程。10 年后，他创办的企业被人们称作"挂满弹药的小毛驴"，小毛驴载人去赶集的广告形象也已深入人心。公司于 2014 年 8 月完成超 2 亿美元的新一轮融资，并计划于 2015 年启动上市。对杨浩涌来说，创业源于当年的一次冲动。

"把美国最大的分类信息网站 Craigslist 搬到中国去"，这个想法是驱使杨浩涌当年回国创业的主要原因。当时的他，"对中国互联网一点儿也不懂"，但就认准了分类信息网站是个好东西。"我觉得它（Craigslist）有那么多人在用，就一定是有价值的。"杨浩涌说，"许多伟大的产品都是这样，不论社交网站还是搜索引擎，在早期的时候也没有什么商业模式，但可以帮助别人解决问题。"杨浩涌并没有想太多，一心只想抓紧时间回国，想抢在别人行动之前占领先机。回到北京后，他和一个兼职学生在两个月内完成了网站架构。2005年3月，网站上线。但不久后，全国突然涌现出1 000多家分类信息网站。手里只有凑来的10万美元的杨浩涌，不得不思考这笔钱应该花在哪里、怎么花。

当时，国内大部分网站效仿Craigslist的做法，设立许多城市分站，提供多种服务类目，但却似乎有点水土不服。杨浩涌决定先不在全国铺开，而是单点突破，集中资源拓展北京市场，并且只专注于租房、二手货和交友这三个品类。"创业早期还是专注点好，其他城市又够不到，没有那么多资金。"在他看来，要赢，就要拿自己的优点去打别人的弱点，全力攻占一个"山头"。当时全国的同类型网站中，只有赶集网专注于北京市场。但最初的4年，杨浩涌和他的团队却是"苦熬"过来的——公司缺的不是干劲，而是资金。2008年赶集网融资时恰好遭遇金融危机，许多有意向的投资人放弃了投资，而终于拿到一份投资意向书的杨浩涌，却为这份合同足足等待了11个月，"这对任何创业公司来说都非常煎熬"。在收到资金前的3个月，公司账面上的钱已经用光，杨浩涌只好带领员工拼命做销售，接广告。最揭不开锅的时候，公司也没有裁员，而是鼓励员工回家休假，高管不拿薪水。

熬过了这段低谷，2012年的中国互联网迎来了团购这个大风口，赶集网也迎来了成长的高峰期，网站流量激增。到2012年，公司因为新业务需要从几百人一下扩张到近2 000人。但对这次扩张，杨浩涌将它认定为"决策失误"。投身于团购泡沫中的赶集网，在主营业务还没有盈利的情况下，又匆匆新开一条战线。这给公司运营构成了极大的挑战。短短几个月内，国内的团购企业已经厮杀得十分惨烈，赶集网的团购业务在6个月后不得不叫停，裁掉大量员工。经历了这件事，杨浩涌发现从前公司太专注于技术，欠缺管理方面的经验。"任何一个创业公司在快速扩张的时候，不能只专注于业务本身，还应该关注团队建设，包括组织的流程。"他说，"团队要跟着创业者一起成长才行，如果出现一个短板，整个公司就会受到影响。"

现在的赶集网已经历数轮融资，不会再有当年资金断裂的窘迫，摆在杨浩涌面前的也不是"风口在哪，要去做什么"的问题。他似乎又回归到刚刚创业时的风格：专注。如今，赶集网的分类信息业务保持着150%的增长。杨浩涌认为，公司可以开拓的新业务很多，但更重要的是把本身的业务做大做强。"现在跟之前不同了，我们更多的不是去考虑应该介入什么新业务，而是如何将一家上千人的公司经营得更持久，让它发展得更长远。"虽然已经在这个领域打拼了10年，但杨浩涌认为，生活服务领域的机会其实才刚刚到来：通过互联网平台将生活服务的提供者组织起来，更高效地向用户提供服务，这将是下一个大趋势，"生活服务是比电商更大的蓝海"。他指出，在许多成熟市场，生活服务领域的产值占GDP比重超过了70%，而在中国，这个数字却是第一次超过50%。

如今，赶集网已经将越来越多的重心转向移动互联网，今年来自移动端的流量已经超过60%，而这个数字在去年只有30%。对于一些专注单一业务的垂直类网站，赶集网已经带来了一定的冲击。杨浩涌将这种"反向侵蚀"现象的原因归结于两点：一是不同的战场，二是降维攻击——赶集网在三四线城市的流量几乎都来自移动端，在获取用户成本上也比一些垂直类网站要低。"以招聘为例，它们每天的简历大概在2万到4万份左右，而我们每天新增十几万份简历。原因之一就是我们关注基层劳动者的需求，把这些用户的体验做好，就有价值。"许多垂直类网站的商业模式是收取会员费，将许多用户挡在了门外。

杨浩涌认为，分类信息网站的平台优势和各分类互补协同的规模效应更为明显，"对于用户来说，在赶集网上找到工作，会产生一定的用户黏性，之后的租房、买房、生活服务等需求也会在上面解决。"在今年赶集网的整体营收中，有40%~50%来自招聘业务，招聘销售额全年预期达到7~8亿元。10年前涌现的1000多家分类信息网站，现在大都不见了踪影，而杨浩涌却坚持了下来，原因就是一种享受过程的心态，"越做到后面，越不是钱的问题了"。"赚得再多，也就是一个房、一辆车，吃好一点，出去玩一玩，"他说，"目的在于过程。创业的过程中有各种问题，想办法解决。发现很多人在用它，觉得它有用，这就又回到了当时为什么回国创业的初衷。"杨浩涌经常问自己，现在有2亿人在用这个网站，为什么不是5亿人、10亿人？因为有了这样的心态，他更关注用户的想法。"互联网很有趣的一个特点就是，许多创新的推动力来自你对未知的好奇心，就是希望看到一个业务做起来时有很多人去使用它，这种感觉是非常愉悦的。"

资料来源：转引自"品途商业评论. 佚名.《赶集网杨浩涌：一个比电商更大的蓝海》. https://www.pintu360.com/a5945.html，2014年12月18日"。

每一个人都应该有属于自己的梦想，或许很小，但足够伟大。对于杨浩涌而言，一方面，创业不是顺势，不是弄潮，而是与命运升降的漫长较量，是上一个十年和下一个十年的交托，无论在资本的春天还是冬天，这位创梦者都以巨大的耐力、自省力和决断力锤炼自己，为了梦想，纵情向前。另一方面，作为企业家，杨浩涌顺势而为，基于创新整合优势资源，将分类信息行业带入更高的发展阶段。

2.1 创业者与创业素质

2.1.1 创业者的概念及其沿革

"创业者"（Entrepreneur）这一名词来源于法语中的"entreprendre"一词，其字面含义是"中间人"。创业者理论是随着社会分工和商品经济的发展、企业组织的变化而演进的。事实上，创业者走向经济生活的舞台比起在经济理论中出现要早得多，从人类开始从事生产活动，需要进行分工和协调，需要对所掌握的各种资源进行整合时，创业者在社会经济生活中的重要性便悄然凸显。创业者理论的发展与该术语本身的发展是同步的（见表2.1）。

表2.1 创业者术语及其发展沿革[1]

时间	创业者的定义
中世纪	演员和负责大规模生产项目的人
17世纪	与政府签订固定价格合同，承担盈利（亏损）风险的人
1725年	理查德·堪提龙（Richard Cantillon）提出创业者是承担了与资本供应人不同风险的人
1803年	简·芭帕提斯（Jean-Baptiste Say）提出要把创业者的利润从资本利润中分离出来

续表

时间	创业者的定义
1876 年	弗朗西斯·沃克（Francis Walker）区分了从提供资金获取利息的人与从管理能力中获取利益的人的差别
1934 年	约瑟夫·熊彼特（Joseph Schumpeter）认为创业者是创新者，是开发从未尝试过的技术的人
1961 年	戴维·麦克莱兰（David McClelland）认为创业者是精力旺盛，适度承担风险人
1964 年	彼得·德鲁克（Peter Drucker）提出创业者是使机会最大化的人
1975 年	奥尔波特·夏皮罗（Albert Shapero）认为创业者是发起人，主持一些社会和经济机构，并接受失败的风险
1980 年	卡尔·维斯珀（Karl Vesper）认为创业者不同于经济学家、心理学家、企业经营人员和政治家
1985 年	罗博特·希斯里克（Robert D. Hisrich）提出，创业者通过付诸必要的时间和努力去创造一些不同的价值，承担相伴的经济、心理和社会风险，并获取相应的金钱报酬和个人满足

1. 初始阶段

最早对创业者的定义是"中间人"。这种定义的典型例子就是马可·波罗，他试图建立一条去远东的贸易路线。作为一名中间人，马可·波罗与有钱人（今天风险资本家的鼻祖）签订合同，出售自己的产品。在他那个时代，一个典型的合同往往以 22.5% 的利润比率为商人——冒险家提供贷款，其中还包括保险。资本家是被动的风险承担人，商人——冒险家在贸易过程中扮演积极的角色，承担所有生理的和心理的风险。当商人——冒险家成功地出售了商品，完成旅行后，就要分配利润，资本家拿走了其中的大部分（高达 75%），而商人——冒险家则获取剩下的 25%。

2. 中世纪—17 世纪

在中世纪，创业者主要是指那些管理重大生产项目的人。在这样的生产项目中，所谓"创业者"并不承担任何风险，他们仅仅是那些通常由政府提供资源的生产项目的管理者。一个典型的中世纪的"创业者"是一个教士，负责掌管那些大型建筑工程，如城堡及其防御工事、公共建筑、修道院和大教堂等。

到了 17 世纪，创业才与风险真正联系起来。此时，所谓创业者是指那些与政府签订合同的人，这些合同通常涉及一些服务或指定产品的供给。由于合同价格是固定的，因而任何由此产生的利润或亏损全都由创业者承担。17 世纪的著名创业者之一是一位名为约翰·劳的法国人。约翰·劳获得政府的许可，建立起了一个皇家银行——劳氏银行。这家银行后来逐渐卷入与特许经营有关的一家美国贸易公司——密西西比公司的业务中。不幸的是，这家公司与法国之间的贸易并不成功，并最终导致公司破产，继而导致劳氏银行体系的崩溃。17 世纪的一位著名经济学家理查德·康替龙建立起了一套早期的创业者理论，他被认为是创业者理论的重要奠基者之一。康替龙把创业者视为"风险承担者"。有趣的是，康替龙于 1716—1720 年曾在巴黎从事银行业。他虽然精明地预感到劳氏银行体系的崩溃，但仍敢于冒险去从中获取暴利。据另一著名经济学家杰文斯查阅到的资料显示,康替龙在几天内就赚到了几百万。

3. 18世纪—19世纪

到了18世纪,资本的持有人与需要资本的人终于被明确地区别开来,即创业者与风险投资者被明确地加以区分。产生这种差异的原因之一就是风靡全球的工业化。在这一大背景下,出现了许多新的发明和伟大的发明家,如伊莱·惠特尼和托马斯·爱迪生。但是,当时的许多发明者都没有足够的财力来支持他们的创新活动,而是通过从他人手中筹集资金以支撑创新试验的进行。爱迪生和惠特尼都是资本的使用者(创业者),而非供应者(风险资本家)。

在这一时期出现了几位伟大的经济学家,对创业者相关理论的创立及发展都起到了极其重要的作用。理查德·坎特伦(Richard Cantillon,1755)是最早将"创业者"这一术语引入经济学理论中的经济学家。坎特伦发展了早期有关创业者的理论,把创业者看作风险承担人。法国经济学家萨伊(Jean Baptiste Say,1766—1832)被认为是最早对创业者进行科学意义上的理论探讨,并对创业者职能加以严格界定的经济学家。萨伊将创业者描述为将经济资源从生产率较低的区域转移到生产率较高区域的人,并认为创业者是经济活动过程中的代理人,首次给"创业者"做出定义。

马歇尔(Alfred Marshall,1842—1924)是新古典学派创始人,均衡理论体系的缔造者,主要著作是《经济学原理》。马歇尔从创业者作为"中间人"出发,对创业者的本质职能进行了研究。他从商业和工业两个角度论述了市场均衡化过程中商业创业者的中间人职能和工业创业者的要素组合职能。此外,在《经济学原理》中马歇尔还对创业者的各种职能——从企业组织的领导协调者、中间商、创新者到不确定性承担者都做了清晰的论述。

4. 19世纪末20世纪初

在19世纪末期和20世纪早期,对创业者概念的理解大多从经济学观点出发,并没有与经理人员相区别。如埃利与海斯就曾如此描述创业者:"简要地说,创业者为个人的获利而组织并运作一个企业。创业者以现行价格支付其经营所需原材料的费用、土地的租金、其雇员的费用以及其所需资本的费用。创业者贡献出他的积极性、技能及其在计划、组织和管理企业方面的才能。创业者承担因其不可预见和不可控制的环境变化所带来的亏损或盈利。创业者把年收益在扣除了所有企业运作成本之后的净剩余留给自己。"

5. 20世纪至今

到了20世纪中期,一个新的关于创业者的概念建立起来。著名经济学家熊彼特认为,创业者是创新者、经济变革和发展的行动者。熊彼特甚至把"企业"一词的含义也仅限于创造"新结合",从而把"创业者"一词的含义限于引进"新结合"的经济人物。这里的"新结合"在很广泛的意义上使用,它包括新产品、新生产方法、开拓新市场、利用新原料,以及经济部门的重新组合。因此,在资本主义的发展中,实施生产要素新结合的创业者起着中心作用。为数不多的有天赋的创业者率先开拓新技术、新产品和新市场,从事创新活动，而其他的大多数则是模仿者和追随者。熊彼特对创业者的定义为"创业者的职能就是识别企业的生产性因素，并整合它们。"

此外，还有一些学者从不同的视角对创业者的概念进行了界定，为创业理论的发展做出了重要贡献。伊斯雷尔·柯兹纳（Israel M.Kirzner，1973）认为创业者是具备辨识市场不均衡所带来的机会，采取行动从中牟利，并且具有能够正确地预期下次不均衡将在何时何地发生的能力的个体[2]。布鲁克豪斯（Brockhaus，1981）认为创业者是一位有愿景、会利用机会、有强烈企图心的人，愿意承担起一项新事业，组织经营团队，筹措所需资金，并承担全部或大部分风险的人[3]。卡森（Casson，1982）从市场信息不完全及交易成本角度出发，认为创业者获取信息的渠道与能力高于他人，在信息是稀缺资源的情况下，创业者通过建立企业并开发这些信息就能获得垄断利润[4]。纳尔逊（Nelson，1986）认为是否愿意承担风险是能否成为成功创业者的关键，其他条件还包括运气、时机、资金和毅力[5]。

史蒂文森（Stevenson，1990）认为创业者是一位希望攫取所有报酬，并将所有风险转嫁给他人的聪明人[6]。诺贝尔经济学奖获得者阿罗曾说过，"市场经济培养了创业者，创业者发展了市场经济，市场经济是创业者的经济。"马莱茨基（Malecki，1997）将创业者看成是这样一类人：他们反应迅速，善于灵活变通，学习能力很强，且能在资源或结构性限制的条件下识别、发掘或创造市场机会[7]。阿兰·福勒（Alan Fowler，2000）指出，新时期社会型组织中存在具有洞察力、机会感知能力、成长欲望、乐于承担风险和善于建立愿景的个体，即社会创业者，他们具有较高的道德目标和社会理想，以创造社会价值而非创造个人价值作为自我实现目标，是新时期社会型组织建立和成长的重要推动力量[8]。

2.1.2 创业者的独特素质与能力

在现实生活中，具有创业倾向的人可谓比比皆是，发明创造者、管理人员、科技专家以及在校大学生等，都有可能进入创业领域。但是，真正能够进入创业领域并成功创业的人，通常需要具备特定的心理素质和能力结构。

小米创始人雷军的创业故事

创办小米时，雷军刚过 40 岁。"四十而不惑"，雷军自己也说，小米是他最后的一次创业，是积累了 20 年的商业经验之后，"毕其功于一役"的一次全新尝试。

"前面 16 年在金山练基本功，后面几年练了一些无形的东西，直到感觉自己准备好了，才出来做小米。"他说。

雷军极聪明，年少成名。1969 年出生于湖北仙桃，18 岁考入武汉大学计算机系。雷军说，他用两年时间修完了所需学分，并完成了结业设计。大四那年，雷军和同学一起创办了三色公司，当时的产品是一种仿制的金山汉卡，在武汉电子一条街小有名气。但是，随后出现了一家规模更大的公司把他们的产品盗版了，价格更低，出货量更大。很快，三色公司就经营艰难，半年后，公司解散。

大学结业后，雷军只身闯荡北京，1991年年底在中关村与求伯君结识，随后加盟金山软件，成为金山的第六名员工。两年之后，雷军出任北京金山总经理。1998年，29岁的雷军升任金山公司总经理，堪称年少得志。

2007年年底，金山成功上市两个月之后，雷军以健康原因辞去总裁与CEO职务，离开了金山。"那一阵他身心俱疲，离开是最好的选择。"雷军的一个朋友说，这让雷军从习惯的枷锁中解脱出来。事后证明，正是这一次的离开，成就了雷军的脱胎换骨。

离开金山的雷军，转身成了天使投资人，开始从大势出发，以更大的视角来观察和思考互联网。雷军是最早投身移动互联网的一拨人。2008年，他在个人博客中写下："移动互联网是下一波创业的大机会。"同时，雷军在移动互联网、电商、社交等多个领域连续投出多个业界知名的案子——拉卡拉、UCWeb、凡客诚品、YY、乐淘、多玩、多看等。其中，YY于2012年11月在美国纳斯达克IPO上市，首个交易日收盘时公司市值超过6亿美元，雷军获得了约113倍的账面回报。

做投资让雷军更加深入了解互联网，也获得了异常丰厚的回报。但他投资的这些公司很难说是雷军自己的事业。在他内心深处，仍想做一个真正属于自己的事业，用一家量级庞大、甚至称得上伟大的公司，来奠定自己的江湖地位。凡客诚品CEO陈年说，雷军向上的力量或者说欲望，是不可预估的。雷军自己也说，他要做一家百亿美元级的公司。

很快，雷军找到了自己的"势"——智能手机和移动互联网的大爆发。2010年4月，小米公司注册成立，第一个产品——移动操作系统MIUI在当年8月上线。2011年8月16日，小米手机1正式发布。随后，在一片质疑或赞誉中，小米在2012年卖出719万部手机，2013年卖出1870万部手机。在此过程中，小米完成了四轮融资，估值迅速突破100亿美元。小米已成为业界的现象级品牌。

"转眼间，小米公司已经设立了70家小米之家，每家都几乎是销售产业里的第一。这是一种新零售方式，用互联网的方式做零售业，"雷军说，"互联网不仅仅是技术，更是考虑商业的全新方法论：如何能够做到极致的用户体验，如何能做到极致的运作效率，结合这两点，能做的事情便非常多。"

资料来源：节选自"凤凰新闻.中国商业网.《那一年雷军是总经理，马化腾在打工，马云还在碰壁》.http://m.ifeng.com/news/FE4zH8c6/shareNews?aid=91721870&from=timeline &isappinstalled=0"。

雷军的创业故事充分体现出创业者是创业活动的灵魂人物，他自身的特质会贯穿影响整个创业过程。一个成功的创业者不仅仅要掌握一定的创业技能，还需要具备相当的心理资本。如雷军在金山软件和第一次创业时所体现出的恒心耐力和坚忍不拔的毅力，在小米创立之初所体现出的统揽全局和明察秋毫的能力，以及在小米创立期间所体现出的激情、理智和行动力等。

创业者在企业创建和发展的过程中担任多重角色，下面我们分别从创业者角色和创业者能力两个方面对创业者特征加以阐释。

1. 创业者是决策者

该观点的代表人物有哈耶克、柯斯纳、西蒙、奈特、卡森等。奈特（Knight）1921

年在其为人所熟知的论文《风险、不确定性和利润》中最早对创业者的角色进行了动态性的系统研究,正因如此,奈特被德姆塞茨(Demsetz)称为西方研究现代企业理论的开拓者[9]。奈特从探析风险和不确定性是如何影响组织行为、投资和利润决策入手,把创业者视为不确定性的承担者,所谓创业者利润则是指在不确定性条件下从事决策的回报。奈特对风险和不确定性作了严格区分[10],指出风险是已知概率分布条件下的随机事件,而不确定性是完全未知概率分布条件下的随机事件。在不确定性条件下,"实施某种具体的经济活动成了生活的次要部分;首要的问题或功能决定了做什么以及如何去做"。这里的"首要的功能"指的就是创业者所承担的重要角色——决策,即决定一个组织的行动方向和路线。

卡森(Casson,1982)对奈特的创业者角色给予了综合和扩展,他认为"创业者是专门就稀缺资源的配置做出判断性决策的人",判断性决策的本质在于,在决策中不可能采用一条明显是正确的,而且只使用公开可获信息的规则[11]。由于不仅信息本身是昂贵的,而且对不同的人来说获取信息的成本更是不同,这就突出了创业者作为决策者的重要性。除此之外,"创新理论"的代表人物熊彼特认为创业者与经理有明确的区别。在他看来,创业者为组织提供洞察力和领导能力的活动不同于由经理承担的日常管理性活动,创业者的主要任务就是"决定追求的目标而不是决定如何实现它们"[12]。

2. 创业者是机会主义者

科斯(Coase,1937)把创业者看作在竞争性市场体系中进行资源配置的价格机制的替代者,他认为创业者的主要职能在于通过非市场的层级制来取代市场交易从而降低交易费用[13]。威廉姆森(williamson,1975,1985)对此行了深入研究,他把交易费用归因于机会主义和有限理性,是利益最大化的个体对待不完全信息的自发性行为,因而在不完全信息条件下,创业者被视为将市场交易内部化的机会主义者[14]。

3. 创业者是创新者

熊彼特在1934年的著作《经济发展理论》中赋予了创业者创新者的角色,并把创业者视为资本主义的发动机。在熊彼特看来,创新就是建立一种新的生产函数,把一种从未有过的有关生产要素和生产条件的新组合引入生产系统,创业者最主要的任务就是实现新组合而不是对现有资源和商品的重新组织,熊彼特所指的新组合或创新包括以下五种情况:①引进新产品;②引用新技术,即新的生产方法;③开辟新市场;④控制原材料的新供应来源;⑤实现企业的新组织。创业者拥有的洞察力和领导能力的特质将促使他们发动"破坏性创造",导致了与预测和实现相联系的生产过程的非连续性。

4. 创业者是套利者

柯兹纳(Kirzner,1973)作为奥地利学派的忠实捍卫者,他对创业者理论的一个主要贡献在于详细说明了创业者作为套利者的作用,即创业者通过低买高卖主导着市场交换的过程[15],所以他把创业者定义为追求纯粹的创业者利润(由市场调节的暂时性空缺造成的)而抓住市场机会的人。柯兹纳探究了个体是如何增进他们的创业者才能的,并运用米塞斯的人类行动来验证创业者是如何克服与"完全无知"相关的市场的基本不确定性。既然市场通常处于非均衡的状态，机会就能被持续地发现和运用。在柯兹纳看来，创业者的主要工作就是通过创业者的机敏来揭示被人们所忽视的利润机会，而这来源于创业者在市场上与其他个体的相互作用中自发的、无意识的、无计划的学习过程。

莱本斯坦（Leibenstein，1968）运用"X效率理论"分析了创业者的套利者角色，他认为由于所投入的生产要素并非都能通过市场进行调节，生产要素在组织中的配置只能达到X低效率，难以实现充分利用。因此，他认为创业者是那些通过避免低效率而取得成功的人，而这种低效率是其他人或其所属的组织所易于发生的[16]。

正是因为创业者在现代企业理论中所担当的职能性角色不同，创业者能力在不同的学派和不同的理论中就具有不同的内涵。

亚当和切尔（Adam & Chell，1993）认为，创业者必须具备在商业战略、营销战略、财务战略以及人力资源等职能领域的管理能力，并且每个领域内由个人特质、知识和技能构成的能力各不相同[17]。汤普森、斯图尔特和林赛（Thompson，Stuart，Lindsay，1996）认为，销售与营销、控制、组织、技术创新、人力资源、投入以及应变性这七方面的能力构成了中小企业高层管理团队必备的能力或能力要素[18]。

亨特（Hunt，1998）运用行为事件访谈和扎根理论，识别并归纳了家族企业创业者必需的六种行为能力，包括避免不公正财务待遇导致的认知冲突、超越金钱的企业定价与家族福利、企业内职业角色之间的清晰边界、面向家族和非家族雇员的授权、谈判和参与管理模式、避免强烈人事压力的分配能力[19]。

托马斯（Thomas，2002）等将创业者的能力概括为机会相关能力（opportunity-related competency）、组织相关能力（organization-related competency）、战略相关能力（strategy-related competency）、关系相关能力、概念相关能力（conceptual-related competency）和承诺相关能力（commitment-related competency）。

我们通常所说的创业者，主要是指活跃在企业创立和成长阶段的企业经营者，或者是创业活动的推动者。创业者并不等于企业家，因为创业者可能还没有经营企业，或还不具备企业家必备的某些个人品格。在新创企业日益成长的过程中，在市场上拼杀，在市场竞争中求生存，才可能使得一部分创业者成为真正的企业家。因此，对于创业者则更多地从以下几方面提出个人素质上的要求。

1. 清晰的使命感与目标

创业者明确自己的目标，并且能够随着长期的战略导向不断地调整，选择有更高难度的目标。一个没有方向与追求的经营者不能成为成功的创业者，所以清晰的使命与目标是其成功的第一步。创业者的使命与目标应与企业的发展目标紧密地联系在一起。因此，要有一个企业发展与个人事业成长的蓝图，同时也需要有能力制定实现目标的战略与途径。

2. 富有挑战性

成功的创业者愿意接受富有挑战性的工作或任务。在一项调查中显示，有近60%的创业者认为，他们在对待某项工作时，只要成功的把握性较大，就敢于一搏。但敢于承担风险和勇于尝试并不意味着轻易冒险,也不是盲目追求不切实际的目标。如何抓住机遇是一个很重要的问题,也是创业历程中的关键因素,一个成功者必须要在没有机遇时创造出机遇,在遇到机遇时充分把握机遇。创业者愿意选择富有挑战性的事业;反之,如果某种事业意味着稳定的、持久的收益,他们也不会从事,因为这些事业无法给他们带来成就欲望的满足。

3. 强烈的成功欲望

成功的创业者们都具有十分强烈的成功欲望,渴望创业的成功。这些创业者们在具有高成就动机的同时,也具有很高的抱负水平,他们的活动往往是为了证明自身的价值与实力,并获得他人和社会的认可。在这种优势需要的驱动下,他们都具有强烈的获得成功的动机。同时,与其他高成就动机者不同的是,这些成功的创业者们还具有很强的应变能力,表现在他们的抱负水平可以随着活动目标的实现和任务的完成与否自行调节。如果他们的活动成果达到预期的目标,就会进一步提出更高的抱负水平,尝试去做更富有挑战性的工作。如果任务无法完成,他们就会重新进行评估,以确定是继续行动还是调整目标。具体表现为成功的创业者们在创业过程中不断对创业方向进行选择、对创业战略进行调整,以达到预定的目的。

4. 求异的创造性思维

成功的创业者往往以创造性的思维来解决问题。高成就动机的人不愿意墨守成规,采取简单重复的方法去完成任务。传统心理学认为,个体在某件事情上获得成功,就会反复做同样的事情。然而创业者们的经历却对这一传统观点提出了挑战,他们的成功不仅表现在当解决问题的方法无法实现预期目标时的调整能力,更表现在不断打破常规,寻求新的、更有效率的方法来完成任务。这表现为创业者们在经营过程中不断进行的管理体制、生产技术、市场营销手段的革新。

5. 应对危机与挑战的能力

企业的发展不会总是一帆风顺的,在当今的竞争环境下,创业者应突破自己固有的思维局限,在变革的过程中追求企业的发展,这就需要创业者有超越自我的能力,在与企业一起成长的实践中,努力提高和超越自我,善于从实践和经验中学习,面对困境能够沉着冷静地分析当前局势,做出正确判断。

6. 高度的社会责任感

成功的创业者们对自己的决定高度负责。高成就动机的人是在充分论证后才会决定接受任务的,因为,一旦决定开展行动就要对自己的行为负责,努力实现目标。创业者们在选择了创业方向后,往往表现出惊人的毅力和热情,不达到目标绝不放弃。这种责任感更表现为获得成功后对社会的感恩与积极回报,追求个人价值与社会价值的统一。对此,创业者们如是说:"一个企业成功了,只占人生价值的 49%,对社会有所贡献占人生价值的 51%。要懂得回报社会,取之社会用之社会"[20]。

2.1.3 创业者的分类

创业的开始往往是基于一个好的想法或者创意。一个好的创业者可以敏锐地发现创意后面暗含的商机，将创意转变成创业机会并建立起盈利模式，这些创业者被称之为"机会拉动型创业者"。

另外一些人的创业首先是从有创业的想法开始的，这些人怀着强烈的创业梦想，被创业热情驱动，梦想着自己可以成为自己的老板。尽管目前这些人还无法摆脱自己当前的职业束缚，但是他们总会寻找机会建立起属于自己的企业，并且取得相当高的成功率。这些人被称为"热情驱动型的创业者"。

此外，还有一些人选择创业是因为生活所迫，工作和生活上的不顺利使得这些人拥有了超乎常人的破釜沉舟的勇气和毅力，于是毅然决然地走上了创业之路。这一类创业者被称为"生存型创业者"。

罗永浩的锤子手机

罗永浩，锤子科技创始人。曾先后创办过牛博网、老罗英语培训学校，由于对所做的事情缺乏兴趣与热情，前两次的创业经历都无疾而终。但罗永浩认为经历过两次创业后，他开始懂得如何去带动一个企业前进。就当罗永浩踌躇的时候，冯唐为他指了一条做大众消费品的路，有关衣食住行的都可以考虑。罗永浩左右权衡后，认为手机是一个好的切入点，而且自己对电子产品的兴趣也能够支撑自己的创业热情。

但做手机面临着操作难、资金高、供应链搞不定等种种问题，罗永浩身边的朋友、以前的同行和投资人都反对他去冒这个险。就在罗永浩几乎要放弃这一想法的时候，他与陌陌的创始人唐岩聊了一下他做手机的思路，唐岩出人意料的表示支持他的想法。随后，唐岩还帮助罗永浩在紫辉基金那里拿到了投资。但当时拿到的钱还不够启动手机的整体计划，于是罗永浩决定先开始着手做 Rom，并以一个发布会的形式让更多的人知道他要做什么，从而为做手机拉来更多的投资。罗永浩于 2012 年 4 月 8 日在新浪微博上宣布做智能手机，随后，先后发布基于安卓（android）的深度定制操作系统（Smartisan OS based on android）；首款智能手机产品 Smartisan T1；坚果手机；Smartisan T2 等产品。如今的锤子科技正依托于罗永浩对电子产品的兴趣和热情而越走越远。

资料来源：根据"搜狐网.《罗永浩创业之所以成功，是遇到这两个贵人》.http://www.so hu.com/a/151406216_537853"改编。

不管基于何种驱动力，创业者的共同特征是都会将创业作为自己的人生愿景。愿景是指希望永远为之奋斗并达到的前景；它是一种意愿的表达，表明未来的目标、使命及核心价值，是人的核心的内容，是最终希望实现的图景。我们分析创业者的共同特质，就会发现创业者的愿景一般可以概括为以下几点：①赚取更多的利润；②获得更多的人生发展空间；③体会成功的快乐；④从事自己喜欢的事业；⑤满足自我价值的提升。

创业愿景与实际情况之间有时会存在较大差距，不是每个创业者都能获得成功或者有较大的收益，金钱的失去只是创业者要面对的最普通的问题之一。创业者在创业过程中还需要面对更多的困难，解决一个接一个的难题。如资源的短缺，市场的开拓不利，合作伙伴的突然撤资等。如果创业失败，创业者可能会面临一无所有甚至负债的局面。这也将造成很多人在是否创业的问题上犹豫不定。

但是，创业的过程本身充满不确定性，又是一个创造的机会，这会给创业者带来许多创造的乐趣和丰富的生活体验，使创业者得到享受。因此，一个成功的创业者必定是一个乐于接受挑战，喜欢自己创造未来的人；即使失败，他们仍然能从中学习，并且很快调整自己的创意，重新找到创业机会，我们称这些人为主动创业者。选择创业就意味着一生的选择，因此坚定目标、充满勇气应该是创业者的人生第一课[21]。

2.2 创业动机

不可否认的是，创业动机强烈的人会投入更多的精力探寻创业机会，在各个地区，都会有一批人崇尚创业，并在变革的过程中经常走在前面。人们为什么要创办企业以及他们与非创业者（或创业失败的人）有何不同，这个问题与创业者的动机密不可分。虽然对创业者心理特征的研究还没能得出一致的结果，但认识心理因素在创业过程中的作用还是很重要的。研究认为，创业者是创业过程中最活跃的因素，有必要认真研究创业者的心理特征特别是行为动机，这种行为动机在创业过程中发挥了重要作用。创业动机在某种程度上也可以理解为我们所谈的创业初心。

奥籍美国经济学家约瑟夫·熊彼特对创业家的创业动机在精神层面上进行了剖析，他将创业动机归结为"建设私人王国，对胜利的热情，创造的喜悦"。实际上，创业家希望摆脱任人摆布的命运，渴望独立，自由地分配时间，安排企业经营活动，实现自我价值。这种独立性、自由和自我发展是创业的关键动机。

2.2.1 创业动机的分类

相对于宏观创业环境而言，个人的主观创业动机更为关键，人们选择创业的主观动机多种多样，主要有以下三类。

一是成就感和独立感驱使，这是最常见的原因。创业者多有强烈的事业心和远大抱负，渴望成就一番事业，他们通常有着要拥有一家属于自己的企业的执着梦想，或者是因为他们厌倦了为别人打工的生活，而选择创业作为实现自我价值的方式。2011年，张一鸣敏锐地嗅到了移动互联网促进信息高效流动的创业机会。他认为，"促进更大范围内信息更高效的流动，当然，也更高效地被创作出来，更高效的互动，是一件非常有意义的事情。"于是，一名程序员，用他擅长的技术，创办了今日头条，实现了信息和人的快速精准匹配，激发了内容的生产，也促进了长尾内容的创作与分发。2013年年初，张一鸣曾收到过来自巨头很好的投资offer，每年大概1~2次，对方给很多的资源，给大量的数据，比VC更高的估值，上亿的捆绑安装渠道、几千万UV的web流量等。若接受这个offer，半年内业务增速将快几倍，但是，过早接受投资并站队，从公司长远来看不是一个特别好的事情。面对巨大的诱惑，张一鸣保持了冷静独立的思考，既然想好了方向，就不要走捷径了，于是拒绝了这个offer。这个决策为今日头条能成长为今天这样一个独立的、平台级的公司打下了坚实的基础。从那之后到现在，今日头条每天都面对很多诱感,包括天价的并购,但它都坚持住了。正是这份对成就感和独立感的追寻,使得今日头条成长为估值超过120亿美元的超级独角兽。

二是追求自己的创意。有些人天生机敏,当认识到新产品或服务创意时,他们就渴望看到这些创意得到实现。事实上,现存企业往往会因为各种各样的原因无法使这些创意得到实践。在这种情况下,就会导致那些怀揣梦想的雇员带着未实现的创意离开企业,开创属于自己的事业。这种创业动机也可能发生在企业之外的背景条件下。例如,有些人在休闲活动、日常生活中,发现可能存在的市场商机,如果创意非常可行且能够支撑一个企业,他们就会付出大量时间和精力去将创意转变为一家兼职经营或全职经营的企业。时下流行的海外购物分享APP小红书就是创始人兼CEO毛文超将"帮助"85后"、"90后"这批代表了中国下一代的消费者找到全世界的好东西"这一创意转变成创业行动的结果。毛文超认为"中国的年轻一代消费能力提升,希望找到一些更能匹配自己lifestyle和自己对生活认知的商品。但是国内专柜的商品品类有限,而淘宝等平台上更多的是鱼龙混杂的卖家,消费者希望买到全球的商品。然而,即使出国购物,购物知识又是比较匮乏的。如果让之前去过海外购物的用户来分享购物经验,或者是让住在国外的人告诉大家哪些东西值得买,正是满足了大家这样的一个需求。"为了满足这一需求,小红书应运而生。小红书融合了社区和电商功能,用户可以通过社区分享来找到韩国、日本、美国、欧洲以及全世界好的商品。目前,小红书的用户中90%是女性,其中50%是"90后"。

三是获得财务回报。巨大的商业机会和利润诱惑着创业者投身于创业活动,许多成功的创业者的实践,也为其树立了典范。但是,这种动机与前两种动机相比对创业活动的影响要弱一些。网景公司(Netscape)的创建者马克·安德森(Marc Andreessen)说,"(金钱)不是激励因素,只是我获得成功的指标"。有些创业者甚至回答说,如果与创业相联的财务回报伴随着失去对自己企业的控制,那么只能说是喜忧参半。理查德·布兰森先生在卖掉维京唱片公司(Virgin Records)后写道,"(交易完成之后)我记得自己走在街上,我哭了起来。眼泪顺着面颊悄然而下。那时我拥有一张10亿美元的支票,如果你那时看到我,你会认为我发疯了,10亿美元啊!"对布兰森来说,10亿美元不只是金钱——它是创建企业并看到初始创意获得成功所带来的激动和快乐。而谁又能想到,总市值已经破百亿的新东方的创始人俞敏洪,他当年寄托在那所校舍里的梦想,只是为了养活老婆孩子。"总要找点活干。"俞敏洪说,"一路走下去,不是因为坚强,而是因为别无选择。"

2.2.2 创业动机的影响因素

按照需求层次理论,创业者创业动机的激发因素可以归结为经济的需要和社会的需要。经济的需要主要是指生理和安全方面的需要,包括衣、食、住、行、健康、安全和职业,这是人的最基本的需要,而解决这类需要的唯一和基本的办法是经济手段,可以说,创业的原始和基本的动机都是源于经济利益的驱动。社会需要主要是指受人尊重和自我实现的需要,包括地位、认可、赞赏、尊重、独立、自信、成就、潜能和价值等,这类需要是在基本需要得以满足后所衍生出来的需要。创业的决定是由各种因素共同作用的结果。一方面,其因素包括创业者的个性特点、个人环境、相关的商业环境、个人目标和可行的商业计划;另一方面,创业者将预期的结果同自己的心理期望相比较。此外,创业者还关心在创业中付出的努力与可能的收获之间的关系。图 2.1 是一个反映创业动机形成过程及其影响要素的模型。通过该模型可知,创业者最初的期望和最终的结果会极大地影响其创立和维持一个企业的动力。

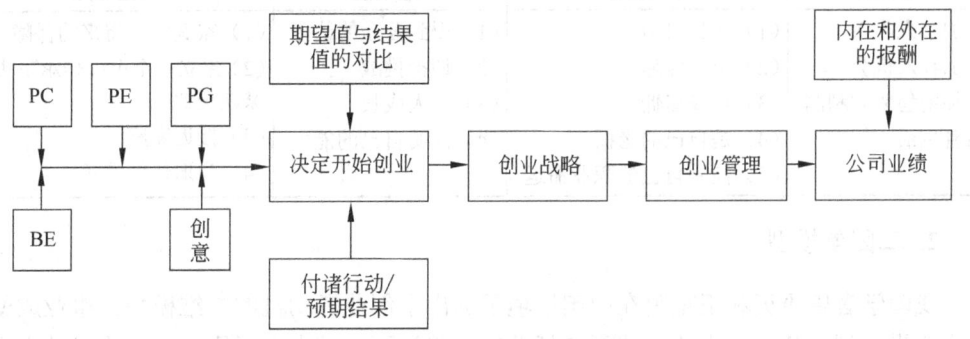

其中:PC——个性特征;PE——个人背景;PG——个人目标;BE——商业环境

图 2.1 创业动机形成过程及其影响要素

从影响创业动机形成的直接原因来看,依据马斯洛的需求层次理论,可以将创业者分为机会拉动型创业者和需求推动型创业者两大类。当人的某一层次需求得到相对的满足后,较高层次的需求才会成为主导需求,并最终形成优势动机,成为推动行为的主要动力。创业者的需求层次不同,由此产生的创业动机也存在差异。机会拉动型创业者的需求层次比生存推动型创业者高,其创业动机受自我实现需求的推动,因为他们大多没有生活压力,具备一定的知识、经验和能力,敢于承担风险,并相信能通过创业活动来实现自己的价值;生存推动型创业者则处于生理需求或安全需求等较低的需求层次,生活压力是其处于生理或安全需求的根本原因。由此可见,不同的需求层次决定了不同的创业动机,从而影响了创业者行为过程与行为结果。

从影响创业动机形成的间接原因来看,创业者的需求层次还受诸多具有长远意义的宏观因素的影响。从社会宏观环境来说,创业是创业者对时代潮流的顺应。一般而言,经济活跃期也是创业踊跃期,因为经济发展客观上市场机遇较多,创业机会也就多。反之,创业的踊跃又会促进经济的发展。当今世界之所以能掀起全球范围内的创业大潮,当今中国之所以能吹响自主创业的号角,正是因为当今世界和当今中国是处于重视发展经济、经济也得到发展的时期,我们既面临着挑战,又面临着许多机遇,这正是造就创业英雄的时代。

2.2.3 创业动机的结构模型

1. 四因素结构模型

Kuratko,Hornsby 和 Naffziger(1997)[22]提出了创业动机的四因素结构模型,包括:外部报酬(Extrinsic Rewards),独立/自主(Independence/Autonomy),内部报酬(Intrinsic

Rewards）和家庭保障（Family Security）。随后，Robichaud，McGraw 和 Roger（2001）对此结构进行了校验，在肯定 Kuratko 等（1997）的四维结构的基础上进行了修订和发展，各因素的指标如表 2.2[23]所示。

表 2.2　创业动机四因素指标

外部报酬	独立自主	内部报酬	家庭保障
增加个人收入	（1）人身自由	（1）得到公众的认可	（1）家庭成员将来的保障
增加收入机会	（2）个人保障	（2）迎接挑战	（2）建立一个可以传承下去的家族企业
增加销售额和利润	（3）自我雇佣	（3）个人成长	（3）接近家庭
改善生活	（4）是自己的老板	（4）证明自己的能力	（4）为退休做准备
	（5）控制自己的职业命运		

2. 二因素模型

我国学者曾照英和王重鸣在中国情境下提出了创业者动机的二维模型：事业成就型和生存需求型。其中，事业成就型包括获得成就认可、扩大圈子影响、成为成功人士、实现创业想法、控制自己人生五个维度，生存需求型包括不满薪酬收入、提供经济保障、希望不再失业三个维度，如图 2.2 所示[24]。

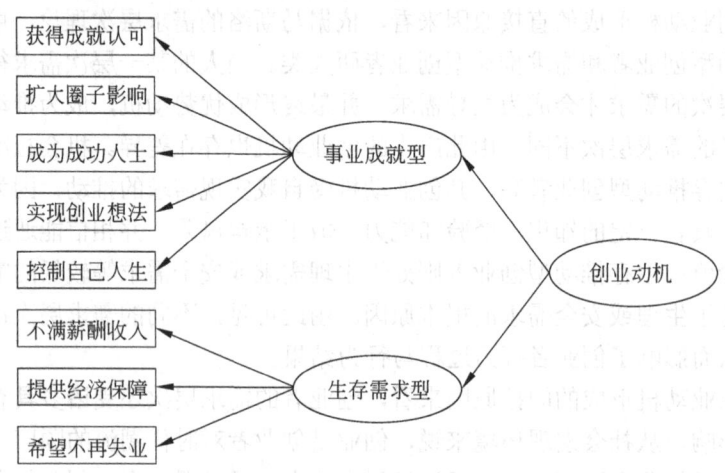

图 2.2　创业动机的二因素模型

2.2.4　创业动机相关理论

1. 推力论和拉力论

"推力论"（Push Theory）与"拉力论"（Pull Theory）是比较被广泛接受的创业动机理论。其中，"推力论"指出个体是被外在的消极因素"推着"去创业的，如对当前工作的小满意、寻找工作困难、工资低、非弹性工作制等，这些消极因素激活了潜在创业者的才能。"拉力论"认为个体在创业活动中被寻求独立、自我实现、财富及其他合理的结果所吸引。在这两类因素中，主要是"拉力"因素激励个体成为创业者[25]。

2. 创业解放理论

创业解放理论从解放的视角指出个体创业的目的是打破权威束缚，追求自主，改变他们目前的社会地位，努力消除各种约束因素。他们认为创业过程包含三个核心要素，寻求自主（seeking autonomy）、创作（authoring）和做出声明（making declarations）[25]。

寻求自主是解放的目标，许多创业者是想从被管束的职责中解放出来，脱离约束。因此，个体创业的动机不仅仅是为了追求机会，还为了能脱离工作环境中的约束，这些约束可能是来自知识的、心理的、经济的或社会的等。但该理论并不否定创造财富也是创业动机的一个因素。

创作是指为了维持和尽可能地推动创业过程的发展，对企业中的各种关系、职务安排和规章制度进行详细界定，或者是创业者在创业过程中通过吸引资金和社会资源的方式得以扩大创业的社会基础的各种活动。创作一般是创业者参与组织中的各种关系、组织结构、组织规范和规则的制定过程。

做出声明是创业者对外说明创业活动的意义和产品的价值，从而尽可能多地获得各种支持，如资金支持。声明的对象是那些关注产品的特殊观众，将修辞、演讲和倾听习惯与声明联系在一起，以引起观众的注意，因为符号和文化资源也能影响人们对创业活动的理解和对产品的接受。

3. 简单创业动机理论和复杂创业动机理论

在心理学研究动机领域倾向于用马斯洛（Maslow）需要层次理论来阐释。顾桥等人依据马斯洛的需要层次理论提出了简单创业动机理论和复杂动机理论。简单创业动机理论包含两个维度：经济性和社会性，它阐述了创业者的创业动机是循序渐进的，具有明显的方向性，即从低级向高级发展。简单创业动机理论是从创业动机本身去分析创业动机的性质以及他们之间的内在逻辑关系。但实际上，在整个创业过程中，创业者的创业动机往往是不断变化的，应该从更全面、复杂的背景中去研究创业动机。为此，学者们又提出了创业动机的复杂理论。这是一种较全面的三维动机理论，包括动机、创业者发展和企业发展三个维度，这反映了创业者在创业过程中的生命周期、企业的生命周期与创业动机的空间关系[26]。

4. 创业动机的实证研究

杜比尼（Dubini，1989）在对 163 位创业者进行问卷调查后，采用因素分析法，将 28 项变数归纳为 7 项动机因素：成就（Achievement）、福利（Welfare）、地位（Status）、金钱（Money）、逃避（Escape）、自由（Freedom）和效法前人（Role Models）[27]。

格林伯格及赛克斯顿（Greenberg & Sexton，1988）的研究指出，创业者之所以想要创业，可能有下列 6 种原因：①在市场上发现机会；②相信自己的经营模式比前人更有效率；③希望将拥有的专长发展成为一项新企业；④已完成新产品开发，而且相信这项新产品能在市场上找到利润空间；⑤想要实现个人梦想；⑥相信创业是致富的唯一途径。

戈什与卡文（Ghosh & Kwan，1996）针对新加坡及澳洲的创业者进行研究，发现引发创业的心理动机有如下 7 项：①希望得到个人发展；②喜欢挑战；③希望拥有更多自由；④发挥个人专业知识与经验；⑤不喜欢为他人工作；⑥受到家庭或朋友影响；⑦家庭传统的承袭。

由于创业动机是引发创业行为的源头，因此如何激发一些具有创业潜力的青年人投入创业行列，如何发展一个能够孕育创业动机的社会环境，相信对于发展创业型社会，以及实践创业管理活动，都是不可忽视的重要课题。

被称为"中国实战型创业培训第一人"的蔡敬聪先生，列出了一系列问题来探讨创业者想创业的理由。它包括：

从现状来说：①你对现在的收入满不满意？②你劳动的付出与收入成不成正比？③你是否喜欢现在的工作？④现在的工作能不能使你充分施展才华？⑤你现在工作的企业是否景气？⑥你现在所工作的行业是否景气？⑦如果你因故不能继续工作收入是否就会跟着断了？⑧你的工作有没有保障？退休待遇合不合理？

从生活方式来说：①你是否经常可以与家人一起团聚？②你的工作有自由吗？你可以自主选择喜欢的工作吗？③你能愉快地与同事一起工作的机会多吗？你能决定自己的工作伙伴吗？④在工作上你能交许多知心朋友吗？⑤你所从事的工作可以有效地帮助别人吗？⑥每年你能与家人一起去一次旅游吗？你去过多少次海外旅游呢？⑦你对现在的居住环境满意吗？⑧你现在的家庭负担重不重呢？⑨目前的生活环境离你理想中的生活环境远不远呢？

以上这些问题值得我们去认真考虑，也许那正是你的写照。

至于蔡敬聪谈到为什么要创业，除了创业具备了可以做老板、可以追求成功以及可以赚钱的优点外，有些人创业的动机，也许是机缘巧合，也有的人是出于对现状的不满，归纳原因主要有8点：①有人愿意出资或已有资金来源；②对目前工作现状极端不满，想要另谋出路；③本身即是属于创业欲望强烈的老板型人物；④机缘巧合，正好遇到一个可以创业的机会，如有机会可寻求代理权；⑤创业时机正好成熟，因为在熟悉的本行业太久，已有足够实力可以出来自立门户创业；⑥想要建立个人的有形与无形财产，得到对人和对事的主控权；⑦喜欢追求行动独立的自由；⑧想求得"董事长"的头衔（想拥有自己的事业）。

如果真的要写下创业理由，那么列出的就绝不止以上这些，因为每一个人的创业理由都不尽相同。尽管如此，在这些创业的理由中，不论你是属于哪一类，在创业之前，都必须先考虑自己的条件，如果想要创业成功，就必须具备某种程度的决心、毅力、果断以及本身的自信心，善用自己的资源，克服一切困难。与此同时，或许还要尝试各种失败或挫折的可能性，以及艰苦的工作，而这些全都是为了追求自己创业的梦想。

2.3 创业类型

创业类型的选择与创业动机、创业者风险承受能力密切相关，也会影响创业策略的制定，因此也是探讨创业管理不可忽视的议题。

从创业的概念可以看出，人们的创业活动是多种多样的，对创业进行分类也是比较复杂的。目前，有关创业类型的研究主要是基于美国著名的创业管理专家蒂蒙斯

（Timmons）在 1999 年提出的创业管理模型——蒂蒙斯模型。在这个概念模型中蒂蒙斯教授指出，影响创业的主要因素是团队、机会和资源。而创业过程也就可以被看作团队整合、利用资源，识别、开发机会的过程，也是不断调适、平衡、整合"机会、资源、团队"的动态过程，如图 2.3 所示。

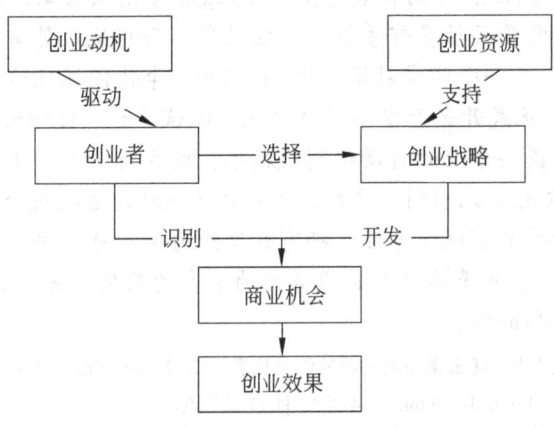

图 2.3 创业过程关键环节

在这个过程中，首先从创业者的创业动机出发，当创业者形成了一定的想法，识别出了若干商业机会后，会进一步通过相应的创业战略来整合、利用资源，进而实现商业机会并创建企业。由此，我们可以总结出创业动机、创业者及团队、创业资源和创业战略构成了创业过程中关键的四个环节。这四个环节往往决定了创业活动开展的方式和性质，由此会产生不同的创业效果。因此，可以根据提蒙斯模型中不同阶段要素特征进行创业类型的分类和总结。

2.3.1 基于创业动机的分类

沃特曼（Wortman，1986）从创业动机的角度把创业划分为"推动型"创业和"拉动型"创业。推动型创业是指创业者对当前的现状不满，并受到非创业者特征的因素的推动而从事创业的行为。拉动型创业是指创业者在"开始一个新企业活动"和"新创一个企业"的想法的吸引下，由于创业者自身的个人特质和商业机会本身的吸引而产生的创业行为。

全球创业观察组织（The Global Entrepreneurship Monitor，GEM）于 2001 年提出了生存型创业和机会型创业的概念，这一概念的提出是建立在前人对推动型创业和拉动型创业的研究基础之上的。在报告中，生存型创业被定义为那些因为没有其他就业选择或对其他就业选择不满意而从事创业的创业活动；机会型创业被定义为那些为了追求一个商业机会而从事创业的创业活动。以往我们所熟知的学生休学创业、海归派回国创业均是因为他们发现工作有吸引力，更能实现自我价值、发挥自我能力，属于机会型创业；而有些创业者是因为没有其他适合他们的工作，为了生存而进行创业活动，属于生存型创业。

李伟：庆幸站在了创业的风口上

2012年，还在华为公司工作的李伟不甘心于已有的生活方式，动了创业的心思。在移动互联网开始升温的2012年，李伟接受了一些做游戏的朋友的建议，着手做游戏的智能化测试。李伟谈论做Testbird的初衷时说，他发现很多游戏公司还是以手动测试为主，为了做兼容性测试，需要买很多部手机，成本很高，而测试人员需要一部手机、一部手机的去试，效率很低，是一个非常枯燥、重复的工作。李伟便抓住这个机会窗口，在2013年年初成立Testbird，正式开始开发手游自动化云测试平台，目标为手游发行商、手游渠道商、手游开发团队提供专业的自动化测试服务，成立全球第一个手游云测试平台。在李伟看来，Testbird发展如此顺利，首先，要庆幸有一定的运气成分在，赶在手游最火的时机进入；其次，对手游领域的专注；拥有开发能力强，可以快速响应客户需求的技术团队；选择安全、中立、可靠地华为云服务作为坚实的后盾，解决了IT资源的后顾之忧等也都是其成功的重要条件。

资料来源：根据"创业邦.《云集精英之我的创业故事（二）》Testbird 李伟：庆幸站在了创业的风口上. http://wvv.cyzone.cn/a/20141217/267145.html. 2014年12月17日"改编。

讨论：你认为李伟的创业是属于生存型还是机会型？为什么？

李菲：从澳门小姐到集团副总

李菲是中国澳门第一个世界冠军，历史上最年轻的受勋人士，中国澳门特别行政区政府功勋运动员。1996年李菲获得澳门小姐亚军兼最上镜小姐奖项。1997年开始，以新一代动作女星姿态勇闯中国香港娱乐圈，集自然内敛的表演功底及挥洒自如的武术造诣于一身。2008年3月李菲受邀国内著名电子企业、全球第一家于韩国股票上市的外国公司——三诺数码集团担任副总裁。说起李菲的经历，多少会让人感到讶异——从职业运动员到世界冠军，从澳门小姐到影视明星，从离婚后的生活窘迫到上市公司副总裁，李菲的每一次转身似乎都出人意料。

2007年，李菲与丈夫离婚，除了孩子的抚养费，丈夫王敬没多给她一分钱。迫于生活的压力，她决定复出挣钱。但一切并没有想象的顺利，后经赵文卓指点李菲改变了策略，开始从事商业，从普通销售人员做起，2008年创建了自己的电商网站。第二年3月，李菲创建的品牌被全球第一家于韩国股票上市的公司三诺数码集团收购，李菲任集团副总裁。2011年，李菲创办深圳市世纪领军影业投资有限公司，以出品人身份回归电影，开创了中国"股票电影"的投资模式。

资料来源：根据"经理人网.《李菲：从澳门小姐到集团副总 无处不"冠军"》. http://w ww.zhiyin.cn/zc/2010/0307/article_4469.html.2010年3月7日"改编。

讨论：你认为李菲的创业是属于生存型还是机会型？为什么？

2.3.2 基于新企业建立渠道的分类

按照新企业建立渠道可以将创业划分为三种类型：独立创业、母体脱离和企业内创业。独立创业主要指与原有组织实体不相关的个体或团队的创业行为，而后两者主要是由已有组织发起的组织创造、更新与创新活动。虽然在创业本质上，这三者有许多相似点，但由于初始资源不同、战略目标不同、组织形态不同等，它们在创业风险承担、成果收获、创业环境、创业成长等方面存在很大的差异。

① 独立创业

独立创业是指创业者个人或创业团队白手起家进行创业。独立创业可能基于各种原因，如发现了很好的商业机会；独立性强不愿受别人管制；失去工作或找不到工作；对大组织的官僚作风和个人前途感到无望；受其他人创业成功的影响等。独立创业获得成功的例子不胜枚举，一些赫赫有名的创业者许多都是白手起家发展起来的。

独立创业的生涯充满挑战和刺激：你的想象力和能力可以得到最大程度的发挥，而不会受到单位中官僚主义的压制和摧残；你可以自由地施展你的才能和实现你的抱负，而不会有人对你指手画脚和发号施令；你可以接触各类人物，从事各类工作，经历各种感受，而不是固定地日复一日地从事单调、乏味的工作；你可以在短时间内获得大量财富，实现更高的需求，而不是重复工作、挣钱、消费这一简单的循环。这就是创业的魅力所在和人们趋之若鹜、心之所向的原因。

但是，独立创业的难度和风险较大。因为创业者往往缺乏足够的资源、经验和支持。资源需要费尽周折地去筹集，经验需要在成功与失败的实践中积累，来自各方面的支持十分有限。在独立创业的企业中，有一部分成功了，带来了成功的喜悦和成就感的满足，而另一部分却夭折了或增长缓慢，带来失败的打击和挫折感。创业失败既有外部的原因，如经济衰退、竞争加剧等，也有内部的原因，包括财务负担过重、没有足够的现金流、缺乏经验、创业者团队的矛盾与冲突、陷入法律纠纷等。创业失败的一个普遍原因是对自己开发的新产品或服务以及进入的新领域缺乏了解，准备不足，一旦遇到挫折和打击就束手无措，停滞不前。或者一开始很容易的成功使得创业者盲目乐观，变得自高自大和过于自信，认为自己无所不能，使得企业迅速扩张，超出创业者的管理能力，导致管理失控，产品和服务的质量下降，亏损加大，企业陷入危机之中。

② 母体脱离

母体脱离是公司内部的管理者从母公司中脱离出来，新成立一个独立企业的创业活动。母体脱离的创业者拥有创业所需的专业知识、经验和关系网络，生产同原公司相近的产品或提供类似的服务。母体脱离不是个别的现象。其原因可能是创业者与原管理层不和从而分离出来，或者是创业者发现了商业机会但原管理层不认同或不重视。

母体脱离的频繁程度与产品所处的生命周期和行业类型有关。母体脱离更多地发生在产品生命周期的早期阶段和新兴行业。因为这时产品供不应求，竞争还不激烈，市场空间很大，预示着巨大的商业机会。美国硅谷和北京中关村的发展就是典型的由一家公司裂变为两家，两家裂变为四家甚至更多公司例子。

新兴行业或者非新兴行业但进入障碍小的行业容易发生母体脱离。例如，谷歌前员工凯文·斯特罗姆（Kevin Systrom）从 Google 离职后与其他人联合创办了照片分享应用 Instagram。2012 年，Facebook 斥资 10 亿美元（约合人民币 61.5 亿元）收购了 Instagram。酷我音乐董事长兼 CEO 雷鸣是百度创始七剑客之一，首席架构师，他于 2005 年 8 月与怀奇女士创办酷我公司。再如，餐饮业中一个手艺好的厨师离开老板自己开业，咨询业中一个优秀的咨询专家积累了丰富的经验和客户后另起炉灶等，都是十分普遍的现象。

母体脱离的成功与否与创业者的筹集资金和组建团队的能力密切相关。寻求资金支持是母体脱离的创业者面临的最大挑战之一，因为离开资金支持，创业活动难以起步和展开，创业者必须在筹集资金以及运用资金方面具有创造力。因为母体脱离的创业者可能只是某一个方面的专家，最常见的是技术专家或营销高手，他们欠缺其他方面的管理技能，这就需要组建一个高效的创业团队，来各尽其职、各显其能地进行创业活动。2015年，万科集团副总裁刘肖和链家地产掌门人左晖喝咖啡时一拍即合，敲定万科和链家合作进军装修业，一场"脱离母体"公司的创业实践随即展开。"脱离母体"的意义在于，新业务将独立运营，而不是万科、链家产业链中的一环。万链不与万科、链家产业有关联业务仅仅是开始，从双方调来的管理团队也被要求脱产创业。尽管如此，万科、链家对其的隐形"输血"却从未停止。有着多年经验的万科，将其采购、质检、设计、研发体系"无偿"输送给了万链；链家在北京的几千家门店和数万经纪人成为万链获取 C 端的最佳渠道。

③ 企业内创业

企业内创业是指在大企业内部创业。现在的大企业已经不再是创业热潮中的旁观者和被动的应对者，甚至一些知名的大公司也在积极地寻找和追逐新的、有利可图的创意和商业机会，这就是内部创业者要完成的工作。

中国大陆最早尝试内部创业的是华为。2000 年 8 月 15 日，华为出台了《关于内部创业的管理规定》，凡是在公司工作满 2 年的员工，都可以申请离职创业，成为华为的代理商。公司为创业员工提供优惠的扶持政策，除了给予相当于员工所持股票价值 70%的华为设备之外，还有半年的保护扶持期，员工在半年之内若创业失败，可以回公司重新安排工作。随后，华为内部不少技术骨干和高层管理人员纷纷出去创业，其中包括李一男、聂国良两位公司董事会常务副总裁。

中国 PC 生产巨头联想也在内部创业方面进行了许多新的尝试和探索。2014 年 12 月 11 日，联想为鼓励内部创业，成立了神奇工场。央视新闻联播头条曾报道了对神奇工场 CEO 陈旭东的采访，并评价到"用户需求成了产品升级的驱动器，创业冲动催生了公共创新的服务器。开放共享、协同创造的互联网思维，正在搭建一个又一个资源整合新平台，释放新活力，开拓中国产业升级的新路径。"2015 年 3 月 25 日，神奇工场还举办以"智享轻生活"为主题的智能家居体验，正式发布全球首款免安装路由器以及全球最小的智能家居平台。就这样，神奇工场从移动互联网切入，一方面帮助创业公司将想法转变为现实，另一方面也帮助传统的企业向互联网转型，使联想实现了从关注硬件到关注硬件+软件+服务平台三位一体的转型。

一直"鼓励员工在完成本职工作中之外，用 20%的工作时间研究自己喜欢的项目"的谷歌公司，于 2016 年 3 月推出了内部孵化器"Area 120"项目，旨在让团队可以尝试各种有望成为最终产品，或集成到现有产品中的新奇创意，用于支持员工进行内部创业。员工可提交 BP 申请加入，被批准后便可全职将该想法落地，如果成功的话可以单独成立公司并获得 Google 的投资。

2.3.3 基于创业效果的分类

依据效果对创业进行分类是一种常见的分类形式，这样的分类有助于创业者关注创业活动效果，提升创业活动质量，也有助于创业活动的成功。在这方面克里斯汀和戴维森的分类更具有代表性。

克里斯汀等人依照创业对市场和个人的影响程度，把创业分为四种基本类型，如图 2.4 所示，即复制型创业、模仿型创业、安家型创业和冒险型创业[28]。

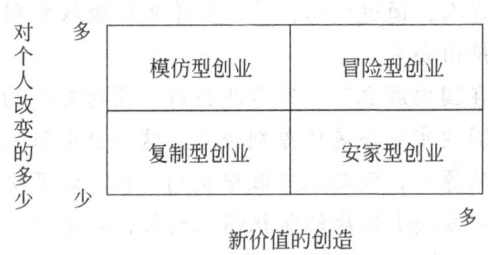

图 2.4　基于价值创造的创业类型

① 复制型创业。这种创业模式是在现有经营模式基础上的简单复制。例如，某人原先担任某家电公司部门主管，后来他自行离职，创建了一家与原家电公司相似的新家电公司，使新组建公司的经营风格与离职前那家公司也基本相同。现实中这种复制型企业的例子特别多，是由于前期生产经营经验的累积而使得新组建公司成功的可能性很高，但在这种类型的创业模式中，创新贡献较低，也缺乏创业精神的内涵，并不是创业管理研究的主流。

② 模仿型创业。模仿型创业虽然很少给顾客带来新创造的价值，创新的成分也并不算太高。但对创业者自身命运的改变还是较大的。如某煤矿公司的经理辞职后，模仿别人新组建一家网络公司。相对来说，这种创业具有较高的不确定性，学习过程较长，经营失败的可能性也比较大。不过，如果是那些具备创新精神的创业者，他们能够得到专门化的系统培训，注意把握市场进入契机，创业成功的可能性是比较大的。

③ 安家型创业。这种形式的创业，其创业者创业个人命运的改变并不大，所从事的虽然仍旧是原先熟悉的工作，但的确在不断地为市场创造新的价值，为消费者带来实惠。例如，企业内部的研发小组在开发完成一种新产品后，继续在该公司开发另一种新产品。安家型创业强调的是个人创业精神的最大程度实现，而并不对原有组织结构进行重新设计和调整。

④ 冒险型创业。冒险型创业模式，将极大地改变个人命运，从事一项全新的产品经营，个人前途的不确定性也很大，同时，由于是创造新价值的活动，因此将面临较高的失败的可能性。尽管如此，由于这种创业预期的报酬较高，对那些充满创新精神的人来说仍富有诱惑力，但是它需要创业者高超的能力，适当的创业时机，合理的创业方案，科学的创业管理。

2.4　创业精神与企业社会责任

陈欧："我为自己代言"

在南洋理工大学读书时，陈欧凭着一台计算机，搭建起了一款在线游戏平台 GG，并邀请到了两位顶级魔兽高手，WCG 冠军和 ESWC 冠军进行巅峰对决。这为他赢得了第一批用户。但随着用户量的增加，没有资金储备的陈欧日渐窘迫，能拉到的赞助可谓杯水车薪，投资人对他不屑一顾，这让 GG 的发展举步维艰。而这时，陈欧要去斯坦福读 MBA，于是他便引入一位职业经理人打理公司，并出让了部分股权。随后，这位职业经理人引入其他天使投资人，通过运作，使陈欧手里的股权只剩 30%多，陈欧失去了对公司的掌控，最终被排挤出公司。

第二次创业，陈欧在国内成立了一家游戏公司，模仿美国的商业模式，在社交游戏中内置广告。但是由于国内市场与美国差别较大，这个公司很快也破产了。失败并不可怕，关键是要知道失败的原因，还要从失败中找到商机。这两次失败的创业经历让陈欧有了两个收获：一是公司需要有健康的股权组织构架；二是照搬国外模式是行不通的。

2010 年 3 月，陈欧、戴雨森联合创立聚美优品，以团购模式切入化妆品电商行业。生意火得一塌糊涂，但很快遭遇"301"滑铁卢。聚美"301"遭遇滑铁卢，让他认识到网站崩盘意味着技术的系统架构、代码质量存在问题，至于爆仓，则是发单能力远落后预期。于是，他冷静下来，正视公司发展中拔苗助长的过程，开始重视整个团队的发展。失败不可避免，失败是挫折、是痛苦，更可能是灾难。人人都不想失败，害怕失败，但一定会有失败的时刻。所以失败需要学习、需要适应，更需要奋进和努力。他很庆幸，每次都没有被失败压倒，每次都能从失败中昂起头来，从失败中学习，努力尝试不输，把失败变成成功。

现在，聚美优品已经成为中国最大的化妆品限时折扣网站，2014 年 5 月 16 日，聚美优品正式在美国纽约证券交易所挂牌上市，市值超过 35 亿美元。陈欧成为纽交所 220 余年历史上最年轻的上市公司 CEO，其所持股份市值超过 11 亿美元。2015 年，陈欧以 11 亿美元获得亚洲十大年轻富豪第六名。在聚美优品的广告中，陈欧为自己代言，他一番励志的话语激励了更多正在创业的年轻人。他说："也许会失败，但人生很短，千万不能让自己后悔，哪怕遍体鳞伤，也要活得漂亮。"要想成功，先要迈过失败那道坎。2017 年，面对互联网环境下激烈的竞争以及不确定性，聚美优品的发展面临着很大的挑战。陈欧在主营业务之外，开始进军智能家居领域以期实现多领域、跨平台发展，至于成果如何还需要时间和市场的检验。

资料来源：节选自"南方财富网.《最年轻上市公司 CEO，真如表面上一帆风顺》. http://z mt.southmoney.com/kandian/2016/05/600252.html.2016 年 5 月 12 日"。

作为一名"80 后"创业成功者，陈欧是一个成就感驱动的人。他没法容忍自己是一个平庸的人，对他来讲，平庸就是失败。对于陈欧来说，他的每一次创业，都没有被先前的失败所压倒，每次都能从失败中昂起头来，从失败中学习，努力尝试不输，把失败变成成功。创业是个艰难的过程，并不是仅凭简单的梦想就能成功。因此，创业者应该具备领导能力，强大的判断力和学习能力，以及必不可少的创业激情和创业精神。

2.4.1 创业精神

"创业精神"作为一种奋发向上、积极进取、追求进步、建功立业的精神状态，充分体现着一个民族自强不息的坚定意志，展现着一个社会蓬勃发展的强劲势头，是社会进步的强大精神力量。

德鲁克在萨伊价值创造定义的基础上,将机会作为研究重点,指出创业者并不需要引起变革,而是善于利用由于技术、消费者偏好和社会标准等变化所创造的机会。以机会为核心的定义成为当今创业者精神研究主流,这也正是当今管理学者对于萨伊价值创造思想的继承,因为识别和把握机会是创业者高效使用资源创造价值的一种方式。在德鲁克看来,创业精神是一个创新的过程,在这个过程中,新产品或新服务的机会被确认、被创造,最后被开发来产生新的财富。换而言之,创业精神的核心在于创新精神,在于最终为社会创造出新的价值,也就是创业者通过创新的手段,将资源更有效地利用,为市场创造新的价值。创新精神之所以成为创业精神的核心,归根结底是创业活动的开拓性所决定的。由于创业是一种创造性的活动,它本身就是对现实的超越,是一种创新。因此,创业离不开创新,创新是创业的题中应有之义[29]。同样,"创新之父"熊彼特也指出,所谓创新就是创业者对新产品、新市场、新的生产方式、新组织的开拓以及新的原材料来源的控制调配,创业者被称为"创新的灵魂"[30]。

此外,还有学者从其他视角对创业精神进行了解读。斯迪文森(Howard Stevenson)将资源充足性作为对机会导向创业者精神定义的补充,指出创业者精神是不受当前所拥有资源的限制而不断追逐机会,创业者善于整合他人资源来实现自身愿景。可见,创业者精神理论的研究并不限于创立新的企业。在对新时期社会型组织研究的基础上,佐治亚·迪斯指出,在新时期社会型组织的建立和成长过程中,体现出很强的创新性、机会导向和整合资源能力,同时拥有良好个人声誉、成就欲望和资源整合能力的创立者是社会型组织建立的重要推动因素。约翰·汤普森指出无论创业者精神研究范围如何,均应包括三个关键因素——愿景、能够实现愿景的创业者和成长欲望。而社会领域中同样存在这三个关键因素,因此,社会领域同样存在创业者精神,即社会创业者精神,社会创业者精神是创业者精神在社会领域的拓展[31]。

创业精神是一种类似能够持续创新成长的生命力。依据创业精神的主体差异,有学者将创业精神分为组织的创业精神和个体的创业精神。其中,组织的创业精神是指在已存的一个组织内部,以群众力量追求共同愿景,从事组织创新活动,进而创造组织的新面貌;个体的创业精神,指的是个人力量、在个人愿景引导下从事创新活动,并进而创造一个新企业。

在当今激烈的市场竞争环境下,弘扬创业精神与进行创新是相辅相成的。熊彼特和德鲁克所描述的创业精神,是企业可持续发展的直接推动力。企业生存的环境无时无刻不在发生着变化,这要求企业在发展过程中也随之变化调节。然而现实往往很残酷,社会、经济、政治压力和竞争压力接踵而至,小企业在面对挑战时所表现出的灵活性是他们最重要的生存法宝,而其根源就是创新精神。许多大企业也同样在进行着不断的变革,但由于大企业受到自身既得利益的影响,变革阻力较大。而可持续发展的大企业都有持续不断的创新精神,可以让"大象"翩翩起舞。

2.4.2 创业企业社会责任

王老吉:将社会责任化为企业发展原动力

雅安地震、云南鲁甸地震、"尤特"强台风、四川九寨沟7.0级地震……每一场灾害发生后,王老吉都积极响应国家号召,及时组织人力物力为灾区提供援助,反映了王老吉对待社会、环境和人的本心。不仅第一时间进行捐助,更明白身处灾区的人们需要的并不仅仅是一时的捐款,而是更长远的、能持续继以为生的援助。因此王老吉积极地在当地投建生产线,拉动当地就业和经济,走出了一条可持续发展的公益之路,不仅及时"输血",更帮助"造血",行善有道方能够源远流长,方能体现健康吉祥。

作为一个做正宗凉茶,为大众清热祛暑湿的品牌,王老吉洞察夏季高温一直都对户外人员的身心健康带来挑战。高温天气来袭时,王老吉心系户外劳动者,携手权威媒体深入全国八大省市、地区进行调查,了解户外高温者的工作情况,联合发布全国首份《户外高温劳动者调查报告》,并倡议社会各界成立"高温关爱日",开启"王老吉夏日清凉战车"全国巡游之旅,联动社会各界,为交警、快递、电力工人等各类户外劳动群体送上解暑凉茶、科普科学防暑知识。

这一场有温度的公益行动,即反映了品牌着眼于实处,更体现了一线基层做实事的执行力。

资料来源:节选自"经理人网.《王老吉:将社会责任化为企业发展原动力》. http://www.sino-manager.com/65082.html. 2017 年 8 月 15 日"。

企业社会责任问题日益受到各国政府和民众的广泛关注。新的《中华人民共和国公司法》第五条明确要求,公司从事经营活动必须"承担社会责任",公司理应对其劳动者、债权人、供货商、消费者、公司所在的居民、自然环境和资源、国家安全和社会的全面发展承担一定责任。《公司法》不仅将强化公司社会责任理念列入总则条款,而且在分则中设计了一套充分强化公司社会责任的具体制度。可见,企业社会责任在我国具有了法律地位。

企业社会责任(corporate social responsibility,CSR)最早于 1924 年由英国学者欧力文·谢尔顿提出,其基本含义是指企业在创造利润、对股东承担法律责任的同时,还要承担对员工、消费者、社区和环境的责任,保护其权益,以获得在经济、社会、环境等多个领域的可持续发展能力。企业得以可持续经营,仅仅考虑经济因素对股东负责是远远不够的,必须同时考虑到环境和社会因素,承担起相应的环境责任和社会责任。

在欧美发达国家,企业承担社会责任已经从当初以处理劳工冲突和环保问题为主要追求,上升到实施企业社会责任战略以提升企业国际竞争力的阶段。在时间上,随着企业社会责任运动的发展,越来越多的公司通过设立企业社会责任委员会或类似机构来专门处理企业社会责任的发展,越来越多的公司公开发表社会责任报告。对于西方国家的创业者及其企业来说,承担企业社会责任就是要积极参与企业社会责任运动,贯彻执行由此衍生的 SA8000 等各种企业社会责任国家标准[32]。

尽管企业社会责任问题已经越来越多地受到企业界和理论界的关注,但是由于其含义本身的模糊性,加之不同学者研究的视角不一样,企业社会责任目前还没有统一的定义。学者们从不同视角对企业社会责任的含义进行了解读。

1. 对企业社会责任的认识

(1)企业社会责任的古典观

古典观的最重要倡导者是 1976 年诺贝尔经济学获得者、美国经济学家米尔顿·弗里德曼，他认为在自由企业制度中，企业管理者必须要对股东负责，而股东想尽可能地多获取利润，因此，企业的唯一使命，就是要力求达到这一目的。企业唯一的社会责任是在比赛规则范围内，为增加利润而运用资源、开展活动。

（2）企业社会责任的社会经济观

持社会经济观观点的学者认为：利润最大化是企业的第二目标，企业的第一目标是保证自己的生存。为了实现这一点，他们必须承担社会义务以及由此产生的社会成本，他们必须以不污染、不歧视、不从事欺骗性的广告宣传等方式来保护社会福利，他们必须融入自己所在的社区及资助慈善组织，从而在改善社会中扮演积极的角色。

2. 企业社会责任的主要内容

（1）经济责任

企业必须承担经济责任，最直接地说就是盈利，尽可能地扩大销售，降低成本，正确决策，保证利益相关者的合法权益。这也是企业社会责任最基础的层面，没有经济责任作为基石，企业社会责任这个金字塔便只能是空中楼阁。

（2）法律责任

企业承担的法律责任具体表现在企业应遵守所有的法律、法规，包括环境保护法、消费者权益保护法和劳动法。企业的法律责任主要有：完成所有的合同义务，带头诚信经营，合法经营，承兑保修允诺；带动企业的雇员、企业所在的社区等共同遵纪守法，共建法治社会。

（3）道德责任

道德责任包括那些为社会成员所期望或禁止的、尚未形成法律条文的活动和做法。消费者、员工、股东和社区认为公平、正义的，同时也能尊重或保护利益相关者道德权利的，凡是能反映信义的所有规范、标准、期望都是道德责任所包括的。

（4）慈善责任

企业的慈善活动或行为被视为责任是因为它们反映了公众对企业的新期望。这些活动是非强制性的，取决于企业从事这些社会活动的意愿。这样的一些活动包括企业捐赠、赠送产品和服务、义务工作、与当地政府护的其他组织的合作，以及企业及其员工自愿参与社区或其他利益相关者的活动。

3. 提高创业企业社会责任的主要方式

创业企业是中国经济持续发展的重要力量，也是和谐社会构建的重要组成部分。因此，创业企业除了关注自身发展，还应承担更多的社会责任，在创建伊始就应清楚地认识到推行企业社会责任的重要意义。事实上，创业企业也正以其独特的方式进行着社会责任的实践。创业企业的社会责任实践不仅为社会做出了贡献，而且促进了其生存和成长。其原因就在于社会责任的实践致力于利益相关者的社会关注，创造正面的企业形象和发展与消费者及其他利益相关者积极的关系，因此，创业企业也能够从社会责任实践中获益[33]。创业者可从以下三个方面着手提高承担企业社会责任的意识和能量。

第一，制定实施体现企业社会责任的竞争战略。突破传统的企业竞争战略，在勇于承担企业社会责任的同时,打造企业新的竞争优势是我国新一代创业者的必然选择。

第二,把企业社会责任建设融入企业文化建设中。企业文化建设其实是企业发展战略的一部分,企业文化建设既可以提高企业的竞争能力,也可以使人在工作中体会到生命的价值。把企业社会责任作为新时期企业文化整合和再造的重要内容,已成为国际企业文化发展的大趋势。

第三,把社会责任的理念付诸实实在在的行动。在企业的日常经营管理中,不仅要对股东负责,对员工负责,还要对客户、供应商负责,对自然环境负责,对社会经济的可持续发展负责。

Warby Parker:企业社会责任愈发重要而非过时

美国眼镜公司 Warby Parker 受人喜爱的原因之一是其具有独特的企业家精神。宾夕法尼亚大学沃顿商学院的四个学生在校期间创建了这个公司,创建人之一曾在 NGO 工作过,做过很多关于眼镜需求方面的研究。他们建立了引领性的独特商业模式——"买一捐一",就是每卖出一副眼镜,便捐赠出一副眼镜给印度农村,使印度贫穷地区的弱势群体也能戴上眼镜看书和学习。这种独特的公司文化和捐赠形式,与消费者之间形成了很好的互动,使消费者清晰地知晓企业捐赠的去向,并且乐于参与到企业社会捐赠的行为中。

通过这种方式,Warby Parker 发展得很快,其中的奥妙就在于,它不仅追求经济效益,而且也为社会做了好事。当消费者知道他们每消费一副眼镜,就帮助了发展中国家的一个需要眼镜的人获得更好的学习机会时,他们会更乐意消费这个公司的产品。

一开始做这件事情的时候,有企业家个人的情怀在里面,随着公益理念的传递,企业家精神逐步显现,有力地推动了企业帮助解决社会问题,这反过来又为企业创造了很大优势。这家公司在取得辉煌商业成就的同时,其市场估值也迅猛超过 10 亿美元,成为极少数非科技类创业公司中的"独角兽"。

资料来源:根据"新浪公益.《企业社会责任愈发重要而非过时》. http://gongyi.sina.com.cn/gyzx/qt/2016-09-02/doc-ifxvqctu6027687.shtml.2016 年 9 月 2 日"改编。

2.5 创业过程

2.5.1 创业过程的阶段划分

创业过程是指创业者发现并评估商机,并且将商机转化为企业,以及创业者对新创企业进行成长管理的过程。创业过程不仅涵盖的时间较为漫长,而且涉及的因素也比较复杂。因而具有较大的挑战性和诱惑性。创业者只有对创业过程有清醒的认识,才能更加积极地面对创业过程中可能出现的困难和挑战,知难而进,直至创业成功;而对于投资者,只有对创业过程的长期性和艰巨性有全面的把握,才能更加审慎地评估投资对象,选择投资战略,直至获得最后的投资收获。因此,无论对于创业人员还是投资者,创业过程的学习都具有重要的意义。

由于研究重点的不同,学者们关于创业过程的划分方式也不尽相同。按照管理活动可以将创业过程划分为三个阶段，按照生命周期理论可以将创业过程划分为四个阶段，奥利夫则从创业者个人的事业发展角度出发，认为创业过程包括八个关键步骤。

1. 三阶段创业过程

按照创业过程中各项具体管理活动的发生顺序，可以将创业过程划分为三个阶段：决定创业阶段、创办企业阶段以及新创企业成长阶段。

（1）决定创业阶段

这一阶段可能尚未开始正式的创业活动，创业者可能刚刚在脑海中形成一个创业的初步决定。而之所以把这一阶段单独列出来，主要原因是这一阶段是创业活动开始的标志，同时，在这一阶段也隐含着创业者进行创业的最初动机。一个意外事件的发生，一个突发念头的影响都有可能导致一次创业活动的开始。经过了这一阶段，创业者也就正式站在了创业的起跑线上。在决定创业阶段，创意挖掘是可以识别的主要任务。每一项具体的创业活动都脱胎于一个最初的模糊创意。因此，在决定创业阶段，创业者需要尽可能挖掘更多的创意，并且从中寻找出可能进一步开发的机会。在实践中，创意有着不同的表现方式：或是一项尚停留在实验室中的研究成果，或是一套全新的经营方案，或仅仅是一个突发奇想的点子。而所有这些创意都有着一个共同的特点，即较大的不确定性和未知性。这就决定了创意挖掘的过程具有较大的随机性。有时苦苦思索却毫无结果，有时却在不经意间萌发了创意。然而，尽管具有较大的未知性，但挖掘创意始终是创业过程不可缺少的一个步骤。一个创意的好坏在一开始就决定了创业的成败。

（2）创办企业阶段

一旦创业者选择了大致的发展方向，并且下定了创业的决心，就进入了准备创业的阶段。在这一阶段，创业者需要把创业方向进一步明确，同时寻找潜在的创业伙伴，共同开发创业机会。如果创业者想要获取一些外部资源支持创业活动，则需要编写一份正式的商业计划书来实现这一目的。因此，这一阶段实际上是正式创业活动的开始，一直持续到企业正式创办。在这一阶段中，典型的创业活动包括识别创业机会、组建创业团队和编制商业计划书。

（3）新创企业成长阶段

虽然企业在经历了众多困难后，初步建立起来了，但这并不表示创业已经获得了成功。对于创业者来说，新创企业成长管理的意义绝不低于创建新企业。创业者需要时刻谨慎地把握企业的发展方向，根据企业的发展阶段适时地制定解决方案，推动企业发展。在成长管理阶段，典型的管理活动包括融资活动、战略管理、营销管理和人力资源管理四个部分。

2. 四阶段创业过程

霍尔德（Holt，1992）从企业的生命周期角度出发，提出创业过程的四阶段模型，如图2.5所示。

也有学者认为，创业就是要创建一个新的企业或者发展一个新的经营模式，认为创业过程包括发现和评估市场机会、准备和撰写创业计划、确定并获取创业所需要的各种

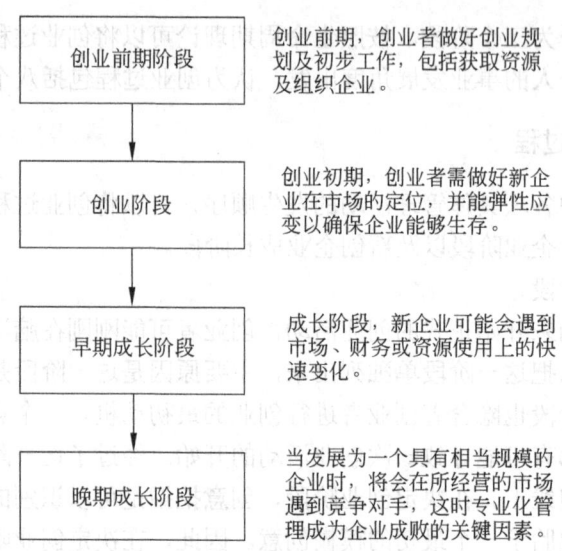

图 2.5 霍尔德的四阶段创业过程

资源以及管理新创企业四个关键阶段。

（1）发现和评估市场机会

创业者初创企业的动力往往是发现了一个新的市场需求或者发现市场需求大于市场的供给能力，或者认为新产品能够开启新的市场需求。但是，这样的市场机会并非只有创业者自身认识到了，其他的竞争者也许同样准备加入这个行列。因此，并不是每个市场机会都需要付诸行动去满足它，而是评估这个机会所能带来的回报和风险，评估这个市场机会所创造的服务或产品生命周期，它能否支持企业长期获利，或者能否在适当的时候及时退出。

（2）准备和撰写创业计划

创业计划不仅是说服自己，更是说服投资者的重要文件。同时，创业计划也将使创业者深入地分析目标市场的各种影响因素，并能够得到基本客观的认识和评价，使创业者在创业之前，能够对整个创业过程进行有效的把握，对市场机会的变化有所预警，从而降低进入新领域所面临的各种风险，提高创业成功的可能性。

（3）确定并获取创业所需要的各种资源

创业企业需要对创业资源区别对待，对于创业十分关键的资源使用要严格控制，使其发挥最大价值，而且对于创业企业来说，掌握尽可能多的资源有益无害。当然还有一个问题是如何在适当的时机获得所需的资源。创业者应有效地组织交易，以最低的成本和最少的控制来获取所需的资源。

（4）管理新创企业

从企业发展的生命周期来说，新创企业需要经过初创期、早期成长期、快速成长期和成熟期。在不同的阶段，企业的工作重心有所不同。因此创业者需要根据企业成长时期的不同阶段来采取不同的管理方式和方法，以有效地控制企业成长，保持企业健康发展。比如，在初创时期和早期成长期，创业者直接影响着创业企业的命运，在这一时期，集权的管理方式灵活而高效，而到快速成长期和成熟期，分权的管理方式才能使企业获得稳步的发展。

3. 创业过程的八个关键步骤

奥利夫（Olive，2001）从创业者个人的事业发展角度出发，将创业过程分为八个步骤，并主张创业过程管理的重点在创立新企业的部分，只要创业取得获利回收，就算完成预期目标，至于有关企业的永续经营，则不属于创业管理的范畴。图 2.6 为奥利夫提出的创业过程。

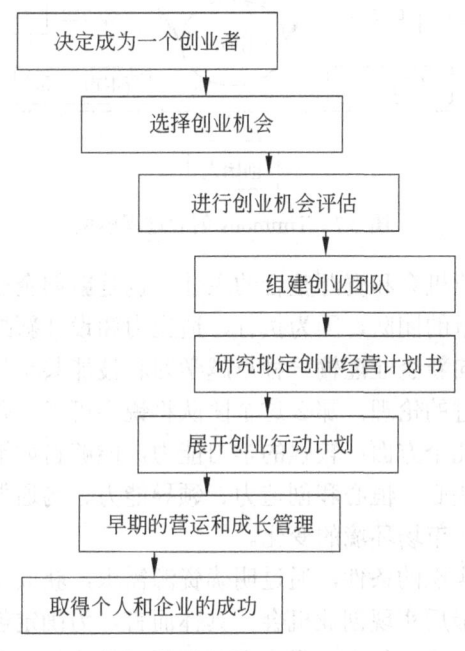

图 2.6　奥利夫的八步骤创业过程

2.5.2　创业过程模型

1. 蒂蒙斯（Timmons）创业过程模型

蒂蒙斯（Timmons）于 1999 年在其著名的"New Venture Creation"一书中系统地提出了一个创业过程模型，在 2004 年此书的第六版中他又进一步完善了这个模型（如图 2.7 所示）。蒂蒙斯的创业模型强调创业是一个高度动态的过程，要想获得创业成功，创业者必须能够实现商业机会、创业团队和创业资源三者的匹配与平衡，并且要能随着事业发展而做出动态的调整。

如图 2.7 所示，在蒂蒙斯创业过程模型中，将机会、资源和团队作为创业过程中最重要的驱动因素，为此该模型也被称为"三驱动力模型"。创业过程由机会所启动，在组成创业团队之后取得必要的资源，创业计划方能顺利开展。具体而言，机会是创业过程的核心要素，创业的核心是发现和开发机会，并利用机会实施创业，因此识别与评估市场机会是创业过程的起点,也是创业过程中一个具有关键意义的阶段。

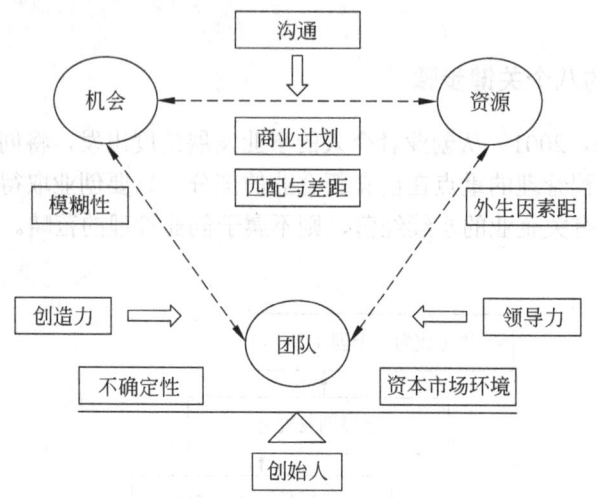

图 2.7 Timmons 创业过程模型

创业团队是实现创业机会和资源整合的主体,也是新创企业的关键组织要素。没有什么能够替代绝对高质量的团队,因为执行、适应力和设计新战略等是生存和成功的关键所在。如果团队能够向新企业灌输一种卓越学习和技能共享的哲学和文化,一种高标准、传递结果和持续改进的伦理,那么这个团队将锐不可当。蒂蒙斯认为,创业团队必备的基本素质包括以下几个方面:较强的学习能力,能够自如地对付逆境,有正直、可行、诚实的品质,富有决心、恒心和创造力、领导能力、沟通能力,但最为重要的是团队要具有柔性,能够适应市场环境的变化。

资源则是创业机会实现的条件,通过明确资源需求,获取资源,并合理地实现各种资源的有机组合,才能最后实现创业机会。具体而言,为确定创业所需的资本总量,创业者必须明确必需资源的最小集合。因为有些资源可能比另一些更重要,创业者该做的第一件事是确定哪种资源是获取市场成功的关键,即公司打算在哪些方面比竞争对手做得更好,也就是应明确把有限资源集中投入的地方在哪里。

2. 克里斯蒂安(Christian-Julien)模型

2000 年,Christian 和 Julien 认为创业管理应该聚焦于创业者与新事业之间的互动,并以此为核心来开展创业活动。在他们构建的创业模型中(如图 2.8 所示),创业者与新事业是两个主要的元素。由于 Christian-Julien 模型主要强调创业者与新事业的互动关系,因此,可以说他们把如何创立新事业、随时间而变的创业流程管理和影响创业活动的外部环境这三个问题看作创业管理的核心问题。此模型认为,在个人与新事业的互动下,随着时间的变迁,创业企业根据一定的流程演进与发展,在企业发展的整个流程中,外部环境不断对企业产生影响,使创业者个人与新事业之间的关系不断复杂化。因此,创业流程管理也会日趋复杂,并在一定程度上成为创业者—新事业、时间和环境的函数[33]。

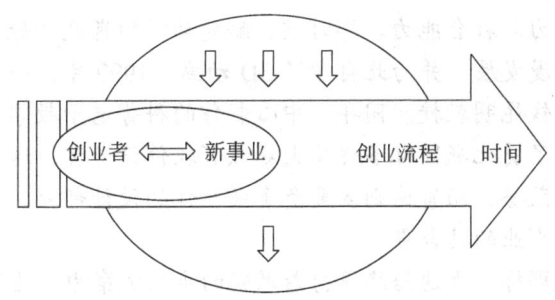

图 2.8 Christian-Julien 创业过程模型[33]

Christian-Julien 模型与 Timmons 模型一样，非常重视创业者的作用，把创业者视为创业活动的灵魂和推手，强调发展创业者的创业才能是创业管理工作的一大重点。虽然有人认为创业者敢于冒险、勇于开拓的个性属于先天的人格特质，后天很难培养，但 Christian-Julien 模型所强调的"创业者与新事业互动的能力"以及 Timmons 模型所强调的"创业者随环境变迁而动态调整创业模式的能力"，都与人格特质没有很大的关系，这说明创业者的能力确实可以通过系统的创业管理教育和创业实践来培养。

本章小结

创业者在企业创建和发展过程中担当多重角色，创业者的知识结构和创业者能力决定了其是否能够胜任这些角色，优秀的创业者往往具有独特的素质和能力。创业精神是指组织上下同心协力，积极发挥创造力，不畏艰险，努力使创新设想付诸实践，最终为社会创造出新价值的过程。虽然学者们的研究角度和侧重点都有所不同，但大多数都认为"创新"是创业者的典型特征，创新能力是创业者需要具备的关键能力之一。创业过程指的是创业者发现并评估商机，并且将商机转化为企业，以及创业者对新创企业进行成长管理的过程。只有充分了解创业的过程，创业者才能够更好地协调创业要素之间的关系，优化资源分配，以达到企业健康发展的目的。

重要概念

创业者　创业素质　创业能力　创业动机　创业精神　创业企业社会责任

讨论案例

博涛 Style：兴趣盎然的负重致远

对于 20 世纪七八十年代出生的人来说，《变形金刚》《圣斗士星矢》《七龙珠》等动画片一定不陌生，里面的经典人物更是耳熟能详。肖迪正是那一代人的典型代表，他对动画和漫画的喜爱，几乎达到了一种痴迷的状态。

大学期间，肖迪凭着一手好画进入学校的美宣部，后来担任学生会副会长，这极大

第 2 章　创业者与创业

地锻炼了他的组织能力与社会能力。那时候，酷爱动漫的肖迪开始有意识地从单纯的喜爱动漫渐渐向了解动漫发展，并为此自学了3D动画。1999年，一个偶然的机会，肖迪认识了多媒体中心的钱昆明教授。同年，中心制作的科普电子教学软件代表中国赴法国巴黎参赛，一举拿回了莫比斯国际多媒体大赛教育软件设计奖。这是中国迄今为止在该赛事上所获得的最高荣誉，而肖迪则主要负责该软件的设计部分。经历这件事情后，肖迪看到了自己兴趣与事业的结合点。

像所有的创业者那样，肖迪始终保持着敏锐的市场洞察力。他发现，随着3D动画技术的发展，动漫在人们的工作和生活中扮演着越来越重要的角色，动漫在商业中所占的比重也在与日俱增。而三维动画技术对于国内如日中天的地产行业而言，更是一种推销的绝好手段。通常地产商会在楼盘开盘前进行期房销售，这时，地产游历动画就可以让购房者提前看到自己未来家园的"真实"景象，这对于房产商的销售介绍以及消费者的直观感知起着不可缺少的作用。看准了这个机会，肖迪迅速召集了6个志同道合的软件工程师，组建了一个7人创业团队，并在2001年做了大连第一个地产游历动画——《兰亭山水》。这也是让肖迪一直引以为豪的一件事。之后几年里，肖迪与他的团队又陆续推出了多个地产游历动画，反响都很好。几次小试牛刀之后，终于在2005年7月，肖迪带着一支20多人的团队，在大连高新园区注册了大连博涛多媒体技术股份有限公司（以下简称博涛），开始了他负重致远但兴趣盎然的创业之路。

地产动画 vs 原创动漫

创业初期的压力超出了肖迪的想象。但肖迪坚信博涛会在地产游历动画这片蓝海中以坚持的姿态做到行业领先。在创业的第一年里，博涛主要的业务就是制作地产游历动画和广告视频短片。那段时间的肖迪真可谓是使出浑身解数来为博涛做宣传、拉业务，为了保证作品的质量，保证博涛的声誉，他会亲自为每一部作品进行最后把关。

在这样的不懈努力下，一笔100万的天使投资唤起了肖迪被压抑已久的"动漫情结"——搞自己的原创动漫！当时市场上的动画片远远没有现在丰富，他们策划了很多精彩的动画短片，如《天才老爸》《之乎者也》等，也采取了技术革新的手段来节约成本。然而，市场跟资金，永远是理想跟梦想的难题。肖迪逐渐意识到，公司首先要能够在外界激烈的市场竞争中生存下来，才有可能逐渐扩大实力进而发展自己的品牌。认清了这一形势，肖迪及时果断地停止了原创动漫的项目，将所有的人力、财力、物力重新转移到广告业务上面。

2005年至2008年期间正值地产发展蓬勃向上，国内以地产游历动画为主要业务的CG（computer graphic）公司像雨后春笋般冒了出来。而经过两年的快速发展，博涛逐渐成为大连房地产游历动画的领军企业，无论规模、效益还是影响力都名列第一。

然而，肖迪却看到了危机："博涛的业务完全依赖于房地产行业的兴衰，这就埋下了很大的风险隐患；而且地产游历动画这一领域产生了太多的竞争者，已经从蓝海变成了红海，导致作品价格越来越低而作品质量要求越来越高。"此时，肖迪回想起了他作为大连市重点扶持的动漫企业创始人，随市政府官员飞往日本考察索尼、万代等日本大中小企业的经历，这让他对动漫产业广袤的市场前景有了新的体会。

不久，在一次朋友聚会上，肖迪结识了从日本回国的李林。李林在日本负责公司软件外包给中国的业务，积累了不少国际业务的经验，而当他说出软件外包与动漫产业相结合的想法时更是让肖迪眼前一亮。二人相见恨晚，当天便一起探讨了动漫外包的业务规划，因为折服于肖迪的果断与魄力，也看好博涛的发展前景，李林丝毫不计较薪酬问题，便跟着肖迪干了起来。当时大连对日的IT外包业务全国领先，与日本企业的合作密切并融洽，大连企业很了解日本企业的需求，日本企业也优先考虑将业务外包给大连企业。整个城市从事对日软件外包的人才总量高达4万至5万人，其中不乏海归和名校精英，整个外包业务市场十分活跃。最重要的一点，日本动漫业一直很繁荣，肖迪相信博涛一定能够在动漫外包这一领域中斩获丰厚的回报。

在坚持中看到希望

理想很丰满，现实很骨感。真正进入动漫外包这一领域时才发现入门门槛非常高，中国企业的管理体系、企业员工的语言沟通、技术要求、审美观等方面都与日本存在很大差异，用做地产游历动画的技术和思路去做日本客户的单子是完全行不通的。要求苛刻的日本客户、一直在积累却始终有欠缺的技术与经验、不断增加的员工培训费使得对日动漫外包这一业务自2007年开展以来始终都没有盈利。太多的声音在劝肖迪放弃，不同于原创动漫，肖迪这一次选择了坚持。因为他看到了这一业务巨大的市场空间和发展潜力。

为了既谋求发展又保证生存，肖迪将博涛团队分为两部分：元老级的技术骨干张工以及三个在地产游历动画开发上颇有经验的工程师为一组，带领另一部分员工专注于地产游历动画业务，力求发挥原来积累的优势，最大限度提升利润空间；李林与三个有着丰富海外市场经验的工程师为一组，带领一部分员工进行对日动漫外包市场的开拓。随着新业务的拓展和团队的拆分，每个人的业务量都大幅增加。那段时间，博涛的员工常常在工作室里通宵达旦地修改作品，肖迪总会在大家眼睛酸涩、手脚发胀的时候带着大家做几下运动，喊上两嗓子，或者讲几个笑话活跃大家的思维。不需要物质的奖励，不需要加薪的刺激，只要肖总在，博涛的员工们总是精神百倍，信心满满。肖迪的身上就是有这种让人精神振奋的特质，总能让员工们觉得通宵加班与通宵狂欢是一样酷的事情。

有磨炼就有成长。经过三年的坚持与沉淀，博涛对日的动漫外包业务逐渐走向了成熟，从2010年开始盈利并且每年增长率均超过50%，成了博涛的主要业务。随着业务量的增加，博涛成立了日本子公司，聘请日本导演、日本员工，在促进文化融合的同时，将分公司做得风生水起。以日本为起点，博涛成功地打开了动漫的海外外包市场，客户还遍及韩国、美国等50余个国家和地区，并且陆续承接了一些好莱坞高端动画制作。

技术出身的肖迪深知，3D动画和视觉设计是动漫外包产业的核心技术。因此，从开展动漫外包业务之时，博涛就积极地广纳贤士，三年间积累了一支拥有国际顶级的创意、设计、制作、软硬件研发团队，储备铸就了博涛在行业内的独特竞争力。

进军主题乐园

在从事对日动漫外包业务的过程中，以多媒体手段支撑的主题式游乐休闲中心最吸引肖迪的注意。池袋太阳城里的以猫为主题的博物馆和水底世界体验馆、横滨的大自然超体验馆、东京迪斯尼里小成本也有大人气的多媒体娱乐项目Turtle Talk脱口秀，让肖迪开阔视野拓宽思路的同时也把视线转向了国内市场：国内的主题乐园是什么样子的呢？

2010年9月，当海昌集团为重金打造的烟台鲸鲨馆寻找多媒体合作伙伴时，肖迪与团队迅速做出了一份精良的策划方案并最终凭借优秀的内容制作能力与新颖独特的创意，成为了该馆球幕影院、数字艺术陈列展示区、多媒体互动展区、科普展区等的数字内容整体解决方案提供商。

在该项目开工之初，肖迪慷慨激昂地开了一次动员会，他告诉大家这是一个机会，抓住了这个机会，博涛就能迈入主题乐园这个领域。肖迪带着团队经过近一年的企划、制作及完善，再一次创造了一个辉煌：馆内放映的球幕动画影片《海之交响乐》《北极之王》获得了动漫界大师级人物的高度赞赏，改变了中国球幕影院精品片源需要进口且价格昂贵的尴尬境遇；影片背景音乐为上海交响乐团现场演奏灌装碟片，国内仅此一例；中国本土企业能够以影片制作为核心竞争力，同时能提供完善的球幕影院系统解决方案，这大大降低了中国球幕影院的建设门槛和工程造价。

一路走来，博涛将小企业的灵活性发挥得淋漓尽致，围绕3D动画和视觉设计的核心技术逐渐扩展博涛的业务范围与业务区域，先后承接了圣亚深海传奇馆、沈阳兴隆游乐城等种类各异的主题场馆和娱乐场所定制化的整体多媒体解决方案，并在北京、上海、东京成立了分公司。这些项目不仅促进了博涛爆发式的增长，更为博涛沉淀了宝贵的经验积累与技术储备，赢得了合作默契的施工团队与供应商的认可，也为识别并把握更适合的创业机会奠定了基础。

创业就是在布满荆棘与鲜花的道路上不断前行，主题乐园给博涛带来爆发式增长的同时也增加了博涛的营运风险与机会成本。每次参加主题乐园项目的竞标，前期都要投入大量资金与精力。为了与主题乐园领域中经验丰富的老牌企业竞争，肖迪组建了一支40人的团队专门负责项目竞标方案的制作，包括策划、提案、写故事与最终的整合方案，而这支队伍每年要消耗的资金高达300余万元。这让肖迪感到很是头疼，他意识到这一模式的花销太过巨大，必须要做点什么来扭转这一被动的局面。

此时的博涛已扩张至205人的规模，拥有一支国际顶级的创意、设计、制作、软硬件研发、项目管理及工程施工团队，沉淀了厚重的组织资源，并获得了一系列奠定其行业领跑者地位的殊荣。随着公司的发展壮大，肖迪心中的"原创动漫"情结和勇攀高峰的激情再一次被点燃。

自主开发+整合资源，飞行影院迅速"落地"球幕

博涛转型路上开发出的第一个产品是360°球幕飞行影院。飞行影院最核心、最困难的技术是双曲面拼接融合系统，该技术在国内非常少见，于是肖迪及其团队开始了在国外市场寻找双曲面拼接融合系统的历程。然而，这项工作进行得并不顺利。一不做二不休，2011年，肖迪率领着7个工程师，打响了球幕技术攻关战的第一枪。肖迪最先采购了一组单曲面的拼接融合代码，经过大家的共同努力，团队解析了该技术并进行了完善与创新，顺利承接并完成了大连海事大学轮机驾驶的拼接融合系统，这让大家的精神都为之一振。肖迪再接再厉，又先后引进了俄罗斯、德国最先进的双曲面拼接融合系统来进行解析，并要求技术团队在达到国外技术标准的基础上进行自主创新与完善。面对这项艰巨的任务，整个团队打起精神，分工合作，抱着坚定的信念，不断进取，不断突破。

2012年博涛正式成立了产品部门，肖迪亲自挂帅产品部经理，并开辟了球幕飞行影院产品线。在要求技术精益求精的同时，肖迪也在马不停蹄的寻求金属外壳、屏幕制造、激光投影、音响系统、播放系统等球幕飞行影院各组成部分的合作伙伴。为了使博涛的球幕飞行影院区别于市场上已经存在的球幕影院，给消费者带来最佳的消费体验，肖迪创造性地将市场上已有的球幕影院与4D动感影院的形式做了整合——为博涛的球幕飞行影院配备自主研发的动感座椅及其集成系统。这套技术被列为"十二五"国家科技支撑计划"国家文化科技创新工程"项目，并获得科技部906万元的研发资金支持。博涛的这款动感座椅达到了国际先进水平，且价格仅为国际同类产品的一半，而且，从研发到生产仅历时几个月，如此高效的研发能力不仅得益于肖迪团队的锐意进取，也得益于肖迪选择的联合研发战略。

不同于以往的主题公园施工项目，这一次博涛没建一间厂房、没设一间库房，球幕飞行影院所有采购的设备、外包的部件都是以高度协调的进度安排直接运抵施工现场，直接由工程队组装完成。博涛没有施工队伍，却拥有合作融洽并值得信赖的施工合作伙伴，只需要几个技术负责人与调试员负责现场沟通。仅用了4个月，由博涛自主研发的全球首个360°球幕飞行影院便在成都国色天香陆地乐园拔地而起，并于2014年1月28日正式对外营业。

未来：在光明中迎接挑战

面对球幕飞行影院这个犹如外星来客、科技感十足、形状独特的"新玩意"，广大游客表现出极大的兴趣和热情，尽管非套票内项目，但仍有众多游客额外付费体验，游客量位居游乐项目排名前列。

为了在短时间内迅速扩大球幕项目影响力，肖迪集思广益，采用了全新的营销方式。然而，销售业绩并没有明显起色。肖迪不得不再次思考：究竟是什么原因阻碍了球幕项目的推广速度。球幕飞行影院作为一个产品无疑是优秀的、成功的，但如何能在激烈的市场竞争中保持先发优势，是肖迪与他的团队面临的新挑战。

肖迪深知，"要区别于现有的特种影院，营造差异化优势，就要把360°球幕飞行影院从主题乐园、科技馆里搬出来，搬进商业中心、搬进院线、搬进课堂，要让消费者切实地感叹：原来电影应该这么看！"

尾声

迄今为止，博涛已为球幕项目融资4 000余万元，这些资金或是来源于看好球幕前景的合作伙伴，或是来源于信任博涛实力的私企老板，甚至还有公司内部员工的积极参与。有了这笔钱，肖迪的肩上多了一份责任，胸中也多了一份底气。只是应该怎样创新商业模式，把握住球幕飞行影院这次机会，让博涛的品牌更加深入人心呢？望着窗外蒙蒙亮的天光，他知道太阳就快升起来了。

资料来源：王国红,邢蕊,刘隽文.博涛Style：兴趣盎然的负重致远.中国管理案例共享中心，PJMT-0135，2014年8月.该案例经中国管理案例共享中心同意授权引用。

讨论题：
1. 你认为肖迪创业的动机是什么？肖迪属于哪一类型的创业者？
2. 你认为作为一名创业者，肖迪具备哪些独特的素质与能力？

思考题

1. 你认为一名成功的创业者应具备怎样的素质？
2. 创业者与创业之间的关系如何？
3. 一般情况下，创业的动机有哪些？你是否想过自己创业？你的动机又是什么？
4. 谈谈你对创业精神和创业企业社会责任的理解。

参考文献

[1] [美]赫里斯（Hisrich，R.D.），[美]彼得斯（Peters，M.P.）. 创业学（第5版）[M]. 王玉等译. 北京：清华大学出版社，2004:6-8.

[2] Kirzner，I..M.(1973). Competition and Entrepreneurship [M]. Chicago and London The University of Chicago Press.

[3] Broekhaus, R.H.(1981).Entrepreneurial folklore. Journal of Small Business Management [J], 25(3):1-6.

[4] Casson, M.C.(1982). The Entrepreneur: An Economic Theory [M]. Oxford, Martin Robertson.

[5] Nelson, C(1986). Starting your own business—Four success stories, Communication world[J], 3(8):18-29.

[6] Stevenson, H.H., and Jarillo, J.C.(1990). Entrepreneurship as a behavioral Phenomenon and an approach to management. The Academy of Management Review [J]. 2001，26(1):12-13.

[7] Malecki, E. J. Technology and Economic Development: Local, Regional, and National Competitiveness [M]. Harlow: Longman Press, 1997.

[8] Alan Folowler. NGDOs as a Moment in History: beyond Aid to Social Entrepreneurship or Civic Innovation.[J] Third World Quarterly，2000，21:640.

[9] [德]柯武刚，史漫飞. 制度经济学[M]. 北京：商务印书馆，2000.

[10] [德]迈诺尔夫·迪尔克斯. 组织学习与知识创新[M]. 上海：上海人民出版社，2001.

[11] Casson M. The Entrepreneur: An Economic Theory [M]. Totowa, NJ: Barnes & Noble Books， 1982.

[12] [美]熊彼特. 经济发展理论[M]. 北京：商务印书馆，1990.

[13] [法]萨伊. 政治经济学概论[M]. 北京：商务印书馆，1963.

[14] [美]奥利弗·E. 威廉姆森. 资本主义经济制度[M]. 段毅才，王伟译. 北京：商务印书馆，2007.

[15] Israel M. Kirzenr. Competition and Entrepreneurship [M].Chicago: University of Chicago Press，1973.

[16] Leibenstein Harvey. Entrepreneurship and Development [J].American Economic Review, 1968, 58(2): 72-83.

[17] Man T W Y, Lau T, Chan K F. The competitiveness of small and medium enterprises: A conceptualization with focus on entrepreneurial competencies [J]. Journal of Business Venturing, 2002, 17(2): 123-142.

[18] Thompson J E, Stuart R, Lindsay P R. The Competence of Top Team Members: a Framework for Successful Performance [J].Journal of Managerial Psychology, 1996, 11 (3): 48-66.

[19] Hunt J M. Toward the development of a competency model for family firm leadership [R]. Paper Presented to the 12th Annual National Conference, United States Association for Small Business and Entrepreneurship, Clearwater FL, 1998, January: 15-18.

[20] 黄江波，陈沙麦. 青年成功创业者创业动机与素质探析[J]. 中共福建省委党校学报，2006(7): 70-72.

[21] 李家华，张玉利，雷家骕，等. 创业管理（第2版）[M]. 北京：清华大学出版社，2015.

[22] Kuratko D F, Hornsby J S, Naffziger D W. An Examination of Owner's Goals in Sustaining Entrepreneurship [J]. Journal of Small Business Management, 1997, 35(1):24-24.

[23] Robichaud Y, Mcgraw E, Roger A. Towards the Development of a Measuring Instrument for Entrepreneurial Motivations [J]. Journal of Developmental Entrepreneurship, 2001, 6(2): 189-201.

[24] 曾照英，王重鸣. 关于我国创业者创业动机的调查分析[J]. 科技管理研究，2009，29(9): 285-287.

[25] 段锦云，王朋，朱月龙等. 创业动机研究：概念结构、影响因素和理论模型[J]. 心理科学进展，2012，20(5): 698-704.

[26] 顾桥，梁东，赵伟. 创业动机理论模型的构建与分析[J]. 科技进步与对策，2005，22(12)：93-94.

[27] Dubini P. The Influence of Motivations and Environment on Business Start-Ups: Some Hints for Public Policies [J]. Journal of Business Venturing, 1989, 4(1): 11-26.

[28] 张玉利，薛红志，陈寒松等. 创业管理（第4版）[M]. 北京：机械工业出版社，2016.

[29] [美]彼得·德鲁克. 创业精神与创新[M]. 北京：工人出版社，1989.

[30] 熊彼特. 资本主义、社会主义和民主主义[M]. 商务印书馆，1979.

[31] John Thompson, Greoff Alvy, Ann Lees.Social Entrepreneurship: a New Look at People and the Potential[J]. Management Decision, 2000, 38: 16.

[32] 田茂利. 创业企业的社会责任与创业绩效——基于现代服务业的数据[J]. 科技管理研究，2012，32(4): 198-202.

[33] 董保宝，葛宝山. 经典创业模型回顾与比较[J]. 外国经济与管理，2008，30(3): 19-28.

第 3 章 创业机会的辨识与评估

> 我极少能看到机会,往往在我看到机会的时候,它已经不再是机会了。
>
> ——马克·吐温

学习目标

- ✓ 了解创意、创业机会的概念
- ✓ 理解创业机会的来源
- ✓ 掌握创业机会辨识的目的和内容
- ✓ 了解影响创业机会辨识的主要因素
- ✓ 了解创业中存在的风险

引导案例

有米科技:广告主与流量主之间的"价值连接器"

陈第,国内移动广告商有米传媒创始人、CEO、"85 后",华工计算机专业 2010 届毕业生。2010 年 4 月 1 日,陈第带领学生团队,推出国内首个移动广告平台——有米广告平台,并于 4 月下旬成立了广州有米信息科技有限公司。2013 年,在《福布斯》中文版三月刊第二次推出的"中国 30 位 30 岁以下创业者"名单中,陈第上榜。截至 2013 年 11 月,有米传媒累计创收突破一个亿,并于 2013 年获得了一亿元人民币融资。

几年前,电视、报纸、杂志、PC 互联网还是广告的绝对主要战场,大众对移动广告的概念相对模糊。但最近几年随着移动互联网智能移动终端的广泛普及、移动流量资费下调、移动网络服务体验的极大改善等带来了移动营销市场的快速增长。短短几年,智能手机越来越成为大众接受和传播资讯的窗口,移动广告也渐渐被人熟知和接受。移动端,无论是广告创意、数据应用还是营销玩法都得到了极大的丰富。数字营销市场已经成为广告主第一营销渠道,而移动端也已经成为广告主最重要的营销阵地。"有米"正是在这一市场背景下诞生的。

"有米是一家智能手机广告平台,当时是为了解决广大开发者的盈利问题而创办的",陈第提到,"后来智能手机广告平台逐渐变成产业链的一个重要环节,承担着为广告主提供推广服务、为开发者创造收益、让用户能够免费使用软件游戏的作用,应该说未来移动广告会持续存在,发挥其更多、更广的作用。"他也表示,目前的移动互联网是有"危"有"机"的,"危"是竞争激烈,互联网巨头纷纷进来布局;"机"是用户规模仍在继续扩大,商业模式更加清晰,如手机游戏、移动电商、O2O等开始被验证是能够盈利的。

由于移动广告行业整体的盈利模式仍不清晰,不少投资人都非常谨慎地抱着观望的态度,不少移动广告公司都遭遇了融资遇冷的情况,缺少资金的运转,也是移动广告发展趋缓的一个原因。问及有米此次融资是否也遭遇波折,陈第则表示过程还是相对顺利的,前后用了半年左右的时间,之所以能得到投资者的青睐,陈第认为,"主要是因为有米是一家稳健发展、能够盈利的公司,团队比较务实,在技术、产品和运营上有较强的综合实力。"

互联网巨头已经逐渐嗅到移动广告商机,纷纷布局移动互联网。有米作为一家创业公司,未来的竞争形势会更严峻,对此陈第笑称,"竞争是无处不在的,有竞争证明有市场,有竞争企业才会更有危机感。"互联网创业成功要借力手游市场爆发,随着手游呈现上升趋势,大中城市的生活节奏越来越快,对于工薪阶层来说,工作之余每天的消遣也许就是存在手机里的一些小游戏了,手游的游戏时间的碎片化,下载方便,选择多样等优点,都促进了这个新生行业的快速发展。而得益于这一形势,因此有米传媒的广告业务的整体发展速度和盈利能力获得了提升。陈第认为:"客观讲也是因为多数手游客户赚到钱了,敢拿出资金来投放更多的广告,这个形势对于有米来说当然是好事,现在很多客户是自己主动找有米要量、加量的,有米的广告一下子变得供不应求。"

如今,有米科技已发展成为一个最具效果穿透力的全球化移动广告与效果营销平台,专注移动广告、效果营销、新媒体内容等新营销业务,是广告主与流量主之间的"价值连接器",目前已成功连接了超过 10 000 家广告主与 60 万个流量主(App 及社交 KOL 等媒介资源)。形成了国内效果广告、海外效果广告、社媒与整合营销、自媒体与内容服务等完整业务矩阵,能够实现移动端全媒体覆盖,打造移动营销闭环,帮助广告主实现品牌营销与效果营销的"品效共振",帮助流量主实现变现与媒介格调的"品位相符"。

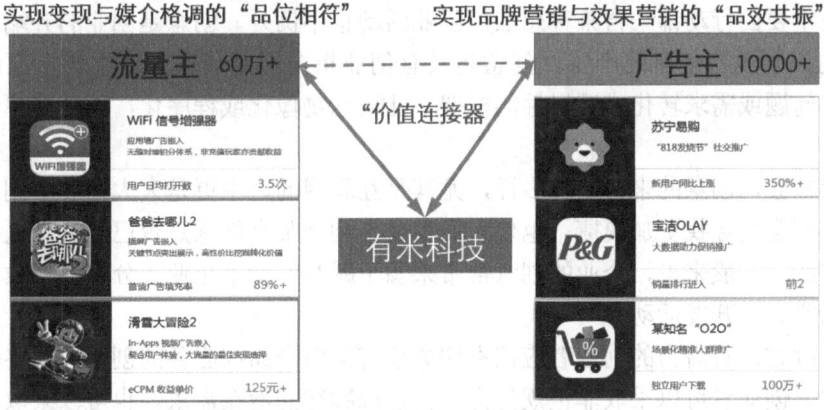

【注】:此图为根据公开资料总结绘制而得

资料来源:根据"创业邦.有米 CEO 陈第:26 岁创业者豪取亿元融资背后. http://www.cyzone.cn/a/20130901/244832.html,2013 年 9 月 1 日"改编。

互联网本身蕴含有很多商机,但是要想比别人预先识别商机,不仅要拥有相关的市场行业经验,还要有善于发现商机的灵敏嗅觉。创业起初,陈第判断智能手机未来是一个趋势,但是做智能手机开发 APP 的收入却很可怜,辛苦数月开发的软件放到市场售卖,愿意付费下载的人少之又少。整个团队平均月收入仅有 380 元,实在难以维持团队的生存及运营发展。有米初创团队在思索公司出路时,发现国外兴起的一种商业模式:依靠应用中的广告投放获取收入。这样一来,既能够让用户免费使用 APP,还能够让做 APP 的人赚到钱。于是,基于这样的商机,陈第及其创业团队开创了属于他们自己的新事业。

3.1 创业机会的内涵

创业是具有创业精神的创业者与机会的结合,创业机会与创业者之间存在互动关系,甚至可能是"鸡与蛋"的关系。创业的商机往往来源于潜在用户日常生活中的实际需求,而且值得注意的是商业机会稍纵即逝。

3.1.1 机会与创意

养成习惯,时常注意成功者采用的新奇、有趣的构思是什么,然后你就可以根据你的问题,改编成适合自己的构思,发掘创意、识别创业机会是一种学习的过程,进行创意思考是成功创业者的必备技能之一,人们都在不断地寻找各种各样的创业机会,关键就在于能否发现新关系,从新的角度去看待事物。精明的创业者常会搜集信息,超越眼前的模式,留意新趋势。因此,当创业者寻找市场,寻求能够成功地经营一个企业的契机时,无论他们是否意识到,他们实际上已是潜在的企业家了。

——托马斯·阿尔瓦·爱迪生

1. 创意及其来源

任何重要的行动都来自某种想法,创业活动也不例外。创意是创业的开端,创业者对机会的识别源自创意的产生。创意是具有创业指向同时具有创新性甚至原创性的想法,是将问题或需求转化成逻辑性的框架,让概念物像化或程序化,而不是单纯的奇思妙想。

现代社会,创意的来源多种多样,尤其是互联网的产生更是大大拓展了创意的寻找空间,使创意的寻找更加快捷,也使人们容易查询到某个创意是否已经被别人想到并付诸商业实践。一般来说,企业的创意常常来源于顾客,竞争企业、分销商、政府机构以及企业的研究与开发活动。

(1)顾客。有潜力的创业者应该密切关注有关新产品或服务的创意的最终焦点——潜在顾客。创业者可以采取非正规的方式去追踪顾客的潜在需求,也可以采取正规的方式安排与顾客座谈,使顾客有机会表达他们的意见。

(2)竞争企业。运用正规的方法对市场上竞争者的产品和服务进行追踪、分析和评价是获取有效创意的重要手段之一,例如,通过分析,能够发现现有产品存在的缺陷,从而有针对性地提出改进产品的方法,并以此开发出有巨大市场潜力的新产品。竞争者之间的产品通常具有很强的替代性,因此,从产品功能的分析与替代出发来寻找新的产品与新的市场,也是创意的一个重要来源。

(3)分销商也是新产品创意的最佳来源之一,因为他们直接面向市场,对市场的需求了如指掌。分销商不仅能经常对全新的产品提出建议,而且也能帮助创业者推广新产品。例如,有一个创业者就从他的销售代理人那里了解到,他们的针织品销得不好的原因主要在于颜色不合消费者的口味。在充分考虑了这个建议之后,他们对产品的颜色进行了适当的调整,这家公司最终成为美国地区非品牌针织品供应商中的领先者。

(4)研发活动。新创企业的创意大多来源于企业本身的研究与开发活动,无论这种研究与开发是通过员工的正规努力还是通过不正规的地下实验室实现。一个非常正规的研究与开发部门通常设备精良,有能力为企业成功地开发新产品。有一位科学家受雇于一家世界500强企业,并开发出一种新型塑料松香,可以作为一种新产品塑料模具杯模的基本制作材料,但这家企业却对这项产品创意不感兴趣,因此促进了一家新企业——Arnolite Pallet 公司的诞生。

2. 创意≠机会

一个好的创意就像一颗优质的种子,是创业成功的前提条件。但是,创意并不等于创业机会,只有具有商业价值的创意才能带来好的机会。

成功的创业者能够迅速地把那些潜力不大的创意抛开,聚焦于少数应予以改进和研究的创意,这需要创业者对该领域有深入地了解并能够准确判断创意的真正价值。在这一过程中,往往还会出现一些意想不到的情况,由于环境和技术的变化等各种因素,很多企业最终生产的产品完全不同于其最初所设想的。例如,大多数人可能并不知道,以一次成像技术而闻名于世的宝丽来公司成立的时候销售的是汽车前灯。然而,宝丽来公司发展到目前数亿美元的规模与汽车前灯已经是完全不相干了。

此外,即使第一个获得最好的创意也并不能保证成功,率先拥有好的创意并付诸实践当然是一件好事,但除非能够迅速占有很大的市场份额,或是建立起进入该市场领域的不可逾越的障碍,从而抢先于竞争对手获得创意带来的丰厚利润,否则只能算是开拓了一个人竞争对手谋取利润的新市场。例如,第一台便携式个人计算机是由亚当·奥斯本推出的,丹·布利克林是第一个使用电子数据表软件的人,但他们都没有成为该领域成功的创业者。

因此,在有了创意之后,创业者首先要思考:这个创意是否过分、夸张?这个创意有先例可以参考吗?这个创意以往的实践成绩很差吗?是否其他人早已考虑过它?简而言之,就是问一句这个创意实践起来究竟是个死胡同、有一线生机,还是一个现存的机会或者是一个商机无限的处女地呢?

3. 有价值潜力的创意的特征

独特、新颖,难以模仿。创业的本质是创新,创意的新颖性可以是新的技术和新的解决方案,可以是差异化的解决办法,也可以是更好的措施。另外,新颖性还意味着一定程度的领先性。不少创业者在选择创业机会时,关注国家政策优先支持的领域就是在寻找领先性的项目。不具有新颖性的想法不仅不会吸引投资者和消费者，对创业者本人也不会有激励作用。新颖性还可以加大模仿的难度。

客观、真实，可以操作。有价值的创意绝对不会是空想，而要有现实意义，具有实用价值，简单的判断标准是能够开发出可以把握机会的产品或服务，而且市场上存在对产品或服务的真实需求，或可以找到让潜在消费者接受产品或服务的方法。

具备对用户的价值与对创业者的价值。创意的价值特征是根本，好的创意要能给消费者带来真正的价值。创意的价值要靠市场检验。好的创意需要进行市场测试。同时，好的创意必须要给创业者带来价值，这是创业动机产生的前提[1]。

需要注意的是，创意与点子不同，区别在于创意具有创业指向，进行创业的人在产生创意后，会很快甚至同时就会把创意发展为可以在市场上进行检验的商业概念。商业概念既体现了顾客正在经历的也是创业者试图解决的种种问题，还体现了解决问题所带来的顾客利益和获取利益所采取的手段。

共享停车"好车位"：半年从 0 到 1 盈利，靠的什么？

共享经济沸沸扬扬一年多了。但"共享车位"你听说过吗？

根据《中国城市停车政策发展报告2017》统计显示，2017年我国机动车保有量超3亿，汽车保有量突破2亿，城市停车位缺口达50%以上。以北京市为例，市民用车达600万辆，而停车位总量只有382万个。一方面，随着车多位少，供不应求的现象严重。另一方面，北上广深等城市停车场泊位空置率达44.6%，地下停车场空置严重。值得庆幸的是随着科技的发展，共享经济模式能够迅速的适用在停车应用场景中，也能够很好的解决上述矛盾。"共享车位"（盘活"闲置"价值）是一个完全≠共享单车（有偿租赁）的全新共享经济模式，从本质上讲，它做到盘活闲置车位资源，分时错峰停车，做的是"真"共享经济。

黄昇，出身于业内被誉为"黄埔军校"的中海系，作为一名互联网行业连续创业者，虽然早在2011年就与微软亚洲工程院的互联网团队在房产O2O领域创业3年多，但最终以失败而告终，2016年年底，在业内蛰伏2年多的时间、作为国家住建部《城市开发》的专家作者，同时兼任腾讯财经首席社区经济分析师等职务的他，敏锐地意识到随着5G通信的快速发展，物联网时代的创业和竞争即将拉开序幕。

黄昇曾多次提到"社区金融"这个概念，这一概念源于西方，并被美国的富国银行发挥到了极致。富国银行通过其社区网点为全美超过三分之一的家庭提供服务，吸引了大量议价能力较低的个人和小企业客户。有专家指出,"中国存量房100万亿,只要一年占领1%的金融线,就是将近1万亿。提供社区金融服务的利润空间巨大。"黄昇清晰地认知到社区金融升级到社区经济的价值,这是"好车位"项目的商业模式和价值体现。

在"好车位"创始人团队看来,停车位长久以来困扰的不仅仅只是车主和司机们,而且对相关联的四大主体来说都存在着巨大痛点。

(1)开发商。剩余车位销售困难,停车场智能化程度低。

(2)物业企业。人力成本居高不下,停车费被中饱私囊。

(3)停车用户。停车难找车位更难,时间和机会成本高。

(4)车位业主。个人车位常被占用,闲置时间无法变现。

而现在"好车位"项目的目的,就是将这些痛点一一解决掉,并且没有产生新的痛点。

(1)对开发商,能够快速回笼剩余车位资金,增加闲置车位的分享利润。

(2)对物业企业,能够节约人力资源和成本,获得共享车位的分成。

(3)对停车用户,能够通过小程序/APP预约停车位,节约时间和金钱。

(4)对车位业主,首先通过智能车锁有效管理车位,充分变现闲置资源。

同时"好车位"在住宅物业闲置车位资源的基础上,将逐步渗透到商业物业、特种物业、公用事业物业等闲置车位资源。"共享车位"项目能否成功则取决于这三大因素,一是领先的商业模式,二是与地产、物业的关系和公共资源,三是资金体量,尤其是第二点不是任何一个团队都能够轻易掌握的,它需要内行人在圈内摸爬滚打,日积月累才能够具备。目前"好车位"项目寻求500万天使融资,出让10%左右的股份,融资用途为公司运营和硬件,其次是产品研发和供应链。

资料来源:节选自"浅夏.《共享停车"好车位":半年从0到1盈利,靠的什么?》.创业邦. http://www.cyzone.cn/a/20171220/320362.html,2017年12月20日。

3.1.2 创业机会的概念

创业活动离不开机会,识别机会是创业者启动创业活动并创造价值的前提。那么,什么是创业机会?机会作为创业的一个核心概念,目前关于机会的定义、性质及度量尚未达成一致。在这些争议中有两个问题比较突出[2]:创业机会是否包含利润机会?创业机会是主观的还是客观的?

1. 创业机会与利润机会

有些学者认为创业机会与利润机会是不同的,他们强调创业机会需要发现新的目的手段关系(重组资源的方式),而利润机会只是在现有目的手段关系中进行优化,是充分利用手段去达到目的。例如,纽约大学柯兹纳教授认为,"创业机会是未明确的市场需求或未充分使用的资源或能力。其特点是,发现甚至创造新的'目的—手段'关系的平衡"。英国雷丁大学卡森(Casson,1982)教授认为"创业机会是可以引入新产品、新服务、新原材料和新组织方式,并能以高于成本价出售的情况。"Eckhardt和Shane(2003)指出"创业机会是一种形势,在这种形势中新产品、新服务、新原料、新市场以及新的组织方法可以通过新的手段、目的或'目的—手段'关系被介绍"[3]。我国学者张玉利等

(2008)认为来自不同变化的创业机会所对应"手段—目的"关系的创新程度不尽相同,创业机会本质上是位于复制型机会和创新型机会两种极端类型之间的连续体,特定创业机会在连续体中的位置取决于其所蕴涵"手段—目的"关系的本质及其较现有"手段—目的"关系的新颖程度[4]。

与上述学者相区别,另一些学者则认为创业机会包括利润机会。如 Singh(2001)认为"创业机会是一个可行的、追逐利润的、潜在的事业,或向市场提供一个创新的新产品或新服务,或改善一个现存的产品或服务,或在一个不饱和市场上模仿一个有利可图的产品或服务"[5]。Smith 等(2009)认为"创业机会是对市场的无效性进行开发的可行的追逐利润的情形,这种情形在非饱和市场上提供了创新的、改善的或模仿的产品、服务、原材料或组织方法"[6]。

2. 创业机会的主观与客观

一些学者认为机会是主观的或者是社会建构的,而另一些学者则认为机会是客观的,对机会的感知是主观的。他们强调创业机会(entrepreneurial opportunities)和商业创意(business ideas)不同,创业机会是客观的,商业创意是主观的。"创业机会是一种形式,在这种形式中可能以一种产生利润的方式重组资源。而商业创意是创业者关于怎样以一种允许追求这种机会的方式重组资源的一种解释"[7]。类似地,Smith 等(2009)认为,"创业机会是与可行的、追逐利润的市场无效性相关的一条信息或信息集",由于信息是一个情境概念,外生于创业者但是可以被创业者所接近,所以这个概念强调了机会的客观性[6]。我国学者张红和葛宝山(2014)认为只有机会是客观的,才能将机会和个体相分离,才会有机会存在后续的机会识别与开发等创业行为,否则将出现机会识别和开发的自变量和因变量相混淆的情形。但应该指出的是,创业机会的开发过程离不开主观性的商业创意活动[2]。

3.1.3 创业机会的来源

好的机会通常是隐藏起来的,所以很多人都看不到它。那么,机会通常隐藏在哪里呢?

好的机会往往隐藏在让人头疼的困难里。由于客户需求的改变和新科技的产生等问题,引出解决问题的新方法,所以新的机会出现了。因此,美国通用集团前主席查尔斯·凯特琳曾说:"能够很好地描述困难,就相当于解决了这个困难的一半。"Birds Eye 公司创始人克拉伦斯·伯兹艾(Clarence Birdseys)通过潜心研究"速冻"的方法,在经历了无数次失败甚至公司倒闭之后,终于解决了冷冻食品口感差这一难题,并成立一家新公司,将该技术推广到了冷冻肉类、鱼类、蔬菜和水果上。这家新公司就是:Birdseye 公司。

伯兹艾发明速冻食品的小故事

几千年来,由于没有食物保鲜技术,人们只能吃到当地当季的食物,就算是杨贵妃,想吃个南方的荔枝也还是挺不容易的。这样的情况持续了很久,直到 1927 年才有了改善——按理来说不应该啊,人们早就开发出了成熟的降温技术,冰箱也已经进入寻常百姓家了,但是只能用于冷藏,因为冷冻出来的东西实在是难以下咽。"劣质"是冷冻食品的代名词,它们甚至达不到犯人的伙食标准,而被纽约监狱拒之门外。没有人知道原因,也没有人有解决办法,直到一位名叫克拉伦斯·伯兹艾(Clarence Birdseye)的生物学者发现了冷冻食物的要诀:关键是快。

1886年12月9日,伯兹艾出生在美国纽约市北部一个普通的工人家庭里,是家中九个小孩中的老六。1908年,由于家境窘迫,在大学学习生物的伯兹艾被迫辍学挣钱糊口。他陆陆续续干过很多与生物有关的工作,包括做过一段时间的动物标本制作师,天天和动物尸体打交道、去草原里研究丛林狼等。1912年至1916年,他被政府部门雇佣,派往北美洲北部、大西洋西侧的纽芬兰自治领做公务员。这个地方有一个特点:非常的冷。

正是纽芬兰自治领的寒冷气候带给了伯兹艾关于冷冻食物的灵感。伯兹艾有时候会去钓鱼,当地的朋友教过他冷冻鲜鱼的方法。伯兹艾发现,在纽芬兰自治领零下40摄氏度的天气里,钓上来的鱼立即就会被冻住,解冻过后还特别好吃,特别新鲜。这样一对比,他突然觉得以前自己在纽约老家吃到的冻鱼简直就是垃圾。头脑灵活的伯兹艾很快便嗅到了其中的商机,他继续试验着,试图找出纽芬兰冻鱼好吃的秘密。冬天过去了,天气变得越来越暖和,钓上来的鱼被冻住所需要的时间越来越长,口感也越来越差,伯兹艾很自然地领悟到了:"慢冻"是不行的,只有"速冻"才行。

伯兹艾在实验室里开始了相关的研究。在显微镜下,他发现,缓慢的冷冻让液体有时间攀附着生长成较大的冰晶,这些冰晶会刺破鱼肉细胞的细胞膜,令细胞液流出来,最终形成了黏糊糊的一摊。这也是为什么冷冻食物中唯独冰淇淋好吃的原因:冰淇淋没有细胞。如果缩短冷冻的时间,产生的冰晶要微小得多,食物能够保持原有的风味。伯兹艾进一步研究发现,冰晶只在某一个温度范围内形成,如果在冷冻过程中以极快的速度经过这个温度范围,冰晶问题就能够得到解决。1922年,伯兹艾开始试验自己发明的"速冻"法,将海产品投入被降温至零下43摄氏度的空气里冷冻,同时创建了自己的公司:伯兹艾海鲜公司(Birdseye Seafood)。不过很遗憾,冷冻食品多年来的名声太差了,他的速冻法效果也不怎么好,冻出来的鱼并不是特别好吃,没有人对他的公司感兴趣。1924年,伯兹艾海鲜公司因亏损而倒闭了。

就在同一年,伯兹艾突然又发现了一个更好的、完全创新性的冷冻技术:他利用两块温度极低的金属板挤压活鱼,这可以令鱼瞬间冻住,在保持鲜美的风味之余,冷冻的效率也很高。他再接再厉,又创建了一家公司,名为大众海鲜公司(General Seafood),开始推广自己的新方法,并销售袋装的冻鱼和冻兔。1927年,他又将技术推广到了冷冻肉类、蔬菜、水果上。

1929年黑色星期五的股灾爆发前几个月,大众海鲜公司以2 200万美元的价格被大众食物公司收购,公司之后组建了一个名为"伯兹艾"的子公司,还雇佣了伯兹艾继续研究速冻技术,后来甚至还开发了超市用的冷藏展柜、完善以全国为范围的冷配链等,保证了冷冻食品的展示与供应。

今天的伯兹艾公司,已经成为美国乃至世界冷冻食物的龙头企业,速冻食品令食物的力量在时间和空间上得到延伸。夏季收获的农产品,在冬天可以被享用;我们可以轻易地吃到北大西洋捕获的海鱼、澳大利亚产的奇异果。

资料来源：节选自"北京晨报网．《速冻食品的发明：关键是快！》．http://www.morning post.com.cn/2015/0901/978137.shtml，2015 年 9 月 1 日"。

一旦遇到了难题，我们先要看看在无约束条件下如何解决它，然后再推导解决方案。因为通过去如价格、物理等除约束条件，能够开拓我们的思路，进而相处更多潜在的解决方案。在无约束条件下，如果觉得某个方案很吸引人，我们再添加合理的约束条件，重新组织该方案[8]。

突发事件——偶然中发现的有用事物，可能带来好机会。 当代奥地利学派掌门人伊斯雷尔·柯兹纳（Israel M. Kirzner）提出发现机会是创业的核心问题。创业者利用经济波动，靠其对事物的了解和识别能力（他人不具备的）发现并开发机会，而且大多数机会是被偶然发现的。微波炉的诞生，就是一个偶然发现机会的典型例子。第二次世界大战期间（1945 年），美国的雷达工程师斯本赛（Percy Spencer）在做雷达实验时，偶然发现口袋里的巧克力块融化了。最初，他怀疑是自己的体温引起的，后来在连续多次的试验中发现了微波的热效应。利用这种热效应，1945 年美国发布了利用微波的第 1 个专利，1947 年美国的雷声公司研制出世界上第 1 个微波炉——雷达炉。在 40 年代，微波炉大多用于工商业。此外，经过不断的改进，1955 年家用微波炉才在西欧诞生，60 年代开始进入家庭，70 年代，由于辐射安全性、操作方便性即多功能等问题的解决，使得微波炉造价不断下降，它才进一步得到推广使用，并形成了一个重要的家庭产业，同时在品种和技术上不断提高。进入八九十年代，控制技术、传感技术不断得到应用使得微波炉得以普及。

"变化"是创业机会的重要来源。 哥伦比亚大学创业学教授毕海德发现，Inc.500 企业中的半数创业者创建新企业是为了应对技术、管理和制度等机会来源的某个具体变化。实践表明，科技领域中的趋势能够产生巨大的机会。在医学、农业、材料、能量、运输、教育等领域也蕴涵了大量的机会，其中很多已经得到了实际应用，一大批优秀的新企业应运而生，引领新产业的发展，如中粮集团、NatureWorks、特斯拉、阿里巴巴等。随着互联网和 24 小时快递的发展，全球化商业中的趋势不再受时间和距离的限制。亚洲新兴资本家的数量已经超过 10 亿，全球化是巨大的发展态势，也决定了各个领域的发展趋势。信息时代，任何信息都可以在全世界传播，很多机会都源于某一区域生活方式的改变[8]。例如，随着互联网技术和智能终端市场的快速发展，移动支付正逐渐成为现在最主流的支付方式，改变着我们的生活方式："当我们早上离开家，却不小心把钱包丢在了家里，不过你完全不用担心，因为只要使用手机就可以顺顺利利地度过一整天。我们可以使用手机购买食物、乘坐公共交通工具（或是私人交通工具）、购买商品等，整个过程完全不需要接触纸币和信用卡"。工信部部长苗圩披露，2017 年我国移动支付交易规模近 150 万亿元，居全球首位。因而，创业者要能够识别非稳定的趋势，从中发觉创业机会，通常这些非稳定趋势来自科技创新。然而，流行趋势的改变能够打造创业者，也能摧毁创业者。例如，技术创新引发的数字化浪潮对图书出版行业带来了巨大的影响，随着网络书店和电子读物的流行，更多的消费者选择在网上购买图书或者通过资讯阅读类 APP 进行阅读，大批传统实体书店纷纷倒闭关门。类似地，随着电子商务的迅速发展，许多传统商铺，甚至包括经营十几年的大型商场也不得不关门大吉。

对于利基机会的创造，也应该予以重视。著名广告专家里斯和屈特在《市场定位：广告攻心战略》一书中提到，"要找出市场间隙，必须要不随波逐流，而要逆向思考，如果大家都朝西，你就试试看朝东是否走得通"。发掘利基机会，首先要善于捕捉消费者的烦恼点，其实消费者的烦恼点正是竞争对手尚未染指的潜在需求市场。另外，还要瞄准竞争对手的弱点。美国著名的企业战略学家波特说过："最好的战场是那些竞争对手尚未准备充分，尚未适应，竞争力较弱的细分市场。"

【Tips】

德鲁克提出的机会的七种来源

1. 意外之事

没有哪一种来源比意外的成功提供更多的成功创新的机遇。而且，它所提供的创新机遇风险最小，求索的过程也最不艰辛。但是，意外的成功几乎完全受到忽视，更糟的是，管理人员住住积极地将其拒之门外。还有就是意外的失败，与成功不同的是，失败不能够被拒绝，而且几乎不可能不受注意，但是它们很少被看作是机遇的征兆，当然，许多失败都是失误，是贪婪、愚昧、盲目速求或是设计或执行不得力的结果。但是，如果经过精心设计、规划及小心执行后仍然失败，那么这种失败常常反映了隐藏的变化，以及随变化而来的机遇。

2. 不协调

所谓"不协调"（incongruity），是指事物的状态与事物"应该"的状态之间，或者事物的状态与人们假想的状态之间的不一致、不合拍。也许我们并不了解其中的原因，事实上，我们经常说不出个所以然来。但是，不协调是创新机遇的一个征兆，引用地质学的术语来说，它表示下面有一个"断层"，这样的断层提供了创新的机遇，它产生了一种不稳定性，四两可拨千斤，稍作努力即可促成经济或社会形态的重构。

3. 程序需要

与意外事件或不协调一样，它也存在于一个企业、一个产业或一个服务领域的程序之中。程序需要与其他创新来源不同，它并不始于环境中（无论内部还是外部）的某一件事，而是始于需要完成的某项工作。它是以任务为中心，而不是以状况为中心。它是完善一个已存在的程序，替换薄弱的环节，用新知识重新设计一个旧程序等。

4. 产业和市场结构

产业和市场结构有时可持续很多年，从表面上看非常稳定。实际上，市场和产业结构相当脆弱，受到一点点冲击，它们就会瓦解，而且瓦解速度很快。市场和产业的变化同样也是一个重要的创新机遇。

5. 人口变化

在所有外部变化中，人口变化被定义为人口、人口规模、年龄结构、人口组合、就业情况、教育情况以及收入的变化等，最为一目了然。它们毫不含混，并且能够得出最可预测的结果。

6. 认知

从数学上说，"杯子是半满的"和"杯子是半空的"没有任何区别。但是这两句话的意义在商业上却完全不同，造成的结果也不一样。如果一般的认知从看见杯子是"半满"的变为看见杯子是"半空"的，那么这里就可能存在着重大的创新机遇。

7. 新知识

基于知识的创新是企业家精神的"超级巨星"。它可以得到关注，获得钱财，它是人们通常所看到的创新。当然，并不是所有基于知识的创新都非常重要，有些的确微不足道。但是在创造历史的创新中，基于知识的创新占有重要的分量。然而，知识并不一定是科技方面的，基于知识的社会创新也同样甚至更重要。

（资料来源：彼得·德鲁克. 创新与企业家精神[M]. 蔡文燕，译. 北京：机械工业出社，2007.）

3.2 创业机会的辨识

机会具有很强的时效性，甚至瞬间即逝，一旦被别人把握住就不复存在了。而机会却又总是存在的，一种需求被得到满足，另一种需求又会产生；一类机会消失了，另一类机会又会产生。大多数机会都不是显而易见的，需要去发现和挖掘。

病出来的商机——"晓芹海参"的财富人生

大连晓芹食品有限公司由创始人王晓芹女士于1999年创立，主营海参、鲍鱼、虾、贝、全营养海参胶囊、甲鱼等，旗下品牌"晓芹"荣膺"辽宁省驰名商标"。从一个两米柜台卖甲鱼的个体户到2010年实现了年度销售额突破3.6亿元，王晓芹的创业成绩可谓引人注目。

晓芹非常能吃苦耐劳，1990年，她在大连经济技术开发区的辽宁水产进出口公司工作，毫无销售经验的她凭借着自己坚忍的意志，不服输的精神，把原本滞销的竹节虾销售了出去。这段销售经历不仅让她认识到自己拥有能做好销售的潜力，而且更让她深刻意识到跟客户们要以诚相待、以情相处。1993年，一个新加坡与中方合资的甲鱼养殖企业提供高薪约她进行合作。经过短暂的思考，晓芹做出了十分大胆和冒险的选择，辞掉当时的国有外贸公司办公室主任工作，接受外商邀请到这家合资企业当经理。一开始晓芹并不顺利，但是通过三年的努力研究和学习，她终于研究出适合在北方养殖甲鱼的一整套流程和技术，扭转了企业困境。

正当合资企业渐渐地走上正常轨道时，晓芹却因长时间超负荷的工作病倒了，被诊断出得了恶性乳腺肿瘤。住院期间弟弟一直托酒店的朋友炖甲鱼汤给她补养身体。随着术后刀口一天天明显地愈合，她对甲鱼汤的疗效有所察觉，通过比较，发现在同病房的六个病友中自己恢复得最好，伤口愈合得也最快，这让她真正认识到了甲鱼汤的滋补营养价值。

可是当时人们仅限于在酒店和高档饭店里享用甲鱼汤,很少有人买甲鱼自己在家亲自炖煮甲鱼汤。病床上的她就在想:"这么好的东西为什么没能进入平民家庭?"这促使整日思考着公司发展的晓芹盘算着普通老百姓对甲鱼的需求可能是个市场空白,也许公司下面的销售渠道拓展工作可以从这里展开。

但是当晓芹病愈回到工作岗位的时候却发现企业的外资方老板因为担心她的健康状况会影响企业日常管理而与她解除了合同。这时,住院期间对于甲鱼市场的思考让她开始考虑自己卖甲鱼,当时随着马俊仁教练的"中华鳖"的广泛宣传,她相信甲鱼这个市场是有需求的,只是还没有被开发出来。于是,晓芹便开始着手研究,通过多方观察与询问,她了解到甲鱼之所以没有进入百姓家庭的原因有四点:不敢杀、不会杀、不会去腥、不会炖。

她坚信如果这些问题都能得到解决,那么平民百姓在家里也能享用甲鱼汤,人们的购买欲被释放,甲鱼很可能大有销路。然而如何宰杀、如何去腥,这是个技术上的问题,需要研究,但这难不倒工程师出身擅长钻研的她。她通过各种途径发现了解决方法和对策。

方法找到了,甲鱼的卖点就找到了。接下来,她在大连商场租下了一个摊位,不到两米的柜台,竖起了"晓芹牌大裙边甲鱼专柜"的牌子,不但为顾客现场宰杀并包装,而且详细介绍去腥和炖汤的步骤与要点。就这样,晓芹正式迈出了创业第一步。

之后晓芹比较了多种销售方法,提出了"卖产品送知识"的经营理念,以及"要卖更要说"的销售办法。她要求与顾客交流时以知识讲解为主,让消费者买一次产品,长一点知识,对产品增加一份了解和信任。

在与顾客近距离接触中,她又了解到人们喜欢将甲鱼与乌鸡放在一起炖。于是她又采取了买甲鱼送乌鸡的促销政策,后来在甲鱼柜台旁边,开设了卖乌鸡的柜台。可是当初赠送顾客的或者销售的都是整只鸡,而顾客在切割的时候不容易切,她认识到这一点后就开始总结了一套切割乌鸡的标准化顺序和方法,解决了顾客的麻烦,出现了顾客买完甲鱼买乌鸡的双赢局面。后来她又从顾客的反馈信息中了解到如果一只甲鱼和一只乌鸡一起炖的话,一家三口需要吃很多天,而汤反复加热鲜美度会下降,甚至可能出现吃不完倒掉浪费的情况。于是她又开始采取将一只甲鱼和一只乌鸡标准化处理好后,为顾客提供分四袋独立包装的服务,这样顾客买回家后每次只需要取出其中的一袋炖煮即可。

就这样不断地从顾客那里获得反馈,不断改进,不断完善,晓芹的甲鱼生意越来越红火。这期间,她不仅尝试性地在其他商场开设分柜,拓宽销售渠道,更注册了自己的食品公司和商标。四年时间,她完成第一次创业,这个"业"是卖甲鱼,这让她从失业在家的生活压力中解脱出来,开创了自己的致富道路。

资料来源:雷善玉,马为骁. 病出来的商机——"晓芹海参"的财富人生. 中国管理案例共享中心, PJMT-0050, 2011年9月. 该案例经中国管理案例共享中心同意授权引用。

晓芹识别甲鱼这个商机的契机是生了一场大病,她在生病过程中,感受到了甲鱼滋补的效果,便想着将甲鱼带入寻常百姓家中,由此便开始了晓芹食品有限公司的创建之路。创业机会是无处不在、无时不在的,其来源多种多样,这就要求创业者拥有敏锐的观察能力,有一双善于发现机会的眼睛。

3.2.1 创业机会辨识的内容

马云曾说过,"大家看不清楚的机会,才是真正的机会"。作为创业者,难能可贵之处就在于能发现其他人看不到的机会,并迅速采取行动把握创业机会并创造价值。很长一段时间以来,人们认为一般人群不可能看到创业机会,能够发现机会并成为创业者的个体具有别人所没有的特殊禀赋,识别创业机会的技能难以模仿,更不可学习。但是,随着研究的深入,人们逐渐总结出了一些识别创业机会的规律和技巧。正如物理学教授不可能指望每个学生都能成为爱因斯坦一样,掌握有关识别创业机会的知识,虽然不能保证能够发现创业机会,但确实能给人们的行动提供思路和指导。

简单地说,创业机会辨识包含两个方面:一是识别机会,二是评价机会的价值。机会识别的内容可从机会的赢利性和机会的可行性两个方面入手,机会的赢利性包括创业机会的新颖性、潜在性和持续性,机会的可行性包括实践性、独立性和可取性[9]。这其中有很多问题值得思考,如:

机会来自哪里?
创业者应该从何处识别创业机会?
为什么有些人能够发现创业机会而其他人却不能?
哪些因素影响甚至决定了创业机会识别?
机会是通过什么形式和途径被识别到的?
是经过系统搜集和周密的调查研究还是偶然被发现的?
是不是所有的机会都有助于创业者开展创业活动并创造价值?
……

这些问题是从事创业研究的学者们关注的重要研究课题,也是创业者在实践中必须思考的问题。对某一创业机会进行辨识,通常需要就如下内容进行分析和判断。

1. 特定商业机会的原始市场规模

所谓特定商业机会的原始市场规模,即特定商业机会形成之初的市场规模。虽然多数机会都有成长的可能,但原始市场规模往往是极为有限的。因此,分析、判断某商业机会的原始市场规模是非常重要的。特别需要指出的是,原始市场规模决定着新创企业最初阶段的投资活动可能实现的销售规模,决定着创业利润。

一般来说,原始市场规模越大越好。因为某个新创企业即使占据了很小的市场份额,只要原始市场规模足够大,企业也可能获得较大的商业利润。但这里也应注意问题的另一个方面,即大市场往往可能吸引过多的竞争者,甚至是强有力的竞争者,这对资本能力弱、技术能力差、运营能力低的新创企业来讲,无疑是不利的。因此,所谓原始市场规模越大越好,主要是对那些资本能力、技术能力和运营能力强的新创企业而言的。

对于那些资本能力弱、技术能力差、运营能力低的新创企业来讲,原始市场规模较小的创业机会可能是更为可取的。因为在这种商业机会下,新创企业可能只面对较少、较小、较弱的竞争者,并且可以根据市场的成长性和进程不断调整自己,使自己适应市场的成长。

2. 特定商业机会可能存在的时间跨度

一切商业机会都只存在于有限的一段时间之内，这是由特定行业的商业性质决定的。在不同行业，这一时间的长度差别很大。一般而言，特定商业机会存在的时间跨度越长，新创企业调整自己、整合市场、与他人竞争的操作空间就越大。对于某个新创企业来说，只要操作得恰到好处，就可能在市场中一展宏图。这里需要说明几点问题：一是"特定商业机会客观上将存在的时间跨度"与"创业者自己估计的该机会的时间跨度"并非是一致的。人是理性的，创业者自己估计的特定商业机会的时间跨度，有可能长于实际的时间跨度，也可能短于实际的时间跨度。但无论如何，对这一时间跨度有一个估计是绝对必要的。二是特定商业机会的时间跨度是变化的。因为特定的商业机会对应于特定的商品需求和行业需求。假如有替代性商品和替代性行业出现，特定商业机会的时间跨度就可能缩短。三是特定商业机会的市场规模增长将随着时间的推移体现不同的速度。客观地看，这一速度决定着利用某一商业机会创业的新创企业的成长速度，并与新创企业的成长速度存在互动关系。

3. 特定的商业机会是不是较好的商业机会

客观地看，即便某个商业机会有着较大的原始市场规模，存在较大的时间跨度，其市场规模会随着时间的推移以较高的速度成长，创业者也需要进一步分析、判断该机会是不是较好的商业机会。通常较好的商业机会有以下几个特征。

（1）在前景市场中，前5年的市场需求稳步且快速增长。不难设想，如果某个商业机会的市场需求不能稳步而快速增长，新创企业将不可能驻足于足够大的盈利空间之中，也不可能迅速地成长起来。在激烈的市场竞争中，新创企业无疑会纷纷落马。这对创业者是极为不利的。

（2）创业者能够获得利用特定商业机会所需的关键资源。这里所说的资源，涵盖了利用特定商业机会所需的技术资源、资本资源、财力资源、信息资源，甚至包括公共关系资源。理性地看，某个商业机会再好，即便存在巨大的盈利空间，但若创业者缺少利用该机会所需的关键资源，那他也无法利用这一机会。

（3）创业者可以调整自己的创业路径。"调整创业路径"是相对于"创业路径锁定"这一问题的。好的创业机会，能够将创业者引入恰当的市场环境中，创业需求的发展空间很大，创业者则不会被锁定在"刚性的创业路径"上，而是可以灵活地调整自己的创业路径。这里所谓的创业路径，即创业的战略思路、组织结构、运营策略、市场技巧、技术路线等。如果创业者利用特定商业机会的创业路径是不可调整的，无论是因为主观的原因，还是因为客观的原因，创业者都不可能真正抓住和利用相应的商业机会。

（4）创业者可以通过创造市场需求来创造新的利润空间。市场是可以创造的，企业要占领市场、获取利润，可以通过自己去创造新的市场需求。例如，领先网络零售商圈的淘宝改变了我们的购物行为，全球用户月活数突破10亿大关的微信改变了我们的社交方式，独占网约车市场的滴滴改变了我们的出行习惯。这些企业都是通过创造市场需求来创造和扩大利润空间，占领市场，获得超额企业利润的。

4. 特定商业机会的风险是明确的

如果某一商业机会的风险是不明确的，无法弄清楚风险的具体来源及其结构，创业者就无法把握风险、规避风险或抑制风险，也就无法降低风险损失、提高风险收益。因此，一个好的商业机会的风险应该是明确的。同时，至少应有部分创业者能够承受该机会的风险。因为如果没有一定数量的创业者能够承受相应的风险，那么在该商业机会面前，创业者就可能"出师未捷身先死"。这样，该商业机会就不再是"机会"了。

5. 特定商业机会对某个创业者自身的现实性

适合的才是最好的。即使某个商业机会达到了前四点的要求，但对于特定的创业者而言，他还需要进一步分析、判断：这一机会是自己可以利用的机会吗？是否值得利用这一机会？

总体上来看，就特定的商业机会而言，创业者只有拥有利用该机会所需的关键资源，能够跨越资源缺口，有能力与可能遇到的竞争力量抗衡，可以创造新的市场并有能力占有前景市场份额，可以承受利用该机会的风险，这一机会才是真正适合创业者的可投资利用的商业机会。

穿衣助手顾莹樱：用社区化的模式打造品质电商平台

移动APP"穿衣助手"从女性时尚搭配社区切入，最早是一个晒搭配、看搭配的女性穿衣搭配时尚社区，吸引了不少喜欢穿衣搭配的年轻女性用户。

2014年5月，"穿衣助手"开始转型移动电商，在社区基础上搭建了购物系统，让粉丝变成了购买力，支持平台内交易，也让那些搭配买手可以实现价值变现，成了一家聚焦"搭配买手"的品质电商平台。"穿衣助手"创始人CEO顾莹樱在先前媒体的专访中表示，在创始初期也曾面临迷茫和抉择。她初期看到的大方向是女性+移动互联网，于是打算做一款照片分享软件，在这个项目的调研过程中，她逐步发现了一个问题：什么样的照片最有分享和保存价值？是那些45度俯拍的美肤照片吗？并不是。真正让女生感兴趣并愿意持续分享的是穿衣搭配的照片。于是她萌发了做"穿衣助手"的想法。权衡过后，穿衣助手最终选择了PGC（专业生成内容）的模式。

上线至今，产品定位经历了自拍社区—时尚自媒体中心—导购平台—社区电商这样一个渐变路径。在顾莹樱看来，产品上信奉数据导向、快速迭代，这是"穿衣助手"保持……快速增长的重要因素。

资料来源：节选自《创业故事网《穿衣助手顾莹樱：用社区化的模式打造品质电商平台》。https://www.cyegushi.com/1796.html，2015年2月2日"。

在创业初期，顾莹樱经过了一系列的思考和调查，最终确定了创业目标。案例中她基于女性时尚搭配社区，最终建立了一家品质电商平台。在充分了解和运用社区化的基础上，运用粉丝思维，依托于互联网络，成功确定产品定位，从而保持创业产物的快速成长。这说明创业机会的辨识需要创业者不断从复杂的大环境中抽丝剥茧，从而找到关于创业机会的核心内容。

3.2.2 创业机会辨识的影响因素

既然机会辨识对于创业者这么重要,那么哪些因素会影响创业者对机会的辨识呢?

影响机会辨识的因素主要来自两个方面:机会本身的自然属性和创业者的个人特性。一方面,创业者选择这项机会是因为相信其能够产生足够的价值来弥补投入的成本。创业机会的自然属性在很大程度上决定了创业者对其未来价值的预期,因而会对创业者的机会评价产生重大影响[10]。另一方面,创业机会识别作为一种主动行为,带有浓厚的主观色彩,创业者的个体因素起到了重要作用。Shane 等人认为创业者之所以能够识别出机会,以下两点至关重要:一是拥有率先掌握信息的信息先有权,依靠这些信息,创业者可以在大多数人没有得到信息的时候先人一步做出准确的判断;二是率先认识到机会的商业价值,把别人视而不见的创业机会牢牢地把握住[11]。

事实上,对于创业机会的识别和发现,都是创业者的一种对外界信息收集和判断处理的能力,创业者这种发现创业机会的能力被称为"创业机会识别能力"[9]。创业者的创业机会识别能力受到其所拥有的先前经验、社会网络、认知结构和创造性等因素的影响。

1. 先前经验

创业者先前经验包括先前创业经验、先前工作经验以及接受过的教育培训等多个方面。创业者的先前经验对创业机会识别非常重要:①与没有创业经验的新手相比,有创业经验的创业者因体验过机会的发现过程,积累了洞察信息价值从而发现机会的隐性知识,从而更容易识别创业机会;②工作经验丰富的创业者掌握了有关市场、产品、资源等有价值信息,增强了其发现创业机会的能力;③创业培训经历有助于提高创业者的认知水平、创业技能和创业警觉性,进而提升其机会识别能力[12]。

2. 社会网络

创业活动嵌入于创业者社会关系网络之中,社会网络可为创业者输送丰富的创业信息,从而推动创业者快速识别创业机会。那些拥有大量社会网络的创业者,更容易接触到更多的新的信息和机会。按照关系的亲疏远近,社会网络中的关系可以被划分为强关系与弱关系。强关系表现为频繁的互动、相互的好感、信任以及长期的合作关系,多指家庭关系或亲密的朋友,能够促进精细信息和隐性知识的流动[13];而弱关系则表现为不频繁的联系、较弱的情感、信任和短期的合作关系,是在社会经济特征不同的个体之间发展起来的,通过弱关系能经常获得新的和新颖的信息。

研究显示,泛泛之交比亲密的朋友更有可能提供独特信息[14]。一方面出于维护成本和时间要求,个体可以拥有的强关系的数量是有限的,相比之下,弱关系的数量可能很多[15]。据统计,每个人拥有的稳定社会网络的人数大约维持在 150 个左右,其中强关系约为 30 个,弱关系约为 120 个[16]。另一方面,弱关系的分布范围较广,可以跨越其社会界限去传递信息和其他资源,创业者能够利用弱关系获得有别于现有知识基础的异质性信息,并促进新知识、新技术的产生[17]。而这意味着,创业者往往能利用各种弱关系摄取多样性信息,而与重复性信息相比较,摄取多样性信息在使创业者更容易识别被他人忽视的机会的同时，能经由信息的处理加工吸收新知识[18]。此外，已有研究也发现嵌入更多弱链条数量网络的创业者有可能接触到更丰富的多样性信息，不仅能够发现更多的创业机会，而且经由与不同关系人的广泛讨论能激发其创造性，从而发现更具有创新性的机会[19]。

3. 认知结构

机会识别与创业者个体的认知结构密切相关。依据社会认知理论，认知图示影响着个体的注意力选择、记忆、知觉等，对机会识别具有重要影响。这种认知结构是创业者以往生活的体验，包括了概念、原型、样例以及其他形式的信息储存[20]。Mitchell 等（2002）在构建创业认知研究理论框架时，将创业认知定义为：创业者在机会评价、新企业创建和成长过程中用来评估、判断和做决策时所用的知识结构，其目的在于揭示创业者如何运用简化的心智模式拼凑过去没有联系的信息，从而帮助其识别或发明新的产品、服务，以及整合必要的资源来开发或促进新企业的成长[21]。

创业警觉是创业认知领域的重要概念。由于大多数好的机会并不是突然出现的，而是对"一个有准备的头脑"的一种"回报"，往往来自创业者对各种可能性的警觉，因此警觉性常被看作创业机会识别所应匹配的必要条件。创业警觉性对物体、事件和行为模式的信息具有敏感性，反映了对尚未被发觉的机会的持续关注能力。Kirzner 分析了创业警觉性对于机会辨识的影响，指出创业警觉性是一种持续关注的能力，关注那些尚未被发掘的机会[22]。

4. 创造性

创造性是创业者产生商业创意的重要来源。机会识别在很大程度上是不断反复的创造性思维过程。有研究显示，创业者的创造性思维能够提升识别机会的可行性和盈利性的能力。例如，乔布斯的创造性思维对苹果计算机和苹果手机的成功起到了巨大的作用；腾讯和阿里巴巴快速发展也与马化腾和马云的个人创造力密切相关。在今天，中国的共享经济已领跑全球，这其中更离不开千千万万个具有卓越创造力的创业者不断地发掘机会、创造机会和开发机会。

此外，一些研究者逐渐认识到机会识别是个体与环境的互动行为，创业机会识别影响因素不仅来源于创业者，也来源于外部动态环境。动态变化的外部环境产生创业机会，同时环境的动态性也增加了创业机会识别的难度[23]。创业环境变化一般包括新产品或新技术发明所带来的市场冲击、经营信息不对称导致的市场效率低下、政治制度变动带来的资源成本变化等[24]。

爱豆网络：粉丝经济商机

爱豆网络成立于 2013 年，总部位于广东深圳。创始成员来自知名互联网公司和娱乐公司，有着非常丰富的研发和运营经验。爱豆，是一款为粉丝打造的追星手机应用，同时也是粉丝的交流社区。许超，是爱豆网络的创始人兼 CEO。

2010年，许超本科刚刚毕业就去了迅雷，成为迅雷看看的产品经理。2013年，移动互联网大潮，许超离职创业。当他与另一位来自迅雷的合伙人张思战做出了一款微博数据分析工具"蜂窝 ME"之后，惊讶地发现有好多明星的粉丝在用他们的工具来追星。原来他们的工具通过微博的开放 API 接口抓取碎片内容来做分析，并且可以分析大V的账号活跃度，以及和粉丝的互动情况。2013 年又刚好赶上微博全面娱乐化的风口，"蜂窝 ME"就成了追星族的最爱。

许超发现了粉丝经济的风口，正式成立了深圳爱豆网络，做出主打粉丝群体的爱豆APP。花了三年多的时间，这款网络上几乎没有任何曝光，极为低调的移动互联网产品已经获得 3 000 多万的注册用户，100 多万的日活。资本层面，深圳爱豆网络一共获得了来自七家投资机构的四轮投资，投资方包括盛景嘉成、经纬中国（陌陌投资人王华东主导）以及原子创投等。2016 年下半年，爱豆正式启动商业化，半年时间的广告业务已经让公司实现盈亏平衡。2017 年 2 月，由盛美文化产业基金领投，多家老股东追投的新一轮融资也顺利完成，共计数千万人民币。爱豆网络的迅速发展，离不开爱豆APP这一优秀产品的开发。

爱豆 APP 的产品逻辑经历了行程追踪、内容资讯，再到粉丝服务的三个阶段。先是明星行程追踪。这项功能是爱豆最开始切入粉丝需求的突破点。许超说，行程功能后来几乎成为业内后来者的标配。其次是新闻资讯。做了一段时间后，许超发现行程虽然是很好的切入点，但是这个行为太低频。粉丝最主要的痛点还是 24 小时不间断的内容供给。果然，爱豆在上线新闻、图片、视频等各类资讯后，用户的停留时长立马显著上升。资讯的另外一个重要的意义在于，让爱豆与微博、贴吧等流量上绝对领先的大平台产生差异化。而差异化关键词就是沉淀结构化内容。最后的粉丝服务是盈利的重要环节，这是爱豆 APP 目前努力的方向。爱豆 APP 的营收目前主要由三块构成：广告收入、会员增值体系以及电商收入。除去流量变现的广告，后两者都算在粉丝服务的范畴。

目前，"爱豆"的运营模式为：一方面，为数千万粉丝提供最优质的追星体验；另一方面，与大量艺人和娱乐公司建立了深厚的合作关系，为后者提供包括艺人宣发、粉丝运营、衍生产品开发等在内的服务。

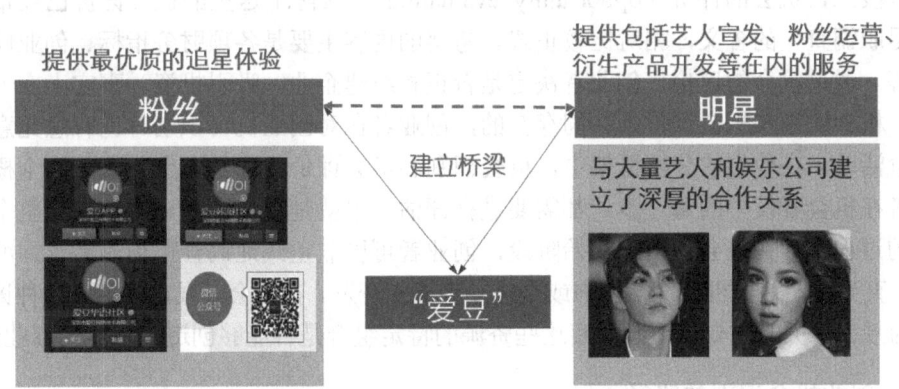

【注】：此图根据公开资料总结绘制。

根据创业邦《3 年 3 000 万用户，爱豆低调聚拢女性壕粉，商业化半年盈亏平衡，获 4 轮融资》改编。原文出处：http://www.cyzone.cn/a/20170322/309313.html，2017 年 3 月 22 日。

案例中，爱豆网络的诞生正是源于创业者许超"用数据分析偶像"这一创造性的想法，同时这一想法的产生与实现过程也与许超之前在迅雷工作期间积累的行业经验密切相关。

3.2.3 创业机会识别的过程与路径

机会识别是创业者及其团队成员运用其创造性思维产生商业创意，并感知、判断该创意能否发展为切实可行、有利可图的商业机会的过程。机会识别的目的在于追逐利润，创造或增加新的价值；识别的内容主要在于识别机会的可行性、盈利性属性，并以此形成商业机会是否存在的知觉结果。虽然大多数情况下并不存在正式的识别机会的机制，但是创业者需要对每个机会进行相对科学的审视和评估。下面我们从机会识别的过程视角，介绍一些创业者在识别和选择机会时可以运用到的科学方法和原则。

1. 创业机会识别过程

创业机会需要创业者识别，并在识别的基础上对其进行开发[25]。Lindsay 和 Craig（2002）将机会识别过程分为三个阶段：

阶段一，机会的搜寻（opportunity searching）。这一阶段创业者对整个经济系统中可能的创意展开搜索，如果创业者意识到某一创意可能是潜在的商业机会，具有潜在的发展价值，就将进入机会识别的下一阶段。

阶段二，机会的识别（opportunity recognition）。相对整体意义上的机会识别过程，这里的机会识别应当是狭义上的识别，即从创意中筛选合适的机会。这一过程包括两个步骤：第一步是通过对整体的市场环境，以及一般的行业分析来判断该机会在广泛意义上是否属于有利的商业机会，J. Noel 和 Justin Craig 称为机会的标准化识别阶段（normative opportunity recognition phase）；第二步是考察对于特定的创业者和投资者来说，这一机会是否有价值，也就是个性化的机会识别阶段（individualize fit opportunity recognition phase）。

阶段三，机会的评价（opportunity evaluation）。实际上这里的机会评价已经带有部分"尽职调查"的含义，相对比较正式。考察的内容主要是各项财务指标、创业团队的构成等。通过机会的评价，创业者决定是否正式组建企业，吸引投资。事实上在一些研究中，机会识别和机会评价是共同存在的，创业者在对创业机会识别时也有意无意地进行评价活动。在他们的分析框架中，机会识别和机会评价并非是完全割裂的两个概念，创业者在机会开发中的每一步，都需要进行评估，也就是说，机会评价伴随于整个机会识别的过程中。在机会识别的初始阶段，创业者可以非正式地调查市场的需求、所需的资源，直到断定这个机会值得考虑或是进一步深入开发。在机会开发的后期，这种评价变得较为规范，并且主要集中于考察这些资源的特定组合是否能够创造出足够的商业价值。

2. 创业机会识别的路径

创业者到底是怎样发现创业机会的呢？他们是通过什么途径挖掘机会的呢？

依据机会的发现观和创造观视角，创业机会识别可以有两种路径，即机会发现路径与机会创造路径。当市场需求与资源匹配时，创业者只需发现这种机会并加以推广。机会创造则要求创业者产生新的商业创意，重新整合资源、创造新的产品和服务，这种商业创意或改变现有资源配置程度，或对现有商业进行重建和破坏式创新。此时，机会是由创业者创造性和想象交织出来的一个美好的未来活动，是创业者创造出来的一个全新市场[25]。Kirzne（1997）综合了上述两种观点，认为创业机会发现的途径并非单一，而是处于两种状态之间：一是通过纯粹的偶然机会获得新信息，从而意外收获；二是通过系统有目地搜寻来发现市场中所隐含的内在信息，即创业者发现的机会不只是指发现纯粹偶然的机会，而且还指在特定的时间内通过警觉地搜寻来发现别人发现不了的信息，并且对发现对象的内在信息进行外在化，最终发现创业机会[26]。

从创业机会辨识的影响因素来看，创业者在创业过程中识别的机会有一半是通过其社会网络来实现的，另一半是由企业家通过自身的意识来识别的。社会网络识别的机会与创业者自己识别的机会还有明显的差异，创业者自己识别的机会比通过社会网络识别的机会使用了更多的先验知识[27]。通过自身意识识别的创业机会处于一种情景之中，在该情景中，技术、经济、政治、社会和人口条件的变化产生了创造新事物的潜力。

3.3 创业机会与风险

每天只吃三个包子：丸子地球宋海波的创业故事

当你想去旅行时，会选择什么样的方式。提前三个月做攻略，自由行；还是图省心，跟团走？

当我们还在两种选择间纠结的时候，宋海波却看到了旅游行业里的又一块蓝海，开始了他的第一次创业，丸子地球。丸子地球是一个基于社交的旅行平台，旨在为全球旅行者提供最舒心的旅行体验。在丸子地球平台上，你能够找到最熟悉当地的热心人，带你吃喝玩乐。如今的丸子地球已经遍布全球60多个国家和地区，覆盖600多座城市，共有当地向导3 000余人，为上万人提供过旅游"地陪"服务，成功完成了2 000万元人民币的A轮融资。

丸子地球上线2个多月，账上已经没有钱了。为了省房租，宋海波在朋友家打过地铺。那段时间，宋海波每天只吃三个包子。三个包子，可能只够我们吃一顿，宋海波却要吃一天。宋海波不愿放过任何一次机会。对于一名创业者，尤其是草根创业者而言，想靠近成功，最重要的就是把握住每一次擦肩而过的机会，可能一个不起眼的机会，就能让项目起死回生。

那么抓住机会就够了吗？还差得远！不"死"过几次，很难取得真正的成功。

2013年时的丸子地球，跟很多OTA平台一样，采用的是游客和当地向导在平台上自行联系的模式，整个过程丸子地球不参与。收入只能靠在网站上挂一些硬广来维持。当时的经营状况并不好，没有稳定可观的收入支撑，丸子地球陷入了"经济危机"。

宋海波意识到这次"经济危机"，对丸子地球来说是一次生死考验，可能也是一次华丽逆转、破茧成蝶的机会。宋海波分析了当时国内外的用户情况。国内用户没有为丸子地球的"地陪"服务支付费用的想法，他们更多怀着一种社交需求的心里——认识一些志同道合的人，才选择使用丸子地球的，这部分市场想实现盈利很困难。而国外用户则恰恰相反，选择出国游玩的人，大多不会介意为"地陪"服务支付一定的费用，他们更在意的是，当地丸子（即当地向导）提供的服务品质如何。试想一下假如我们到一个陌生国度去旅行，如果被已经约好的当地向导放了鸽子、爽了约，是一件多么恐怖的事！所以出国游的用户更愿意支付一定的费用，能够多一层保障，出去旅行才会更放心。

宋海波反复考量，最终果断地选择放弃国内市场，转做深度出境游。深度出境游意味着丸子地球需要更高素质的丸子（当地向导）、更优质的服务、更 nice 的用户体验。

这一次宋海波对丸子地球的发展方向做的战略调整，不仅需要智慧与果断，更需要莫大的勇气与决心。当时国内市场占比 20%，国外市场占比 80%，对于刚刚起步的丸子地球来说，一句话就砍掉 20%的市场份额。这是一件很多人都能想到，但却狠不下心，也很难做到的事。

经过 4 年的沉淀与发展，如今的丸子地球早已今非昔比。2013 年去哪儿曾上线过一个"当地人"频道，2014 年携程也做过类似的栏目，想来分享"地陪"这块蛋糕，最后都无疾而终。在地陪深度旅行这个垂直领域里，很多 OTA 巨头都败给了丸子地球。

资料来源：节选自"界面新闻.《每天只吃三个包子：丸子地球宋海波的创业故事》. http://www.jiemian.com/article/1036353.html，2016 年 12 月 26 日"。

宋海波创立丸子地球的过程并不是一帆风顺的，就像有人说的，创业不"死"过几次，很难取得真正的成功。这是因为创业环境的不确定性，创业机会与创业企业的复杂性，创业者、创业团队与创业投资者的能力与实力的有限性，使得创业过程具有一定的风险。创业者需要敏锐地察觉到风险的存在，并及时规避。正如案例中的宋海波察觉到国内市场给丸子地球带来的"经济危机"，及时放弃国内市场，把重心放在国外市场上，终于使得丸子地球起死回生。

对于创业者而言，他们不仅需要寻找到创业机会，还要承担一定的创业风险。在开创新事业时，创业者面对的是不确定的未来，这种不确定性就注定了风险存在的必然性。创业者在经历创业失败时不能像购买到劣质产品那样可以进行交换或退货，最可能的结果就是接受创业失败或重新创业。所以一般来说，创业者在创业之初就要准备好承担创业所带来的心理风险，相应的创业决策也就显得更为慎重。因此，认识和化解创业风险就成为创业活动面临的最重要任务之一[28]。

一般认为，风险是在一定的失控条件下，由于受到各种因素复杂性和变动性的影响，使实际结果与预测结果发生背离而导致利益损失的可能性。风险的大小是由不幸事件发生的概率以及发生后果的严重性决定的。低可能性与轻微后果为低风险，高可能性与严重后果为高风险。以往学者对于"风险"的含义主要从以下几个方面进行界定：①风险是指损失的可能性。②风险是发生不愿意看到的损失的一种不确定性，这种不确定性也许是可以确定的。③风险是对特定情况下未来结果的一种客观的权衡考虑，其中可能出现的结果和各种结果出现的概率都是可以预期的。④风险是一种实际后果与预期结果之间出现的偏差，或者指两者之间出现差异的倾向性。⑤风险是潜在的损失出现的概率或其变化的范围与幅度等。

创业风险具有两面性,一方面风险可能会给企业带来损失,另一方面风险的存在也是超额利润或收益的象征。基于创业风险的这一特性,创业者在创业过程中既需要从全局监控的角度出发,采取各种办法认识风险的存在,尽量避免遭受风险带来的损失;同时,也应该清醒地认识到,有得必有失,没有风险就不会有超额利润或收益,发生一定的损失是不可避免的。问题的关键在于密切监视这些风险,并将损失控制在一定的可接受范围之内。新创企业若要生存,就必须在回避风险和抓住商机之间寻求某种平衡。

【Tips】

风 险 感 知[28]

风险感知(Risk Perception)是创业者在创业之初进行项目选择时对创业阶段所能遇到的各种风险的一种认知。通过对潜在风险的认知,可以降低创业者在创业过程中遇到的各种风险。

风险感知经常被认为是一个认知过程,一种心理范式,是研究人们感知风险的重要研究方法。个体在生活和社会中有很多因素影响着风险感知,熟悉的风险源和认为对局势的控制被认为对风险有影响。

3.3.1 创业风险的来源

创业风险主要来自与创业活动有关因素的不确定性。创业环境的不确定性,创业机会与创业企业的复杂性,创业者、创业团队与创业投资者的能力与实力的有限性,是创业风险的根本来源。

在创业过程中,创业者要投入大量的人力、物力和财力,要引入和采用各种新的生产要素与市场资源,要建立或者变革现有的组织结构、管理体制、业务流程、工作方法。由于市场复杂多变,新技术成果商品化与市场化所涉及的各种因素具有很大的不确定性,在创业过程中必然会遇到各种意想不到的情况和各种各样的困难,从而使结果偏离创业预期的目标。

大量研究表明,创业的过程往往是将某一构想或技术转化为具体的产品或服务的过程。在这一过程中,存在几个基本的、相互联系的缺口,它们是上述不确定性、复杂性和有限性的主要来源。也就是说,创业风险在给定的宏观条件下,往往就直接来源于这些缺口。

1. 融资缺口

融资缺口存在于研究支持和商业支持之间,是研究基金和投资基金之间存在的断层。其中,研究基金通常来自个人、政府机构或公司研究机构,它既支持概念的创建,又支持概念可行性的最初证实;投资基金则将概念转化为有市场的产品原型,这种产品原型有令人满意的性能。创业者对其生产成本有足够的了解并且能够识别其是否有足够的市场。创业者可以证明其构想的可行性,但往往没有足够的资金将其实现商品化,从而会给创业活动带来一定的风险。通常只有极少数基金愿意鼓励创业者跨越这个缺口,如富有的个人专门进行早期项目的风险投资,以及政府资助计划等。

2. 研究缺口

研究缺口主要存在于仅凭个人兴趣所做的研究判断和基于市场潜力的商业判断之间。当一个创业者最初证明一个特定的科学突破或技术突破可能会成为商业产品基础时，他仅仅停留在自己满意的论证程度上。然而，这种程度的论证后来不可行了，在将预想的产品真正转化为商业化产品（大量生产的产品）的过程中，即具备有效的性能、低廉的成本和高质量的产品，在能从市场竞争中生存下来的过程中，需要大量复杂而且可能耗资巨大的研究工作（有时需要几年时间），从而形成创业风险。

3. 信息和信任缺口

信息和信任缺口存在于技术专家和管理者（投资者）之间。也就是说，在创业中，存在两种不同类型的人：一是技术专家；二是管理者（投资者）。这两种人接受不同的教育，对创业有不同的预期、信息来源和表达方式。技术专家知道哪些内容在科学上是有趣的，哪些内容在技术层面上是可行的，哪些内容根本就是无法实现的。在失败的案例中，技术专家要承担的风险一般表现为在学术上、声誉上受到影响，以及没有金钱上的回报。管理者（投资者）通常比较了解将新产品引进市场的程序，但当涉及具体项目的技术部分时，他们不得不相信技术专家。如果技术专家和管理者（投资者）不能充分信任对方，或者不能够进行有效的交流，那么这一缺口将会变得更大，带来更大的风险。

4. 资源缺口

资源与创业者之间的关系就如颜料和画笔与艺术家之间的关系。没有了颜料和画笔，艺术家即使有了构思也无从实现。创业也是如此，没有所需的资源，创业者将一筹莫展，创业也就无从谈起。在大多数情况下，创业者不一定也不可能拥有所需的全部资源，这就形成了资源缺口。如果创业者没有能力弥补相应的资源缺口，要么创业无法起步，要么在创业中受制于人。

5. 管理缺口

管理缺口是指创业者并不一定是出色的企业家，不一定具备出色的管理才能。进行创业活动主要有两种：一是创业者利用某一项新技术进行创业，他可能是技术方面的专业人才，但却不一定具备专业的管理才能，从而形成管理缺口；二是创业者往往有某种"奇思妙想"，可能是新的商业点子，但在战略规划上不具备出色的才能，或不擅长管理具体的事务，从而形成管理缺口。

所以，创业者应该针对以上风险缺口采取相应的措施，以达到合理规避风险的目的。

3.3.2 创业风险的分类

1. 风险的来源划分

按照风险的来源，我们将其划分为系统风险和非系统风险，创业的系统风险是指由于创业外部环境的不确定性引发的风险，这种风险常常源于公司外部的大环境，是创业者和企业无法控制或无力排除的风险,因而也常称为"客观风险"或"外部风险",如政策立法、宏观经济以及社会、文化等带来的风险,对于这类风险,创业者只能在创业过程中设法规避。创业的非系统风险是指非外部因素引发的风险,即指与创业者、创业投资和创业企业有关的不确定性因素引发的风险,非系统风险可以通过创业各方的主观努力,通过科学方法来加以控制甚至消除,它具有可分散性,因而又叫作主观风险,如技术风险,管理风险,市场风险等,对于这类风险,创业者需要千方百计地设法加以控制。

多数情况下,在创业活动启动之前,风险还是潜在的,只有在创业活动启动甚至进入正常程序后,某些风险因素才会爆发。因此,在创业筹划阶段,创业者就需要对未来可能遇到的风险因素有一个理性的把握。

2. 按创业风险的内容划分

主要分为技术风险、市场风险、政治风险、管理风险、生产风险和经济风险。技术风险,是指由于技术方面的因素及其变化的不确定性而导致创业失败的可能性。市场风险,是指由于市场情况的不确定性导致创业者或新创企业损失的可能性。政治风险,是指由于战争,国际关系变化或有关国家政权更迭,政策改变而导致创业者或企业蒙受损失的可能性。管理风险,是指因创业企业管理不善产生的风险。生产风险,是指创业企业提供的产品或服务从小批量试制到大批量生产的风险。经济风险,是指由于宏观经济环境发生大幅波动或调整而使创业者或创业投资者蒙受损失的风险。

3. 按风险对所投入资金即创业投资的影响程度划分

主要分为安全性风险、收益性风险和流动性风险,创业投资的投资方包括专业投资者与投入自身财产的创业者。安全性风险,是指从创业投资的安全性角度来看,不仅预期实际收益有损失的可能,而且专业投资者与创业者自身投入的其他财产也可能蒙受损失即投资方财产的安全存在危险。收益性风险,是指创业投资的投资方的资本和其他财产不会蒙受损失,但预期实际收益有损失的可能性。流动性风险,是指投资方的资本,其他财产以及预期实际收益不会蒙受损失,但资金有可能不能按期转移或支付,造成资金运营的停滞,使投资方蒙受损失的风险。

4. 按创业过程划分

创业活动须经历一定的过程,一般而言,可将创业过程分为四个阶段:识别与评估机会;准备与撰写创业计划;确定并获取创业资源;新创企业管理。因此,按照创业过程,创业风险可被分为机会识别与评估风险、准备与撰写创业计划风险、确定并获取创业资源风险和新创企业管理风险。

机会识别与评估风险,指在机会的识别与评估过程中,由于各种主客观因素,如信息获取量不足、把握不准确或推理偏差等使创业一开始就面临方向错误的风险。另外,机会风险的存在,即由于创业而放弃了原有的职业所面临的机会成本风险,也是该阶段存在的风险之一。准备与撰写创业计划风险,指创业计划的准备与撰写过程带来的风险。由于创业计划往往是创业投资者决定是否投资的依据,因此创业计划是否合适将对具体的创业产生影响，创业计划制订过程中的各种不确定性因素与制定者自身能力的限制，也会给创业活动带来风险。确定并获取资源风险，指由于存在资源缺口，无法获得所需的关键资源，或即使可以获得但获得的成本较高，从而给创业活动带来一定风险。新创企业管理风险，主要包括管理方式，企业文化的选取与创建，发展战略的制定，组织、技术、营销等各方面的管理中存在的风险。

5. 按创业与市场和技术的关系划分

主要分为改良型风险、杠杆型风险、跨越型风险和激进型风险。改良型风险，是指利用现有的市场、现有的技术进行创业所存在的风险，这种创业风险最低，经济回报有限。即风险虽低，但要想生存和发展，获取较高的经济回报也比较困难，一方面会遭遇已有市场竞争者的排斥或进入壁垒的限制，另一方面即便进入，想要占有一定的市场份额也非常困难。杠杆型风险，是指利用新的市场和现有的技术进行创业存在的风险。该风险稍高，对个全球性公司来说，这种风险往往是地理上的，常见于开拓未开辟的市场。跨越型风险，是指利用现有市场和新的技术进行创业存在的风险。该风险稍高，主要体现在创新技术的应用方面，往往反映了技术的替代，是一种较常见的情况。常见于企业的二次创业，领先者可获得一定的竞争优势，但模仿者很快就会跟上。激进型风险，是指利用新的市场和新的技术进行创业存在的风险。该风险最大，如果市场很大，可能会带来巨大的机会。对于第一个行动者而言，其优势在于竞争风险较低，但是知识产权保护力度很弱，市场需求不确定，确定产品性能有很大的风险。

6. 按创业中技术因素、市场因素与管理因素的关系划分

主要分为技术风险、市场风险和代理风险。其中，技术风险和市场风险在前面已提到，这里不再赘述。代理风险，是指高级经营管理人才、组织结构以及生产管理等能否适应创业企业的快速增长，或战胜创业企业危机阶段的动态不确定性因素的风险。这三类风险之间相互作用，使得创业企业运作的各个层面上的诸多因素的不确定性更加复杂，并且在创业企业不同的发展阶段上，各因素的风险性质也将产生一定的变化。

3.4 创业机会的评估

所有的创业行为都来自绝佳的创业机会，创业团队与投资者均对创业前景有着极高的期待，创业者更是对创业机会在未来所能带来的丰厚利润满怀信心。不过我们都知道，几乎九成以上的创业梦想最后都会落空。事实上，新创企业获得高度成功的概率大约不到 1%。创业机会的评估有助于创业者进一步分辨和把握创业机会，避免随意跟风和盲目创业，这会对企业最终获得成功产生重要积极的影响。

创业是自己人生必经阶段而不是目标

对于陶伟杰来说，创业是很早就认定的人生必须经历的一个阶段，而不是一个最终目标。陶伟杰毕业于清华大学，他进入搜狗的第三年，便提出了辞职。但搜狗 CEO 王小川认为陶伟杰的资历还不足以去创业，可是到了第五年，无论什么理由都已经留不住他了。

在脱离搜狗 3 个月后，2010 年 6 月，陶伟杰组建了一家彩票网站。一年多后，这家彩票网站被百度收购。2011 年 12 月，陶伟杰的创业项目 e 达招车已经成型，但滴滴打车也同步上市，而且是免费的，而 e 达招车是对用户收费的。陶伟杰觉得滴滴与快的的快速融资与烧钱，不是一个健康的贸易模式，于是终止了这个项目。

基于前两次创业的一成一败，陶伟杰第三次选择进军热门的互联网金融领域。他希望用科技手段，让每一位用户都拥有自身专属的理财机械人，做一个以人工智能为核心的智能理财平台。从 2013 年 11 月创立至今，懒财网已完成乐视控股领投、君联本钱等跟投的共计 1.8 亿元人民币的 B 轮融资，作为创业项目已经有所起色了。

如今的懒财网是一个智能的互联网理财平台，而未来它将谋求更多金融销售牌照，向一个金融科技的大平台成长。

资料来源：节选自"创业故事网.《懒财网陶伟杰：创业是自己人生必经阶段不是目标》.https://www.cyegushi.com/4189.html，2017 年 5 月 18 日"。

案例中，陶伟杰识别到每一次的创业机会后，并没有马上开始蛮干，而是对市场环境进行调研。实际上，我们知道 90%以上的创业梦想最后都会落空，失败和成功一线之隔，除了一些不可控的因素外，还有一些因素，使创业从一开始就注定会失败。因此，创业者在利用创业机会之前，一定要对创业机会进行科学地分析与评价。就像案例中的陶伟杰一样，对市场现状和市场需求进行了详细的了解和评估，才开始着手创业，这样才能避免创业计划过早夭折。

3.4.1 基于系统分析的评估

蒂蒙斯提出了比较完善的创业机会评价指标体系，他认为创业者应该从行业和市场、经济因素、收获条件、竞争优势、管理团队、致命缺陷问题、个人标准、理想与现实的战略差异八个方面评价创业机会的价值潜力，并围绕这八个方面形成了 53 项指标，如表 3.1 所示[29]。

表 3.1 蒂蒙斯创业机会评价指标体系

评价方面	评价指标
行业和市场	1. 市场容易识别，可以带来持续收入 2. 顾客可以接受产品或服务，愿意为此付费 3. 产品的附加价值高 4. 产品对市场的影响力高 5. 将要开发的产品生命长久 6. 项目所在的行业是新兴行业，竞争不完善 7. 市场规模大，销售潜力达到 0.1 亿~10 亿元 8. 市场成长率在 30%~50%甚至更高 9. 现有厂商的生产能力几乎完全饱和 10. 在五年内能占据市场的领导地位，达到 20%以上 11. 拥有低成本的供货商，具有成本状势

续表

评价方面	评价指标
经济因素	1. 达到盈亏平衡点所需要的时间在 1.5~2 年以下 2. 盈亏平衡点不会逐渐提高 3. 投资回报率在 25%以上 4. 项目对资金的要求不是很大，能够获得融资 5. 销售的年增长率高于 15% 6. 有良好的现金流量，能占到销售额的 20%~30% 7. 能获得持久的毛利，毛利率要达到 40%以上 8. 能获得持久的税后利润，税后利润率要超过 10% 9. 资产集中程度低 10. 运营资金不多，需求量是逐渐增加的 11. 研究开发工作对资金的要求不高
收获条件	1. 项目带来附加价值的具有较高的战略意义 2. 存在现有的或可预料的退出方式 3. 资本市场环境有利，可以实现资本的流动
竞争优势	1. 固定成本和可变成本低 2. 对成本、价格和销售的控制较高 3. 已经获得或可以获得对专利所有权的保护 4. 竞争对手尚未觉醒，竞争较弱 5. 拥有专利或具有某种独占性 6. 拥有发展良好的网络关系，容易获得合同 7. 拥有杰出的关键人员和管理团队
管理团队	1. 创业者团队是一个优秀管理者的组合 2. 行业和技术经验达到了本行业内的最高水平 3. 管理团队的正直廉洁程度能达到最高水平 4. 管理团队知道自己缺乏哪方面的知识
致命缺陷问题	不存在任何致命缺陷
个人标准	1. 个人目标与创业活动相符合 2. 创业家可以做到在有限的风险下实现成功 3. 创业家能接受薪水减少等损失 4. 创业家渴望创业这种生活方式，而不只是为了赚大钱 5. 创业家可以承受适当的风险 6. 创业家在压力下状态依然良好
理想与现实的战略性差异	1. 理想与现实情况相吻合 2. 管理团队已经是最好的 3. 在客户服务管理方面有很好的服务理念 4. 所创办的事业顺应时代潮流 5. 所采取的技术具有突破性，不存在许多替代品或竞争对手 6. 具备灵活的适应能力，能快速地进行取舍 7. 始终在寻找新的机会 8. 定价与市场领先者几乎持平 9. 能够获得销售渠道，或已经拥有现成的网络 10. 能够允许失败

国内学者姜彦福在 Timmons 的机会评价框架下，提出了适合中国创业者进行非正式评价或投资人在进行尽职调查前快速评估创业机会的 10 项关键指标序列，如表 3.2 所示[30]。

表 3.2 资深创业者对机会评价的大类指标排序

指标大类	具体指标	得分均值
管理团队	创业者团队是一个优秀管理者的结合	4.52
竞争优势	拥有优秀的员工和管理团队	4.48
行业与市场	顾客愿意接受该产品或服务	4.43
致命缺陷	不存在任何致命缺陷	4.31
个人标准	创业家再承担压力的状态下心态良好	4.25
收获条件	机会带来的附加价值具有较高的战略意义	4.10
管理团队	行业和技术经验达到了本行业内的最高水平	4.00
经济因素	能获得持久的税后利润，税后利润率要超过 10%	4.00
竞争优势	固定成本和可变成本低	4.00
个人标准	个人目标与创业活动相符合	4.00

同时，他将机会评价、机会识别与机会开发整合在一个框架下进行分析，认为识别和选择创业机会是一个动态过程，而机会评价活动则贯穿整个全过程，如图 3.1 所示[30]。

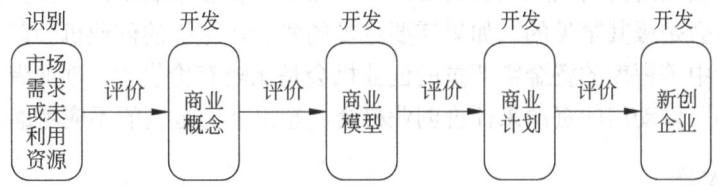

图 3.1 创业机会识别与开发过程模型

在该模型中，对机会进行评价的主要是创业者（及创业团队）和投资人（天使投资人、风险投资家和股东）。一般来说，那些决定资源分配的人（投资人）会对创业企业的商业计划进行全面评价，并进行尽职调查。而在开发过程的前期各阶段，创业者也可能会对推测的市场需求或资源（包括发明创造）进行非正式的研究，对机会做出多次评价，这些评价会使创业者识别出其他的新机会或调整其最初的看法。这一方法明确要求创业者在机会开发的每个阶段都要进行机会评价。一个机会是否能够通过每个阶段预先设置的"通过门槛"，在很大程度上取决于创业者经常面对的约束或限制，如创业者的目标回报率、风险偏好、金融资源、个人责任心和个人目标等。一项不能成功通过某一阶段的评价门槛进入下一阶段的机会，将被修订或甚至被放弃。因此，通过循环反复的"识别—评价—开发"步骤，一个最初的商业概念或创意就会逐步完善起来。

3.4.2 基于预期回报和风险视角的评估

不是每个创业机会都会给创业者带来益处的，每个创业机会都是存在一定风险的。

所以，创业者在利用创业机会之前，不要盲目做出选择，而是需要慎重考虑，要对创业机会进行科学的分析与评估。因为创业机会既有益处也存在风险。对于创业机会的评价主要基于如下几个标准[31]。

1. 盈利时间

有价值的创业机会可能是项目在两年内盈亏平衡或者取得正现金流。如果取得盈亏平衡和正现金流的时间超过3年，那么对创业者的要求就高了，因为大多数创业者支撑不了这么长的时间，其他的投资者和合作伙伴也没有等这么长时间的耐心，这种创业机会的吸引就大大降低了。除非有其他方面的重大利好，一般要求创业机会具有较短的获得盈利时间。

2. 市场规模和结构

如果市场规模和价值小，往往是不足以支撑企业长期发展的。而创业者若进入一个市场规模巨大而且还在不断发展的市场，即使只占有很小的一个份额，也能够生存下来度过发展期。并且即使存在竞争对手也不用担心，因为市场足够大，构不成威胁。一般来说，市场规模和价值越大，创业机会就越有价值。

3. 资金需要量

大多数有较大潜力的创业机会需要相当大数量的资金来启动，只需少量或者不需要资金的创业机会是极其罕见的。如果需要过多的资金，这样的创业机会就缺乏吸引力。有着较少或者中等程度的资金需要量的创业机会是比较有价值的，创业者需要根据自身的资金实力和可以动用的资源来评价创业机会，超出能力范围的不应考虑。

4. 投资收益

创业的目标就是要获得收益，这要求创业机会能够有合理的盈利，包括较高的毛利率和市场增长率。毛利率高说明创业项目的获利能力强，市场增长率表明了市场的发展潜力，使得投资的回报增加。如果每年的投资收益率能够维持在25%以上，这样的创业机会是很有价值的；而如果每年的投资收益率低于15%，是不能够对创业者和投资者产生很大的吸引力的。

5. 成本结构

竞争优势的来源之一就是成本，较低的成本会给创业企业带来较大的竞争优势，使得该创业机会的价值较高。创业企业靠规模达到低成本上升是比较可行的，低成本的优势大多来自技术和工艺的改进以及管理的优化，创业机会如果有这方面的特质，对于创业者来说是非常有利的。

6. 进入障碍

如果创业机会面临着进入市场的障碍，那么就不是一个好的创业机会。如存在资源的限制、政策的限制、市场的准入控制等,都可能成为市场进入的障碍,削弱了创业机会。

7. 退出机制

有吸引力的创业机会应该有比较理想的获利和退出机制,便于创业者和投资者获取资金及实现收益。没有任何退出机制的创业企业和创业机会是没有太大吸引力的。

8. 控制程度

如果能够对渠道、成本或者价格有较强的控制,这样的创业机会就比较有价值。如果市场上不存在强有力的竞争对手,控制的程度就比较大。如果竞争对手已有较强的控制能力,如把握了原材料厂来源、独占了销售渠道、取得了较大的市场份额、对于价格有较大的决定权,在这种情况下,新创企业的发展空间就很小。除非这个市场的容量足够大,而且主要竞争者在创新方面行动迟缓,并时常损害客户的利益,在这种情况下才有可能进入。

9. 致命缺陷

创业机会不应该有致命的缺陷,如果有一个或者多个致命的缺陷,将使得创业机会变得没有价值。

 本章小结

创意不等于机会,只有具有商业价值的创意才能带来好的创业机会。在有了创意之后,创业者仍然需要进行市场研究,并在此基础上对机会进行辨别和筛选,识别机会是创业者启动创业活动并创造价值的前提。进行创业机会辨识,目的是在众多的机会中,通过分析、判断和筛选,发现可以利用的创业机会。机会辨识的内容包括两个方面:一是发现机会,二是评价机会的价值。这种评价过程的结果是做出是否创业的决策。

创业风险识别的目标,在于如何及时地发现风险、正确地识别风险,从而有效地控制风险。创业风险具有两面性,一方面风险可能会给企业带来损失,另一方面风险的存在也是超额利润或收益的象征。新创企业若要生存,就必须在二者之间寻求某种平衡。

重要概念

创意 创业机会 机会识别 机会评估 创业风险

讨论案例

民以食为天:刘大惠的"团膳"创业路

大连惠美企业服务有限公司是一家致力于提供中高档团膳服务的民营企业,是一家年营业额为 1.2 亿元人民币的餐饮服务公司。

财散人聚刘大惠

刘大惠，1973 年 6 月出生在大连市开发区一户普通的农民家庭。从小就对做菜感兴趣的刘大惠特别钟情于饮食，所以他想开个饭店做餐饮。该从哪里入手呢？经过和家人的商议，他决定先学做厨师。于是，刘大惠就到大连一所有名的烹饪学校学习，掌握了基础的烹调专业知识和技术。烹饪学校毕业后，刘大惠先后在开发区的几家中小型饭店做过传菜员、采购员、帮厨和后厨等工作。

1993 年 10 月，刘大惠的小饭店——"美味饭店"开张。之后，刘大惠应聘开发区的一家四星级酒店做帮厨，追求和积累更高的厨艺和餐饮管理能力。两年后，他结束了帮厨生涯，应聘到开发区另一家四星级酒店做大厨。在这期间，他考取了高级厨师资格证和高级营养保健师证，同时也积累了宝贵的酒店餐饮管理经验。2001 年，刘大惠应聘到开发区的一家日资企业 GY 公司工作，学习更为先进的管理理念和完善的管理制度。渐渐地，他的周围聚拢了一群"铁哥们"。

刘大惠认为如果在大连开发区创业，算是已经占有"地利""人和"之便，他坚信属于自己的"天时"同样会出现，因为大连开发区还在陆续新建很多企业，这不正是自己的机会吗？此时他的创业激情被重新点燃，他要去重新创办一家属于自己的餐饮管理公司。随后刘大惠果断辞去了让很多餐饮同行羡慕的在 GY 公司的工作，义无反顾地去追寻、捕捉自己的创业机会。

抓住机遇，进军团膳

2003 年 3 月，开发区 JG 企业配套园因园区食堂自身经营不善急需找到第三方餐饮公司来运营食堂。此时，开发区已经有四家比较大的餐饮公司，其中一家公司得到这个消息后，马上和园区主管方进行了接洽。刘大惠的父亲也在第一时间知道了这个消息，他费了很大的心力和园区主管方沟通，推荐自己的儿子来运营园区食堂的项目。

最终，刘家父子的诚恳、执着和可以接受的项目计划书打动了园区管理方。刘大惠迅速注册了福惠餐饮，并和园区主管方签署了为期八年的食堂承包合同。房租费 80 万元/年，水电气暖费用由福惠餐饮自己承担，这些条件在后来看来有些苛刻，但在当时已经是刘大惠能抓住的最好机会了。

正所谓"精诚所至，金石为开"。在福惠餐饮人的不断努力下，一些客户的态度终于有了变化，派人考察福惠餐饮，来到餐厅的客户们感到了这里和以前的不同，他们把这里的信息带回了公司，这些信息和部分员工反映的关于配套园餐厅变好的信息相一致。从 2003 年 11 月下旬起，一些未和外边第三方餐饮公司签合同的客户企业回来了，他们带来了整个企业的员工，虽然最初回归的企业规模都不大，几十人，上百人不等，但这些企业就是福惠餐饮赖以起家的非常关键的客户。更重要的是，有了这些初始客户的回归，这一年福惠餐饮开始盈利了。就餐人数由 37 人增加到 500 人，员工人数也由最初的 8 人创业团队扩充到 25 人。配套园成了福惠餐饮的根据地，在这里他们赢得了第一批顾客的信任，锻炼了自己的第一批员工队伍，积累了运营团膳大食堂的宝贵经验，初步形成了公司员工"踏实肯干、崇尚简约、绝对服从、执行力第一"的工作作风。从某种意义上来说，这是企业最宝贵的精神财富。在对外交往中，公司和供应商的合作更加紧密，有的还成了他们的常年稳定的供货商，并一直持续到现在。

乘胜追击，创建惠美

企业虽然盈利了，但是毕竟还很弱小。应该怎样扩大经营规模呢？刘大惠决定，福惠餐饮应走出配套园，到外面去直接承接客户单位内设的食堂。在经过一番调查研究后，对锁定的目标客户逐一登门拜访；通过朋友关系进行游说；请他们到配套园福惠餐饮参观考察。经过一番努力，客户就餐人数突破1 500人，这使刘大惠信心大增，更加雄心勃勃。然而随着就餐人数的增多，企业经营中的管理问题也更加复杂，福惠餐饮的个体户企业形式已经不能满足发展需要，另外这种企业形式在开拓新客户和对外宣传中也不再适合，刘大惠意识到企业必须要上一个新台阶了。

决心一定马上行动，这就是刘大惠的做事风格。2005年10月，大连惠美企业服务有限公司在开发区注册成立，标志着企业又向团膳市场迈进了一大步，员工人数达到了50人，并形成了较为完整的组织结构体系（公司的组织架构借鉴了开发区团膳行业领先企业PC公司的设置）。也正是从这个时候开始，惠美公司的核心管理团队逐渐形成。期间餐饮现场管理人员调整颇为频繁，先后调换过四任餐饮管理部长，这些管理人员有的是刘大惠以前的朋友，有的是刘大惠在餐饮界的高师，也有的是从社会上直接招聘而来，他们都在不同程度上为福惠餐饮和后来的惠美公司的发展做出了极大的贡献，但最终大多因为个人能力、做事风格等和公司发展不匹配而离开公司。对于愿意留在公司继续服务的前任高管，刘大惠依旧义字当先，工资待遇不降，为他们在职务上重新做了比较好的安排。

巅峰之作，抢滩登陆长兴岛

大连长兴岛开发始于2005年，刘大惠就有过关注，但当时他忙于公司稳定增长和基础性工作，所以并没有投入更多的精力和注意力。现在他把长兴岛开发的动向作为重点关注，通过长兴岛政府部门的朋友，及时掌握那里客户入驻情况的信息。结果在第一时间获得了长兴岛S公司下属一个公司食堂委托管理经营权的信息。经过几番艰苦的谈判，刘大惠成功了。2007年8月，大连长兴岛惠美企业服务有限公司成立，注册资金50万元人民币，初始员工数量为20人，客户就餐人数约为1 000人。

由于长兴岛惠美公司是最早进驻长兴岛的餐饮服务公司，所以企业发展占据了先发优势。自成立后，公司发展迅速，业务扩张十分顺利。至2008年年底，长兴岛惠美公司客户数已扩至S公司下属8家分公司，就餐人数15 000人，日就餐人数稳定在约4万人次，长兴岛惠美公司员工总数也增加至280人。也就在这一年，惠美公司客户就餐人数达到阶段峰值——日供餐量近60 000份。从2009年至2012年，长兴岛惠美公司日就餐人数稳定在4万人次，（年营业额近7 000万元人民币，）利润占惠美公司一半左右（利润率比开发区低）。此时，惠美公司的发展达到了顶峰。

资料来源：节选自"邢蕊,郭作杰.民以食为天：刘大惠的"团膳"创业路.中国管理案例共享中心，PJMT-0121，2013年8月."该案例经中国管理案例共享中心同意授权引用。

讨论题：

1. 为什么刘大惠能够识别出创业机会？哪些因素影响着他的机会识别与选择过程？

2. 结合惠美公司的案例，思考创业者在进行创业机会评估时，应考虑哪些重要问题。

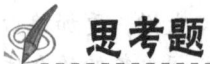 思考题

1. 创意与创业机会之间存在什么样的区别和联系？
2. 识别创业机会受到哪些因素的影响？
3. 如何评价创业机会？
4. 如何理解创业风险的内涵？

参考文献

[1] 张玉利. 如何识别创业机会？[J]. 中外管理，2011(5): 104-105.

[2] 张红，葛宝山. 创业机会识别研究现状述评及整合模型构建[J]. 外国经济与管理，2014，36(4): 15-24.

[3] Eckhardt J T and Shane S A. Opportunities and Entrepreneurship [J]. Journal of Management，2003，29(3): 333-349.

[4] 张玉利，杨俊，任兵. 社会资本、先前经验与创业机会——一个交互效应模型及其启示[J]. 管理世界，2008(7): 91-102.

[5] Singh R P. A Comment on Developing the Field of Entrepreneurship Through the Study of Opportunity Recognition and Exploitation [J]. Academy of Management Review，2001，26(1): 10-12.

[6] Smith B R，Matthews C H，Schenkel M T. Differences in Entrepreneurial Opportunities: The Role of Tacitness and Codification in Opportunity Identification [J]. Journal of Small Business Management，2009，47(1): 38-57.

[7] Shane S. Reflections on the 2010 AMR Decade Award: Delivering on the Promise of Entrepreneurship as a Field of Research[J]. Academy of Management Review，2012，37(1): 10-20.

[8] 理查德•多尔夫，托马斯•拜尔斯. 创业的轨迹：从创意到一个企业真正的诞生[M]. 北京：中国人民大学出版社，2011.

[9] 刘万利，胡培，许昆鹏. 创业机会识别研究评述[J]. 中国科技论坛，2010(9): 121-127.

[10] 郭剑兰，井润田. 高科技企业创业机会辨识的案例研究[J]. 管理案例研究与评论，2009，2(3): 164-173.

[11] Shane S，Venka taraman S. The Promise of Entrepreneurship as a Field of Research [J]. Academy of Management Review，2000，25(1): 217-226.

[12] 周立新. 家族社会资本、先前经验与创业机会识别：来自微型企业的实证[J]. 科技进步与对策，2014，31(19): 87-91.

[13] Gulati R. Alliances and Networks[J]. Strategic Management Journal，1998，19(4): 293–317.

[14] Granovetter M S. The Strength of Weak Ties[J]. The American Journal of Sociology, 1973, 78(6):

1360-1380.

[15] Kontinen T, Ojala A. Network Ties in the International Opportunity Recognition of Family SMEs[J]. International Business Review, 2011, 20(4): 440-453.

[16] Dunbar R. The Social Brain and Its Implications[M]. Homo Novus–A Human Without Illusions. 2009.

[17] 王永健，谢卫红，王田绘等. 强弱关系与突破式创新关系研究——吸收能力的中介作用和环境动态性的调节效应[J]. 管理评论，2016，28(10): 111-122.

[18] Cohen W M，Levinthal D A. Chapter 3 – Absorptive Capacity: A New Perspective on Learning and Innovation [J]. Strategic Learning in A Knowledge Economy, 2000, 35(1): 39-67.

[19] Roberts P W. Product Innovation, Product-Market Competition and Persistent Profitability in the U.S. Pharmaceutical Industry[J]. Strategic Management Journal, 1999, 20(7): 655-670.

[20] Baron R. A. The Cognitive Perspective: A Valuable Tool for Answering Entrepreneurship's Basic "Why" Questions [J]. Journal of Business Venturing, 2004, 19(2): 221-239.

[21] Mitchell R K，Busenitz L，Lant T，et al. Toward a Theory of Entrepreneurial Cognition: Rethinking the People Side of Entrepreneurship Research [J]. Entrepreneurship Theory and Practice, 2002, 27(2): 93-104.

[22] Kirzner I M. Creativity and/or Alertness: A Reconsideration of the Schumpeterian Entrepreneur[J]. Review of Austrian Economics, 1999, 11(1-2): 5-17.

[23] Stabley K，Benjamin G. Characteristics of Opportunities Search of Entrepreneurs Versus Executives Sources，Interests, General Alertness[J]. Journal of Business Venturing, 1991, 6(1): 45-61.

[24] 仲伟伫，芦春荣. 环境动态性对创业机会识别可行性的影响路径研究——基于创业者个人特质预测[J]. 2014, 33(3): 27-33.

[25] 陈超，陈拥军，钱晶晶. 创业机会识别的"Dubin 模型"构建研究[J]. 科技进步与对策，2017，34(3): 20-25.

[26] Kirzner Israel M. Entrepreneurial Discovery and the Competitive Market Process: An Austrian Approach[J]. Journal of Economic Literature, 1997, 35(1): 60-85.

[27] Koller R.H. On the Source of Entrepreneurial Ideas. Frontiers of Entrepreneurship Research[M]. Babson College, Wellesley, MA, 1988.

[28] 刘万利，胡培. 创业风险对创业决策行为影响的研究——风险感知与风险倾向的媒介效应[J]. 科学学与科学技术管理，2010(9): 163-167.

[29] 杰弗里·蒂蒙斯，小斯蒂芬·斯皮内利. 创业学案例[M]. 周伟民，吕长春译. 北京：人民邮电出版社，2005.

[30] 姜彦福，邱琼. 创业机会评价重要指标序列的实证研究[J]. 科学学研究，2004，22(1): 59-63.

[31] 滕远杰. 创业机会的识别与评估探析[J]. 中国高新技术企业，2014(11): 160-161.

第 4 章 创业团队

初创企业团队组建要"小而美"。一定要找最合适的人,合适的合伙人、工程师、财务等,这些都至关重要,可以是小团队、小范围、低预算,但必须持之以恒,做好充分准备,然后把握大机会一跃而起。

——史蒂文·霍夫曼

学习目标

- ✓ 理解创业团队的含义及创业团队的价值
- ✓ 了解创业团队的类型及构成要素
- ✓ 了解创业团队组建需要考虑的关键问题
- ✓ 了解创业团队冲突管理的基本思想

引导案例

创业五兄弟

这是一个难得的兄弟创业故事,堪称标本。

1998年马化腾与他的同学张志东"合资"注册了深圳腾讯计算机系统有限公司。之后又吸纳了3位股东:曾李青、许晨晔、陈一丹。为避免彼此之间争夺权力,马化腾在创立腾讯之初就和4个伙伴约定清楚:各展所长、各管一摊。马化腾是首席执行官(CEO),张志东是首席技术官(CTO),曾李青是首席运营官(COO),许晨晔是首席信息官(CIO),陈一丹是首席行政官(CAO)。

之所以将腾讯的创业五兄弟称之为"难得",是因为直到2005年,这五人的创始团队基本还是保持这样的合作矩阵,不离不弃。即使腾讯做到如今的帝国局面,其中4个仍在公司一线,只有COO曾李青挂着终身顾问的虚职而退休。

保持稳定的另一个关键因素,就在于搭档之间的"合理组合"。据《中国互联网史》作者林军回忆说,"马化腾非常聪明,但非常固执,注重用户体验,愿意从普通用户的角度去看产品。张志东是脑袋非常活跃、对技术很沉迷的一个人。马化腾技术上也非常好,但是他的长处是能够把很多事情简单化,而张志东更多的是把一个事情做得完美化。"许晨晔和马化腾、张志东同为深圳大学计算机系的同学,他是一个非常随和而有自己的观点，但不轻易表达的人，是有名的"好好先生"。而陈一丹是马化腾在深圳中学时的同学，后来也就读于深圳大学，他十分严谨，同时又是一个非常张扬的人，他能在不同的状态下激起大家的激情。

如果说，其他几位合作者都只是"搭档级人物"的话，只有曾李青是腾讯5个创始人中最好玩、最开放、最具激情和感召力的一个，与温和的马化腾、爱好技术的张志东相比，他属于另一个类型。其大开大合的性格，也比马化腾更具备攻击性，更像是拿主意的人。不过或许正是因为这一点，也导致他最早脱离了团队单独创业。

后来，马化腾在接受多家媒体的联合采访时承认，他最开始也考虑过和张志东、曾李青3个人均分股份的方法，但最后还是采取了5人创业团队，根据分工占据不同的股份结构的策略。即便是后来有人想加钱、占更大的股份，马化腾也说不行，"根据我对你能力的判断，你不适合拿更多的股份"。因为在马化腾看来，未来的潜力要和应有的股份相匹配，不匹配就要出问题。如果拿大股的不干事，干事的股份又少，矛盾就会产生。

当然，经过几次稀释，最后他们上市所持有的股份比例只有当初的1/3，但即便是这样，他们每个人的身价都还是达到了人民币数十亿元，这是一个皆大欢喜的结局。

资料来源：何磊. 风平浪静——马化腾五兄弟[J]. 东方企业家, 2010(12): 82-83.

正如案例中所述，腾讯的成功不只是马化腾一个人的功劳。一个人不管有多么优秀，都不可能具备创业所有的知识、经验和技能。如果想创业成功，就必须组建一支核心团队，借助团队成员所拥有的客户经验、产品经验、创业经验和人际关系等，解决创业过程中可能出现的问题。因此，一个成功的创业者，必须要知道如何建立一个高效的创业团队。

4.1 创业团队的概念与类型

随着经济的发展和多样化，知识的进步，技术的更新，生活方式的转变，创业活动也在发生着巨大的变革。尤其在移动互联网时代，资源在全球范围内以前所未有的速度快速流转，以创造性资源整合为特点的创业活动，其形式已经由过去的个体创业向团队创业转变。以"合伙人制"为代表的创业团队如雨后春笋般出现，开创了属于他们自己的新事业。

事实上，成功的创业个案大都与是否有效发挥团队作用密切相关，且大量的研究表明：由创业团队组建的新企业绩效要优于由创业者个人建立的企业[1]。一项关于美国"128公路100强"的调查结果显示：这些企业中成立5年的平均销售额达到1 600万美元，成立6~10年的平均销售额达到4 900万美元，而那些更为成熟的企业可达到几亿美元，数字十分可观。这100家企业中，70%的企业有多位创始人。调查的86家企业中有38%的企业有3位创始人，17%的企业创始人在4位以上，9%的企业创始人在5位以上。因此为了成功地创办一个企业，创业团队就显得非常重要。

4.1.1 创业团队的概念

1. 对于创业团队的一般性认识

没有团队的新创企业并非注定失败。但是，没有一个团队而建立一个高成长潜力的企业是极其困难的。拥有高素质创业团队的新创企业，不仅可以相互取长补短，拥有更多的资源，更广阔的视野和更强的能力，而且拥有更强的吸引私人资本和风险投资的能力，因而具有更大的增长潜力。

创业团队（Entrepreneurial Team）是一种特殊的团队，也是一个十分重要而又容易引起混淆的概念。狭义的创业团队是指有着共同目的、共享创业收益、共担创业风险的一群经营新成立的营利性组织的人，他们通过提供新的产品或服务给社会提供新增价值。广义的创业团队不仅包含狭义创业团队成员，同时还包括与创业过程相关的各种利益相关者，如风险投资商、供应商、专家咨询群体等。他们在新创企业成长过程的某几个阶段中起着至关重要的作用，同时也为社会提供了一定的新增价值。

此外，创业团队亦是高层管理团队的基础和最初组织形式。创业团队处在创建新企业的初期或企业成长早期，现实中往往被人们称之为"元老们"。而高层管理团队则是创业团队组织形式的继续。虽然在高层管理团队中可能还存在着部分创业时期的元老，也可能所有的创业元老都不再存在，但高层管理团队的管理风格在很长一个时期内是很难彻底改变的。

创业团队之所以重要，是因为创业团队的工作绩效往往大于所有个体成员独立工作时的绩效之和。虽然个体创业团队的成员可能具有不同的特质，但他们相互配合、相互帮助，通过坦诚的意见沟通形成了团队协作的行为风格，能够共同地对拟创建的新企业负责，具有一定的凝聚力。在创业初期，创业团队成员把创建新企业作为他们共同努力的目标，他们在集体创新、分享认知、共担风险、协作进取的过程中，能够形成一种特殊的情感，创造出高效的工作流程，带来良好的工作绩效，而这些对于初创企业而言是一种极其宝贵的财富。

2. 创业团队的概念界定

关于创业团队的概念，学者们从不同视角给出了定义。

从所有权角度出发，Kamm 等（1990）将创业团队定义为两个或两个以上的个体，他们共同建立公司且同时拥有股权利益[2]。在 1993 年，Kamm 等将原创业团队定义中的股权利益改为所有权，即两个或两个以上的个体，他们共同建立公司且同时拥有所有权[3]。

其次，Gartner 等指出，创业团队应该包括对战略选择产生直接影响的个体，这些个体就是指董事会尤其是占有一定股权的创投业者[4]。Ensley 等则根据总结以上文献，认为个体必须符合 3 个标准才能成为创业团队的成员：①共同建立一个公司；②有共同的股权利益；③对公司的战略选择有直接影响。

从人员构成角度出发，Mitsuko 把创业团队定义为参与且全身心投入公司创立过程，共同克服创业困难和分享创业乐趣的全体成员。至于律师、会计师和顾问等外部专家，由于只参与公司创立的部分工作，不能算作创业团队成员[5]。

从参与时间角度出发，Chandler 等认为创业团队是在公司成立之初掌管公司的个体或是在公司营运的头两年加盟公司的成员，但是并不包括没有公司股权的一般员工[6]。Schjoedt 则认为无论是在新创企业建立前或者是建立时，只要参与了公司建立的人员都是创业团队的成员[7]。

在 2008 年，Harper 在其《Towards a Theory of Entrepreneurial Teams》一文中指出创业是在结构不确定性条件下的一个寻求利益，解决问题的过程。而创业团队是指这样一群创业者，他们拥有共同的目标，这个目标需要其共同协调与合作才能达到[8]。在他的定义中，突出了创业者行动的结合，从团队过程的角度解释了创业团队的含义。

4.1.2 创业团队的特点

成功的创业团队相对于一般团队有其显著的特性。

1. 开创性

开创性也就是创新性。创业团队的目的是开创新局面，而不是去完成已被实现过的目标，这往往意味着创业团队要开发新技术、开拓新市场、应用新的经营管理思想、创立新型的组织形式等。这种开拓性要求创业团队必须是一个创新观念和创新能力都很强的集体，而且对培养创新气氛的重视远高于对规章纪律的重视。

2. 组织的变动性

在创业过程中，创业团队的人员构成和组织架构都经常发生变动。组织的变动性从短期来看，会导致团队资源遭到破坏或流失，从而增加创业风险。但从长期来看，组织变动不可避免，在变动过程中可能会形成结构更为合理、共同点更多、更有力量的创业团队。

3. 团队的平等性

创业团队往往都具有高度的平等性，但是这种平等并不意味着股权和各种权利的绝对平等，而是立足于公正基础上的平等，也就是在客观评定各个成员对团队贡献程度基础上的平等性。团队需要建立以能力和贡献为基础、以实现组织效率为目标的激励政策和薪酬制度，合理的激励政策和薪酬制度是保持团队稳定和团队绩效的基础，也是团队公正性的体现。

4. 能力结构的全面性

创业团队面对的是不确定的市场环境，机遇和风险可能在各个方面出现，这就要求创业者需要具备一定的素质，对机遇有较高的敏感性。因而创业团队成员的能力应各有所长且能够互补，科技型中小企业的创业者要尽量是某些技术领域的专家。

5. 紧密协作性

由于创业团队的风险和机遇可能来自任何方面、任何时间，这就要求创业团队不能完全通过事先分工的方法来进行工作；同时也由于创业团队中个人能力的独特性和团队成员总体能力的全面性，更要求创业团队的成员紧密协作以应对多种挑战。

6. 成员的高度凝聚力和强烈的归属感

由于创业团队能够最大限度地实现个人价值，一旦成功则意义非凡，同时团队成员之间关系平等密切，合作紧密，创新氛围浓厚，这一切都将会使创业团队拥有很高的凝聚力，团队成员对创业团队有很强的归属感。这主要体现在团队成员对于团队事务的尽心尽力和全方位的投入上。

这些特性是所有成功创业团队都应具备的，它既是创业团队建设的目标，也是判断一个创业团队质量和潜力的标准。不仅初创企业的创业者要参考这些标准组建创业团队，在已取得成功的大公司中组织开创新局面的创业团队也同样要遵循这些标准。

从团队的基本特征、功能作用及管理模式三大方面来看，创业团队与一般团队的区别如表 4.1 所示[9]。

表 4.1 创业团队与一般团队的比较

比较内容	创业团队	一般团队
目的	开创新企业或者拓展新事业	解决某类或每个具体问题
职位层级	成员处在高层管理者职位	成员并不局限于高层管理者职位
权益分享	一般情况下在企业中拥有股份	并不必然拥有股份
组织依据	基于工作原因而经常共事	基于解决特定问题而临时组建
关注视角	战略性的决策问题	战术性的、执行性的问题
领导方式	以高管层的自主管理为主	受公司最高层直接领导和指挥
成员对团队的组织承诺	高	较低
成员与团队间的心理契约	心理契约关系特别重要，直接影响公司决策	心理契约关系不正式，且影响力较小
关注视角	战略性的决策问题	战术性的、执行性的问题

【Tips】

心 理 契 约

心理契约是美国著名管理心理学家施恩（E.H.Schein）正式提出的。他认为，心理契约是"个人将有所奉献与组织欲望有所获取之间，以及组织将针对个人期望收获而提供的一种配合。"虽然这不是有形的契约，但却发挥着有形契约的作用。心理契约是存在于员工与企业之间的隐性契约，其核心是员工满意度。心理契约管理应侧重共同愿景的描绘、信任关系的强化、沟通渠道的畅通以及企业文化建设。

4.1.3 创业团队的类型与构成

企业界有一句话，宁可要二流的创意、一流的团队，也不要一流的创意、二流的团队。可见创业团队在企业经营中的重要作用。创业企业失败的原因有很多,最常见的原因有三个:一是资金,二是团队,三是盈利模式。而一般情况下创业者都是有了一个好的想法或盈利模式,看好了一个项目才开始创业。有了这些以后,首要的问题就是要有一个好的创业团队,进行资金筹措使用、产品研发、市场开拓以及企业内部管理。因此,了解创业团队的类型及构成是组建创业团队的前提和基础。

1. 创业团队的类型

一般来说,创业团队大体上可以分为星状创业团队和网状创业团队两大类。

(1)星状创业团队

在星状创业团队中,一般有一个核心主导人物充当领袖的角色。这种团队在形成之前,通常是核心领袖有了创业的想法,然后根据自己的设想组织创业团队。因此,在团队形成之前,核心领袖已经就团队的组成进行过仔细考虑,根据自己的想法选择合适人选加入团队,这些加入创业团队的成员有可能是核心领袖以前熟悉的人,也有可能是不熟悉的人,但其他的团队成员更多的时候是支持者的角色。

这种创业团队组织的优点是:结构紧密,向心力强,核心主导人物的行为对其他团队成员有巨大影响;决策程序相对简单,组织效率较高。其缺点就是容易造成权力的过分集中,从而加大决策失误的风险。特别是在其他团队成员和核心主导人物发生冲突时,因为核心主导人物的特殊权威,其他团队成员在冲突中一般处于被动地位,当冲突严重时,该成员往往都会选择离开团队,这会对团队的组织产生较大影响。

阿里巴巴马云和他的18罗汉

马云曾在北京外经贸待了近两年,那时候他在外经贸被称作"怪人"。他的想法总是和别人不一样,尽管他的创业激情同样感动了身边的好多同事,但是最终在网站的定位上却与领导层产生了很大的分歧。领导层认为网站的定位应该为大企业服务,而马云却认为电子商务的未来在于中小企业,在许多次磨合之后,马云痛苦地决定忍痛割爱,重新回到杭州,赤手空拳打天下。

马云做出了决定以后,召集了同来北京的十几个精兵强将,当时马云有两个选择:一是推荐他们到YAHOO工作,以他们的工作经验留在北京,收入足以让人羡慕;另外一个选择就是跟他一起回杭州打天下,但是马云不能向他们承诺一个美好的未来,他可以承诺的只有500元的薪水和一起创业的艰辛。马云让大家考虑一个晚上,而众人出去以后,不到五分钟就集体返回,没有一个人愿意留下,大家异口同声地说:"我们一起回去吧!"

在北京的最后几天,十八个创业者一起去了长城。这是他们到京之后第一次去长城游玩。那天马云穿了一件红色的外套,头上戴着一项白色的大毡帽,斜斜地靠在城墙上,享受着阳光。一群人在长城上,书生意气,激扬文字,突然有了豪情壮志,发誓要建立一个让所有中国人都为之骄傲的网站。

许多年以后,长城上的照片被当作历史资料载入阿里巴巴史册,而马云在阿里五周年的时候也感动地表示:"非常感谢那么多年大家的一路陪伴。因为马云的一句话,大家那么相信我,一直伴随我走到了今天。"五周年上,马云的眼中有泪——十八罗汉游长城,一个最初的梦，当时的马云也许没有想到，就因为自己的一句话，一个梦想，阿里巴巴经历了无数跌宕起伏，一直走到了今天的辉煌。

资料来源：节选自"经理人分享.《马云上市讲故事：十八罗汉创业史》. http://www.man agershare.com/ post/150914，2014年9月12日"

马云在他的创业团队中是一个核心主导人物，充当了领军者的角色，很多员工宁愿放弃几万元的月薪，也要跟着他，足以看出这就是一个典型的星状创业团队。

（2）网状创业团队

在网状创业团队中没有明确的核心人物，其成员之间一般在创业之前都有密切的关系，如同学、亲戚、同事、朋友关系等，大家根据各自的特点进行自发的组织角色定位。因此，在企业初创时期，各位成员基本上扮演着协作者或者伙伴的角色。就像扎克伯格和达斯汀·莫斯科威茨、克里斯·休斯等人一样。一般都是在交往过程中，共同认可某一创业想法，并就创业达成了共识以后，开始共同创业。在创业团队组成时，没有明确的核心人物，大家根据各自的特点进行自发的组织角色定位。

这种创业团队的几个明显特点是：整体结构不够紧凑，核心领导力不够突出，一般选择集体决策作为组织决策的方式，即通过大量的讨论和沟通才能达成意见上的统一，因此组织的决策效率相对较低。由于团队成员在团队中的地位相似，因此容易在组织中形成多头领导的局面。当团队成员之间发生冲突时，一般都采取平等协商、积极解决的态度消除冲突，但团队成员不会轻易离开。不过，一旦团队成员间的冲突升级，使某些团队成员撤出团队，就容易导致整个团队的涣散[10,11]。

2. 创业团队的构成

创业团队的构成一般是指创业团队的人员构成，主要包括以下几类人员。

（1）初始合伙人团队

创业就像一场马拉松式的接力赛，是一个长期、艰苦的过程，同时这个过程又要求你必须以百米冲刺的速度去竞争。这一切都需要优秀的创业团队来执行，前赴后继，改变世界的精神不变，捆绑个人利益与企业利益的激励机制永在。所以，有了好的合伙人，组建起好的团队，才会有好的产品[12]。初始合伙人团队由在创业初期就投资并参与创业行动的多个个体组成，初始合伙人团队的知识、技术和经验往往是企业所具有的最有价值的资源。

（2）董事会

如果创业者计划创建一家公司制企业，就需要按规定成立董事会，由公司股东选举产生以监督企业管理的个人小组。如果处理得当，公司董事会就能够成为新创企业团队的重要组成部分，并通过贯彻其合法授权职责来提高公司的绩效。从法律视角进行董事会治理研究的学者和公共政策制定者们强调了四个可能会影响董事会治理绩效的董事会属性：构成、特征、结构和程序。董事会构成是指董事会规模以及不同类型董事的组合（如内部董事、外部董事、独立董事、银行董事等）。董事会特征是指董事们的从业经验、职能背景、独立性、持股情况以及其他一些可能影响董事的兴趣点和行为表现的因素。董事会结构是指董事会组织、次级委员会的人员构成和分工及其运营效率和效果。

最后,董事会程序是指决策制定的相关活动和风格[13]。

(3) 专业顾问

除了上述介绍的创业团队成员以外,在许多情况下,创建者还需要依靠一些专家顾问,通过与他们的互动交流来获取重要的建议和意见。这些专家顾问通常会成为创业团队的重要组成部分,在外围发挥着重要作用。

一是顾问委员会。顾问委员会是企业管理者在经营过程中向其咨询并能得到建议的专家小组。和董事会不同的是,顾问委员会对企业不承担法定责任,只提供不具约束性的建议。组建顾问委员会的目的既可以是一般意义上的,也可以满足特定主题或需要,因此,顾问委员会成员要尽可能涵盖较为广泛的才能和技术领域,而且在经验和技能方面也应当是相互协调和彼此补充的。

二是贷款方和投资者。贷款方和投资者会为企业提供有用的指导和资信,并保障发挥基本的财务监管作用。有时,贷款方和投资者还会通过多种途径积极帮助企业增加新价值,如帮助识别和招募核心管理人员、洞察企业计划进入的行业和市场、帮助企业完善商业模式、扩充资本来源渠道、吸引顾客、帮助企业安排商业合作以及在企业的董事会或顾问委员会任职等。

三是咨询师。咨询师是提供专业或专门建议的个人。当新企业需要从专家那里获取诸如专利、缴税计划和安全规章等复杂问题的建议时,咨询师的作用不会太大。但是,当企业的咨询师以企业名义开展可行性分析研究或行业深入分析时,咨询师的作用就十分关键了。由于这些活动要花费一定的时间,无法让董事会或顾问委员会来承担,因此可以借助咨询师来完成[14,15]。

3. 创业团队的构成要素

任何创业团队,都包括五个必不可少的要素,简称"5P",即人员(people)、目标(purpose)、定位(place)、权限(power)和计划(plan)。对于创业企业更要明确这几个要素,以加强团队的凝聚力和抗风险能力[15]。

(1) 人员

团队成员是创业成功的关键因素,只有适合创业的成员被吸收进入创业团队,才能够保障创业企业的稳健经营。不适合的人进入创业团队,会给企业的管理以及发展带来巨大的危害。选择团队成员的方法主要是根据团队的目标和定位明确团队需要的技能、学识、经验及才华等,然后根据个人加入团队的目的、知识结构、性格、个性、兴趣、价值观念选择合适的人选。创业团队中,成员的知识结构越合理,创业的成功性就越大。纯粹的技术人员组成的公司容易形成以技术为主、以产品为导向的经验理念,从而使产品研发与市场脱节。在创业团队的成员选择上,必须充分注意团队整体的知识结构(技术、管理、市场、销售等),充分发挥每个成员的优势。创业团队中,成员的价值观念和道德品质决定了今后企业文化的形成。一个人的价值观念很难改变,因此,在创业团队形成之前,必须对拟加入团队的人员进行深入的了解,只有价值观念相近的人一起组成团队,创业成功的可能性才会更大。

(2) 目标

高效的团队对其所要达到的目标具有明确的认识,并坚信这一目标具有重大的意义和价值。这种目标的重要性激励着团队成员把个人目标升华到群体目标中去，团队成员为实现共同目标做出承诺时，清楚地知道团队希望他们做什么工作，以及他们应当怎样共同工作并最终完成任务。因此，在创业团队工作开展之前，应当让所有成员充分参与讨论并确定创业目标。共同、远大的目标可以使团队成员精神振奋，与企业的政策和行动协调、配合，充分发挥个人的潜能，创造出超乎寻常的成果。

（3）定位

定位是指团队通过何种方式同现有的组织结构相结合，如何产生出新的组织形式。在这里，定位包含两层意思：一是创业团队的定位。即创业团队在企业中处于什么位置，由谁选择和决定团队的成员，创业团队最终应对谁负责，创业团队采取什么方式激励下属。二是团队成员的定位。即作为成员在创业团队中扮演什么角色，是制订计划还是具体实施或评估计划；是大家共同出资，共同参与管理，或是共同出资，聘请第三方（职业经理人）管理。

（4）权限

权限是指团队负有的职责和享有的权利。对团队权限进行界定也就是要明确团队的工作范围、工作重心、不同团队的界限。团队的权限范围必须和它的定位、工作能力和所赋予的资源相一致。适当的、合理的授权是调动团队积极性的关键因素。

（5）计划

计划就是指将团队的权限具体分配给团队成员，并明确团队成员如何进行分工合作。团队工作计划一般包括：团队需要多少成员、团队领导的特征、领导者的权限和职责、团队沟通的方式、团队沟通的工作任务、每位团队成员的工作时限、完成团队任务的界定、评价和激励团队成员的方式。这些内容应根据组织本身特点和实际需要来确定。

4.2 创业团队的组建

张锐和他的创业团队

在张锐担任万学教育集团总裁的两年间，海文考研培训走出了北京，在全国建立了20多个分支机构。而传统的教育公司发展到万学今天的规模，一般需要10年。直到今天，张锐打造的创业团队仍被人称为经典案例。2006年，他取得了博士学位之后，在11天内说服了五个朋友。和张锐一样，他的5个朋友都是全国研究生主席联合会中的成员。"从人民大学水穿石酒吧，北大万柳公寓，一直到清华大学清华园，还有南开大学马蹄湖畔。我们本来只想说服他们其中一部分，没想到他们全部放弃了原有的高职高薪就业机会，和我一起选择了创业之路。"

怎样才能让优秀的人认可自己的项目并且参与进来，这是很多创业者在创业之初都要考虑的一个问题，当时的张锐面临的就是这样的局面。"在我启动创业之初，我用强势的方法去否定掉我的团队成员其他的选项，这可能是和中国传统道德理论相悖的，因为很多人宁愿自己创业，也不愿让他的朋友去冒险，其实这是对他自己的项目信心不足的原因，而我却对我的项目非常有信心，所以我大胆、强势地要求他们放弃一切跟我走。

优秀的创业团队成员面临的机会非常多,你必须要让他意识到和我一起创业的远期价值的回报是很高的。"

表面上张锐的创业之路看起来一帆风顺,其实他们在短短半年时间里经历了所有创业的坎坷。张锐在全国第八届中国MBA发展论坛上对MBA同学说:"关于创业,我们很努力,我们的激情无比强大。说实话,要凝聚一个优秀团队,我觉得是创业成功的重中之重,我看了很多公司,研究了很多公司,还有很多朋友,决定创业成功的变量不计其数,然而影响成功的,我觉得有80%的变量,它的权重要落到团队之上。如何凝聚一支优秀的团队。相信想要选择创业的MBA同学,首要目标是选择团队,而不是找项目。因为一个足够优秀的团队是不可能去做一个很大的项目的,当时我们没有明确的项目,只是在创业开始之后一步一步地做了两次转型,走到了我们现在的主轨道路。"

张锐经常引用他的导师所讲的话来鼓励这些未来的成功者:"一个人理想的高度决定了他生命的档次,如果一个人能实现他力所能及的最高理想,那就是一种幸福。""中关村是一个充满奇迹的地方,只要有能力你就能做得到。最终,正是在这样一个信念的感召下,几个既情趣相投、志同道合,又素质优秀、富于创业精神,更能放弃短期利益、看到长远利益的精英们聚集在一起,共同开创万学的天下。"

资料来源:节选自"夏宏,翟文婷.《万学教育张锐:做一位狂执的创业者》.创业邦. http://www.techweb.com.cn/news/2011-11-21/1121858.shtml,2011年11月21日。"

在创业起初,张锐深知梦想是美丽的,实现梦想需要更多的付出。要建造一流的非学历教育机构,单靠自己一个人是不够的,得有一支优秀的团队。怎样才能让一个本身很优秀的人认可自己的项目并且参与进来,这是一件非常难的事。组建团队会产生一系列的问题,比如,团队成员素质良莠不齐,合作意识不足,关键成员缺位,缺乏认同感等。张锐凭借自己杰出的说服能力,最终说服团队成员全部都放弃了现有的高职高薪就业机会,和他一起选择了创业之路。这无不体现了个人杰出的领导能力。可见,初创期的创业团队领导者最为重要,决策力、组织力、领导力以及个人魅力都会影响一个团队的成长,创业起初是靠个人带领团队,后期就要靠健全的制度来维持团队。

学者Cooper和Daily曾经这样总结:"创业团队是一个新创企业的核心,因为创立在创业团队基础上的企业绩效往往要好于单个创业者所创办的企业。"创业团队对创业的成功起着至关重要的作用。一项针对企业家能力的研究报告也指出,构建与管理创业团队是成功企业家需要具备的主要能力之一。而创建一支高绩效的创业团队往往要从团队的组建入手。

创业团队的组建方式多种多样,没有统一的程式化规程。实际上,有多少支创业团队就有多少种团队建立方式,没有一支创业团队的建设是可以复制的。团队的形成可能是基于地缘、血缘、学缘、业缘或共同兴趣,形成团队的成员可能是同乡、亲戚、同学、同事关系等。创业团队的形成过程有两种典型方式。一种是一个创业者有了一个创意,或只是想创办一个企业,然后几个熟人在接下来的企业形成过程中加入进来。另一种是一个完整的团队基于一个共同的意念、一种友谊、一段经历等因素从创业过程一开始就已经形成。每个团队都有一个核心的创业者。在起步阶段,核心创业者通常拥有许多头衔,身兼数职,是个多面手。跨过这个阶段,企业的性质和要求与这个核心创业者的能力、动机和兴趣之间将会出现差距，要求由其他团队成员予以弥补，或联系其他外部资源，诸如外部董事、咨询人员、律师、会计师等。

关于创业团队的成员，马云曾经说过："创业要找最合适的人，不要找最好的人"，一支豪华的创业团队，所创企业并不一定就是最好的企业。那么创业者如何才能找到一支适合自己的创业团队呢？

通常，创业者在创建企业的同时，也在建立自己的创业团队。创建团队，就是一个寻找人才的过程。而新企业由于自身的竞争实力难以与成功的大企业相比，并且所需的人才又要求较高，这就造成了创业团队组建的困难。创业者如何解决这个问题，是考验其领导才能的关键。创业者在组建创业团队的时候，并不是提供高薪就能吸引人才，新创企业的企业愿景、蓬勃的活力及优秀的企业文化才是吸引人才加入的因素。对于想加入创业企业的人员来说，创业者的个人魅力、公司的发展潜力、长远回报，以及个人价值等因素对他们的吸引力远比单纯的钱要大得多。在创建企业过程中，创业者应进行以下几方面的考量。

4.2.1 创业者的自我评估

在任何情况下，选择合适的创业伙伴的过程，都应当开始于创业者所做的仔细的自我评估。这是因为，从非常现实的角度来看，除非创业者知道他们已经拥有什么，否则，他们不可能知道他们需要从别人那里得到什么。为了选择与自己在知识、技能和特性方面具有互补性的合作者，创业者首先必须对自己的人力资本进行认真的自我评估。这是一件非常困难的事情，因为人们通常意识不到自身的行为，而且在许多情况下，只有根据其他人对自己的反应才能理解自己的特征。

创业者的自我评估主要考虑以下五个方面。

（1）知识基础。创业者所接受的教育以及经验可以表明创业者知道什么和不知道什么，以及需要从其他人，包括潜在的合作者那里获得什么。

（2）专门技能。每个人都有一系列独特的完成某些任务的能力，创业者应当去理解并列举出自身技能，并将其作为创建新企业的初始步骤。

（3）动机。思考创业动机有利于评判创业者和那些潜在合作者之间的动机差异，防止未来发生隐患。

（4）承诺。承诺是指完成事情（即使逆境中也继续前进）以及实现与新企业相关的个人目标的意愿。

（5）个人特质。创业者要了解自身在责任感、外倾性、友好性、情绪稳定性、经历开放性这五大关键维度上处于什么位置。

4.2.2 创业团队成员的评估

名望无法建立在将要去做的事情上。

——亨利·福特，福特汽车公司创始人

创业者在进行仔细的自我评估之后，要对创业团队成员进行客观、准确的评估，目的是选择与自己在知识、技能和特性方面具有互补性的合作者。对成员的评估通常从以下几个方面进行[9]。

1. 知识评估

随着科学技术的进步和产品更新换代速度的加快，知识成为最为重要的生产力要素。初始合伙人团队的受教育水平在一定程度上可以反映其知识掌握的程度，具有受教育程度较高的初始合伙人团队往往具备与创业有关的重要技能，可能在研究能力、洞察力、创造力和计算机技术应用等方面表现略胜一筹，而这些素质是创业成功的关键因素。如果新创企业所从事行业领域具有较强的专业特征，那么，接受过高等教育的初始合伙人团队就会从工程技术、计算机科技、管理科学、物理、化学、生物等专业教育中获得显著优势。

2. 经历评估

具有创业经历的初始合伙人团队，无论曾经取得成功还是遭遇失败，都可以成为新创企业成功经营的有利因素，甚至会成为一种独一无二的优势。因为，这种人要比初次接触创业过程的创业者更熟悉创业过程，并可以在新创企业中复制以前的成功创业模式，或者有效规避导致巨大失败的错误。

3. 经验评估

先前经验能为创业团队带来因时间而积累的知识，这种知识具有有价值、稀缺、难以模仿、无法替代、难以获取的特征，是创业团队针对创业过程中复杂、不确定性任务迅速决策进而赢得优势的重要依据[16]。初始合伙人团队所拥有的相关产业经验，有利于更为敏锐地理解相关产业发展趋势，可以更加迅速地开拓市场和开发新产品。例如，对于创建一家生物制药企业来说，初始合伙人团队是否具有相关领域的生物制药技术经验就特别重要，如果他采取边学习边创业的方式，想成功地创建并经营好一家生物制药企业则十分困难。

4. 关系评估

具有广泛社会网络关系的初始合伙人团队往往更容易获得额外的技能、资金和消费者认同。初始企业应当善于开发和利用网络化关系，构建并维持与兴趣类似者或者能够给企业带来竞争优势者的良好人际关系，这种网络化关系也是创业者社会资本的具体体现。初始合伙人团队打电话给业务上的熟人或朋友，请他们介绍投资者、商业伙伴或者潜在消费者，在新企业创建过程中是经常采取并行之有效的方法。

5. 能力评估

虽然董事会具有正式的治理职责，但是，董事会所发挥的最大作用还是为企业管理者提供指导和支持。实现这一点的关键是企业挑选的董事会成员要有能力、有经验，愿意给予建议并能够提出具有洞察力和深入性的问题。因为管理者需要依靠董事会成员的忠告和建议，所以一定要有目的地选择外部董事，要让他们填补企业管理者和其他董事在经验和背景方面的空缺。

6. 资质评估

董事会是由股东大会选举产生，负责处理公司诸多重大经营管理事项。具有较高知名度和地位的董事会成员能为企业带来即时的资信。如果没有可信资质，潜在消费者、投资者或员工将很难认同新创企业的高质量。一般认为，高素质的人不会愿意在低水平的企业董事会任职，因为这对于他们的名誉和声望而言是有风险的。所以，当高素质的人同意在企业董事会任职时，那么，他们本质上是在发出某种质量信号，即这个公司很有可能取得成功。

4.2.3 创业团队成员的选择

在选择创业团队成员的时候，你要认真考虑以下几个问题。

我了解这个人吗？

他的优点、缺点都是什么？

他信任你吗？有多信任？反过来呢？

他出了任何问题，你都愿意帮助他吗？反过来呢？

未来的若干年中，你们能做到荣辱与共吗？

创业团队成员最重要的素质是什么？答案其实与选择婚姻伴侣一样：找到勇于主动承担责任的人，并且双方（或多方）都必须是肯承担责任的人。这些勇于承担责任的人有个共同的特征，那就是出了问题的时候，他们会先在自己身上找问题[17]。

创业团队成员的选择，是关系到创业团队能否和谐发展的前提。吸收适合创业的成员进入创业团队，有利于企业的管理运作与长远发展；而吸收不适合创业的人员进入创业团队，则会给企业的管理和发展带来巨大的潜在危害。因此，选择创业团队成员应该注意以下问题。

1. 团队成员加入的目的

依据马斯洛的需求层次理论我们知道，人的需求基本上可分为生理需要、安全需要、社交的需要、尊重的需要、自我实现的需要五个层次。团队成员在组织中的行为方式在很大程度上取决于其基于哪个层次的需求，而团队成员在组织中的行为方式决定了其对组织所能做出的贡献，甚至会影响整个创业计划的成败。比如，对于一个目前还处于温饱线的上的人来说，其更想要赚钱养家糊口，因此难免会使企业出现逐利的短期行为。反之，一个基于自我实现需要的成员，其目的是实现自身的价值，他们会更加关注企业的长远和可持续发展。因此，创业团队成员的选择要与组织战略目标相匹配[18]。

2. 团队成员的知识结构

在一个创业团队中，成员的知识结构越合理，创业的成功性就越大。曾经有这样一种说法，在美国一个麻省理工学院的博士和两个哈佛 MBA 毕业生组成的创业团队是最容易获得风险投资的模式。当然这只是一个说法而已,但是可以看出一个优势互补的创业团队对于创业企业的重要性。充分注意团队成员的知识结构,如技术、管理、市场、销售等是团队成功的关键。

3. 团队成员的来源与性格

大多数创业者在组建团队时,想到的都是自己的同学、朋友或同事,因为对这些人比较了解,容易谈得来。创业者很少考虑他们将来是否能对企业的长远发展有利。这种由于相互关系比较紧密而走到一起的创业团队在创业初期还会有一些优势,但企业发展到一定阶段之后,就有可能由于利益或性格的问题引发矛盾,严重时还有可能导致团队分裂。因此,在选择创业团队成员时,一定要兼顾创业团队成员与团队领导者的亲疏关系和性格匹配程度。

4.2.4 组建创业团队的原则

真格基金创始人徐小平说,"创业之路是艰苦的,山上有老虎,一定要结伴而行,而利益捆绑并不够,还要有梦想的捆绑,这样的合伙人制度才能长久"[19]。可见,创业团队的组建和设计原则也同样重要。

事实上,现成的、共同的团队组成方式是不存在的,有多少家拥有创业团队的企业就有多少种建立团队的方式,而且企业合伙人走到一起的方式也是多种多样的。一些团队的成立往往是机缘巧合,或是因为来自同一个地区,或是因为兴趣相同,或是因为在一起工作。也许所谓的兴趣相同其实就是都想创办一家企业,或者也有可能是这些人对某一特定的市场需求做出了相同的预测并有了一致的意向。另外,一些团队是由几个过去的老朋友组成的,如大学室友或同学就很容易成为日后的合伙人。

通过对大量团队形成方式的调查,可以发现这些千变万化的组成方式中都遵循一些共同的原则,我们将其总结为以下三点。

1. 理性与非理性原则

(1)理性的观点:技能、知识、资源互补的成员

有些创业者遵循理性逻辑来组建创业团队,他们会理性分析创业所需要的资源和能力,并将其与自己所拥有的资源和能力相比较,将组建创业团队视为弥补自身能力空缺的一种方式,目的是为了整合优秀的资源来推动创业成功。太阳微系统公司创业当初就是由维诺德·科尔斯勒确立了多用途开放工作站的概念,然后他找了乔和贝托尔斯海姆两位分别在软件和硬件方面的专家,以及具有实际制造经验和人际技巧的麦克尼利。创业过程中会涉及一些关键任务和关键资源,一旦欠缺这些资源,创业活动就难以开展。在自己不掌控的情况下,借助别人获取这些资源也是一种解决之道。

(2)非理性的观点:趣味相投的成员

寻找合作伙伴,理应关注他们所拥有的资源和能力。但现实中,创业者往往更倾向于找那些志趣相投而不是技能互补的人合作。创业要面对大量的不确定性,风险也很大。是否具有共同的兴趣点,是否具有相似的工作背景,是否具有共同的创业理想等,对提

升和保持团队成员的凝聚力非常重要。在多数情况下，成功并不是因为团队结构有多么优秀，而是因为团队成员之间的齐心协力；失败也并不是因为团队结构的缺陷，而在于团队成员之间的内部争斗。所以，创业者在找寻合作伙伴时更倾向于找那些志趣相投而不是技能互补的人入伙。

此外，创业机会特征是在创业者组建创业团队时必须考虑的重要因素。如果创业机会所蕴含的不确定性较高，价值创造潜力较大，往往意味着创业过程中面临的任务就越复杂越具有挑战性，此时，理性地组建创业团队可能会更好地应对创业过程中的复杂任务从而有助于创业成功。例如，在高技术领域，大部分创业者都在依据理性逻辑来组建创业团队，强调团队成员之间在技术、营销、财务等职能经验领域的互补性。而如果创业机会所蕴含的不确定性较低，价值创造潜力一般，在这样的条件下，创业团队成员之间的齐心协力和信任感更加关键。例如，在服装、零售、餐饮等传统行业，大多数创业者都是依据非理性逻辑组建创业团队，夫妻店、兄弟店、父子店比比皆是。当然，选择与谁合作，也和创业者自身的能力有关[20]。

2. 相似性与互补性原则

选择优秀的创业伙伴并发展与他们的良好工作关系是一项复杂的工作，需要不懈的努力，因为新企业的成功在很大程度上取决于它所获取的人力资源。其中一个需要考虑的首要问题是，在角色安排上，创业者究竟应当选择那些在各个方面都与自己相似的，还是应当以互补的方式选择那些与自己有差异的人，以便提供他们自己所缺少的知识、技术和能力？

（1）相似性原则：遵循"相似性导致喜欢"的规则

人们往往愿意同在许多方面与自己具有相似性的人交往，觉得相互之间更加了解，而且更容易自信地对彼此未来的反应和行为加以预测，从而更易选择他们作为自己的合作伙伴。由于创业者也会遵循"相似性导致喜欢"的规则，多数人倾向于选择那些在背景、教育、经验上与他们非常相似的人，许多新企业就是由来自同一领域或同一职业的创业者所组成的团队创建的。

但是，创业者选择那些具有与自己相似背景和教育的人作为合作伙伴的趋向存在的最重要缺点就是冗余问题：相似的人越多，他们的知识、培训技能和欲望重叠的程度就越大。例如，当所有人都是技术专家，这在设计一个现实中可行的新产品时十分有用，但对市场营销、法律事务或者有关员工健康与安全等方面的规定却知之甚少。这通常不利于企业获取必要的财务资源以及有效运营，而且如果所有人都在同一领域，他们往往具有相互重叠的社会网络，因而他们所接触的能够从对方获取财务支持等资源的人就很有限。

（2）互补性原则：优先考虑成员之间的互补性

由于创业团队中宽泛的知识、技术和经验有利于新企业的发展，因此，在互补性基础上选择合作创业者通常是一种更有效的策略。创业团队想要获得成功，必须掌握非常宽泛的信息、技能、才能和能力，当创业团队的所有成员在各重要方面都具有高度的相似性时，这种成功就不太可能出现。理想的状况是，如果一个团队成员所缺少的东西可以由另一个或者更多的其他成员提供，那么，整体的确大于各部分之和，因为团队能够整合人们的知识和专长[20]。因此，创业者在组建创业团队时的第一规则是：不要屈从于只和那些背景、教育、经历状况与自己相似的人一起工作的诱惑。虽然，这样做将在许多方面显得容易和令人愉悦，但它不能提供新企业所需的丰富的人力资源基础。而在许多情况下，强调互补性在一定程度上可能是更好的策略，因为它可以提供给新企业一种强有力的和多样化的人力资源基础[21]。

事实上，组建创业团队时并不建议只遵循一种原则，相似性或互补性。理想的创业团队应该是在知识、技能和经验方面具有互补性，而在个人特性和动机方面则考虑相似性。创业团队中丰富的知识、技术和经验有利于创业成功，而个人特性和动机相似更容易营造出令人愉悦和有凝聚力的创业氛围。

要任用、信任和奖励那些在观念、能力和判断力方面都与你截然不同的人，这一点非常重要，也很难得，因为要做到这些，你需要有非凡的谦逊品质、忍耐力和智慧。

——VISA 创始人　迪伊·霍克

3. 渐进原则

并不是所有的新创企业创立之时都要配备完整的团队，团队的组建不一定要一步到位，而是可以按照"按需组建、试用磨合"的方式进行。在正式吸收新成员之前，各团队成员之间最好准备相当长一段时间来相互了解和磨合。在发展过程中，创业团队应该清楚企业需要有哪些专业技术、技能和特长？需要进行哪些关键工作，采取何种行动？成功的必要条件是什么？公司的竞争力突出表现在哪里？需要有些什么样的外部资源？企业现有的空缺大小及严重程度如何？企业能负担的极限是多少？企业能否通过增加新董事或寻找外部咨询顾问来获得所需的专业技能？这些问题决定了在创业的不同阶段将面临不同的任务，而对完成任务的团队成员各方面的才能也有不同要求，可以逐渐地吸收新的团队成员并使创业团队日益成熟。

4. 动态原则

一开始就拥有一支成功、不变的创业团队是每个创业企业的梦想，然而这种可能性微乎其微，即使新创企业能够成功地存活下来，其团队成员在前几年的流动率也会非常高。在创业企业发展过程中，由于团队成员有更好的发展机会，或者团队成员的能力已经不能满足企业需求，因此团队成员也需要主动或被动地进行调整。在团队组建的时候就应该预见到这种可能的变动，并制定大家一致认可的团队成员流动规则。这种规则首先应该体现公司利益至上的原则，每个团队成员都认同这样的观点：当自己能力不再适应公司发展需求的时候可以让位于更适合的人才。

此外，这种原则也应体现公平性，充分肯定原团队成员的贡献。承认其股份、任命相应级别的"虚职"以及合理的经济补偿都是安置团队成员退出的有效方式。团队组建的时候应该有比较明确的股权分配制度，而且应该尽可能地预留些股份，一部分用来在一定时间内（如1年或3年）根据团队成员的贡献大小再次分配；另外一部分预留给未来的团队成员和重要员工。

【拓展阅读】

高效创业团队的特征

许多企业都是有两个人以上发起的，下面四个关键标准决定了高效创业团队的组建。你需要关注创业团队组建的标准，因为高效创业团队在团队带宽（bandwide）和提供团队成员情感支持的能力方面确保了企业的优势。相反，无效的创业团队会导致冲突、心痛和多种挑战。

标准 1：互补而非冗余的技能。 创业团队成员间应该是互补而非冗余的技能，例如，如果一个创业者是计算机编程高手，其他创业成员应该掌握其他技能，如营销、运营或者融资等。

标准 2：工作重点和工作习惯应该协同一致。 虽然创业者之间不需要彼此克隆，他们的确需要有相似的优先次序和工作习惯。比如，某一创业者愿意一天工作16个小时来确保某一项目按期完成，而其他成员只愿意每天工作8小时就下班，并试图重新协商项目的协议到期日。这种工作风格上的差异就会不可避免地导致冲突。类似地，如果某一创业者认为与顾客会见必须西装革履、戴上领带，而其他创业者坚持穿着牛仔裤和T恤，明显的分歧也将产生。

标准 3：共同的目标和抱负。 创业者对于企业有共同的目标和抱负非常重要。例如，一个创业者的目标是发展成为一个10亿美元规模的企业，而其他创业者满足于1千万美元的销售额，然后就把企业出售。彼此的冲突便会接踵而至。

标准 4：创业者间的协议书。 创业者（股东）协议书是一份书面的协议，处理创业者间的股权分割，创业者投入公司的资本（现金或者财产）的薪酬补偿机制，以及回答创业者需要参与创办企业多久，才能充分变现股权等事项。这些事项必须在企业创办前完成，而非创办后。协议书应该由对新创企业有经验的律师参与准备，且协议书应该作为商业计划书的附录文件。

（资料来源：布鲁斯 R. 巴林杰. 创业计划书[M]. 机械工业出版社. 2016.）

4.3 创业团队的冲突管理

一家人为何说两家话

F公司于2005年成立了S公司，专门从事设备的售后服务，并由专门的团队对服务的专业化和规范化进行管理。S公司的成立并不意味着F公司完全将这部分业务剥离出去，任由其自己发展，而是为了集中精力做好这部分业务，以提升F公司的竞争优势。然而，就S公司而言，由于一千五百多名服务工程师分散于全国各地，很少能够了解到F公司的战略决策，因此他们根本不关心F公司的使命和价值观。自2008年以来，F公司的设备销量出现爆发式增长，以每年22%的市场占有率连续三年位居国内外品牌排名第一。随着设备的增多，服务问题不断增加，F公司的销售和S公司的服务工程师在处理问题时常会遭遇沟通尴尬，矛盾也因此一次一次地堆积，有一天终于爆发了。

2010年12月的一天，F公司东北区域销售经理王浩来到了A银行行长办公室。行长说话直接："这么多年来，我们一直选择F公司的设备，是基于对你们产品和服务的信任，可是，最近接二连三有网点人员投诉你们公司设备故障问题，你们到底是服务出了问题还是质量下降了？这件事情希望你回去后了解一下，给我一个反馈，如果继续这样下去，明年设备采购我将考虑更换其他品牌。"

A银行从2003年合作以来，一直是区域业绩的主要贡献者，这个客户坚决不能流失。王浩遭遇行长的质问，却对设备运行故障情况并不知情，这让他很被动，他在心里痛骂服务站人员不及时跟他反映情况。

回到办公室，王浩开始斟酌如何沟通处理A银行的投诉问题，以便给行长一个答复。他想先给具体负责A银行设备服务的工程师打电话，但是行长强调设备问题反复出现，看来给工程师打电话也不能彻底解决问题，或许就是工程师本身的问题，但会不会是设备质量的问题呢？如果真是质量问题，该由谁来解决并向客户解释呢？王浩似乎不太确定这个问题该找谁沟通。既然这个问题他本人解决不了，那只有向上级领导汇报以求领导出面协调解决了。

王浩向上级汇报后，东北区域总监要求S公司总经理亲自到沈阳，与他一起当面给客户道歉并对设备改进提出解决方案。S公司这几年80%的收入依赖于承接F公司销售设备所包含的服务，并通过内部结算获利。所以对于S公司的高层来说，要想获得市场发展必须配合F公司，服务好共同的客户。王浩的做法引起了东北三省服务负责人张军的不满。

2011年元旦过后，经过S公司总经理亲自到东北调研处理客户投诉后，服务工程师的工作状况改善了不少，以往服务人员经常会跟销售经理沟通反映一些问题，现在也越来越少了。

3月，王浩要求当地服务站负责人小刘准备各家银行F公司设备的运行报告，包含设备故障率、开机率、维修保养及培训情况。小刘按照公司固定模板整理了一份报告发给了王浩，但是王浩却发现报告中提到了一位新客户的首台设备部件更换情况，这对于新客户关系维护来说是一种潜在风险。王浩立刻让小刘写邮件说明新设备出现的具体问题，并随后将小刘的邮件转发给销售部负责问题沟通反馈的同事，要求协助了解问题原因，并提示生产或研发注意改进。

第二天小刘就给王浩打电话："王总监，你昨天是不是把我的邮件转发给你们销售部了？你不知道，自打上次客户投诉事件后，张经理就严令禁止我们服务跟销售反映设备问题。昨天你的邮件通过销售部转给我们服务质量部，并抄送给了张经理，张经理一看到是我发给你的邮件，又把我痛批了一通。"

王浩听过后，心情很郁闷，"我说怎么自打上次张军来找我之后，销售与服务之间的沟通越来越少了，我还以为是沟通的事情都理顺了，设备没什么问题了呢！可是，限制服务与销售沟通并不利于工作呀，而且还会让公司存在巨大隐患。你们负责售后服务对每一批设备的情况最了解，如果你们不跟我们沟通，我们就没有办法了解到设备的真实状况，那么对于推销产品的策略就会有影响，而销售策略直接影响销售结果。"王浩对销售与服务之间沟通矛盾的产生萌生了一些担忧。

资料来源：王建军，蒋婉秋. 一家人为何说两家话. 中国管理案例共享中心, MKT-0111, 2011年8月.该案例经中国管理案例共享中心授权使用。

一个企业从诞生的那一天起,各种冲突问题也随之相伴。本案例中,虽然同在一个创业团队,但销售部门与服务部门均未能明白销售与服务在角色、价值观念和行为方式等方面的差异,这是造成冲突的主要原因,而不能进行有效的沟通则使矛盾不断堆积。销售区域总监直接向服务公司总经理反应情况是问题进一步恶化的导火索,事后造成沟通渠道进一步的堵塞,矛盾进一步的激化。案例中的这些冲突恰恰反映出了当前创业团队成员在合作过程中存在的真实问题,如果创业团队的领导者能够从制度、共同价值观、激励方面化解这些冲突,重新建立和谐关系,公司将会迎来新的发展机会。

4.3.1 创业团队冲突的类型

当创业团队成员在企业经营决策过程中意见产生分歧,冲突就会发生,对企业来说,冲突有利也有弊。Jehn 运用组织理论中的相关内容来解释团队冲突,把冲突划分为两个维度,其一是任务冲突,即在工作过程中对于任务的理解和工作方法的分歧导致的冲突,换言之,在执行任务和解决问题的过程中,就工作方式、方法、途径的不同见地引发的冲突。其二是关系冲突,即团队成员由于人际关系的处理不当导致的主观上的冲突,破坏了团队中的和谐氛围,引发成员情绪上的不安定,阻碍团队成员的有效沟通,从而导致成员之间产生出情感上对立的冲突方式[22]。Barki 和 Hartwk 在 Jehn 的研究成果基础上,进一步细化了冲突的影响因素及对象,将团队冲突划分为六个维度,如表 4.2 所示[23]。

表 4.2 Barki & Hartwk 的团队冲突六维模型

	行为冲突	认知冲突	情感冲突
任务冲突	任务行为冲突	任务认知冲突	任务情感冲突
人际冲突	人际行为冲突	人际认知冲突	人际情感冲突

有些学者把团队内的冲突分为认知冲突和情感冲突两大类,这一分类方式对创业团队管理具有重要意义。因为认知冲突通常有利于企业决策推进,从而更好地发展,而情感冲突则通常是极其有害的。因此,创业者在管理创业团队时,应尽量强化认知冲突,同时弱化情感冲突的影响。下面详细介绍一下这两类冲突。

1. 认知冲突

企业在生产经营管理过程中,当团队成员分析、比较和协调所有不同的意见和看法时,认知冲突就会发生,表现为团队成员对出现的与问题相关的观点和看法所形成的不一致性。通俗地讲,认知冲突是论事不论人。从本质上说,只要是有效的团队,这种团队成员之间就生产经营管理过程的相关问题存在分歧是一种正常现象,而且,这一过程对于团队形成高质量的方案起着关键性作用,关于认知冲突的团队方案也容易被团队成员所理解和接受。所以说,在一般情况下,这种认知冲突将有助于改善团队决策质量、提高组织绩效以及促进决策本身在团队成员中的接受程度。

认知冲突是有益的。因为它与影响团队有效性的最基本的活动相关,集中于经常被忽视的问题背后的假设。通过推动不同选择方案的坦率沟通和开放式的交流,认知冲突鼓励创造性的思维，促进创造性的方案。作为冲突管理的一种结果，认知冲突将有助于决策质量的提高。事实上，没有认知冲突，团队决策不过是一个团队里最能自由表达的或者是最有影响力的个别成员决策。此外，认知冲突能够通过鼓励开放和坦率的沟通，以及把团队成员的不同技术和能力加以整合，认知冲突必定会推动对团队目标和决策方案的理解，增强对团队的责任感，从而也有助于执行团队所形成的创业决策方案。

2. 情感冲突

当创业团队内的冲突引发团队成员间产生个人仇恨时，冲突将极大地降低决策质量，并影响到创业团队成员在履行义务时的投入程度，影响决策成功执行的必要性的理解。与那些基于问题导向的不一致性相关的认知冲突不同，基于人格化、关系到个人导向的不一致性往往会破坏团队绩效，冲突理论研究者共同把这类不一致性称为"情感冲突"。通俗地讲，情感冲突是论人不论事，这种冲突是极其有害的。

由于情感冲突会在成员间挑起敌对、不信任、冷嘲热讽、冷漠等表现，所以它会极大地降低团队有效性。主要体现在降低团队绩效、决策质量受损及降低团队未来有效运作能力三个方面。

（1）情感冲突会阻止人们参与到影响团队有效性的关键活动，团队成员普遍地不愿意就问题背后的假设进行探讨，从而降低了团队绩效。情感冲突培养起了冷嘲热讽、不信任和回避，因此将会阻碍开放的沟通和联合。当它发生时，不仅是方案质量在下降，而且团队本身的义务也在不断地受到侵蚀，因为团队成员不再把他们与团队活动相联系起来。

（2）有效的团队能够把团队成员的多种技能结合起来。相反，那些团队成员间彼此不信任或者冷嘲热讽，就不会愿意参与那些必需整合不同观点的讨论中，结果势必会造成在集体创新、分享认知、共担风险、协作进取等创业团队创业精神方面的压制，从而导致创业团队逐渐变得保守起来，创业决策质量也大受损失。

（3）那些敌对的或者冷漠的团队成员不可能理解，也很少对那些他们并没有参与的决策履行相关的义务。因此，在多数情况下，团队成员也不会很好地执行决策，因为他们没有很好地理解决策。在最坏的情况下，由于这些团队成员甚至不愿意按照创业团队所设计的思路去执行决策，故而降低了团队在未来有效运作的能力。

由此可见，对于团队绩效来说，冲突既可能是有益的，也可能是有害的，主要取决于它是认知冲突还是情感冲突。认知冲突可以通过改善决策质量和提高成功地执行决策的机会，进而提高团队绩效。然而，情感冲突却降低了决策质量，破坏了对成功执行决策的理解，甚至不愿意履行作为团队成员的义务，进而导致团队绩效下降。因此对于创业团队而言，如何对冲突进行预防和化解就显得尤为重要[9]。

4.3.2 创业团队冲突的预防

在创业团队成员组成确定后，创业者面临的一个关键问题就是决策成员之间的工作分工与所有权分配方案。工作分工是对成员之间所承担任务以及协调方式的规划，而所有权分配则是对创业利益分配方式的约定，是维系创业团队凝聚力的基础。工作分工有助于在短期内维持创业过程以及新企业早期运营的有序性,而所有权分配则有助于在长期内维持团队稳定和新企业的成长,二者在对未来创业团队可能发生的冲突在一定程度上起到了预防的作用。

在确定所有权分配时,创业者需遵循三个重要原则,可能会避免后续纠纷和冲突。第一,重视契约精神,在创业之初,就要把确定的所有权分配方案以公司章程形式写入法律文件,以契约形式明确创业团队成员的利益分配机制,这有助于长期保障创业团队的稳定。第二,遵循贡献决定权利原则分配所有权比例,团队的目的是把创业蛋糕做大,而不是在蛋糕没有做大之前就吵着未来怎么分。在现实操作中,依据出资额来确定所有权分配是常见的做法,对于没有投入资金但持有关键技术的团队成员,则需要谨慎考虑技术的商业价值,在资金和技术之间做出合理的权衡。第三,控制权与决策权统一原则,所有权分配本质上是对公司控制权的分配方案。在实践中,股份比例最大的团队成员在不拥有公司控制权的条件下,在创业初期非常危险,因为他在心理上会比其他成员更看重创业和新企业,更容易挑其他成员的决策错误,甚至会挑战决策者的决策权威,进而容易引发团队矛盾和冲突。在创业初期,更需要集权和统一指挥,控制权和决策权统一至关重要[9]。

4.3.3 创业团队冲突的化解

随着创业团队成员合作时间的增加,团队成员间异质性日渐凸现,企业发展中面临的新问题也会相继出现,团队成员间的冲突矛盾开始产生并逐渐激化。一旦冲突超越了认知的范畴,就可能会导致创业团队的决策失效,甚至会引发团队的分裂和解散。因此,有效管理团队成员之间的不良冲突是核心创业者必须具备的才干之一。

依据冲突管理视角,学者们把冲突划分为建设性冲突与破坏性冲突两种类型。其中,建设性冲突是指冲突各方目标一致,实现目标的途径手段不同而产生的冲突。建设性冲突可以使组织中存在的不良功能和问题充分暴露出来,防止了事态的进一步演化。同时,可以促进不同意见的交流和对自身弱点的检讨,有利于促进良性竞争。破坏性冲突又被称为非建设性冲突,是指由于认识上的不一致,组织资源和利益分配方面的矛盾,员工发生相互抵触、争执甚至攻击等行为,从而导致组织效率下降,并最终影响到组织发展的冲突。在破坏性冲突中,各方目标不同造成的冲突,往往属于对抗性冲突。可见,建设性冲突能够对最终结果产生正向影响作用,而破坏性冲突则是会把双方变得日益敌对并对最终结果产生负向影响作用[24,25]。

乐凡:在冲突中努力前进

当企业进入不同的时期时会有不同的选择。乐凡公司经过两年的成长与历练,尽管创业团队核心成员数量并没有变化,但每个人在windows终端产品代理领域都积累了丰富的经验,对产品代理业务有了更加全面的了解,业务技能和企业管理能力也有了大幅提升,并开始逐步建立起自己的营销网络和伙伴关系。

此时,乐凡发展面临重要的抉择是继续做代理商?还是进行自主品牌产品的开发和销售？如果做，有没有合适的ODM厂商呢？是否要放弃全部的代理品牌呢？

在随后的几天里，宋先生和几位创始人进行了高密度的商讨。

"可以利用深圳的生产制造和组装优势，并发挥自身在塑造和建设品牌方面的特长，若能生产出适应市场需求且质量不凡的产品，并结合不俗的整合营销能力，解决好融资问题及创新机制问题，一定能解决乐凡的长远发展问题。"宋先生率先道出了自己的心声。

"乐凡从事代理行业这么多年，还有一个优势就是知道消费者想要什么样的产品，因为在销售终端，每天都与消费者打交道，加上我们是在深圳IT产业经济圈的华强北，可以了解最新IT业前沿动态，了解最近距离最低成本的行业资源以及可观的全国及全球采购市场，所以我觉得乐凡是有能力生产自主品牌产品的；而且国内品牌代理行业权责模糊，利益分配很不清晰，短时间内很难有健全的法律保障，这也是代理行业的一个很大的隐患。"汪先生接着说。

"但是，这样一来我们的运营成本和经营风险就要大幅增大，寻找合适的ODM代工商、自有产品的定位、营销管理、品牌建设等都并非是件容易的事"，阅历最为丰富的余女士一语道破了大家的担忧之处。会议室里陷入了片刻的沉默，而后就是你一言我一语地谈论着。如果说之前的讨论让大家还对乐凡做自有品牌的发展之路徘徊不定，那么随后宋先生的一席话则让大家清晰地认识到尽管路途艰难，但唯有做自有品牌，才是乐凡长久发展之策。

"虽然我们没有那么多的经验，甚至明明知道进入ODM是一件很难的事情，我们目前的创业团队没有研发和生产，甚至供应链的经验也是相对缺乏的。但乐凡自身的优势也是非常明显的。乐凡来自市场，我们最大的资源就是客户，以及知道消费者要什么；我们的优势更多的是来自对产品的定义。经过这几年的发展，乐凡的客户资源和渠道资源已经成长了很多。所以说，我们有足够的优势或者是信心来打开这个市场。最重要的是如果我们一直没有自己的品牌，以后我们怎么在这个市场上立足，只做代理，就永远只是为别人做嫁衣，难道我们就一直这样走下去吗？"宋先生激情高昂的讲话让整个办公室都安静下来了，每一个人都在思考，公司的发展是单纯的要从自己的职能出发还是要各个职能相互协调。经过一番认真地讨论之后，大家一致通过了乐凡开始做自有品牌的战略决策。

资料来源：王国红，邢蕊，徐兴. 乐凡公司如何实现创业三级跳？. 中国管理案例共享中心. PJMT-0172，2015年8月. 该案例经中国管理案例共享中心授权使用。

本案例中，乐凡的几位创始人就公司的未来发展方向展开了讨论，尽管大家的看法不一样，但是每一个人都是在认真思考着公司的未来，目标都是希望公司可以发展得更好，彼此之间是乐意了解对方的观点的。这种建设性冲突对创业团队而言是有利的，可以使创业者考虑得更加全面，降低决策风险。

那么在创业团队冲突管理中，我们可以用哪些方法或手段来鼓励建设性冲突，化解破坏性冲突呢？

1. 用激励手段来管理冲突

为了实现有效的冲突管理，核心创业者可以利用激励手段来鼓励正面冲突，让团队成员感受到在通过知识分享实现创业成功后,就能获得相应的收益和价值。在制订激励方案时,创业者需要注意以下几个方面。

(1) 差异化

虽然民主方案可能行得通,但是与根据个人贡献价值不同而实行的差异化方案相比,它包含的风险更大,缺陷也更多。一般情况下,不同的团队成员很少会对企业做出同样大小的贡献,因此,合理的薪酬制度应该反映出这种差异。

(2) 关注业绩

报酬应该与业绩(而不是努力程度)挂钩,而且该业绩指的是每个人在企业早期生命的整个过程中所表现出来的业绩,而不仅仅是此过程中某个阶段的业绩。有许多企业,它们的团队成员在企业成立后几年内所做出的贡献程度变化很大,但报酬却没有多大变化,这种不合理的薪酬制度使企业很快就土崩瓦解了。

(3) 灵活性

无论哪个团队成员在哪个既定时间段的贡献大或小,这种情况都很可能随着时间的改变而发生变化,而且团队的业绩也会和预期有很大出入。另外,团队成员很可能会由于种种原因而必须被替换,这样的话就需要再另外招聘新成员并添补到现有团队中去。灵活的薪酬制度包括年金补助,提取一定份额的股票以备日后调整等,这些机制有助于让人们产生一种公平感。

除了规划科学的激励机制外,创业者要保持开放的心态,将创业团队塑造成一个整体而不是特意突出某个人的集体印象,这样有助于把团队成员之间的观点争论控制在可管理的范畴之内,而不是演化为团队成员之间的矛盾。一旦发生情感冲突,创业者就应该理性地判断团队存续的可能性,通过增补新成员及时化解情感冲突,比维持旧成员处理情感冲突往往会更加有效[9]。

2. 中国集体主义背景下的避免型冲突管理方式

毋庸置疑,中国社会由于历史的原因而奉行集体主义的社会文化和观念,在平时的工作和日常生活中,人们都很注意维持与同事或亲朋好友之间的和谐关系,以和为贵。在这种和谐主义的文化和价值观的影响下,人们一般更倾向于维持和谐而稳定的生活和工作环境,一般不会主动鼓励冲突,反而会尽可能努力避免任何形式的冲突发生。所以,中国人在可能发生冲突时往往会采取回避的行为和做法,避免面对面的直接冲突,使双方在面子上都过得去等。

以往研究也表明,与西方国家的企业管理者相比,我国的企业管理人员在冲突管理方式的选择上更愿意采用回避的冲突管理方式[26]。然而,在避免型冲突管理方式下,即使组织开放性讨论,人们往往也会为了避免冲突而不去提出较为尖锐的意见。避免情景会使得团队成员自然而然地形成问题不应该被公开讨论和解决的想法,而这对创新性想法的产生以及决策质量都是不利的。而合作型冲突管理被认为能够促进建设性的争论过程,是一种较为理想的冲突管理行为。因此,综合考虑到"以和为贵"的思想及处理方式更能够得到团队其他成员的认可,而合作型冲突有益于改善决策质量。我们认为在中国,创业团队的冲突管理首先要鼓励合作,通过合作强化团队成员之间的信任、理解和互动关系，促进团队成员之间的沟通以及建设性冲突的产生；同时，适当地采取避免型冲突管理方式，减少不必要的对团队有害的破坏性冲突发生的可能性，使团队成员能够更适应团队的管理文化和合作氛围。

本章小结

创业是一个高度动态的过程，在这个过程中，创业团队是最重要的驱动因素之一。他们拥有可共享的资源，按照角色分工相互依存地一起工作，共同对企业负责，共担创业风险并共享创业收益。成功的企业大多数都有一支优秀的创业团队，优秀的创业团队具有良好的工作绩效，并且能够避免由于创业者个人认识的片面而造成的风险，能够给创业企业带来巨大的经济效益和社会效益。优秀的创业团队并非一蹴而就，往往是在新创企业发展过程中逐渐孕育而形成的。

当创业团队成员在企业经营决策过程中意见产生分歧，冲突就会发生。对企业来说，冲突有利有弊，主要取决于它是认知冲突还是情感冲突。认知冲突可以通过改善决策质量和提高成功执行决策的机会，进而提高团队绩效。然而，情感冲突却降低了决策质量，破坏了对成功执行决策的理解，甚至不愿意履行作为团队成员的义务，进而导致团队绩效下降。因此，创业者要规划科学的激励机制，保持开放的心态以对冲突进行预防和化解。

重要概念

创业团队　星状创业团队　网状创业团队　认知冲突　情感冲突

讨论案例

知乎周源：一个文火熬汤的CEO

作为一个若非大家要求，在合影时都不会主动站在中间的人，知乎CEO周源带领一个半封闭长达两年的网站在竞争激烈的互联网社区中快速突围。

在北京、上海的地铁、地下通道和写字楼里，知乎开始了第一次广告投放。相比请明星代言、醒目大号字体、直截了当的二维码，知乎的广告艰涩而模糊：海报上字数非常多，且不好读。"薛定谔，46岁，诺贝尔奖获得者合影中。距离回答'如何通俗地说明哥本哈根诠释存在哪些问题？'，还要再养两年的猫。"在人流量极大的地铁站，如果只是一眼扫过，将很难理解广告内容。

无论是体验或科普类回答，知乎用户都习惯用一种在中文互联网上极为罕见的"认真"态度做长篇大论。为什么给猫在身子一边贴上胶布，猫就会斜着走路？诸如这种看似无厘头的问题，会有生命科学专业的研究员引经据典，从心理学英文论文引述到神经科学期刊，讲述自己的猜想。"认真你就赢了"是早期许多知乎用户的信条，后来也为知乎官方所接受并作为宣传视频的标题。

周源是知乎的 CEO，当问到其性格在知乎产品中的最大体现时，他的回答是求实，"现在创业大环境的确很浮躁，我希望知乎团队一直保持真实的自我，不浮夸，不吹嘘，对内对外保持信息一致。"他把求实既看作态度也看作方法。"周源很实诚，我常跟他讲的就是：'好，你说我就信啊。事实上他说的都会做到。'"知乎 VP 白斗斗说。

优质答案最重要

每天，知乎站内用户贡献十几万个回答，相比之下，一个新闻门户网站一天大约能发布 3 000 篇新文章。

2010 年，当周源决定做一个高质量、能认真讨论严肃问题的社区时，市场并不看好。"所有人都觉得做社区基本上已经跟创业公司没有关系了。百度很厉害，腾讯很厉害，然后你基本上不可能再起一个新的社区，（否则）百度导导流量、腾讯搂搂用户就能把你给干掉。"创新工场联合创始人及管理合伙人汪华说。2011 年，知乎上线 2 个月，获得创新工场 A 轮投资。"就觉得高质量用户会比较理智，而低端用户更容易从他们身上去获取商业价值。所以，当时外界其实对知乎也有很多不看好，觉得是一个有趣的东西，但不觉得是一个能做大的东西。"

创造一个高质量的讨论社区，决定了知乎的培养途径与贴吧、空间、微博等必然不同：流量或总用户数不重要，社区文化、核心用户这种需要耐心与积累的软性指标才是关键。

2011 年年初上线后，知乎经历了长达 2 年的半封闭期。在这两年里，登录知乎必须通过邀请码。淘宝上，120 元一个的知乎邀请码一售而空。

知乎上线后，百度出品了"百度新知"，定位是基于搜索的社会化问答网络平台，类似的还有湖南广电旗下的"他在网"。投资人和站内用户都建议抓住机会扩大规模，但谨慎的周源和知乎团队并没有这么做。就像文火熬汤一样，现在知乎所谓的能持续产生优质答案的"头部领域"，如互联网、创业、心理学、健康、电影、财经等，都形成于邀请制时期。一些没有纳入规划的话题，如考古、滑雪等，也因为用户的自发讨论而渐露轮廓。"在 2013 年年初，互联网头部领域产生的优质内容，量就已经比门户科技频道的要高了。"知乎市场部负责人魏颖说。

在今天，和知乎类似的网站很多便迅速销声匿迹，汪华把这归结为太快推广和开放难以控制用户类型导致网站很快变味，"如果你是一个大公司的内部团队的话，你如果半年、一年 KPI 都没什么增长，这个项目也很悬了对吧。"汪华笑着说。知乎作为创业公司的优势就体现于此。

每个人的知乎

问答是知乎的核心，评价回答好坏的标准是投票，这包括赞同、反对、感谢和没有帮助。在最初排序中，赞同票减去反对票，得票高的答案就排在前面。但知乎很快发现，对于专业的判断力，普通人和专家的反应有时差别极大。

"大量的问题因为它语言非常有煽动性，尽管它本身质量很低，但是它煽动性很强，误导性很强，所以它排到了前面。"知乎产品设计师、北京大学数学系毕业的黄涛说，"它会故意忽略你的那些逻辑细节。"

黄涛的团队负责知乎的算法和排序。2014年，为了能让更多真正优质内容更好地呈现，知乎在投票机制中加入了权重：在某个话题下拥有高质量回答的用户，他在这一话题的投票将比普通用户更能影响答案的排序，同时采用了一种被称为"威尔逊得分"的新回答排序算法：当总投票数较少时，回答如果获得投票，得分会快速增加。随着总票数变大，得分增加速度就越慢。这也造就了今天知乎的答案排序局面，新出现的优质回答更容易排到前面，在极端情况下，赞同个位数的答案都能排在万票赞同答案之前。不过，这一现象只会持续一个比较短的时间，随着时间变化，最终还是最优质的内容被沉淀下来。

2013年开放注册前，知乎团队问过自己一个问题："到底是做一个小众网站，还是做一个大部分人都能使用的网站？"他们的回答是后者。这也符合周源创立知乎时的初心：把存在于每个人大脑里的知识、经验和见解都挖掘出来，相信每个人的脑子里都有别人所需要的东西。直到今天，每一个新注册的用户都能自由地提问、回答、评论，用知乎联合创始人黄继新的话来说，这是一个UGC（用户产生内容）流在血液里面的一个团队。

在团队内部，对同事充分的信任与放权也是周源认为是自己在创建知乎后最大的改变，"我第一次创业的时候是一个什么事情都要管的人，从中午吃什么到未来3个月公司要做什么，我都要管。后来我就成了公司的天花板了。"周源说。做知乎以后，他变得很放权，信任和尊重他的团队，结果发现他们在各自专业上都比自己厉害100倍，成长得很好。

知乎内部的人说过前几次公司年会，若非大家要求，周源甚至是一个在合影时都不会主动站在中间的人。这些都让知乎和其他创业公司有截然不同的气质，在与记者交流中，知乎公关认为很多创业公司会凸显CEO的个人英雄主义气质，但知乎的用户最不在乎这个平台的CEO是谁，他们更享受这里内容的本身。

耐力持久的天生创业者

去年，一个问题在知乎和中国互联网上迅速传播：

"你为什么会从恒大集团离职？"这一简单的职场问题引来179个回答和188万次浏览，不乏对恒大集团文化以及许家印本人的批评、指责。

当天，得票过百的数个回答无法正常显示，一律变成"回答被建议修改：违反法律法规的内容"。还有62人的回答被折叠——这是知乎问答区中的一种特殊的处理方式，当一个答案被点击足够多的"没有帮助"后，它将进入最底部的折叠区，只有点开才可见。

但这次似乎并不是自然折叠。5天后，知乎官方账号"知乎小管家"在"知乎现在是被恒大公关了吗？"这一问题下声明：恒大集团向知乎提出侵权举报，并提供了证明相关用户的言论与事实不符的材料和承担法律责任的保证书。

"既然它有可能是谣言，那么它为什么要传播得那么广？"知乎CEO周源反问记者，"你怎么知道那个事情是真的？"

"我不知道它是真的，我也不知道它是假的，但我也没有必要把它（答案）关掉。"

记者说。

"它不是有没有必要关掉的问题。如果它有可能是谣言，那这种事情就需要对它进行处理。"周源坚决地说。临别前他仍在强调知乎不欢迎"可能的谣言"。知乎法务有一个"非常严谨的流程"来处理这类事。"知乎一定不能变成一个人民审判的地方。"

相比于门户网站和某些传统论坛，知乎并不喜爱利用争议性话题来提高知名度。在知乎，包括"安卓和 iOS 系统/小米和魅族哪个好"这种必然引发互掐的提问，知乎官方会刻意回避推荐。"（这类问题）没有提供价值，它提供大量的流动性和关注的眼球。"周源认为。

白斗斗肯定了周源处理问题的方式，在她看来，周源一直是一个观察者和判断者、目标一旦明确就耐力持久的天生创业者。她认为就创业公司的发展而言，很多人比较崇尚要快跑，先做了再说。但就现实来说，周源这种能不停观察、不停从每次观察里得到结论，并不断完善自己思维架构的人，他的决策更令团队信任。

资料来源：陈楚汉. 知乎周源：一个文火熬汤的 CEO[J]. 新城乡，2016(4): 41-43.

讨论题：
1. 知乎创业团队有什么特征？
2. 什么样的创业团队才是一个优秀的团队？

思考题

1. 你对创业团队的概念是如何理解的？创业团队对新创企业的价值体现在哪些方面？
2. 你认为组建一支优秀的创业团队需要考虑哪些问题？
3. 选择你熟悉或感兴趣的创业企业，分析一下他们的创业团队属于哪种类型。
4. 请谈谈你对创业团队冲突利与弊的理解。

参考文献

[1] 陈飞，王安民. 创业团队理论研究文献综述[J]. 2012，14(5): 74-78.

[2] Kamm J B, Shuman J C, Seeger J A, et al. Entrepreneurial teams in new venture creation: a research agenda[J]. Entrepreneurship Theory and Practice, 1990, 14(4): 7-17.

[3] Kamm J B, Nurick A J. The Stages of Team Venture Formation: A Decision-Making Model[J]. Entrepreneurship Theory and Practice, 1993, 17(2): 17-27.

[4] Gartner W B, Shaveer K G., Gatewood E, et al. Finding the entrepreneur in entrepreneurship[J]. Entrepreneurship Theory and Practice, 1994, 18(3): 5-10.

[5] Ensley M D, Carland J C, Carland J W. The effects of entrepreneurial team skill heterogeneity and functional diversity on new venture performance[J]. Journal of Business and Entrepreneurship, 1998, 10(1): 1-11.

[6] Chandler G N, Hanks S H. An Investigation of New Venture Teams in Emerging Businesses[A]. In P D

reynolds et al（eds）. Frontiers of entrepreneurship research[C]. Wellesley, MA: Babson College, 1998: 318-330.

[7] Schjoedt L. Entrepreneurial teams: definition and determinants[EB/OL]. http://citeseerx.ist.psu.edu/viewdoc/download?doi=10.1.1.194.5870&rep=rep1&type=pdf, 2010-12-14.

[8] Harper D A. Towards a theory of entrepreneurial teams[J]. Journal of Business Venturing, 2008, 23(6): 613-626.

[9] 张玉利，陈寒松，薛红志等. 创业管理（第4版）[M]. 北京：机械工业出版社，2017.

[10] 俞明理. 团队创业精神与绩效关系研究[D]. 杭州：浙江大学管理学院，2003.

[11] 唐丽艳，王国红，武春友. 创业管理. 第2版[M]. 北京：高等教育出版社，2013.

[12] 周鸿祎. 得合伙人者，得天下[J]. 商业文化，2017，(1): 56-59.

[13] 李维安，牛建波，宋笑扬. 董事会治理研究的理论根源及研究脉络评析[J]. 南开管理评论，2009，12(1): 130-145.

[14] 布鲁斯 R 巴林格，R 杜安·爱尔兰. 创业管理：成功创建新企业[M]. 张玉利，等译. 北京：机械工业出版社，2006.

[15] 李家华，张玉利，雷家骕等.《创业基础（第2版）》[M]. 北京：清华大学出版社，2015.

[16] 杨俊，田莉，张玉利，等. 管理世界，2010(3): 84-96.

[17] 李笑来. 斯坦福大学创业成长课[M]. 天津：天津人民出版社，2016.

[18] 马莉，周小虎. 创业团队组建管理与激励机制研究[J]. 价值工程，2016(6): 68-71.

[19] 徐小平. 为什么创业需要合伙人[J]. 商界（评论），2014(9): 148.

[20] Carpenter, M.A., Geletkanycz, et al. Upper Echelons Research Revisited: Antecedents, Elements and Consequences of Top Management Team Composition[J]. Journal of Management, 2004, 30(6): 749-778.

[21] Jehn K. A., Northcraft G.B., Neale M A. Why differences make a difference: A field study of diversity, conflict and performance [J]. Administrative Science Quarterly, 1999, 44: 741-763.

[22] Barki H., Hartwick J. Conceptualizing the construct of interpersonal conflict[J]. International Journal of Conflict Management, 2004, 15(3): 216-244.

[23] Tjosvold D, Su F. Managing anger and annoyance in organizations in China: The role of constructive controversy[J]. Group & Organization Management, 2007, 32(3): 260-289.

[24] Thomas K W. Conflict and conflict management[M]//Dunnette M D. Handbook of Industrial and Organizational Psychology. Chicago: Rand-McNally, 1976.

[25] Tjosvold, D., Law, et al. Effectiveness of Chinese Teams: The Role of Conflict Types and Conflict Management Approaches. Management and Organization Review, 2006, 2(2): 231-252.

[26] 邹今友. 民营企业创业团队冲突：原因及对绩效影响分析[D]. 长沙：中南大学，2014.

第 5 章 商业模式的设计与选择

> 当今企业之间的竞争，不是产品之间的竞争，而是商业模式之间的竞争。
>
> ——彼得·德鲁克

学习目标

- ✓ 理解商业模式的内涵及构成要素
- ✓ 了解新创企业商业模式设计的要点
- ✓ 了解互联网环境下的商业模式创新

引导案例

健康如何"互联网+"？——"蓝卡模式"走在路上

如果说"互联网+医疗"的发展是一个必然，那么蓝卡的诞生则是一个偶然。如果要为这个偶然寻找一个起点，那么起点就是其创始人于浩波的传奇经历。

于浩波出生于沈阳的一个医生世家，医学院毕业后成为一名医生。1995 年，于浩波辞职下海创业，以别墅作为切入点，进入沈阳的房地产市场，沈阳"香格蔚蓝"项目应运而生。2007 年，香格蔚蓝一期售罄，二期销售过半，三期有待开发，形势一片大好。

2009 年，房地产市场出现拐点，颓势初显，此后的两年间，房地产市场迅速冷却，同质化严重、产品大量滞销，"香格蔚蓝"也未能幸免。"转型"之路在何方呢？于浩波带领团队对国内外的特色房地产项目进行了大量实地考察。一番考察下来，于浩波开始考虑让香格蔚蓝项目向养老地产的转型。

几番取经问道，于浩波意识到解决养老地产发展的核心问题不是给地产项目配上一个医院，而是要给地产项目织就一张"医养网"。这张医养网，正是利用"互联网+"的现代科技手段，将医疗资源重新整合并科学配给，应用分级诊疗的思路，为患者提供更加便捷舒适的疾病治疗服务，是有效解决老龄化社会"就医难、看病贵"难题的可行方案，是中国特殊国情下居家养老的最优解决方案。

思忖已定，于浩波开始着手筹建一家专注于提供家庭医生服务、私人专属健康解决方案的专业公司，并邀请迄今为止沈阳市最年轻的三甲医院院长吴英女士成为自己的合伙人。就这样,蓝卡集团诞生了。

蓝卡的"风生水起"

蓝卡(国际)健康集团于 2012 年 6 月 22 日成立,2012 年 7 月 1 日正式启动推广。在于浩波的设计和规划下,蓝卡通过 O2O 的大数据健康保障平台提供 365 天 24 小时的全天候健康服务,蓝卡连锁机构由驻区诊所、家庭医生和养老服务有机组成,整个体系由一个堡垒——蓝卡诊所,一个平台——国家级专家平台,一套工具——移动云体系共同构成。

配有蓝卡服务的社区,其业主可以到蓝卡驻区诊所免挂号费诊治,所有诊治数据都会上传到移动云数据体系,形成健康档案。一般的疾病都可以在蓝卡驻区诊所得到治疗,疑难杂症则可以通过专家平台立即联系到全国最权威的专科专家进行网上会诊,专家通过对业主健康医疗档案的调阅,做出准确的判断,并给出科学的诊治方案。如果业主的病情较重,蓝卡会立即启动就近的三甲医院的绿色双向转诊通道,省去了业主排号、挂号等很多麻烦,还可以实现医保报销。

"听雨观澜"项目的成功,让其他地产商看到了养老地产发展的曙光。一时之间,知名地产公司纷纷向蓝卡抛出橄榄枝。在同其他地产商的合作上,蓝卡灵活地采取了不同的形式:既可由蓝卡独资,地产商只需提供蓝卡驻区诊所的用地;也可与地产商合资,将蓝卡业务纳入到地产商的业务体系中;还可由地产商独资购买蓝卡服务。蓝卡也采取以进驻新开发楼盘为主,老楼盘为辅的战略布局,逐个布点,形成星星之火。

凭借灵活多样的合作形式和精准的战略布局,蓝卡迅速打开局面,逐渐形成了会员制的家庭医生服务模式。蓝卡星星之火的布局,进一步拓展了其医疗服务的半径和质量,蓝卡会员在蓝卡覆盖的所有区域都可以享受到蓝卡的服务。得益于国家有关部门的重点关注和大力帮扶,蓝卡的上游供应链全线打通,并正在积极与国际医疗组织建立合作,建成全球化的医疗团队服务网络。

现如今的蓝卡(国际)健康集团,北京的总部设在与水立方仅一街之隔的创业大厦,在全国各大城市设立了功能分部。目前已在北京、天津、沈阳、山东、三亚、哈尔滨、澳大利亚、美国等地开展了实地服务及拓展,预计不久之后将会迅速延伸到上海、广州、中国香港、中国台湾等国内外各大中小型城市。

资料来源:马晓蕾,吕一博,王淑娟等. 健康如何"互联网+"?——"蓝卡模式"走在路上. 中国管理案例共享中心. PJMT-0309. 2017 年 11 月. 该案例经中国管理案例共享中心同意授权引用。

案例中的蓝卡(国际)健康集团是一个业务特殊性很强的企业,它的经营模式和创立发展过程都很有特色,在不同发展阶段其商业模式的核心在于整合医疗行业、房地产行业、信息技术等各个渠道的资源,打造健康服务平台,开启"第三代住宅模式",中央政策研究室将这一模式命名为"蓝卡模式"。也正是凭借这一商业模式的创新,蓝卡集团在"互联网+健康"产业上一路风生水起,成为领航者。

那么商业模式到底是什么?如何设计商业模式?在互联网环境下的商业模式的创新

形式有哪些？本章将进行详细介绍。

5.1 商业模式的内涵与构成

商业模式已经成为挂在创业者和风险投资者嘴边的一个名词。哪里有公司，哪里就有商业模式。每个成功的企业，都在通过有效的商业模式来满足客户的需求——不管他们是否清楚地理解了自己的商业模式。

那么，商业模式究竟是什么？它能左右一个创业项目的成败吗？学者、专家众说纷纭。如果将商业模式凝练成一句话，那么它的本质是可持续盈利的交易结构[1]。

5.1.1 商业模式的概念

1. 商业模式概念的由来

"商业模式"这个词出现之前，企业管理史学家阿尔弗雷德·钱德勒描述了最初资本主义现代工商企业的出现，可以认为那就是商业模式的雏形。迈克尔·刘易斯在《新新事物》里认为，商业模式的含义其实就是如何赚钱。比如，企业让优质的商品以更低的价格出售——这是沃尔玛的商业模式；企业拥有核心技术，让"Intel inside"的标志粘贴在计算机上，让80%的计算机制造企业选用它的CPU——这是英特尔的商业模式；把那些高收入、高消费人群无聊的眼球大规模地集中起来，变为有价值的注意力，卖给需要的广告主——这是大众传媒的商业模式……

"商业模式"一词最早出现在20世纪70年代的《计算机科学》杂志上，被用来描写资料与流程之间的关联与结构[2,3]。在电子商务兴起后，大量的新公司采用不同以往的方式经营他们的业务，为了和"传统经营"进行区别而广泛地使用商业模式一词。琼·马格丽塔（Magretta，2002）认为，"商业模式"是描写企业的每个部分如何匹配起来进而组成的一个系统，是为了帮助顾客创造价值所进行的活动[4]。瑞帕（Rappa，2002）将商业模式描述为清楚说明一个公司如何通过价值链定位赚钱："商业模式就其基本的意义而言，是指做生意的方式，是公司赖以生存的模式，是能够为企业带来收益的模式"[5]。

近年来，随着互联网等新技术的兴起，商业模式研究日益受到学界和企业界的关注[6]。Teece认为，企业从创建之初便有自己的商业模式[7]。Casadesus-Masanell等指出，商业模式是企业根据自己的战略目标选择的结果，是企业战略的具体体现[8]。张敬伟等把商业模式理解为企业的经营形态[9]。清华大学雷家骕教授概括企业的商业模式应当是：一个企业如何利用自身资源，在一个特定的包含了物流、信息流和资金流的商业流程中，将最终的商品和服务提供给客户，并收回投资、获取利润的解决方案。

2. 商业模式的本质

对于企业组织而言，商业模式并不仅仅代表一种经营思想、价值观念或者某种营销创新思路，还是一种经营创新思想的具体实现形式，是一套经营机制，强调的是企业组织内部各组成部分之间的有机联系；同时，商业模式也是企业实施相关商业活动的一套逻辑化的方式方法，将原本做不成的事情做成，将原本做不好的事情做好；由此，企业才能获得相应的利润。典型的是，柳传志将"技→工→贸"调整为"贸→工→技"，再加上其他方面的努力，才有了后来的联想集团成为IT界的巨人。马云创造了"淘宝"的商业模式，才有了后来的阿里巴巴集团的持续盈利[10]。

本质上，商业模式是企业为客户创造并传递价值，使客户感受并享受到企业为其创造的价值的系统逻辑，反映的是利益相关者之间的交易关系。因此，商业模式描述的是企业如何创造价值、传递价值和获取价值的基本原理[11]。新创企业如果缺少这套逻辑，或者是构思的商业模式效力不足或效率不高，则新创企业未来将出现既难以为客户创造价值，也难以向客户传递价值，更难以为新创企业自身赢得利润，因为客户只乐于给那些为客户有效创造并传递价值的企业投出自己的"货币选票"[10]。

> 在经营企业的过程当中，商业模式比高技术更为重要，因为前者是企业能够立足的先决条件。
>
> ——前时代华纳CEO 迈克尔·邓恩

一个毋庸置疑的事实是，企业必须选择一个适合自己的、有效的和成功的商业模式，并且能够随着客观情况的变化不断加以创新，才能获得持续的竞争力，从而保证自己的生存与发展。

3. 商业模式的概念界定

由于商业模式概念可能包括多个维度，因此，基于对其内涵中不同维度的侧重，学者们形成了不同的观点[12]。

（1）基于运营的商业模式定义

侧重运营模式的商业模式观，关注企业的价值创造和价值传递活动及相应的支撑系统，并把企业的价值活动放在社会价值网络来审视，强调企业嵌入商业生态系统的方式。例如，阿米特（Amit）等认为，商业模式是对公司、供应商、候补者和客户之间交易运作方式的描述，强调能使交易得以顺利进行的产品、资源、参与者结构以及交易机制[13]。马格利特（Magretta）则把商业模式定义为对企业如何运转的描述和归纳[14]。还有一些学者则认为，商业模式的定义大致可划归为侧重运营模式的商业模式概念，指出商业模式的构成要素包括组织形式、商业流程、公司管理、价值流、资源系统等[15]。

（2）基于盈利的商业模式定义

不少学者将商业模式描述为企业的盈利模式。他们认为，商业模式是对企业如何赚钱的描述与总结。例如，斯图尔特（Stewart）等指出，商业模式是企业获得并保持收益流的逻辑总结[16]。马哈德万（Mahadevan）把商业模式定义为企业价值流、收益流和物流的组合[17]。奥弗尔（Afuah）等认为，商业模式是企业为顾客创造比竞争对手更多的价值以赚取利润的方法[18]。赫伊津（Huizingh）指出，商业模式是企业构造成本和收入流的方式，成本和收入流决定着企业的生存与发展[19]。此外，还有一些学者也表达了相似的观点，认为商业模式应包括定价模式、收入模式、成本结构、最优产量等构成要素。

（3）基于战略定位的商业模式定义

该类商业模式的定义侧重于对企业战略定位的考量。波特（Potter）认为，企业战略的核心是定位，企业的定位有基于种类的定位、基于需求的定位、基于接触途径的定位3种[20]。企业就是要寻找到一种独特有利的定位，从而设计一套与之相适应的与众不同的运营活动。企业定位的本质其实就是企业的价值主张，即企业用什么样的产品或服务为哪些顾客提供什么样的价值。拉帕（Rappa）认为，应把价值主张当作商业模式的一个重要的组成要素[21]。切斯布鲁夫（Chesbrough）等也指出，商业模式应该向目标顾客表明价值主张，这是技术商业化必须解决的问题[22]。

（4）基于系统论的商业模式定义

此类定义认为商业模式是一个由多因素构成的系统，是一个体系或集合，是多角度的整合和协同。博西迪等指出，商业模式应是系统全面分析企业的理论工具[23]。卓德（Zott）等认为，商业模式应强调在系统层面用整体的方式来解释企业如何开展业务的问题[24]。因此，基于系统论的定义并不是仅仅关注运营模式、盈利模式或战略定位，而是把商业模式看作是上述要素的有机组合。

5.1.2 商业模式的构成要素

商业模式的内容十分广泛。凡是与企业活动有关的内容，几乎都可以纳入商业模式的范围。我们经常提到的商业模式包括："鼠标加水泥（Clicks and Mortar）"模式、B2B（企业对企业）模式、B2C（企业对消费者）模式、拍卖模式、反向拍卖模式、广告收益模式、会员费模式、佣金模式、社区模式等。尽管人们对商业模式的构成要素难以达成一致的意见，但是，很多学者都认为，有效的商业模式具有一系列要素构成。下面介绍两类比较有代表性的商业模式构成要素模型：商业模式四要素模型和九要素模型[12]。

1. 商业模式四要素模型

里·哈默尔（Gary Hamel）认为，商业模式由四个要素构成：核心战略、战略资源、伙伴网络和顾客界面，并提出了"四构面模型"（如图 5.1 所示）。其中，四大构面即商业模式的四个要素，各个构面之下包含多个子要素；三大桥梁，即构面连结因素，包括资源配置、顾客价值、企业边界，这三大桥梁连结四大构面，检验构面间是否充分连结以发挥绩效；四大支撑因素，即效率、独特性、配适、利润推进器，这四大支撑因素用于衡量商业模式是否具有利润潜力与竞争优势。四构面模型的提出是为了引导企业变革。四构面模型在商业模式研究中具有里程碑的意义，产生了深远的影响，许多商业

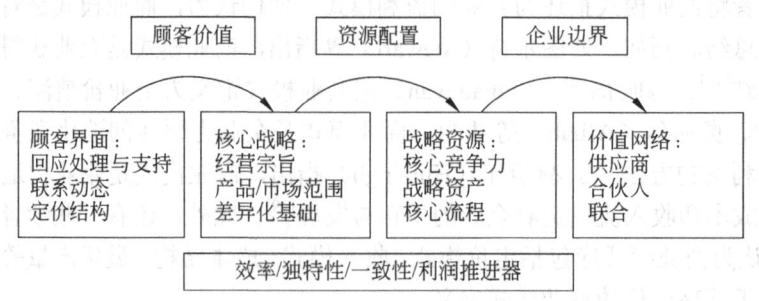

图 5.1 商业模式四要素（四构面）模型

模式的观点均来源于此。但需要指出的是，四构面模型是一个概念性的模型，在具体实施时欠缺操作性，另外在有些要素的选择上也值得进一步商榷[6]。

2. 商业模式九要素模型

亚历山大·奥斯特瓦德和伊夫·皮尼厄认为若要很好地回答商业模式涉及的 3 个基本问题：价值发现、价值匹配和价值获取，可以把商业模式分为 9 个关键要素：顾客细分、价值主张、渠道通路、顾客关系、收入来源、核心资源、关键业务、重要伙伴以及成本结构（如图 5.2 所示），参照这九大要素就可以描绘分析企业的商业模式。

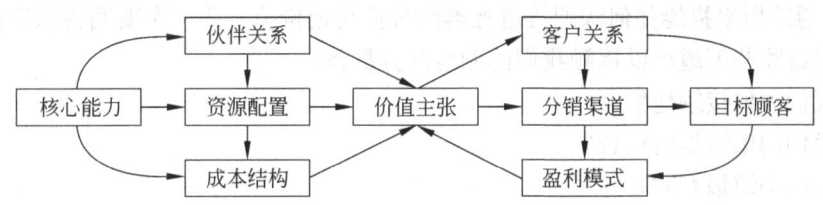

图 5.2 商业模式九要素模型

由于九要素模型完整地反映了企业的战略定位、运营过程和利润来源，且具有一定的可操作性而得到了学者们的广泛认同。下面依次对九个要素进行说明[11]。

（1）顾客细分

顾客细分用来描述想要接触和服务的不同人群或组织，主要回答以下问题。

➢ 我们正在为谁创造价值？

➢ 谁是我们最重要的顾客？

一般来说，可以将顾客细分为以下 5 种群体类型。一是大众市场：价值主张、渠道通路和顾客关系都聚集于一个大范围的顾客群组，顾客具有大致相同的需求和问题。二是利基市场：价值主张、渠道通路和顾客关系都针对某一利基市场的特定需求定制，常可在供应商—采购商的关系中找到。三是区隔化市场：顾客需求略有不同，细分群体之间的市场区隔有所不同，所提供的价值主张也略有不同。四是多元化市场：经营业务多样化以完全不同的价值主张迎合完全不同需求的顾客细分群体。五是多边平台或多边市场：服务于两个或更多的相互依存的顾客细分群体。

（2）价值主张

价值主张用来描绘为特定顾客细分创造价值的系列产品和服务，主要回答以下问题。

➢ 我们该向顾客传递什么样的价值？

➢ 我们正在帮助我们的顾客解决哪一类难题？

➢ 我们正在满足哪些顾客需求？我们正在提供给顾客细分群体哪些系列的产品和服务？

价值主张的简要要素主要包括以下方面。

➢ 新颖：产品或服务满足顾客从未感受和体验过的全新需求。

➢ 性能：改善产品和服务性能是传统意义上创造价值的普遍方法。

➢ 定制化：以满足个别顾客或顾客细分群体的特定需求来创造价值。

➢ 把事情做好：可通过帮顾客把某些事情做好而简单地创造价值。

- 设计：产品因优秀的设计而脱颖而出。
- 品牌/身份地位：顾客可以通过使用和显示某一特定品牌而发现价值。
- 价格：以更低的价格提供同质化的价值满足价格敏感顾客细分群体。
- 成本削减：帮助顾客削减成本是创造价值的重要方法。
- 风险抑制：帮助顾客抑制风险也可以创造顾客价值。
- 可达性：把产品和服务提供给以前接触不到的顾客。
- 便利性/可用性：使事情更方便或易于使用可以创造可观的价值。

（3）渠道通路

渠道通路用来描绘如何沟通接触顾客细分而传递价值主张，主要回答以下问题。

- 通过哪些渠道可以接触我们的顾客细分群体？
- 我们如何接触他们？
- 我们的渠道如何整合？
- 哪些渠道最有效？
- 哪些渠道成本效益最好？
- 如何把我们的渠道与顾客的例行程序进行整合？

企业可以选择通过自有渠道、合作伙伴渠道或两者混合来接触顾客。其中，自有渠道包括自建销售队伍和在线销售，合作伙伴渠道包括合作伙伴店铺和批发商。

（4）顾客关系

顾客关系用来描绘与特定顾客细分群体建立的关系类型，主要回答以下问题。

- 我们每个顾客细分群体希望我们与之建立和保持何种关系？
- 我们已经建立了哪些关系？
- 这些关系成本如何？
- 如何把它们与商业模式的其余部分进行整合？

一般来说，可以将顾客关系分为以下 6 种类型：a. 个人助理，即基于人与人之间的互动，可以通过呼叫中心、电子邮件或其他销售方式等个人助理手段进行；b. 自助服务，即为顾客提供自助服务所需要的全部条件；c. 专用个人助理，即为单一顾客安排专门的顾客代表，通常是向高净值个人顾客提供服务；d. 自助化服务，即整合了更加精细的自动化过程，可以识别不同顾客及其特点，并提供与顾客订单或交易相关的服务；e. 社区，即利用用户社区与顾客或潜在顾客建立更为深入的联系，如建立在线社区；f. 共同创作：与顾客共同创造价值，鼓励顾客参与全新和创新产品的设计和创作中。

（5）收入来源

收入来源用来描绘从每个顾客群体中获取的现金收入（需要从创收中扣除成本），主要回答以下问题。

- 什么样的价值能让顾客愿意付费？
- 他们现在付费买什么？
- 他们是如何支付费用的？
- 他们更愿意如何支付费用？
- 每个收入来源占总收入的比例是多少？

一般来说，收入来源可分为以下 7 种类型：a. 资产销售，即销售实体产品的所有权；b. 使用收费，即通过特定的服务收费；c. 订阅收费，即销售重复使用的服务；d. 租赁收费，即暂时性排他使用权的授权；e. 授权收费，即知识产权授权使用；f. 经济收费，即提供中介服务收取佣金；g. 广告收费，即提供广告宣传服务收入。

（6）核心资源

核心资源用来描绘让商业模式有效运转所必需的最重要的因素，主要回答以下问题。

> 我们的价值主张需要什么样的核心资源？
> 我们的渠道通路需要什么样的核心资源？
> 我们的顾客关系需要什么样的核心资源？
> 我们的收入来源需要什么样的核心资源？

一般来说，核心资源可以分为以下 4 种类型：a. 实体资产：包括生产设施、不动产、系统、销售网点和分销网络等；b. 知识资产：包括品牌、专有知识、专利和版权、合作关系和顾客数据库；c. 人力资源：在知识密集产业和创意产业中，人力资源至关重要；d. 金融资产：金融资源或财务担保，如现金、信贷额度或股票期权池。

（7）关键业务

关键业务用来描绘为了确保其商业模式可行而必须做的最重要的事情，主要回答以下问题。

> 我们的价值主张需要哪些关键业务？
> 我们的渠道通路需要哪些关键业务？
> 我们的顾客关系需要哪些关键业务？
> 我们的收入来源需要哪些关键业务？

一般来说，关键业务可以分为以下 3 种类型：a. 制造产品，即与设计、制造及发送产品有关，是企业商业模式的核心；b. 平台/网络，即与平台管理、服务提供和平台推广相关，网络服务、交易平台、软件甚至品牌都可看成平台；c. 问题解决，即为顾客提供新的解决方案，需要知识管理和持续培训等业务。

（8）重要伙伴

重要伙伴指让商业模式有效运作所需的供应商与合作伙伴的网络，主要回答以下问题。

> 谁是我们的重要伙伴？
> 谁是我们的重要供应商？
> 我们正在从伙伴那里获取哪些核心资源？
> 合作伙伴都执行哪些关键业务？

一般来说，重要伙伴可以分为以下 4 种类型：a. 在非竞争者之间的战略联盟关系；b. 在竞争者之间的战略合作关系；c. 为开发新业务而构建的合资关系；d. 为确保可靠供应的购买方——供应商关系。

（9）成本结构

它是指商业模式运转所引发的所有成本，主要回答以下问题。

> 什么是我们商业模式中最重要的固有成本？

➤ 哪些核心资源花费最多？
➤ 哪些关键业务花费最多？

一般来说，成本结构可以分为以下两种类型：一是成本驱动，是指创造和维持最经济的成本结构，采用低价的价值主张、最大程度自动化和广泛外包；二是价值驱动，是指专注于创造价值，增值型的价值主张和高度个性化服务，通常是以价值驱动型商业模式为特征。

其实，任何一种商业模式都少不了上述九个要素，任何新型的商业模式都不过是这九个要素按不同逻辑的排列组合而已。每个人的定位、兴趣点和视角都不一样，向各个要素中添加的内容当然也就不一样，于是就有了不同的商业模式。

创业者在按照上面的九个要素开始设计商业模式之前，必须牢记一点：商业模式是动态的，它存在的目的就是被更新，好让团队里的每个成员了解今天、本周我们正在执行的计划是什么。一旦在执行的过程中发现有问题，那就要回头修改相对应的商业模式要素，并且确认这个改动会不会影响其他要素[25]。

5.1.3 商业模式创新

所谓商业模式创新是指企业在对顾客价值主张识别或再识别的基础上，对企业资源、结构、流程以及整个价值网络的重新设计与构造。商业模式创新是对企业经营逻辑的系统再思考，它可以包括顾客价值主张创新、价值创造模式创新、价值传递模式创新、收益模式创新中的一个或多个方面。作为一种创新，商业模式创新的实质也是对某种差异化的追求，它可能起始于9个构造模块中某一方面的差异化，但商业模式创新最终要通过9个构造模块的系统化再设计来创造一种整体结构性差异；这种整体结构性差异最终会呈现于三个层面：企业特征层面、产业链定位层面和行业定位层面[26]。

商业模式创新具有以下特点：首先，商业模式创新是一种企业层次的战略变革行为，因此就变革层次而言远高于一般的产品创新、渠道变革、品牌塑造等业务层次的变革。其次，商业模式创新具有很强的颠覆性，是对行业既有假设和思维定式的颠覆。最后，商业模式创新是一种组织变革过程，是组织为应对外生不连续性而进行的一种非常规的激进式组织变革过程。

商业模式创新的上述特点决定了这种创新在企业实践中是比较罕见、极难实现的。然而，也正是因为它的罕见性和极难实现性，使企业一旦取得商业模式创新成功就能获得快速成长，甚至改变整个行业的竞争格局。苹果公司艰难的二次重生和重生后实现的快速发展，就是商业模式创新上的上述特点的真实写照[27]。

5.2 商业模式的设计

"印度神车"塔塔 NANO 诞生记

设想一下：你在雨中站在印度孟买的路边，看到街道上有许多摩托车在汽车中间摇摇晃晃地穿来穿去；当你再近一些看这些摩托车时，会发现大部分都载着一家人——爸爸妈妈和几个孩子。你的第一个念头可能是"太危险了！"或者"发展中国家就是这样——人们的生活很艰辛。"

当塔塔集团（Tata Group）的拉丹·塔塔（Ratan Tata）看到这一景象时，他想到了要完成一项艰巨的工作：为这些家庭提供更安全的交通工具。他知道，即使是印度目前最便宜的汽车，其价格也是摩托车的五倍，这是骑摩托车的家庭无法负担的。于是，为这些家庭提供一款更安全、可以挡风遮雨的廉价汽车就成了一个有力的价值主张。这一价值主张的潜在客户是千百万尚未进入汽车市场的广大民众。

拉丹·塔塔还认识到，依靠塔塔汽车公司（TataMotors）现有的商业模式，无法开发出这样一款廉价汽车。要想让那些骑摩托车的家庭拥有汽车，唯一的办法就是大幅调低车价，让这些家庭能负担起。他想："我是否可以打破常规，推出10万卢比一辆的汽车呢？"他把汽车价格定在2 500美元左右，还不到市面上最便宜的汽车价格的一半。不过，这对其盈利模式带来双重挑战：既要大幅降低毛利润，又要大幅降低成本结构中诸多要素的费用。但他知道，只要能大幅提高销量，公司仍可盈利；而且他所瞄准的客户群潜在规模巨大。

对于塔塔汽车公司来说，要满足其廉价车"Nano"的客户价值主张和盈利模式要求，就必须重新构想汽车的设计、制造和分销方式。为此，塔塔成立了一个由年轻工程师组成的团队，这些人不会像公司里比较有经验的设计师那样，在思想上受汽车厂商现有盈利模式的影响和制约。这个小组尽可能地减少汽车零部件的数量，使成本大幅下降。此外，塔塔还重新考虑了供应商策略，把Nano车型高达85%的零部件生产都进行了外包，所选择的供应商数量也比以前减少了近60%，因此降低了交易成本，提高了规模效益。在生产线的另一端，塔塔构想了一种全新的汽车装配和分销方式。其最终目标是将模块化的零件运往一个由公司下属独立装配厂组成的联合网络，由该网络负责按订单生产汽车。如此一来，Nano的设计、生产、分销和服务就都可以采用全新的方式——而如果不是因为它建立了一个新的商业模式，这些工作根本无法完成。

资料来源：节选自"搜狐财经新闻．弗瑞德．《三分钟说透"商业模式"的本质》http://www.sohu.com/a/125703679_475956，2017年2月7日"。

一个具备强烈社会责任感的企业，它的发展不仅与国家的可持续发展战略相契合，而且由于社会责任缺失是一种普遍现象，那么在这方面做得出色其实就是在培养自身的核心竞争力，因为核心竞争力的特点之一便是稀缺性。塔塔集团在创立之初就能清醒地认识到这一点是非常难得的。塔塔集团坚持走平民路线，服务中低收入阶层将会为企业带来更多的发展机遇。因此,可以说有了一个好的商业模式,成功就有了一半的保证。

5.2.1 商业模式的设计流程

设计出可以具体付诸实施的商业模式,需要有一个由顶层设计到递阶协调的过程。由顶层设计到具体化设计,再到组织化设计,是一个循序渐进、递阶而为的过程。创业者只有步步为营、逐级细化,才可能设计出客观可行的理想商业模式[10]。

1. 商业模式的顶层设计

商业模式最为基本的是由四类要素及其联系构成的:一是价值体现,包括核心价值、非核心价值以及衍生价值;二是价值创造方式;三是价值传递方式;四是企业的盈利方式。这四类要素就是商业模式的顶层要素,故商业模式的顶层设计,就是要设计这四类要素及其联系。其中,价值体现,即创业者希望通过自己未来的商业活动为目标客户提供什么样的价值;价值创造方式,即创业者准备以怎样的方式方法和途径开发、生产出自己拟给目标客户提供的价值;价值传递方式,即创业者准备以怎样的方式方法和途径将所开发的价值提供给目标客户;企业的盈利方式,即创业者在给目标客户创造并传递价值的同时,拟以怎样的方式方法和途径来使自己获得利润。明确了这四者及其相互之间的联系,创业者才可能顺次细化商业模式的次一级要素及其联系。

2. 商业模式四大要素的具体化

通常,价值体现可以具体化分为创业者打算为客户提供的功能,以及最终的产品或服务。这一价值创造过程通常要结合具体产品或服务的特点来实现。例如,具体产品为计算机软件产品,那就要从软件开发的相关规律来思考具体的价值创造方式;如果具体产品为计算机硬件产品,那就要从硬件开发的相关规律来思考具体的价值创造方式。至于价值传递方式,更多的是指产品营销的方式方法和途径,如产品推广、销售、客户服务等方面的相关手段、措施及渠道等。而企业的盈利方式,也需要结合价值创造方式、价值传递方式、企业与客户的交易关系、可能的市场竞争方式及市场结构来具体设计。

3. 商业模式设计过程中的注意事项

不同的商业模式决定了企业不同的发展路径。如何设计合理的商业模式是每个初创企业必须面对的问题。而在这里,已经有无数的创业先烈为此付出了高昂的学费和代价,为现在的创业者提供了很好的借鉴。一个小型初创企业只有在商业模式经过市场的实验反复修正后,达到可复制和升级的状态,才能在赢得客户、创造利润、吸引资本上形成良性循环。朱恒源在《创业八讲》一书中提到,对于创业者而言,在设计商业模式时要着重考虑以下几个方面[1]。

一是要着眼于客户的强需求。客户的强需求意味着你的产品要么符合社会发展趋势,能将一部分先知先觉的客户裹胁进来;要么比别人的产品或服务有明显的提升和改进;要么解决了客户的某个痛点。当客户看起来对你的产品可要、可不要的时候,无论砸多少钱都形成不了对客户独特的价值。

二是要思考清楚你达到盈亏平衡的规模是多大？这个规模不仅要吸引到一个庞大的初始购买群体，还需要客户重复购买形成用户联系。如果你的商业模式需要的用户规模非常大才能实现盈亏平衡，需要等着客户规模慢慢积累起来，那么你要有足够充裕的资金守到云开见日出的那天，因为用户规模需要有一个培育期，对于初创型小公司，要谨慎选择平台模式。其次，你还得守得住，还要防止自己培育的客户被竞争对手半路抢走，即被对手摘走了胜利果实。

三是要快速试错不断调整。任何商业模式代入实践时均会暴露出不切实际的问题，所以需要快速迭代。百度创始人李彦宏当年回国创业时最先是给网站提供搜索技术，做纯粹的技术外包商。然而在实际运营中他发现几乎是一锤子买卖，其可扩展性差。于是当他的客户扩展到搜狐、新浪等门户网站时，李彦宏调整了商业模式，他把搜索应用技术在卖给门户网站的同时，根据用户的点击频次按次收费，这样就由单纯的技术提供商转变为了技术加服务的模式，收入来源扩大了。但是，由于全中国能够使用搜索技术的门户网站也不超过30家，市场规模还是受限，百度也常常在谈判的过程中处于劣势。于是，2001年百度通过借鉴Overture公司的竞价排名方式，确定了自己新的商业模式——基于竞价排名的网络推广模式。这也是真正让百度迅速做大、做强的起点。不仅是百度，BAT（中国互联网公司三大巨头——百度公司、阿里巴巴集团和腾讯公司）无一不是在市场的检验和反馈中不断碰壁、不断调整的结果。

四是要简单专注。小型初创企业资源、经验有限，商业模式还没得到市场的认可，切忌一开始就设计得复杂多样。但凡超过三个盈利点的模式都很难将其中任何一个做深、做透。只有当一个盈利点做了，这个点像能量场一样吸引更多的资源相关方进入，在此基础上的发散扩展便是水到渠成的事了。

5.2.2 商业模式的设计方法

每个创业者都想为自己的企业设计一个独特、全新的商业模式来颠覆产业内现有的企业，但商业模式创新是一个非常困难的事情。实际上，很多企业都是在模仿改进现有的商业模式的基础上收获了巨大的成功，包括腾讯、百度。即便你已经设计了一个独特的商业模式，也会面临其他企业的快速模仿并利用相似的商业模式与你展开竞争，因此在竞争中设计商业模式显得极为重要[28]。

1. 在模仿中设计商业模式

一般来说，模仿其他企业的商业模式的方法可以归纳为全盘复制、借鉴提升和整合超越三类[29]，这三者之间也是一个递进提升的关系。

全盘复制。 全盘复制商业模式的方法比较简单，即对优秀企业的商业模式进行直接复制，将较为优秀的商业模式全盘拿来为我所用，当然有时也需要为适合企业情况而略加修正。全盘复制的方法主要适用于行业内的企业，特别是同属一个细分市场或拥有相同产品的企业，更包括直接竞争对手之间商业模式的互相复制。选择此类方法进行商业模式设计需要特别注意两点：一是需要快速捕捉到商业模式的信息，谁先复制谁就可能具备先发优势；二是主要进行细节调整，复制不等于生搬硬套，需要针对本细分市场或企业情况进行适应性调整。

借鉴提升。采用借鉴提升方法的商业模式设计,主要包括引用创新点、延伸扩展、逆向思维三个方面。

(1) 引用创新点。创业者可以通过学习和研究优秀的商业模式,对商业模式中的核心内容或创新概念给予适当提炼和节选,通过对这些创新点的学习,比照本企业的相关内容,寻找本企业商业模式与这些创新点的不足,如果这些创新点能够比本企业现阶段商业模式中的相关内容更符合企业发展需要,创业者就应结合实际需要将这些创新概念在本企业给予引用并发挥价值。引用创新点学习优秀商业模式的方法适用范围最为广泛,不同行业、不同竞争定位的企业都适用。

需要注意的是,虽然引用商业模式中的盈利模式对企业效益的提升较为明显,但是产品模式、运营模式、业务模式的引用也可为企业带来明显的价值,并提升企业的核心竞争能力和支撑盈利模式实施的能力,所以企业也需要不断地加强对产品模式、运营模式和业务模式的学习和优化。

(2) 延伸扩展。创业者通过对最新商业模式的了解,寻找使用这种商业模式的企业所在行业及细分市场,通过穷尽分析和专业分析的方法找到同一行业内尚未开发的其他细分市场,将该种商业模式的主体框架率先运用在同一行业不同细分市场,使商业模式的应用范围不断扩展到其他细分市场。这种学习方法的优点是借助商业模式的研究,寻找到尚未开发的其他有效细分市场,并有机会构建先发竞争优势,且使用范围也更为广泛,并适用于行业内所有的企业。如果行业外的企业想多元化发展,寻找新的业务发展机会,也可以直接复制或学习这种商业模式,使其顺利进入该行业。

延伸拓展具体实施时有两个难点:一是在于对细分市场的寻找和分析,如何能够找到尚未开发的细分市场;二是原则上进入同一市场内部不同细分市场的商业模式无须做较大的调整,但是如何依据细分市场特点做针对性调整和优化则是关键。

(3) 逆向思维。通过对行业领导者商业模式或行业内主流商业模式的研究学习,模仿者有意识地实施反向学习,即市场领导者商业模式或行业内主流商业模式如何做,模仿者则反向设计商业模式,直接切割对市场领导者或行业内主流商业模式不满意的市场份额,并为他们打造相匹配的商业模式。

采取逆向思维的方式学习商业模式时有3个关键点:一是找到行业领导者或行业主流商业模式的核心点,并据此制定逆向商业模式;二是企业在选择逆向制定商业模式时不能简单地追求反向,需确保能够为消费者提供更高的价值,并能够塑造新的商业模式;三是防范行业领导者的报复行动,评估领导者可能的反制举措,并采取相应的措施。

通过逆向思维打造商业模式

互联网行业领导者微软公司的商业模式比较传统,主要是卖软件、产品以及许可证的传统商业模式,通过提供产品和技术赚钱。微软的主要竞争对手依据逆向思维的办法制定相反的商业模式,并借此打击微软的垄断定位,如谷歌等有实力的企业已经开始尝试在软件业实施开源软件,即消费者不再掏钱购买软件,为消费者免费享受软件打造了另一种商业模式,以谷歌为代表的企业已经开始付出行动,并且在商业软件领域已经取得进展。与此相类似的是中国360杀毒软件也采用了开源模式,消费者可以免费使用杀毒产品，360的商业模式转向为顾客增值的个性化服务。

整合超越。该方法下的商业模式设计，具体体现为整合创新和颠覆超越两种方式。

（1）整合创新。这种方式是基于企业已经建立的优势或平台，依托消费者对本企业的忠诚度或用户黏度，通过吸收和完善其他商业模式进行整合创新，使自己在本领域拥有产业链优势、混合业务优势和相关竞争壁垒。整合创新模式主要适用于行业领导者或细分市场领导者，其他企业还不具备整合所需的各项能力和要素。一个典型的例子是，腾讯借助长尾效应构建的商业模式，造就了超高的用户黏度和超强的竞争壁垒，给它带来了巨大的流量。

通过整合创新来学习商业模式时，需要特别关注企业现有平台是否具备一定的优势，能否承担整合平台的重任，否则整合创新将会失去基础。

（2）颠覆超越。这种方式是借助行业内技术更新换代的时机，围绕技术变革可能出现的新机会，对现有产品的商业模式进行颠覆性创新，打造适合新技术条件下对现有产品产生替代作用产品的商业模式，使企业凭借新商业模式实现跨越式超越。实施颠覆超越的企业需要具备超强的技术研发实力，所以颠覆超越模式主要适用于行业内巨头级企业或在新技术背景下拥有核心技术的企业。普通企业即使明确知晓相关可能性，但由于技术上的壁垒也很难实施。

实施颠覆超越的关键在于对技术未来发展趋势的准确判断，这其中有两个关键点：一是新技术是否会出现。当年长虹豪赌背投产业，忽视了液晶技术的替代可能，正是其落败的主要原因。二是新技术到底来自哪个方向。如果技术储备走错方向，则可能会给企业造成不可估量的损失。例如，当年美国汽车工业将大型车和强劲动力作为产业方向，并依此进行技术研发，忽视了小排量车和经济车的技术开发，导致企业经营在油价高涨、金融危机的外部环境下集体陷入困境。

2. 在竞争中设计商业模式

当企业采取不同的商业模式进行竞争时，结果往往很难预料。如果在孤立的情况下分析，某个商业模式或许会显得优于其他商业模式，但是当把互动和协同影响考虑在内，它创造的价值反而又不如其他商业模式。企业通过商业模式开展竞争的方式主要有以下3种[30]。

（1）强化自身的良性循环

企业可以通过调整商业模式来打造新的关键要素之间的良性循环，从而让自己更有效地与对手展开竞争。这些循环常常会强化商业模式中的其他循环。例如，空中客车的商业模式起先一直处于下风，因为波音公司可以把波音747创造的利润进行再投资，而波音747在超大型商用客机领域长期占据着垄断地位。2007年，空中客车公司研发出空客380，在超大型商用客机市场挑战了波音747的垄断地位，不仅帮助空客公司维持了在小型和中型飞机领域的良性循环，而且对波音公司的良性循环形成了有效遏制，改变了自己相对波音的长期劣势。

（2）削弱竞争对手的良性循环

一项新技术或新产品能否颠覆行业规则不仅仅取决于该技术的内在优势，也取决于它与其他竞争对手之间的互动。比如,从理论上说,Linux 的价值创造潜力或许比 Windows 更大,但是微软利用与代工生产商的合作关系,在个人台式机和手提计算机上预装了 Windows 操作系统,从而阻止了 Linux 拓展顾客基础,成功地遏制了 Linux 的关键良性循环。

(3) 变竞争为互补

拥有不同商业模式的竞争对手也可以成为价值创造的合作伙伴。近几年互联网造车热不断升温,持续出现了乐视汽车、和谐富腾、蔚来汽车、小鹏汽车、车和家、奇点汽车、智车优行等十多家整车制造闯入者,被传统车企称之为"野蛮人"。然而,造车并不容易,必须接受汽车研发、生产的规律,短则十几年,长则上百年,没有积累很难造出好车。因此,越来越多的互联网车企开始转向和传统车企进行合作,二者在汽车链条上更加倾向于互补关系,而非最开始的竞争关系。例如,广汽与腾讯签订了战略合作协议,双方将在车联网服务、智能驾驶、云平台、大数据、汽车生态圈、智能互联网营销等领域进行业务合作;吉利与科大讯飞致力于在智能人机交互、大数据及人工智能技术、汽车电子智能化、智能车联网平台等方面开展合作;比亚迪和中兴致力于在无限充电、车联网等领域开展合作等。

简言之,商业模式就是一个企业如何赚钱的故事。与所有经典故事一样,商业模式的有效设计和运行需要人物、场景、动机、地点和情节。为了使商业模式的情节令人信服,人物必须被准确安排,人物的动机必须清晰,最重要的是情节必须充分展示新产品或服务是如何为顾客带来了价值和利益,同时又是如何为企业创造了利润[31]。

【概念辨析】

商业模式与管理模式

商业模式是企业的基础结构,类似于一艘战舰的构造:不同种类战舰的发动机、多舱、夹板、炮塔、导弹等的结构和配置不同,在舰队中的位置和功能也不同。而管理式类似于驾驶战舰的舰队官兵:舰队的最高长官,既需要组织分配好官兵的工作,制定相应的管理控制流程,并建立官兵的选拔、培养和激励等制度,也需要有能够凝聚舰队战斗力的舰队文化。只有先确定好整个舰队的配置,构造好每一艘战舰才能确定需要招募什么样的官兵以及如何提高官兵的战斗力。从这个角度上来看,商业模式设计必须先于管理模式设计,商业模式重构的重要性也必然凌驾于战略、组织结构、人力资源等的转型之上。

资料来源:魏炜,朱武祥. 发现商业模式[M]. 北京:机械工业出版社,2009。

5.2.3 商业模式的检验与调整

商业模式设计通常意味着基于现实对各构成要素及其子要素进行分析和检验,需要对企业所依赖的关键性假设提出一些"如果……会怎么样?"的问题。一旦企业开始运作,其商业模式中隐含的那些既与需求有关,又与经济效益有关的种种假设,都要在市场上不断接受检验。因此，商业模式的成功往往有赖于创业者是否有能力在模式实施中对其进行调整，或进行全面改革。如果创业者有意识地遵循能促进整个企业系统顺利运作的模式来工作，那么每一项决策、每一个举措以及每一次测评都会提供有价值的反馈。一旦没有达到预期目标，就应该重新审视现有商业模式的合理性并进行有效的调整。

从某种意义上说，商业模式创造过程无非是科学方法在管理上的应用——从一个假设开始，在实施过程中检验，并在必要时加以修订。商业模式行不通，或者是因为没通过数字检验（如损益与预期不符），或者是因为没有通过叙述检验（如故事没有意义，或者说不符合经济逻辑，业务本身不能为顾客创造价值）。因此，商业模式设计框架并不是让你写下一个无敌的商业模式，它的用途是帮助你追踪目前为止的所有"创业假设"。例如：我认为18~30岁的年轻宠物主（目标顾客）应该会喜欢购买宠物衣服来打扮自己的宠物（价值主张），接着你便开始试着执行这样的计划，在最低成本的状态下想办法验证这些假设。如果事实证明年轻宠物主的确喜欢购买漂亮的宠物衣服来精心装扮自己的宠物，你就可以接着尝试不同的销售渠道、不同的顾客关系等。如果发现他们不喜欢，那你就要改变目标顾客，或是改变价值主张——60岁以上的年纪大的宠物主呢？每尝试一次，就让你得到更多关于市场的信息，然后再回来调整你的商业模式，这样一直不断地循环下去，永远没有停下来的一天。

因此，重点不是在会议室里头脑风暴，"想"出最棒的商业模式，而是在真实的世界中不断地实验，然后不断试出符合市场现实的商业模式，并如此无止境地追寻下去。早期创业公司的首要任务之一，就是对它的商业模式进行试错。没有一个切实可行的商业模式，创业公司就像汪洋大海中的一条小船失去了方向，弄不好就会触礁沉没。创业公司能否生存下来，在很大程度取决于它的试错速度，幸运的公司能够赶在弹尽粮绝之前，根据试错实践迅速调整修改、改进、磨炼出可行的商业模式，找到生财之道，这样的创业公司才能存活，才有发展的前提。试错，是创业公司的生死考验，是创始人的一场意志和智慧的较量[32]。

好的商业模式是一场无限游戏

在海尔，一个高频词是"用户交互"。张瑞敏甚至认为"不基于用户交互而发起的生产都应该被叫停"。

现在中国商界的状态是什么？张瑞敏认为，凡是线上做得很好的，都不太会做实体。做实体很深入的，做线上又不内行。谁要能把线上线下融合起来，谁就能获得成功。融合就体现在社群经济上。张瑞敏坦言，现在电商已经发展得很壮大，有点势如破竹的意思，但基本思维还是怎么把货卖出去。大家发现最有效的办法就是降价，谁降价谁就有流量。在这样的线上平台上，基于用户的浅层需求展开竞争，肯定是同质的价格战，商家越来越赚不到钱了。同时，假冒伪劣产品也会进入。而后，用户就会大量流失，并开始危及整个生态。同时，张瑞敏认为，在互联网时代，企业就是一个资源交换的节点。如果这个节点的交易很有效率，做大了就是平台。要打造平台，需要做到两点：第一引进负熵，就是开放，永远是动态的人员和各类资源进来，相当于一盏油灯，你需要不断给它添油。第二正反馈循环，这意味着在平台上，因果永远不断叠加，生生不息。

互联网商业模式的未来将是社群经济，互联网时代的企业也一定是社群化的。社群搭建在平台之上，未来的企业，要么自己就是平台，要么自己长在平台上，没有例外。但是海尔不会用钱来砸流量，而是要与用户深度交互，获得他们的需求，再去满足这种需求。把微商与社区实体店结合起来，实体店就不仅是出货的终端，更是服务的终端，能制造深层的用户体验。海尔的商业模式究竟是什么？一直有人提出类似的问题。张瑞敏也有过不同解释。而在当下，他给出的解释显然最让他满意，那就是要打造一场"无限游戏"。

张瑞敏一直推荐一本书叫《有限与无限游戏》，是美国纽约大学宗教历史系教授詹姆斯·卡斯在1987年写的。书中说："世界上至少有两种游戏，一种可称为有限游戏，另一种可称为无限游戏。有限游戏以取胜为目的，而无限游戏以延续游戏为目的。"海尔要做的就是无限游戏。举例来说，你自己修个楔园，因为有边界，要维持它，就需要投入大量的精力，几天不打理就会荒废。反之，在亚马逊的原始森林里，你根本不需要投入任何精力去干预，但各类植物都活得很好，万世不竭。

在组织变革上，张瑞敏一直在思考如何打破科层制。最后发现，真正解决问题的方案都是简洁的，总结起来，海尔做的人单合一双赢模式中，"并联"和"用户付薪"是解决问题的两把钥匙。这两把钥匙看起来简单，背后却是与传统组织模式根本不同的逻辑。一方面，海尔让所有的小微并联起来，共同面对用户，感受市场压力；另一方面，海尔搭建了"用户付薪"的平台，把用户作为核心，统一了"薪源"，把所有资源调到为用户增值上。正因为如此，海尔的生产才有可能基于用户交互发起，海尔的员工才会思考如何为用户带来价值，而不是如同科层制中听从领导的指挥。

资料来源：佚名. 张瑞敏：好的商业模式是一场无限游戏[J]. 商业评论.2018(6): 60-72, 74.

商业世界是个变化快捷的世界，任何商业模式都不是永远不变的，而要保持其领先地位就要不断地进行创新，即使被认为是最优秀的商业模式。世界上许多优秀的企业不是没有核心能力，也不是没有好的商业模式，而是不能根据市场环境的变化进行积极有效的创新、变化而衰落的。与之相反，一些优秀的企业，通过建立一种将成功商业模式不断进行更新的机制，从而实现企业快速、持续、稳定的增长。

5.3 互联网环境下的商业模式创新

20世纪90年代以来，随着信息、通信技术的发展、交汇与融合，新的商业模式层出不穷，涌现了一大批有赖于商业模式创新而创造辉煌的企业：苹果公司、海尔、Google、阿里巴巴、Facebook、小米等。与此同时，大批工业经济时代大型厂商被淘汰，很多行业巨头轰然倒下，很多优质厂商的寿命戛然而止。行业转型之快、口碑、消费者忠诚度下降之快，令人咋舌。就如2013年9月，时任诺基亚公司CEO的约玛·奥利拉在记者招待会上公布同意微软收购时说的最后一句话：我们并没有做错什么，但不知为什么，我们输了。

互联网颠覆了以往的商业模式。纵观上述商业模式创新的典范，其商业模式大都与无限接近消费者有关、与跨界有关[33]、直接或间接地与信息数字化技术和互联网有关[26]。

美的U净的商业模式创新

2017年的春天来得格外早，处处呈现出一派生机盎然的景色。作为"美的U净"项目组的组长，王国辉坐在美的洗衣机事业部的办公室里看着刚刚收到的业绩报告："美的U净运营1年以来，累计销售智能洗衣机1.5万台，注册用户90万人，平均每天洗衣订单9.5万单，每天交易额30万元，预计到2017年年底注册用户将突破200万人……"看到自己主导的项目像窗外的小草一样破土而出、茁壮成长，王国辉的心里感到无比欣慰。

项目源起：风景这边独好

2015年7月，王国辉对国内洗衣机市场进行综合分析发现，尽管美的能够凭借旗下"小天鹅"与"美的"两大品牌与海尔分庭抗礼（海尔市场占有率26%，美的市场占有率21%），但无论美的还是海尔都已呈现增长乏力的态势。几大洗衣机厂商在趋于饱和的家庭洗衣市场上寸土必争，但还没有把目光投到公共场所的自助洗衣市场。

中国的自助洗衣市场的目前服务场所主要集中在高等学校，而且使用的多数都是经过改装以后的家用洗衣机。2015年这一市场的洗衣机保有量大约为100万台，平均每年更新换代20万台左右，但它所覆盖的终端用户体量却十分巨大，全国2 800多所大专及以上高校中的4 000万大学生、2 000万住集体宿舍的工厂员工和11 180家快捷酒店的住宿人员都是潜在的顾客人群。

目前市场中的自助洗衣机多数都是由低端洗衣机简单改装而来，这严重影响了终端顾客的使用体验。首先是机器不卫生；其次是支付方式不便捷，大部分还都采用投币方式支付；最后是系统不稳定，导致机器故障频发，卡币、吞币现象频发。

由此可见，现有产品已经无法满足顾客不断升级的市场需求。而且，通过这一产品的应用又能有效地锁定规模庞大、素质较高的大学生人群，起到提前教育潜在顾客的作用。同时，自助洗衣场景对设备的高频次使用也会倒逼企业改进产品性能并提高稳定性。

项目启动：千里之行始于足下

2016年3月31日，美的洗衣机事业部正式成立了美的U净自助洗衣服务项目组，王国辉担任项目组长。他们把项目品牌确定为"U净"：U代表University大学、Young年轻、You（谐音）你；净则代表清洁、干净、纯洁，与大学校园的生活环境相符。U净的服务宗旨是"创造便利,传递快乐"，它将通过提供智能洗衣服务为大学生打造便利、洁净的生活环境。

洗衣机事业部把该项目定义为内部孵化的互联网创新项目，并把它作为贯彻美的集团向"互联网+"转型迈出的重要一步。该项目将使美的集团从单纯的硬件制造商向智能硬件制造+洗涤服务提供商转变，致力于为用户提供全方位、全时段、更加便捷舒适的洗衣服务体验，为更多人的洗衣需求提供解决方案。这一项目不同于现有的互联网O2O洗衣模式，它是基于硬件的研发制造为终端用户提供更好的洗涤服务体验，并利用设备连接用户、通过高频次低消费的洗涤服务提高用户的粘性和活跃度。其重点是开发高校的自助洗衣市场，这样可以拥有长期稳定的年轻用户群体，通过替代原有投币刷卡洗衣机避免耗费过多的管理成本，并依靠运营商开发区域市场，选择与运营商合作共赢的发展道路。

"美的 U 净"针对终端用户的服务体验痛点与运营商的管理不便，为自助服务洗衣市场提供了"智能硬件 + 软件平台 = 智能洗衣"的解决方案。在智能硬件方面，他们针对公共洗衣环境开发出 3 款特色产品。在软件平台方面，"美的 U 净"开发了微信公众平台。通过终端顾客界面，顾客首先要通过"线上查询"找到距离自己最近的空闲洗衣机，然后"在线预约"，在此期间他们可以启动"桶自洁"功能清洗机器；之后他们可以通过微信支付洗衣费用；当学生把衣物放进洗衣机后就可以通过手机启动机器，并进行"进度查询"，最后在洗衣结束后还会有"完成提醒"。通过运营商界面，运营商能够实时监控机器运行状态，了解不同投放地点机器的使用效率；他们还可以在线统计订单，随时查看自己的收入情况并转存入账；当机器出现故障时会通过系统自动报警，运营商可以联系售后服务人员提供上门维修服务。

项目运营：梅花香自苦寒来

为了销售智能洗衣机和推广线上支付平台，美的 U 净项目组聘请了 6 名业务开发人员，让他们分别负责西北、东北、华中、华东、华南、西南六个区域的市场开发工作。通过对市场的初步走访他们发现，几乎国内所有高校都已经为学生提供了自助洗衣服务，他们目前使用的设备都是没有在线支付功能的改装洗衣机，其中投币机和刷卡机各占 50%的比重。而且这些高校多数都与第三方运营商签订了 3~5 年的长期服务协议，具体由运营商来负责洗衣机的管理和维护。有些规模较大的运营商同时负责几个学校的自助洗衣点的运营，比如，东北某地的运营商就管理维护 10 多所高校的 3 000 多台洗衣机。业务员很难逐个联系高校并等待现有协议到期后参与新的招标，这对他们来说运营周期过长且成功概率较低。因此，找到各地的运营商并说服他们采购智能洗衣机是更有效率的市场开发途径。

项目运营的过程是艰难的，由于智能洗衣机是一种新产品，很多运营商和高校都不愿成为第一个吃螃蟹的人。业务开发人员只能不厌其烦地登门拜访，一次不行两次，两次不行三次。随着时间的推移，运营商对业务人员逐渐从陌生到熟悉，从怀疑到信任；在这个过程中他们对产品的性能与优越性也越来越了解，后来开始有运营商进行小规模的试用，并逐渐扩大了采购数量与替换比例。而如果一个地区开始有高校率先采用了智能洗衣机，就会为当地市场树立标杆，这个地区后续的市场开发就会变得容易得多。比如，当江苏南京的东南大学率先采用了美的智能洗衣机之后，附近的南京工业大学、南京师范大学、南京财经大学等其他高校就更容易跟进采购美的设备。

经过项目一年的运营，截至 2017 年 4 月"美的 U 净"项目总计销售了 1.5 万台智能洗衣机，营业收入 2 000 多万元，产品的毛利率达到 40%以上，并且实现了项目组的自负盈亏。目前已累计进驻高校 170 多所，包括北京大学、东南大学、山东大学、武汉大学、四川大学等全国各地知名高校都有学生在使用美的 U 净智能洗衣机。终端用户增长至 90 万，且每天随着新设备不断上线，用户数仍在持续攀升，预计 2017 年年底可以突破 200 万的用户量。

资料来源：宋晓兵，张一帆. 美的 U 净的商业模式创新之路. 中国管理案例共享中心. MKT-0410，2017 年 7 月. 该案例经中国管理案例共享中心同意授权引用。

在产品严重同质化的大环境下，商业模式的创新已经逐渐成为企业突破重围的新思路。不卫生、不便捷、故障多的老式自助洗衣机已经无法满足顾客不断升级的需求，"美的 U 净"通过智能硬件和软件平台相结合，打造出了一个新的自助洗衣理念。"互联网+"的智能洗衣服务不仅满足了顾客的需求，也方便了运营商的管理和维护。美的集团准确地把握住了市场机遇，对商业模式进行创新，使得它从单纯的硬件制造商转化为结合硬件与服务为一体的企业，在洗衣机市场中脱颖而出。由此可见，"美的 U 净"是一次成功的商业模式创新。成功的商业模式创新不仅能使企业实现营业增长，也是企业实现战略转变的一个途径。

5.3.1 基于"大数据"的商业模式创新

猪八戒网：一个数据海洋的共享平台

说起猪八戒网，你可能会说，猪八戒网不就是那个设计 Logo 的威客网站吗？没错，不过那已经是十多年前的事了。早在 2015 年 6 月，猪八戒网迎来了 C 轮 26 亿元的融资，估值超百亿。这其中的变化不禁让人猜测，猪八戒网这十年到底都在做什么？

起初，猪八戒网的盈利模式很单一，仅是靠抽取佣金的方式存活。直到 2015 年，猪八戒网终于开创了真正属于自己的商业模式——海量数据延伸服务（数据海洋+钻井模式），通过平台上多年的交易数据，让旗下的业务有了无限延伸的想象空间，通过"1+N"模式为企业的成长提供一站式全生命周期服务。

商标注册是猪八戒网挖的第一口井。2015 年 12 月，猪八戒网以人民币 4 000 万元战略投资知识产权社区思博网，将旗下的专利电商平台快智慧与猪八戒网原有的"猪标局"整合升级为"八戒知识产权"。八戒知识产权为企业提供商标注册申请服务，保护企业知识产权等。截至 2016 年，八戒知识产权代理的商标、专利、版权等共有 100 000 件，单月成交量突破 15 000 件，已经成为国内最大的知识产权服务商。

2016 年 1 月 28 日，猪八戒网又以 1.5 亿元人民币投资财务软件"慧算账"，并成立八戒财税。八戒财税是一个企业财税服务平台，为中小微企业及创业者提供工商注册及代理记账等服务。八戒财税以行业首创的服务定价量化模式独树一帜，运用"互联网+"思维为客户提供安全有保障的高性价比财税服务。通过短信及微信端在关键节点推送通知，客户可以随时了解办理进度，查看每月账目明细；企业会计人员通过账目情况，可以给出合理避税建议，而且在出现财务问题时，八戒财税提供先行赔付，全面提升了服务和体验。

与此同时，猪八戒网首轮出资人民币 5 000 万与纳斯达克上市印刷企业浙江胜达集团、佛山彩印通三方组建互联网印刷平台"八戒印刷"。相对于企业财税服务平台的八戒财税，八戒印刷是依托猪八戒网交易平台的海量数据和设计资源，以海量订单定向派送的方式促进传统印刷行业通过单一品类印刷提高效率、降低成本，实现对印刷企业服务质量的强管控,同时,通过建设高效的物流系统,做好从下单到收货的客户体验,通过"互联网+印刷"打造了新的印刷生态系统。而且借助快捷高效的物流配送系统,企业可以将完整稿件远程发送,之后精致的印刷产品就会直接配送到客户手中。

……

这个估值超百亿元、拥有 500 万中外雇主、1 000 万家服务商、市场占有率超过 80% 的服务众包平台已不再依赖佣金生存,旗下成立的八戒知识产权、八戒印刷、八戒工程、八戒金融、八戒财税等一个个钻井平台让猪八戒网拥有了截然不同的商业价值。全新的商业模式最大化了猪八戒网的企业价值,而与中小微企业一道成长让其在共享经济时代下肩负了更多的社会责任。这把十年前的星星之火,终于在今天有了燎原之势。

资料来源:根据"猪八戒网"公司官网及公开资料整理而得。

"大数据"正以各种方式和路径影响着企业的商业生态,它已经成为企业商业模式创新的基本时代背景。那么,"大数据"将如何影响企业及其商业模式? 企业如何利用"大数据"进行商业模式创新?

1. "大数据"的力量

全球知名咨询公司麦肯锡最早提出"大数据时代已经到来",2011 年,在其题为"Big Data: The Next Frontier for Innovation, Competition, and Productivity"的研究报告中指出:数据已经渗透到每一个行业的每一个业务职能领域,逐渐成为重要的生产要素;人们对于海量数据的运用将预示着新一轮生产率增长和消费者盈余浪潮的到来[34]。

"大数据"时代网民和消费者的界限正在消弭,企业的疆界变得模糊,数据成为核心资产,并将深刻影响企业的业务模式,甚至重构其文化和组织;没有任何商业活动领域能够在这场运动中独善其身[35]。在这一背景下,企业可以通过在以下五个方面的努力来获得新的竞争优势:信息透明化、更多的交易信息数字化、针对更窄细分市场量身定做的产品和服务、精密的分析,以及产品和服务的前瞻性开发[36]。

大数据带来的是改变游戏规则(The Game-Changing)的巨大影响,企业的成功不仅仅取决于新技术,而且取决于关于大数据时代如何发展的新思维:一个受大数据影响的扩展了的管理实践循环以及大数据对潜在的、破坏性的、新的商业模式的作用;进而指出:彻底定制化(Radical Customization)、永恒的实验(Constant Experimentation)和新奇的商业模式(Novel Business Models)是公司在捕捉和分析海量数据时代竞争的新标记[37]。

可以说,"大数据"所引发的变革是全方位的、多层次的:"大数据"代表着一种新的生活方式,它改变了消费者的需求内容、需求结构和需求方式;"大数据"提供了一种新资源和新能力,为企业发现价值、创造价值、解决问题提供了新的基础和路径;"大数据"是一种新技术,为整个社会的运行提供了基础条件;"大数据"是一种思维方式,引发企业对资源、价值、结构、关系、边界等传统观念的重构。总之,"大数据"正在改变企业赖以存在的资源环境、技术环境和需求环境,企业需要重新思考"为谁创造价值、创造什么价值、如何创造价值、如何实现价值"的问题(商业模式)。

2. "大数据"所引发的商业模式创新

基于"大数据"的商业模式创新主要表现为四个方面:价值主张创新、价值创造和传递模式创新（关键业务和流程创新）、收益模式创新，以及外部关系网络和价值网络重构[26]。

首先，基于"大数据"的价值主张创新。"大数据"由于具有无限接近消费者的潜能而可以为企业提供精准的价值主张。这包括：①洞悉消费者的真实需求，这是因为人类的细微行为，会直接暴露内心的真实想法。如网友在网络中的足迹、点击、浏览、留言等能直接反映他的性格、偏好、意愿。②对消费者进行准确细分。传统的、企业可操作的消费者细分一般以地理位置、人口统计特征为依据，而"大数据"正在使企业向"微市场"（Micro-Segments）（Goyal et al., 2012）化迈进[38]，例如，在医疗行业，基于包括个人遗传基因及分子组成的大数据的个性化医疗已经成为这一行业商业模式变革的大趋势。③产品的即时、精准、动态定位。大数据技术使数据的收集、整理、分析、反馈、响应可以在瞬间完成，使企业随时随地精准圈定用户群并满足他们的真实需求和潜在需求成为可能。例如，新一代的零售商已经可以通过互联网点击流跟踪消费者的个人行为，快速识别出消费者在什么时候接近购买决策，然后打包首选商品促进交易的完成。你会发现，同一时间都在寝室上网，但你和室友打开的淘宝主页内容却是不一样的。

其次，基于"大数据"的关键业务和流程创新。依据其改造和影响的范围可以分成以下几种情况：①以"大数据"设施和技术作为基础、以数据信息流为线索对整个业务流程进行再造，如"大规模定制"生产方式的实现就是基于强大的 IT 基础设施对企业进行流程再造的结果。②以"大数据"活动取代传统的业务流程，使企业的业务经营模式发生变化。例如，电子商务的发展就是传统商业流通主要交易流程被数据交换取代的结果。③把"大数据"活动纳入价值创造流程，寻找新的价值创造方向和路径。例如，在汽车行业，利用大数据分析，充分挖掘数据信息背后所隐含的行业技术关联，寻找有效途径延长燃气涡轮、喷气式发动机和其他重型设备的运行时间，这为传统制造业寻找新的价值增长点提供了思路。④基于"大数据"的流程再设计，以"大数据"作为解决问题的新方法，提高某一业务流程的效率或效果。

再次，基于"大数据"的收益模式创新。许多商业模式创新都是建立在这样一种认知基础之上的：消费者对商品需求的本质是使用商品而非拥有商品本身。例如，出售模式改为出租模式，与此相对应的收益模式从一次性支付向"微支付"转变。使用这一收费模式的前提是使用过程可被记录和量化，而"大数据"技术刚好可以实现。这一收益模式变革在软件行业和媒体广告行业中最为典型。例如，开源软件模式、App Store 模式等，企业利用"碎片化"，把原来大型臃肿的软件，拆分成多个独立的功能组件，用户可以按需下载，从而降低了客户的总体拥有成本。同样，利用"大数据"，互联网广告正在逐步实现广告成本与广告价值的对等。例如，CPC（Cost per Click）模式，即广告主为每次点击付费；CPM（Cost per Thousand Impressions）模式，即广告主以广告显示每 1 000 次为单位付费；CPA（Cost per Action）模式，即广告主为广告所带来的用户的每次特定行为付费；CPS（Cost per Sale）模式，即基于广告引入用户所产生的成功销售而收取一定比例的佣金，典型的如 Google 地图的"点击呼叫"功能，以及 Facebook 推出的"转化追踪"服务等。

最后，基于"大数据"的外部关系网络和价值网络重构。大数据技术使企业获取和利用其他外部资源的成本和风险也大大降低，为新的价值创造模式和价值传递模式提供了技术路径：①众包，众包模式的实质是对离散社会资源的有效利用。在 IT 业，开源社区就是众包的典型模式，目前各大 IT 巨头都争相采取这种模式构筑自己的创新"生态圈"，其他行业的许多世界性大公司也都建立了自己的网络平台或者借助众包中介以众包方式解决技术、创意、设计等原来完全由内部流程和资源完成的活动，如宝洁、杜邦、波音等。②用户自生成内容，消费者可以通过传文字、图片、音频、视频或者共享文件等形式参与内容和价值创造，如维基百科、Google、Facebook 等。③共同创造，是把消费者、供应链成员乃至其他相关产品提供者纳入产品价值网络的思维方式。例如，汽车行业基于集成化数据平台的全供应链设计合作，玩具行业巨头乐高基于在线订购的允许客户组装他们自己乐高套件的乐高工厂等，这些新模式所依赖的核心工具都是基于 WEB3.0 技术的网络平台。

5.3.2 基于互联网思维的商业模式创新

互联网时代，如何"发明"一个全新的商业模式

每个创业者都希望自己的初创公司能颠覆传统行业，为用户提供独一无二的服务体验。Uber、苹果和亚马逊更是业界最令人嫉妒的创业公司，他们的商业模式不仅极具颠覆性，而且更引领着其他创业者不断创新、优化自己的业务。但是，实现革命性的商业模式创新很难，真的很难。苹果颠覆了音乐，Uber 颠覆了交通，亚马逊则颠覆了零售。所有这些都不是每天喊着"创新"口号做出来的，伟大的思想永远不会在会议室里出现。想要实现真正的商业模式创新，除了要深入挖掘你的公司和行业，还需要对用户、甚至是对人性有更多理解。

实际上，Uber、苹果和亚马逊的成功并没有在所谓数字创新上大肆投入，而是专注于为客户提供更好的服务体验。如苹果公司，很少有人知道苹果对产品包装是多么重视，他们认为客户"开箱"过程也是一种独特的用户体验。很多公司很容易忽视产品包装，但事实上，这其实是一个非常重要的客户接触点，当苹果将这种包装打开过程变成"神奇"的体验，自然会吸引消费者，他们也愿意在社交网络上分享自己的感受。

事实上，让企业和消费者建立的联系越多，就越会发现人们愿意从服务体验中寻求更多有意义的人际联系。所以，不要盲目地在技术上追求创新，而是可以从其他渠道上探索是否能实现颠覆创新，了解你的目标客户在哪里，真正和他们建立联系。这并不是说简单地把你的品牌推到客户面前，而是要在客户需要你的时候及时出现，如果你能提供这种体验，那么你就有机会成为未来的 Uber、苹果和亚马逊。

资料来源：《如何"发明"一个全新的商业模式》. 品途商业评论. https://www.pintu360.com/ a21947.html，2016 年 4 月 5 日。

互联网改变了交易场所、拓展了交易时间、丰富了交易品类、加快了交易速度、减少了中间环节。可以说，互联网颠覆了以往的商业模式，而这些变化主要体现在：①社群平台替代技术研发作为企业的主要隔绝机制；②社群成为企业的异质性资源，并对产品设计起到决定性影响；③跨界协作成为商业新常态[39]。互联网思维的原始定义是由众多点相互连接起来的,而非平面、立体化的、无中心、无边缘的网状结构。目前,有学者总结了互联网的九大思维[40]。

① 用户思维。对经营者和消费者的理解,以用户为中心,学会换位思考,发掘用户的真正想法和需求。以前是生产什么就卖什么(自己制作卖点),现在是了解用户需要什么才做什么(实现卖点)。

② 简约思维。对品牌和产品规划的理解,定位上力求简单,设计上简洁简约,专注某个点,少即是多,避免因复杂的功能而影响用户体验,短时间内抓住用户的心。

③ 极致思维。对产品和服务体验的理解,结合简约思维,把已有的产品和服务做到极致,超越用户预期,让产品说话。

④ 迭代思维。对创新流程的理解,互联网的变化太快,没有太多时间来让人做计划、做调查,所以我们可以实时地关注消费者需求,根据消费者需求的变化进行微创新,小步快跑,快速迭代(试错)。

⑤ 流量思维。对业务运营的理解,流量是互联网公司的生命之源,不要对流量飙升所造成的支出压力所担忧,而是该想着流量即金钱,流量即互联网入口,想想如何更好的利用流量去盈利才是王道。

⑥ 社会化思维。对传播链、关系链的理解,企业所面对的员工和用户都是以"网"的形式存在,沟通和交流更加便捷,学会利用社会化思维可以很好的做好营销,如小米——为发烧而生。

⑦ 大数据思维。对企业资产、核心竞争力的理解,通过数据挖掘与分析将提高企业的核心竞争力,数据就是资源,提炼出的信息就是商业价值所在。

⑧ 平台思维。对商业模式、组织模式的理解。互联网的平台思维就是开放、共享、共赢的思维。打造多方共赢生态圈,不具备这种能力的要善于利用现有生态圈。让企业成为员工的平台,企业内部打造"平台型组织"。

⑨ 跨界思维。产业边界、创新的理解,随着互联网和新科技的发展,很多产业的边界变得模糊,所以要学会利用互联网思维,大胆颠覆式创新。

互联网思维在企业产品推广营销中,具有数据驱动运营、基础功能免费,增值服务收费、微创新、快速迭代等特点。如今,基于互联网思维的商业模式创新不计其数,下面介绍三种典型的基于互联网思维的创新性商业模式:多边平台式商业模式、免费式商业模式以及"跨界"商业模式。

1. 多边平台式商业模式

多边平台被经济学家称为多边市场,是一个重要的商业现象。这种现象已经存在很长时间了,但是随着信息技术的发展,这种平台得以迅速兴起。多边平台到底是什么呢?它是将两个或者更多有明显区别但又相互依赖的客户群体集合在一起的平台,并作为连接这些客户群体的中介来创造价值。因此,只有相关客户群体同时存在的时候,这样的平台才具有价值。多边平台需要提升其价值,直到它达到可以吸引更多用户的程度,这种现象被称为网络效应[11]。例如:信用卡连接了商家和持卡人,计算机操作系统连接了硬件生产商、应用开发商和用户,搜索引擎连接了广告商和搜索用户。这里的关键是,多边平台必须同时吸引和服务所有的客户群体并以此来创造价值[11]。

多边平台对于某一特定用户群体的价值本质上依赖于这个平台"其他边"的用户数量。也正是因为这个原因，多边平台经常会面临着一个"先有鸡还是先有蛋"的为难困境。解决这个问题的方法是针对一个群体，即通过为一个群体提供低价甚至免费的服务来吸引他们，进而依靠这个群体来吸引与之相对应的另一个群体。

采用多边平台的商业模式，创业者首先需要想清楚以下几个问题：我们能否为平台各边吸引到足够数量的用户？哪边（客户）对价格更敏感？能够通过补贴吸引价格敏感一边的用户吗？平台另一边是否可以产生充足的收入来支付这些补贴？

人 人 车

企业介绍：人人车是用C2C的交易模式来卖二手车的，已经发展成为集二手车、新车交易、金融服务、售后等为一体的综合型汽车交易服务平台。

创新性：它首创了二手车C2C虚拟寄售的模式，在个人车主和买家之间建立直接对接，减去中间环节。平台仅销售经过人人车249项专业检测的无事故二手车，同时针对个人买家，人人车还提供14天可退车、一年/2万公里核心部件质保、两亿元保障金等一系列售后保障，真正做到让人们放心买车、卖车、用车。

e 袋 洗

企业介绍：e袋洗是高品质的O2O在线洗护平台。需要洗衣时，仅需APP/微信下单、预约时间地点，随后就会有专业的服务人员按时上门收取衣服。经过15道专业清洗工序后，平台会安排专业人员72小时内将熨烫平整的衣服送回。

创新性：e袋洗是第一个以洗衣为切入点进入整个家政领域的平台。其首创的模式"按袋计费"，与传统的计件方式相对比，用户只需将袋子完全塞满即可，与件数多少无关。对于洗衣物数量少的客户，也可以选择按件清洗的方式，从而满足了用户多样性的洗衣需求。e袋洗的出现颠覆了整个洗衣行业，并且其后逐渐推出的新品小e管家、小e管洗、小e管饭、小e管接送小孩、小e管养老等服务，以单品带动平台，从垂直生活服务平台转向社区生活共享服务平台。

2. 免费式商业模式

如果有一种商业模式既可以统摄未来的市场，也可以挤垮当前的市场，那就是免费模式。近年来，免费产品或服务呈爆炸式增长，特别是在互联网上。很多互联网企业都是以免费、好的产品吸引到很多的用户，然后把新的产品或服务提供给不同的用户，在此基础上再构建商业模式，如360安全卫士、QQ用户等。

在免费式商业模式中，至少有一个庞大的客户细分群体可以享受持续的免费服务。通过该商业模式的其他部分或其他客户细分群体，给非付费客户细分群体提供财务支持。

克里斯·安德森在《免费：商业的未来》中归纳了基于核心服务完全免费的四类商业模式[11]：一是直接交叉补贴，即对顾客的某产品免费而对另外的产品收费，如免费照相，但相框收费；二是第三方市场，这种交易通常在三方之间进行——企业免费为顾客提供服务，再通过广告商支付广告费来补贴，如百度的广告商客户补贴广大的搜索用户；三是免费加收费，即某些顾客补贴另一些顾客，如腾讯、爱奇艺等提供的 VIP 会员服务；四是非货币市场，这种模式的可行性来自个人行为的外部性。如今互联网已经成为一个大的平台，人们在互联网上完成各种各样的互动，用来满足自己的各种需求，或者进行交换。随着大量人群在互联网社区的聚集，在网络效应的作用下就会吸引更多的人参与进来，从而形成更大规模的聚集，使互联网具有的一定的公共性。个人行为的外部性给其他人带来效用的提高，从而使公众处于一个有利的外部性平台上[41]，如"知乎"就是一个很典型的非货币市场。

实　惠　APP

企业介绍："实惠 APP"是一款基于移动端，主打社区的生活服务类 APP。致力于打造一站式社区生活服务平台，为社区居民提供各种便利的生活服务。

创新性：实惠商业模式的独创之处是做免费的团购——颠覆团购低价模式直接 0 元团购。其开启的创新"免费 O2O 模式"促进了商家和用户的良性互动，把用户、商户、物业连成一个有机整体。在与大型商户合作的同时，和社区居民、商户、物业等进行地理位置的连接，形成小型社群系统，然后在其中间展开 O2O 服务。

3. "跨界"商业模式

马云说过一句很任性的话，"如果银行不改变，那我们就改变银行"，于是余额宝就诞生了，余额宝仅推出半年其规模就接近 3 000 亿元。小米做了手机，做了电视，做了农业，还要做汽车、智能家居。

互联网为什么能够如此迅速地颠覆传统行业呢？互联网颠覆实质上就是利用高效率来整合低效率，对传统产业核心要素的再分配，也是生产关系的重构，并以此来提升整体系统效率。互联网企业通过减少中间环节，减少所有渠道不必要的损耗，减少产品从生产到进入用户手中所需要经历的环节来提高效率，降低成本。因此，对于互联网企业来说，只要抓住传统行业价值链条当中的低效或高利润环节，利用互联网工具和互联网思维，重新构建商业价值链就有机会获得成功。

马化腾在企业内部讲话时说："互联网在跨界进入其他领域的时候，思考的都是如何才能够将原来传统行业链条的利益分配模式打破，把原来获取利益最多的一方打倒，这样才能够重新洗牌。反正这块市场原本就没有我的利益，因此让大家都赚钱也无所谓。"正是基于这样的思维，才诞生出新的经营和盈利模式以及新的公司。而身处传统行业的人士在进行互联网转型的时候，往往非常舍不得或不愿意放弃依靠垄断或信息不对称带来的既得利益。因此，往往想得更多的就是，仅仅把互联网当成一个工具，思考的是怎样提高组织效率、如何改善服务水平，更希望获得更大利润。所以传统企业在转型过程中很容易受到资源、过程以及价值观的束缚和阻碍。

小米："有品"电商

有品是小米旗下精品生活电商平台，2017年4月6日正式上线。依托小米生态链体系，是对小米的"爆品"模式的延续，致力于将"小米式的极致性价比"延伸到更广泛的家居生活领域。作为一个开放但品控严格的电商平台，除了小米、米家及生态链品牌，有品还引入了大批优质的第三方品牌产品，并扶持三方品牌独立发展，共同为用户打造有品质的生活。

有品的特点可以概括为：①不用挑，严格选品流程，精选品质好物的同时精简产品数量，好东西不用挑放心买；②性价比，将小米的"极致性价比"延伸到生活家居领域的方方面面；③科技感，除了智能数码产品，家居产品也使用最新科技和材质，带来更好品质体验；④高颜值，产品也是艺术品，小到一碗一碟，大到一居一室，都可见生活美学。

其涵盖家电、家居、智能、影音、服饰、日用、餐厨、出行、文创等十余个品类，在严格把控品质源头的同时，精简同品类产品数量，真正做到"好东西不用挑"。"有品"采用了一种混合式的供货手段。目前在"有品"上所销售的产品中，有75%由小米自己生产，以及小米所投资的生态链企业生产的产品，剩下的25%是"有品"团队自发和相应产品的供应商合作推出的ODM产品。"小米众筹"也是有品平台的一大特色，智能科技前沿酷玩的产品为用户带来更多的尝鲜体验。

资料来源：根据"小米"公司官网及公开资料整理而得。

本章小结

商业模式是指企业为了给特定的客户群体提供以产品或者服务为载体的价值，所设计和采取的一系列的交易结构，企业以此获得可持续盈利。商业模式的构成要素主要有四要素与九要素两种分类方式。每个人的定位、兴趣点与视角都不相同，各个要素中添加的内容当然也就不一样，于是就有了不同的商业模式。需要注意的是，商业模式的设计过程并不是线性的，可能经历多次迭代。即便你已经设计了一个独特的商业模式，也会面临其他企业的快速模仿并利用相似的商业模式与你开展竞争。因此，在实践中及时调整和检验商业模式就显得尤为重要。

互联网技术的迅速发展对传统商业模式产生了冲击。互联网环境下三种典型的商业模式创新包括多边平台式商业模式、免费式商业模式以及"跨界"商业模式。

重要概念

商业模式　商业模式设计　商业模式构成要素　商业模式创新

讨论案例

百年大连港的商业模式创新之路

大连港位于蓬勃发展的东北亚经济圈中心，地理位置优越，地处西北太平洋的中枢位置，是东北亚进入太平洋乃至面向世界的海上门户。该地区位于东北亚经济区的海陆中心区域，具有丰富的自然资源、良好的基础设施、较高的科技水平，是我国重要的原材料产区和商品粮基地。然而，环渤海地区优良的海域条件也形成了众多著名的港口，这些港口由于经济腹地的重叠以及对货源的争夺，竞争程度异常激烈。此外，韩国和日本港口的发展，更是给大连港的发展带来了巨大压力。

自2003年大连港集团有限公司成立以来，大连港的港口营业范围便涉及国际国内货物装卸、运输、中转、仓储等港口业务和物流业务，国际国内航线船舶理货业务、引航业务、拖轮业务、港口物流及港口信息技术咨询服务等。

在2008年金融危机之前，适逢全球经济市场快速发展的大好机遇，大连港凭借其雄厚的经济发展实力乘势而起，其经营恰如顺水行舟，一跃成为全国著名港口之一。然而随着金融危机的出现，以及国内乃至国外港口的竞争日趋激烈，大连港的经济发展态势变得更加严峻。

面临如此的内忧外患，董事长觉得大连港要在国内乃至国际港口中站稳脚跟，必须要变，变则通。如何变通呢？创新面临的风险极高，一旦方向错误，大连港的发展将会面临巨大的损失，但创新的前景还是很乐观的，如果成功，大连港将会在众多港口中脱颖而出，甚至成为整个行业的"标杆"。是维持现状还是大胆创新？经过一番调研和探讨，管理层最终达成共识，意识到了变革经营战略的重要性和必要性。调研发现，目前的港口业务还是缺乏对目标客户群体的深入分析，港口行业的业务尚存在许多市场空白和机遇，如果能够更深入地挖掘客户的需求，重构客户价值，为其提供超越顾客期望的全方位的服务，大连港就有可能建立独特的竞争优势，与其他港口抗衡。否则，极有可能被别人抢先一步，丧失宝贵的发展机遇。

根据市场分析和调研结果，战略部制定了详细的战略规划和实施步骤，各个部门也都积极准备，相互配合，开始了大连港艰难的创新之路。

推陈出新——客户价值重构

大家一致认为，创新的首要工作是对目标客户群的深入分析和需求挖掘。首先，传统港口主要以大企业为目标客户群体。而港口的目标客户群中存在众多的中小企业，若将这些中小企业发展为大连港的重要客户，会极大的提升大连港的业务量。其次，传统的港口主要作为货物集散的中心，仅仅起到车站的作用，并没有真正的为客户提供一个物流的解决方案。客户希望港口能够提供更加综合的物流服务，能够同时满足客户对于贸易、信息、物流、金融的需求。最后，传统港口主要扮演物流服务角色。港口企业在供应链中仅扮演着第三方物流的角色，在供应链中处于比较边缘的位置，港口企业想要在供应链中占据更重要的位置就必须参与到供应链的交易、支付、信息传递等核心环节中，加强港口的功能。

经过慎重的思考，大连港管理层最终决定将大连港打造成集工商贸于一体的综合物流服务提供商。具体而言，从物流、资金流、信息流和贸易流整合方面，重构顾客价值。在变革初期，管理层通过会议提出了大连港发展的"五项转变"，如图5.3所示。

为了实现"五项转变"的重大战略调整，管理层精心规划了企业在未来的发展蓝图。

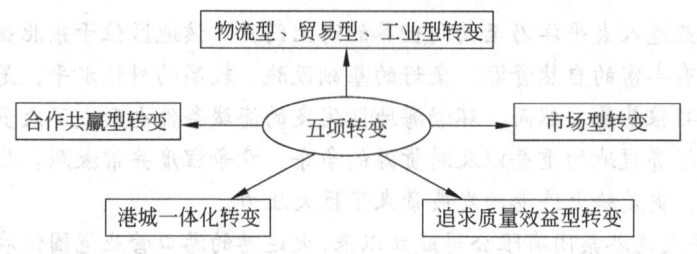

图 5.3 大连港五项转变图

首先，大连港要对物流链的资源进行优化利用，实施物流整合工程，构建全程物流服务体系，依托物流体系效率的大升级来全面提升竞争力；其次，将业务范围由港口装卸拓展到商贸服务领域，借助平台优势和资源优势，将港口作为贸易的节点和平台，实施创造市场工程；再次，加强战略合作，实施多方联盟工程，降低综合物流成本，坚持"服务、质量、效率"三位一体的营销思维，强化以战略合作促共赢、求发展；又次，全面招商引资，保证临港产业项目落地及区域化项目实施，推进港区一体化、港城一体化发展；最后，加强科技创新，系统整合港口 IT 资源，推广物联网等智能技术，全面实现港口物流服务电子化、网络化、自动化和无纸化，实施智能港口工程，降低港口物流服务成本，提高物流服务效率和港口经济效益。此外，大连港还要积极构建完备的金融体系，为公司的融资、资本运作以及资本增值提供支持，从而助推公司整体战略的实施。

在大型化、深水化、高科技化以及信息化等行业发展的新趋势下，大连港集团经过对公司发展战略的重大调整，统一了认识，重塑了企业文化，前所未有地增强了企业的凝聚力和创造力。

过关斩将——渠道通路设计

大连港建立了东北亚现货交易所（以下简称东商所）作为交易平台，通过为交易客户提供综合的物流服务来实现价值的传递，确立了"电子商务&现代物流，真正服务于实体经济"的经营模式。经过不断地发展，东商所目前上线交易的品种覆盖了镁质材料、钢材、粮食、汽车、石化产品、文化艺术品、农产品、干海参、酒类等。

按照大连港建设"智慧型企业"的构想，东商所致力于和具有一定影响力的大型生产商、贸易商、物流商开展多元化的合作，通过资源的整合、链接、集成优化和模式创新，形成"东商所搭台+合作方资源支持+运营商拓展"的集成创新商业模式，实现由单纯现货商品电子交易手段及提供增值服务，向通过创新商业模式来创造市场价值的高起点发展，实现低成本、高效率、权变的快速发展。

成立东商所，是大连港谋求商业模式创新、进行顾客价值重构的重要举措之一。通过东商所提供的交易平台，大连港在信息占有重要位置的大数据时代里，强有力地提升了大连港对顾客的服务效率与服务质量。

资料来源：郭艳红，蒋帅，王燕杰. 百年大连港的商业模式创新之路. 中国管理案例共享中心，STR-0649，2017年8月. 该案例经中国管理案例共享中心同意授权引用。

讨论题：

试用一种商业模式分析工具分析大连港的商业模式创新过程以及商业模式创新前后其商业模式要素发生了怎样的变化。

思考题

1. 什么是商业模式？
2. 商业模式的关键构成要素有哪些？
3. 商业模式的设计有哪些步骤？
4. 如何通过竞争与模仿设计商业模式？
5. 如何理解商业模式创新？

参考文献

[1] 朱恒源，余佳. 创业八讲[M]. 北京:机械工业出版社，2016.

[2] Konczal EF. Models are for Managers, not Mathematicians[J]. Journal of Systems Management, 1975, 26(1):12-14.

[3] Dottore FA. Data Base Provides Business Model[J]. Computerworld, 1977, 11(44): 1-3.

[4] Magretta J. Why Business Models Matter[J]. Harvard Business Review, 2002, 80(5): 86-92.

[5] 罗珉. 商业模式的理论框架述评[J]. 当代经济管理，2009，(11):1-8.

[6] 成文，王迎军，高嘉勇，等. 商业模式理论演化述评[J]. 管理学报，2014，(03):462-468.

[7] Teece DJ. Business Models, Business Strategy and Innovation[J]. Long Range Planning, 2010, 43(2/3): 172-194.

[8] Casadasus-Masanell R, Ricart JE. From Strategy to Business Models and onto Tactics[J]. Long Range Planning, 2010, 43(2/3):195-215.

[9] 张敬伟，王迎军. 商业模式与战略关系辨析——兼论商业模式研究的意义[J]. 外国经济与管理，2011, 33(4):10-18.

[10] 李家华. 创业基础[M]. 北京:清华大学出版社，2015.

[11] 亚历山大·奥斯特瓦德，伊夫·皮尼厄. 商业模式新生代[M]. 王帅，毛心宇，严威，译. 北京：机械工业出版社，2016.

[12] 唐丽艳，王国红，武春友. 创业管理[M]. 北京:高等教育出版社，2013.

[13] Amit R, Zott C. Value Creation in E-Business[J]. Strategic Management Journal, 2001, 22(6/7): 493-520.

[14] Magretta J. Why Business Models Matter[J]. Harvard Business Review，2002，80(5):86-92.

[15] Markides C, Charitou CD. Competing with Dual Business Models: A Contingency Approach[J]. Academy of Management Executive，2004，18(3):22-36.

[16] Stewart DW, Zhao Q. Internet Marketing, Business Models, and Public Policy[J]. Journal of Public Policy and Marketing，2000，9(3):287-296.

[17] Mahadevan B. Business Models for Internet Based E-commerce: An Anatomy[J]. California Management Review，2000，42(4):55-69.

[18] Afuah A, Tucci C. Internet Business Models and Strategies: Text and Cases[M]. Boston: Mc Graw-Hill/Irwin, 2001:32-33.

[19] Eelko K.R.E. Huizingh. Towards Successful E-Business Strategies: A Hierarchy of Three Management Models[J]. Journal of Marketing Management，2002，18(7-8):721-747.

[20] Potter M. What Is the Strategy[J]. Harvard Business Review,1996,74(12):86-97.

[21] Rappa M. Business Models on the Web: Managing the Digital Enterprise[J]. 2001. Retrieved December 2009 from digitalenterprise.org/models/model.html.

[22] Chesbrough H,Rosenbloom RS. The Role of the Business Model in Capturing Value from Innovation[J]. Industrial and Corporate Change,2002,11(3):529-555.

[23] 博西迪 L,查兰 L. 转型:用对策略做对事[M]. 曹建海,译. 北京: 中信出版社,2005.

[24] Zott C,Amit R,Massa L. The Business Model: Recent Development and Future Research[J]. Journal of Management,2011,37(4):126-137.

[25] Jamie. 获利世代:写计划书,步入发展一个伟大的模式[N]. 虎嗅网,2012-12-18.

[26] 王雪冬,董大海. 商业模式创新概念研究述评与展望[J]. 2013,35(11):29-36.

[27] 李家华,张玉利,雷家骕等. 创业基础[M]. 北京:清华大学出版社,2015.

[28] 张玉利,薛红志,陈寒松等. 创业管理(第4版).北京:机械工业出版社,2016.

[29] 付志勇. 以商业模式突围制胜[J]. 销售与管理,2011(3):68-70.

[30] 拉蒙·卡萨德苏斯-马萨内尔,霍安·里卡特. 在竞争中设计商业模式[J]. 哈佛商业评论(中文). 2011,(7):121-130.

[31] Magretta J. What Management Is[M]. New York: Free Press,2002.

[32] 查立. 创业的快速试错[J]. 创业家,2011,(10):28.

[33] 吴伯凡. "大消费时代"的"杂交模式"[J]. 二十一世纪商业评论,2011,(1):2.

[34] Manyika J,Chui M,Brown B,Bughin J, et al. Big Data: The Next Frontier for Innovation, Competition and Productivity[R]. McKinsey Global Institute,McKinsey Quarterly, 2011,(5).

[35] McAfee A, Brynjolfsson E. Big Data: The Management Revolution[J]. Harvard Business Review, 2012, (10): 60-69.

[36] McGuire T, Manyika J, Chui M. Why Big Data Is the New Competitive Advantage[J]. Ivey Business Journal, 2012, (7/8): 1-13.

[37] Brown B, Chui M, Manyika J. Are You Ready for the Era of "Big Data"[J]. Intermedia. 2011, 71(2): 739-741.

[38] Manish G, Maryanne Q H, Homayoun H. Selling into Micromarkets[J]. Harvard Business Review, 2012, (7/8):78-86.

[39] 罗珉,李亮宇. 互联网时代的商业模式创新:价值创造视角[J]. 中国工业经济,2015,(1):96-107.

[40] 赵大伟.互联网思维"独孤九剑"[M]. 北京: 机械工业出版社,2014.

[41] 袁宏伟. 基于互联网的"免费"商业模式创新研究[J]. 商业研究,2010,(12):192-196.

第 6 章 创业计划书

> 任何时候做任何事,订最好的计划,尽最大的努力,作最坏的准备。
>
> ——汽车之家创始人 李想

学习目标

- ✓ 了解创业计划书的基础知识
- ✓ 掌握创业计划书的基本内容
- ✓ 了解创业计划书撰写的技巧
- ✓ 了解如何检查、评估创业计划书

引导案例

创业:从一份计划书开始

在通往成功的路上,你需要出示翔实的商业计划书,试问哪个企业家没有受过类似的谆谆教导?但如果问及他们是否真的准备过商业计划书,他们会抱愧地低下头,似乎要找一条地缝往里钻。这是一个很大的悖论:每个人都知道商业计划书很重要,但是很少有人需要真正准备。对此,巴布森学院进行了一项持续多年的调查(该调查被誉为全美最顶尖的企业家项目之一)发现:处在起步阶段的企业,最终吸引到的投资的数量或其净收入的多少,与一份书面的商业计划书之间,并无必然的联系。

调研报告指出:"当今创业者最钦佩的创业英雄中,史蒂夫·乔布斯、比尔·盖茨、迈克尔·戴尔等在直面投资人时,手头并没有任何一份书面的商业计划书,但依然获得了投资,并做成了足以改变世界的大生意。"但遗憾的是,尽管早在三年前这项调研就发现了商业计划书这种奇怪模式,却依然未能指出问题的关键所在。

千万别曲解我的意思。我举双手赞成任何企业都应该制定商业计划,不过,我不认为摆在你面前的那份书面的商业计划书将真正奏效。书写一份商业计划书往往需要借助大量的分析数据,它通常让企业家与奇思妙想擦肩而过;而且它往往浪费很多时间,最后形成的是一份冗长且毫无新意的公文。当成文的时候,几乎在落笔时,它就成为一个过时的玩意儿了。

在制定商业计划书时,你是否应该通盘考虑更多的事情,诸如如何将设想变为现实?如何寻找自己的目标客户群?如何按时支付欠款等?显然你需要涉及这些问题。

在执笔之时,因为要用近乎八股体的格式按照条文书写这份商业计划书,你是否感到极度痛苦?巴布森调研项目的联席作者朱利安·兰格(Julian Lange)表示,"除非你是在参加一个商业计划书撰写竞赛,否则有这些时间,还不如到街头好好研究一下如何与潜在顾客进行沟通更为实在。"

难道投资人不看商业计划书?在我作为银行工作者的10年中,我仅仅看过一份商业计划书,而且还是过期的。在我8年的财务顾问以及20余年的借贷生涯中,从未有人需要我出示商业计划书,最起码不是你在商学院学习到的那种固定格式的商业计划书。比如,美国小企业管理局贷款担保中的贷方,可能会要求你提供一份商业计划书,其真正意图是看一下公司的现金流状况。

尽管大多数争取投资的商业计划书都是30~100页的大部头,但其实真正有效的是最终的可执行摘要,以及一个非常可靠的顾问的强力推荐。相信我,只要你有一个清晰的商业理念,而且其商业模式前景看好,没有任何一个创投机构或者私人投资者,会因为缺少商业计划书而对商机弃之不顾。

常规的商业计划书最大的问题在于,都是关于企业家丰功伟绩以及公司卓越的产品性能的长篇大论,而对如何获得顾客、有哪些潜在顾客等重要内容则数笔带过;然后全篇充斥着对巨大的投资回报的保证,但却缺乏应有的理论及数据支撑,这无异于异想天开。有些商业计划书可能还会在最开始就列举出投资人的股份占比情况,但基于对公司不切实际的估值之上。

能够撰写一份合乎格式的学院派商业计划书,可能可以为你在课堂上赢得一个A级评分,但在商海摸爬滚打,却不是光有A级成绩就可以了。所以请停止对你的商业计划书的小修小改、锦上添花这类工作,好好想想更重要的事情吧!

资料来源:Kate Lister. 揭开商业计划书的神秘面纱[J]. 译/文岳.创业邦,2011(2).

那么,为什么要写创业计划书呢?我们应该从哪些方面着手准备创业计划书呢?创业计划书的撰写是否有一些方法和技巧?下面,就让我们一起来认识一下创业计划书吧!

6.1 创业成功的起点:创业计划书

兵法上讲"成大事者必三思而后行,带大兵者当先计而后行",创业不是头脑一时的冲动,而是理性的行为。创业计划是新创企业的过滤器,迫使创业者思考竞争力、产品定位、支出、潜在收入和临界风险等问题。当创业者选定了创业目标,在资金人力、市场等各方面的条件都准备妥当或已累积了相当实力的时候,编写一份完整的创业计划书可使创业者更加明确新创企业的经营思想,客观评估自己的优势和劣势,仔细考虑创业的目的和手段,起到"磨刀不误砍柴工"的作用。

6.1.1 为什么要写创业计划书

尽管有些创业者并没有为他们新创建的企业撰写创业计划书，尽管有些管理专家认为"商业计划从打印机输出的那一刻起就过时了"，但是，撰写创业计划书对于面临资本束缚的创新型企业来讲，不仅是相当必要的，而且是其获得创业资本和资源的重要工具[1]。

一份缜密、可行的创业计划书有助于创业者将一个好的创意转变为一个成功的企业。因为好的商业理念其本身对于任何一个有能力和有经验的商人来说或许都是可行的。然而，对于初露头角的创业者则需要考虑：自己是否真正具备取得成功所不可或缺的技能？自己有没有相关产品或服务的背景知识？是否了解市场？有没有销售经验？懂不懂怎样管理员工，如何授权？是否具备会计记账和信用控制所必需的财务技能等。在思考这些问题时，创业计划书可能向创业者点亮红灯，因为它指出了回报值和临界风险的大小。许多创业者在撰写创业计划书后决定放弃或对其做出重大修改，因为准备创业计划书的过程中暴露了原有创业想法的许多缺陷。当然，创业计划书也可能向创业者点亮绿灯，指出要怎样做才能成功，以及在起步后和产品推出前所必须经历的步骤。

具体而言，创业计划书对创业过程的重要作用主要体现为以下三个方面。

1. 企业情况审视

创业计划书能够帮助创业企业对自己进行再认识。通过制定创业计划书，把目前拥有的资源、信息和想法全部写下来，系统地回顾企业所拥有的资源与优劣势。由于写到了纸上，并且需要注重内在的逻辑，创业者以及创业团队就会不断地思考曾经的创业设想是否合理、准备是否充分，同时进行调研、完善信息，这样创业企业就能对这一项目有更清晰的认识，创业的成功率也就随之大大提高了[2]。

2. 明确创业方向

凡事预则立，不预则废。尽管创业者面对的是不确定的创业环境，但是在创业行动尚未开始的时候，创业者至少应当对企业的未来战略规划有所设想，设计出新创企业可能的发展方向并思考相应的资源支持条件。创业计划是创业者事业的蓝图，有了明确的创业计划，创业者才不至于迷失创业方向；在受到干扰或挫折时，也不至于乱了创业活动的节奏和进程。通过创业计划书的撰写，创业者及其团队需要对商业模式进行不断的细化和完善，在这一过程中，未来的发展方向也会更加清晰。

3. 吸引创业活动所需的资源

客观上，创业者不可能拥有特定创业活动所需的所有资源。要在资源的供给者与创业者之间架起桥梁，获取他人掌握的资源，或争取他人的资源支持或投入，创业者就必须让他人了解、信服自己的创业思路，创业计划书正起着这样的作用。

创业计划书往往是创业者及其团队给投资方的第一印象，所以，创业者要尽可能展现项目投资的潜力和价值，向投资人介绍风险企业的产业和商业环境、市场分析和预测、主要风险因素、管理人员队伍、财务信息、投资建议等各方面的情况，以便投资者对企业或项目做出评判。为使投资者对创业计划书内容的真实性、可靠性有充分的信任，一些创业计划书的制定由具有高信誉的中介机构协助创业者完成。从国外风险投资发展的经验来看，出色的创业计划书是企业成功吸引风险投资的关键因素之一。

总而言之，创业计划书的价值在于对决策的影响，它将促使创业项目的开展具有针对性、条理性和可行性，增加创业项目成功的概率。通过撰写创业计划书不仅能够为创业项目吸引投资提供一份有力的参考依据，更重要的是能够帮助创业者及创业团队更清晰的了解自身的长处与短板，进一步明确产品的创新性和核心竞争力，将自己的创业初心与公司的未来发展结合起来进行系统思考，而这些对创业企业的生存与可持续成长而言都至关重要。

6.1.2　什么是创业计划书

一般来说，创业计划书被认为是创业者为吸引投资家的创业资本而制定的一份报告性文件，是集新产品、新项目的功能、规划、市场营销介绍及计划于一体的项目融资推广书。从创业过程的整体视角来看，创业计划书是对新企业创立之前的所有准备工作的总结和整理，是创业经营过程中制定决策的依据和指导方针。它将回答这样的问题："目前我们在哪里？我们将去哪里？"

"我找到了这样一个机会，它促使我要把自己一生的精力集中到赚取更多的金钱上，或者说是把所挣到的钱投资到自己真正喜欢并且有热情的事业中去，我要创办一家'午睡店'！"这样的使命陈述必然会引出下面的问题，即"如何实现这一目标？"，于是创业者就要对创业计划的核心，即财务、经营运作、市场营销和管理控制进行考察与阐述。

创业者必须考虑商业项目的可行性，于是又会引出另一个问题："的确，这听起来是个很不错的项目，但是你为什么认为它是可行的"。预感、直觉、固有的信念都无法确保一个商业项目切实可行，因此，回答这个问题需要给出一些更有形的东西以增强其说服力。可行性涉及方方面面的分析与思考，包括市场分析与细分、可行性研究、对预期销售额和利润率的估计、盈亏平衡分析、日常供应的可得性、能否得到充足的营运资本以及能否雇到得力员工等。而创业计划书将给出这些问题的答案。创业计划书从企业内部的人员、制度、管理以及企业的产品、营销、市场等各方面对即将展开的商业项目进行可行性分析，并采用国际惯例通用的标准文本格式形成项目建议书，以全面介绍公司和项目的运作情况，阐述产品市场和融资要求及竞争、风险等未来发展前景。

尽管一份完善的创业计划书是在对企业的方方面面都做了系统分析和精心设计的基础上完成的，然而需要指出的是，创业计划书应该是有助于创业者"驾驶汽车"而不是"发射火箭"。火箭发射必须依据最精确的动作指令发射，包括每次推进、每次助推器点火，以及每次改变航向，在发射时，哪怕最微小的失误，也会导致千里之外的灾难性结果。如果能有这样精确的计划指引创业当然最好，可惜没有。创业的过程更像是在驾驶汽车，创业者要知道目的地所在和通往目的地的路线，在行驶过程中通过方向盘不断调整，坚持在事先知道的路线上行驶，但当遇到特殊情况时可能需要改变路线[3]。因此，我们应明确一点，撰写创业计划书并不是一件一劳永逸的事情，而是需要根据创业环境的变化以及创业企业的实际发展情况，不断地、实事求是地对创业计划进行修正和调整，这样创业企业才能拥有一份真正有用的"行动纲领"。

6.1.3 创业计划书有哪些类型

根据创业计划编写目的及使用者的不同,创业计划书可以分为以下三种类型。

1. 争取风险资金投入的创业计划书

编制这类创业计划书时,可能已经存在一家公司,也可能是需要得到这笔风险投资去建立一家公司。通常这类创业计划书包括的内容如表 6.1 所示。

表 6.1 公司创业计划书格式[4]

目录表		
章	名称	页码
Ⅰ	执行概述	1
Ⅱ	企业描述	3
Ⅲ	产业分析	6
Ⅳ	市场分析	10
Ⅴ	营销计划	14
Ⅵ	管理团队与公司结构	18
Ⅶ	运营计划	22
Ⅷ	产品(服务)设计与开发计划	25
Ⅸ	融资计划	30
附录 A	可行性分析梗概(包括顾客对产品和服务的反映情况)	
附录 B	支持产业发展的研究	
附录 C	管理团队成员简历	

2. 争取他人合伙的创业计划书

要争取他人合伙,就得将自己的创业思路告诉他人,使创业活动的参与者彼此达到心理上的高度沟通。这类创业计划书一般包括以下几个部分:①创业机会及其商业价值描述;②新创企业拟提供的产品或服务以及可能的用户群;③可能的市场竞争与拟采取的市场策略;④可能的市场收益;⑤可能遇到的风险及对策;⑥希望别人以怎样的方式参与;⑦将给新进入者哪些利益;⑧有待与新进入者讨论的问题。

3. 争取政府支持的创业计划书

目前,政府对于创业的支持力度不断加大,各项扶持资金也先后出台。如果创业项目希望得到政府支持,一般创业计划书应包括以下几个部分:①总论;②团队情况;③产品的市场需求预测;④项目的技术可行性;⑤项目实施方案;⑥投资估算与资金筹措;⑦项目效益分析;⑧项目风险及不确定性分析;⑨关于项目可行性的综合结论;⑩希望政府给予的具体支持。除了上述内容,提交给政府机构的创业计划书还应注意突出创业项目本身与政策支持的关联性和匹配性,在明确经济效益的同时也注重社会效益的分析。

此外,以创业计划书的结构和篇幅来划分,可以分为略式创业计划书和详式创业计划书两类。略式创业计划书是一种比较简明、短小的计划书,它包括企业的重要信息、发展方向以及少部分重要的辅助性材料,通常为 10~15 页。一般来讲,略式创业计划书主要适用于以下情况：申请银行贷款；创业者享有盛名；试探投资者的兴趣；竞争激烈、时间紧迫等。详式创业计划书一般为 30~40 页，并附有 10~20 页的辅助文件。在这样的计划书中创业者能够对整个创业思路做一个比较全面的阐述，尤其能够对计划中关键部分进行较详细的论述。详式创业计划书有下列几种用途：仔细探索和解释企业的关键问题，寻求大额的风险投资等。

6.2 工欲善其事必先利其器：创业计划书的写作

6.2.1 创业计划书的特点

为了使创业者本人及其合作伙伴更好地理解创业者的各种构想和运营计划，便于大家达成共识、集中力量，在编写创业计划书时应尽量体现如下几个特点。

1. 结构合理，内容完整

创业计划书中各部分内容需结构合理、排列有序，以此反映出创业者是一位头脑清晰、办事严谨、具有真正管理能力的企业家，或者是具有优秀企业家素质的人才。还有就是该说的话绝对不能少，保证计划书内容的完整性。经常见到缺乏财务预估、市场状况分析及竞争对手状况分析的创业计划书，这会造成投资方对方案评估速度的减慢，甚至会造成融资失败的后果。

2. 条理清晰

创业计划书的条理性是一个非常重要的特征，条理清晰的创业计划书，可使投资人尽快了解创业者的构思与想法，不仅节省了投资者的时间，也增大了创业成功的可能性。一份条理清晰的创业计划书，需要创业者把严密的逻辑思维融汇在客观事实中体现和表达出来。在创业计划书中，应展现出创业者如何通过项目的市场调研、市场分析、市场开发以及生产的安排、组织、运作等，把所提出的战略规划付诸实施，并把预想的企业成长变成切实的商业利润。论证过程应条理得当，切忌华而不实，不要为了追求华丽的效果而失去内在的逻辑[5]。

3. 具有明确的针对性

不能用一个模子的创业计划书千篇一律地应用于不同的投资者，因为不同投资者的文化背景不同，对项目或产业的兴趣不同，其投资的侧重点也不同。在编写创业计划书之前，撰写者一定要对投资者的背景有明确的了解，针对具体的投资者写出具体的创业计划书。投其所好，才能写出打动人心的创业计划书。

4. 讲究科学性

介绍技术时，要用科学事实和数据阐明技术的先进性与实用性；介绍设想时，要用充分的市场研究结果阐述想法的合理性和可行性；进行市场分析时，要对未来 3 年的市场前景进行合理分析。行文应做到言之有理、言之有据，如果没有第一手材料，可提供类比产品的资料。写作时切忌海阔天空、漫无边际，更不能提供虚假的数据和不实的材料。

5. 文体风格朴实得体

尽量将难懂的想法、程序等以浅显的方式或文字表达出来，尤其当资金来自一群不具有专业知识的投资者时，这种"自我营销"的方式更为有效。在分析市场、介绍自己的团队和财务管理时，要掌握分寸，做到不温不火，恰到好处。既要避免文章过于平淡而不能引起投资者的注意，又不能花里胡哨、过分煽情。因为创业计划书既非文艺作品，也非政治动员报告，它只是一篇说明书，应做到实事求是、用词准确、言简意赅。

6.2.2 创业计划书的基本内容

不同的行业，创业计划书的结构与写法不尽相同，没有绝对统一的格式，但有基本通用的写作模式。鉴于创业计划书在吸引投资者进行投资方面的重要作用，创业计划书的撰写要尽可能迎合投资者的心理要求。一般来说，创业计划书包括执行摘要、正文和附录三大部分。

第一部分：执行摘要

执行摘要是创业计划书的重要组成部分，是对整个计划书的高度概括。人们把它的作用比拟为"电梯推销"，即要求在很短时间内激起别人的兴趣，并使他们的兴趣足够浓厚以至于想知道更多的信息。它放在创业计划书的首部，是整个创业计划书的精华，应以最精炼的语言来展现整个计划书的要点，以便投资者能在最短的时间内完成评审并做出判断，一般篇幅控制在1～2页。从一定程度上讲，投资者能否看中创业项目，执行摘要部分起着关键性作用。

执行摘要一般包含如下内容：公司介绍、主要产品和业务范围、市场概况、营销策略、销售计划、生产管理计划、管理者及其组织、财务计划、资金需求状况等。执行摘要应尽量简明生动，特别要详细说明自己创办企业的与众不同之处以及企业取得成功的关键市场因素。

执行摘要部分要特别说明创办新企业的思路，新思想的形成过程以及企业的目标和发展战略。中肯的分析往往更能赢得信任，从而使创业计划书得到认同。另外，要概括介绍一下创业者的背景、经历、经验和特长等。创业者的素质对企业的成败往往起着关键性的作用，创业者应尽量突出自己的优点并表示自己强烈的进取精神，从而给投资者留下好的印象。

执行摘要的写作技巧

执行摘要（Executive Summary，精简版的创业计划书）可能是你为公司写过的最重要的总结了。在获得引荐以后，你会将它发送给投资人，希望接下来能有机会与投资人举行会谈，还期待能引起其他投资人的兴趣。一份有效的执行摘要可能包括下面几个部分。

（1）问题：你正在解决的最紧急、最重要的问题是什么?或者你正在瞄准的机会是什么?
（2）解决方案：你如何解决这个问题或者如何抓住机遇?
（3）商业模式：谁是你的客户，你如何赚钱?
（4）潜在的魔力：你的公司如何做到与众不同?
（5）营销和销售战略：你切入市场的战略是什么?
（6）竞争分析：你跟谁竞争?你与竞争对手各自的优势何在?
（7）预测：未来三年你的财务预测是怎样的?实现这些预测的假定条件有哪些?
（8）团队：你的团队包括哪些人?他们各自有什么特长?
（9）现状和未来安排：企业现在的发展情况如何?近期将达到哪些重要目标?

执行摘要不应该超过两页纸的长度，因为目的是向别人推销企业，而不是描述企业。如果你需要用超过两页的篇幅来推销，那么你的创意可能还不足够好。下面这些建议，可以帮助你写出一份专业的执行摘要。

不要附上 PPT：PPT 应该留到你跟投资人面对面交流时使用，如果你在邮件中附上它，很可能起到反作用，最后只能葬送自己的机会。

"专利"这个词最多使用 1 次：没有一个优秀的 VC 会认为一项专利就能让你的公司无懈可击，他们只是想了解（就一次）那些究竟是不是值得被称为有价值的专利。

没必要声称你处在一个上十亿美元规模的市场中：根据一些研究显示，似乎可以说每家公司都处在一个十亿美元规模的市场中。我至今仍没读到过一份声明公司市场潜力没有达到这样规模的执行摘要。

不要声称你将创造一家成长速度最快的公司：我见过的大多数公司的预测中，都说发展速度要超过 Google，而这些创业者还自称"非常保守"。我的建议是，看起来增长速度太慢绝对好过太快，因为如果投资人喜欢你的想法，他会相信你一定能做得更多、更好，这样你的空间就大了。如果投资人对你不感兴趣，你再怎么预测都没用。

不要炫耀 MBA 学位：大多数的风险投资人更想要投资一位核心的工程师，而不是耀眼的学位，如 MBA。要将精力集中在技术和销售经验上，因为在创业之初，你最重要的事情是要做出好的产品，并让别人去销售。

不要创造那些没有证据的幻想：很多创业者会说这样的话，"红杉资本对我们感兴趣"，并认为这样的表述会促使投资人很快对自己进行投资。做梦吧，如果红杉资本真的对你们感兴趣，那你就应该拿到他们的钱了。如果不是这样，跟你会面的投资人会马上发现你在说谎。

不要为了起草一份执行摘要，而仅仅依赖上述这些技巧：要花几天时间来准备，因为执行摘要是你成功融资的重要基础。

资料来源：Guy Kawasaki. 执行摘要的写作技巧[J]. 欧丁, 译. 创业邦, 2009(5).

第二部分：正文

正文部分需要详细介绍创业项目考虑的每一个细节问题，尽可能让不同的参与者都能了解到其关注的信息，具体内容如下。

1. 公司基本情况

（1）业务性质。概要介绍公司的主要业务，使投资人快速了解企业的产品或服务。

（2）业务展望。介绍公司的战略目标，规划公司未来业务的发展方案，指出关键性发展阶段，突出介绍"创意源于何处"、"怎样进化"、"由谁负责"等几个方面，让投资者了解企业未来5年业务的发展方向及其变动理由。

（3）公司组织结构。主要说明公司所有制性质，公司注册地点、经营范围及公司全称。此外，还需说明企业是否是一家拥有附属公司的母公司。在公司拥有多家子公司或附属机构的复杂情况下，应该用图表表示其法律关系，并在它们之间画上线条，写出所占股权的比例。

（4）供应商。主要介绍企业生产所需原材料及必要零部件供应商。投资人通常会给名单中的部分或全部供应商打电话以确认该名单的真实性。

（5）协作者或分包人。说明企业产品生产、销售过程中的协作者或分包人，内容包括协作人名单或协作单位名称、协作金额、地址、联系电话等。

（6）专利与商标。对企业持有或将要申请的专利和商标进行描述。企业可以通过对专利与商标的描述来强调其独特性，或者在此列出企业的专利和商标清单，让投资人自己判断这种独特性。

2. 产品或服务介绍

在进行投资项目评估时，投资人最关心的问题之一就是创业企业的产品、服务能否以及在多大程度上能够解决现实生活中的问题，是否能够满足市场的需求。因此，产品介绍是创业计划书中不可缺少的一项内容。产品或服务介绍的内容包括：产品的概念、性能用途及特征；产品的研发过程；产品所处生命周期的阶段；产品市场前景和竞争力状况；产品技术改进和更新换代的计划及成本。有时候，附上产品的样本或样品对获得投资极有帮助。

产品或服务介绍的内容比较具体，写起来相对容易。虽然夸赞自己的产品是推销所必需的，但应该注意的是，企业所做的每一项承诺都是一笔"债"，都需要企业日后去努力兑现，因而不能不着边际地随意夸大或做出不切实际的承诺。

3. 行业及市场分析

此部分内容应该展示出创业者已经为他们的产品或服务认真地调查过潜在市场，尽量运用数据和事实说明，当产品推向市场时会有消费者或其他企业打算购买它。当然，市场预期总是不确定的，甚至没有人能确切地知道，消费者会对新产品做出如何反应。但创业者至少应该尽最大努力来查明人们为什么想购买或使用他们的产品[6]。为此，需要完成如下问题的分析。

（1）确定目标市场。企业产品只是在某一细分市场上销售，对产品市场容量进行描述时，要避免将行业市场容量作为产品市场容量来描述。同时，市场细分不是越细越好，要保证企业目标市场足够大，使企业能够盈利。

（2）行业及市场分析。对公司将要进入的行业和市场进行分析，估计产品或服务真正具有的潜力,使潜在的投资者能够判断公司目标的合理性以及他们相应承担的风险。首先,找到对分析有帮助的信息。可以利用互联网、报纸、期刊、市场研究、专论、行业导向、贸易团体、政府机构、行业协会等资源和机构,当然,也可向专家请教。值得注意的是,数据自身并不构成任何问题的答案,因此,需要对市场和行业做一定的假设和统计分析,并注明这些假设的理由。其次,从整个行业和目标市场讲起,再逐渐细化到各个单独的顾客群体,发掘他们的购买潜力。最后,集中讨论竞争者,认清所有当前竞争者、潜在进入者以及可能构成威胁的对手。介绍相关行业的全貌,讲述影响该行业发展的关键性因素,预测其未来发展趋势,解释为什么会出现这种趋势(如技术进步、需求的变化或其他因素)以及这种趋势对本企业发展将产生的影响。同时,通过解释新产品和技术的竞争地位与当前市场动态的匹配性,来展示创业团队的能力和知识。重点论述本创业项目与现存产品存在的差异,以及本团队与现有竞争者相比的优势所在。

竞争情报的来源

为了完成一份有意义的竞争者分析方格,企业首先需要了解竞争对手的战略和行为。企业为了解其竞争对手而搜集的信息被称作竞争情报。获取有质量的竞争情报并不总是一份轻松的工作。如果竞争者是一家上市公司,在证券交易委员会备案的公司年度报告中,可以获得公司有关商业和财务的信息。这些报告都公开提供在证券交易委员会的网站上。

但是通常情况下,新企业的竞争对手主要是其他的一些私人公司,这时问题就麻烦多了。私人企业一般不要求信息披露。所以,在准备商业计划书时,你必须想办法道德地获取竞争对手的信息。以下是操作的一些建议。

- 参加会议和贸易展。大多数产业都会举办会议或贸易展,在此期间企业会就最新的产业趋势进行讨论,并展示自己的产品。
- 阅读浏览与产业相关的行业刊物、杂志、网站,以及一般商业杂志,如《公司》和《商业周刊》等。
- 通过网络信息渠道,如IBISWorld、英敏特和标准普尔,阅读产业分析报告。例如,在涵盖的所有产业,IBISWorld在其报告中都会有"主要竞争者"这一部分。
- 购买竞争者的产品,去了解它的特性、优点和缺点。购买过程中也能反映出竞争者如何对待其顾客。
- 与顾客交谈,为什么他们选择购买你们的产品而非竞争对手的产品。顾客会就这些相互竞争的产品优势与劣势给出许多有用的信息。
- 研究竞争对手的网站。许多公司都在其网站上投放了大量信息,包括公司的历史、管理团队的概况、产品信息、公司的最新消息等。

资料来源:布鲁斯 R. 巴林杰. 创业计划书[M]. 北京:机械工业出版社,2016.

4. 营销策略

任何一个风险投资者都十分关心新产品或服务未来的市场营销策略,因为市场营销极富挑战性,其设计可以充分展示出创业者的能力。新公司必须尽快把它的产品投放到市场,获取利润以支持企业进一步的发展。可是,怎样才能让顾客"知道"、"了解"并

"喜欢"新产品呢？这就需要制定营销策略，进行促销活动。

在描述竞争对手时，应尽可能多地对全部竞争产品及竞争厂家做出描述与分析，尤其要分析竞争对手占有的市场份额、年销售量与销售金额以及他们的财务实力。此外，需要分析本企业产品相对于竞争产品所具有的优势。

有些企业可能暂时没有竞争对手，那么就要说明原因（如由于拥有专利权）。如果未来会出现新的竞争对手，则必须指明存在哪些可能的竞争者及其进入市场的预计时期。一个完善、有效而又符合公司产品实际情况的营销计划，可以大大增强风险投资者的投资决心。因此，必须要认真对待，必要时可以寻求市场营销专家和管理咨询顾问的帮助。

5. 产品制造

这一部分，创业者应尽可能把新产品生产制造及经营过程展示给投资者。主要内容包括：新产品的生产经营计划；公司现有的生产技术能力；品质控制和质量改进能力；已有的生产设备或将要购置的生产设备；改进或购置生产设备的成本；现有的生产工艺流程等。

另外，风险投资者往往希望了解新产品原料的采购、供应商的有关情况、劳动力和雇员、生产资金的安排计划、相应的厂房土地的规划安排等问题，在这一部分应当有所交待。内容要尽量详细，细节要明确，除了给投资者更多的信息外，在今后的投资谈判中，它将为创业者所占股权的估值预测提供重要的依据。产品生产介绍，具体来说包括以下五个方面：

① 介绍的重点。对产品生产全过程及影响生产的主要因素进行介绍，重点是生产成本的分析。此外，投资人需要创业者对产品销售成本的构成做出分析。

② 生产特征。本部分主要回答下面问题：产品生产过程及工艺复杂与否、成熟与否？是否需要员工具有特殊生产技能？生产过程中哪几个环节最为关键？生产所需的零部件种类是否繁多？哪一种或哪几种最为关键？产品实际附加值有多高等。

③ 设备。主要内容包括：详细介绍本企业已有或打算购买的主要设备；概要说明固定资产总额及可变现价值；说明使用现有设备能达到的产值和产量；设备采购周期。

④ 厂房和生产设施。主要介绍企业所拥有的厂房或租用的办公场所等。指出工厂的面积大小及单位面积价格，相关固定资产和生产设备等。投资人需要通过本部分的介绍来判断现有厂房和生产设施能否满足企业增长的需要。如果厂房在短时期内就需要搬迁，那么企业要持续快速增长就有一定的困难。需要提醒的是，有些投资人不喜欢投资那些在很短的时间里就要搬迁的企业，他们认为这种搬迁会损害企业效益的增长。

⑤ 基础设施。主要对水电供应、通信、道路等配套设施的情况做概略介绍，这里不再一一赘述。

6. 组织管理方案

人是创业中最能动的资源要素。从某种意义上讲，创业者能否取得成功，很大程度上取决于该企业是否拥有一个强有力的管理团队。创业者要深刻认识到，企业管理的好坏将直接影响企业的市场经营效果和企业的竞争能力。投资者在阅读创业计划书时，往往比较注重对管理团队的考核评估，这一点在创业计划书中需要给予特别的关注。

对企业管理团队进行全面介绍,包括公司的主要股东及他们的股权结构、董事和其他一些高级职员、关键的雇员以及公司管理人员的职权分配和薪金情况等,有时候介绍他们的详细经历和个人背景也十分必要。最好将公司的管理机构,包括股东情况、董事情况、各部门的构成情况等用一览表的形式或者其他明晰的形式展示出来。要向投资者详尽展示公司管理团队的战斗力和独特性,包括他们的职业道德、能力与素质。让投资者认识到企业管理团队具有与众不同的凝聚力和战斗力,管理团队人才济济且结构合理,在产品设计与开发、财务管理、市场营销等各方面均具有独当一面的能力,足以保证公司以后成长发展的需要。

7. 财务分析与融资说明

创业计划书的财务分析部分需要花费相当多的时间和精力。投资者会从财务分析部分来判断企业未来经营的财务损益状况,进而判断能否确保自己的投资将来获得预期理想的回报。融资需求及相关表述,主要是向投资者就融资方式和相关问题做出说明。

财务分析要包括以下几方面的内容。

(1) 发展预测

主要根据经营计划、市场计划的各项分析和预测,在全面评估市场信息和公司财务环境系统的情况下,提供至少包括未来3年的预计资产负债表、损益表以及现金流量表。预测必须科学,因此,要将预测的依据、方法等一并予以展示,以便增强预测的可信度。其中,用预编资产负债表可以显示权益负债率、营运资金、存货周转率和其他财务指标是否在可接受限度内,对企业的初始和未来投资能否证明是合理的,如表6.2所示。

表 6.2　Y 企业账户式资产负债表[7]

编制单位:Y 企业　　　　　　　　　　　　　　　　2014 年 12 月 31 日　(元)

资产	期末余额	负债	期末余额
流动资产		流动负债	
货币资金	9 177 880.00	短期借款	0
交易性金融资产	0	应付票据	17 932 100.00
应收票据	4 461 040.00	应付账款	12 339 300.00
应收账款	12 108 200.00	应缴税费	1 524 260.00
预付账款	7 176 500.00	应付工资	3 068 460.00
其他应收款	1 109 730.00	长期借款	146 739.00
存货	12 253 500.00	应付债券	0
流动资产合计	46277850.00	(略)	
(略)		所有者权益	
长期资产		实收资本	5 198 920.00
固定资产	11 101 600.00	资本公积	4 332 860.00
无形资产	2 206 920.00	盈余公积	4 047 900.00
其他非流动性资产	461 743.00	未分配利润	11 242 800.00
(略)		(略)	
资产总计	106 325 963.00	负债和所有者权益总计	59 833 339.00

用预编收入表说明基于损益的预期运营成果。这张预编收入表记录销售额销售成本、费用、利润或亏损,并应该认真考虑销售预测、生产成本、广告成本、分销和储存成本与管理费用,如表 6.3 所示。此外,还可以用现金流量表来表明预期现金流入流出的数量和时间安排。

表 6.3 Y 企业损益表[7]

编制单位:Y 企业   2014 年度 (元)

资产	期末余额	负债	期末余额
流动资产		流动负债	
货币资金	9 177 880.00	短期借款	0
交易性金融资产	0	应付票据	17 932 100.00
应收票据	4 461 040.00	应付账款	12 339 300.00
应收账款	12 108 200.00	应缴税费	1 524 260.00
预付账款	7 176 500.00	应付工资	3 068 460.00
其他应收款	1 109 730.00	长期借款	146 739.00
存货	12 253 500.00	应付债券	0
流动资产合计	46 277 850.00	(略)	
(略)		所有者权益	
长期资产		实收资本	5 198 920.00
固定资产	11 101 600.00	资本公积	4 332 860.00
无形资产	2 206 920.00	盈余公积	4 047 900.00
其他非流动性资产	461 743.00	未分配利润	11 242 800.00
(略)		(略)	
资产总计	106 325 963.00	负债和所有者权益总计	59 833 339.00

(2)投资计划

投资计划是财务分析的重要组成部分,它向投资者展示未来双方合作项目的一系列问题,包括:预计的风险投资数额为多少。其中,创业者期望从投资者那里获得多少投资。是以贷款、出售债券还是以出售普通股、优先股的形式实现?创业企业未来的筹资资本结构该如何安排?以及全部债务情况的说明。获取风险投资的抵押、担保条件,包括以什么物品抵押,由什么人或机构提供担保。投资收益和未来再投资的安排。双方对公司所有权的比例安排。投资资金的收支安排及财务报告的编制,包括编制种类及周期(按月,按季度,半年或一年)。投资者介入公司经营管理的程度。

财务管理在公司经营管理中具有重要地位,与企业其他方面的管理密切相关。因此,财务分析规划内容编制的出色与否对于企业能否获得投资影响极大。创业计划书的财务分析部分必须与其他各部分保持一致,必要时可请专业顾问帮助编写或给予指导。

(3)财务估测

为了更好地解决短期和长期资金需求问题,必须进行精确的财务估测,这些估测应考虑:即时资金需求(需支付的费用);研究和开发费用;购买资产(必需的设备、存货底价预计，必需的原材料）费用；运转资金需求（工资，到期支付等）；市场渗透（现金流何时启动）等几个方面。

如有必要，还应阐述融资需求和相关问题，主要包括如下几个方面。

① 提议融资方式。创业者可以在普通股、优先股和可转换债以及附购股权证债等几种融资工具中向投资人提议一种。要对有关发售这些金融工具的众多细节问题予以说明，以免投资人产生过多疑问。

② 资本结构。对本企业的普通股、优先股及长期负债做出说明，使投资人对企业融资前后的资本结构得以全面了解。

③ 融资抵押。如果是普通股融资，不存在抵押问题；如果是债务融资，则需要就债务抵押情况做出说明。

④ 担保。主要说明为风险投资人提供担保的个人或公司的情况。如果是个人担保，通常需要提供担保人的个人财务报表。

⑤ 融资条件。本企业是否允许风险投资公司的代表进入董事会，资金到位后企业要达到什么样的目标，哪些阶段性目标必须达到等。

⑥ 报告。主要介绍本企业打算通过何种方式向风险投资人报告经营管理情况，如提供月、季度损益表，资产负债表和年度审计财务报表等。

⑦ 资金使用。说明本企业将如何运用资金，最好不要使用"营运资金"这样模糊的字眼，而要尽可能的分项详细论述。

⑧ 所有权。介绍现有股东持股数量及投资者在投资发生后的持股数量。指出获得该项所有权所支付的金额，每位股东的股权比例等，对企业创始股东已经或将会获得股份（而不是现金）的情况更要详细说明，如果考虑给予土地、建筑物、机器设备或是创业股份，那么对这些资产目前的市值也需加以说明。

⑨ 面值摊薄。说明投资本企业，其资产、净资产以及盈利账面值将被分摊到何种程度。

⑩ 费用支付。说明引资过程中是否需要支付咨询顾问费、律师费及如何支付等问题。

此外，投资人对企业经营管理的介入也需要进行考虑。投资人一般要求在企业董事会中占有1~2个席位，如果本企业希望投资人对经营管理的介入更深一些，那么可以在此加以说明。例如，可以要求投资人在企业融资方面给予帮助，甚至要求提供某一特定类型的融资，企业可承诺对此支付一定的费用。也可以为投资人安排私募支付费用。总之，资金到位后，企业希望由投资者提供的增值服务的内容和要求，应在此予以说明。

8. 风险分析

尽管投资的高风险是众所周知的，但投资者仍然想尽可能地全面了解创业企业可能面临的风险种类、可能造成的损失程度、创业者将采取何种措施来降低或者防范风险，增加收益等问题。因此，他可能会提出一系列问题，需要在创业计划书中做出说明。

风险描述包括以下方面。

（1）经营期限。如果企业刚刚成立或组建不久，经营历史将成为双方讨论的一个主要风险问题。

（2）资源状况。如果企业没有按计划进行业务活动，那么公司可能会缺乏足够的资源来维持长期经营，这是一个需要提及的潜在风险。

（3）管理经验。如果管理人员很年轻或是这个行业的新手，创业者要在创业计划书中就此问题进行阐述和说明。

（4）市场不确定因素。与销售有关的市场不确定因素要在创业计划书中描述。

（5）生产不确定因素。对任何存在的生产不确定因素都要进行说明。例如，一种模型从未在生产线上运行过，在此能否建立这种模型就是一种不确定因素。

（6）清偿能力。对于公司是否有足够的清偿能力，创业者在创业计划书中也要作一下分析。因为投资人想要知道：如果企业遇上麻烦而不得不清盘，那么他的投资能收回多少。

（7）对企业核心人物的依赖。创业者要以书面形式或直接向投资人解释，任何企业核心人物的离开将会给企业带来怎样的影响。

（8）可能出现问题的地方。投资者往往希望创业者以投资者的身份来看待企业的经营情况。他希望创业者指出可能出现问题的地方，投资者的投资可能遭到什么损失。换句话说，投资者希望创业者能够客观地分析企业的经营状况，指出可能出现问题的地方，并说明如何解决问题。

（9）其他。要提及的东西还包括财政储备、市场份额占有率、经济管理体制或其他政府设立的规章制度、非投资股东对企业的控制等。如果这些情况存在，就应该在创业计划书中提到，不要等投资者提出这些问题后才予以答复。千万不要为了增大获得投资的机会而故意缩小、隐瞒风险因素，这只能令风险投资者对创业者产生不信任感，对于融资没有任何帮助。实事求是、诚实坦白的品质才是风险投资者赞赏的做法。

9. 收获与退出机制

在阅读了创业者的设想与规划之后，投资者还有两个问题需要知道答案：一是他将获得多少回报；二是他的投资资金如何退出。因为这两个问题直接关系到投资者的风险投资能否成功。

这一部分，须对公司未来上市公开发行股票的可能性、出售给第三方的可能性、回购投资者股份的可能性给予周密的预测，并且要让投资者明确了解，在任何一种可能性出现的情况下投资者的投资回报率是多少。

风险投资人收回投资大体有三种方式：公开上市、兼并收购和偿付协议。创业者要对这三种方式分别进行描述，并指出创业项目投资最有可能实现的退出方式。

（1）公开上市。上市后公众会购买公司股份，投资人所持有的部分或全部股份可以卖出，进而收回资金。

（2）兼并收购。可以把企业出售给一家大公司或某个大集团。如果采用这种方式，创业者应当提及几家对本企业感兴趣并有可能进行收购的大集团或大公司。

（3）偿付协议。这种方式下，投资人会要求本企业根据预先商定好的条件回购其手中的权益。

【拓展阅读】

资本退出的基本形式

1. 首次公开上市（IPO）退出

首次公开上市退出是指创业公司通过挂牌上市使风险资本退出。首次公开上市可分为主板上市和二板上市。采用首次公开上市这种退出方式，对于创业公司而言，可以保持创业公司的独立性，而且可以获得在证券市场持续融资的渠道。

对于创业公司来说，一旦时机成熟，上市并获得高额回报并非遥不可及。如百度公司，当期搜索服务模式得到市场认同后，每年净利润以100%以上的速度增长，并成功在纳斯达克上市。近年来许多创业公司快速地完成了上市过程，如空中网、完美时空迅雷、聚美优品、智联招聘、途牛网等。

2. 并购退出

并购退出是指通过其他公司兼并从而使风险资本退出。由于股票上市及股票升值需要一定的时间。此外在短期内创业公司可能难以达到首次公开上市的标准，许多风险投资者就会采用股权转让的方式退出投资。虽然并购的收益不及首次公开上市，但是风险资金能够很快从所投资的创业公司中退出，并快速进入下一轮投资循环。因此并购也是风险资本退出的重要方式。

3. 回购退出

回购退出是指创业公司的管理层通过购回风险投资者手中的股份，使风险资本退出。就其实质来说，回购退出方式也属于并购的一种，只不过收购的行为人是创业公司的内部人员。回购的最大优点是创业公司被熟悉公司的人完整的保存下来了，创业企业家可以掌握更多的主动权和决策权，有利于今后公司的可持续经营和决策，因此回购对创业公司更为有利。

4. 清算退出

清算退出是针对投资失败项目的一种退出方式。风险投资是一种风险性很高的投资行为，失败率非常高。据统计，美国只有5%~10%的创业公司可以获得最终成功。对于风险投资者来说，如果所投资的风险公司经营失败，就不得不采用此种方式退出。采用清算退出损失是不可避免的，但还是可能收回一部分投资，以用于下一个投资循环。因此，清算退出虽然是迫不得已，但却是避免深陷泥潭的最后选择。

资料来源：邓立志. 商业计划书——原理与案例分析[M]. 北京：机械工业出版社，2015.

第三部分：附录

附录是创业计划书的组成部分，是对主体部分的补充。为了使正文做到言简意赅或者由于篇幅的限制，有些内容不宜于在正文部分过多描述。那些不能在正文尽言的内容可以放在附录部分，如一些实用表格、团队成员的个人简历、市场调查结果、辅助性资料证明等，使其成为正文的有益补充或可靠证据，供投资者和其他阅读者参考。

【拓展阅读】

创业计划书的六要素

许多创业者在创业过程中，往往忽略了创业计划书所起的重要作用，而把大量的精力和时间放在找关系上。结果因为创业计划书撰写不当而失去了良好的投资机遇。如何使创业计划书受到风险投资者的青睐呢？抓住以下六个要素很重要。

一是对创业产品或服务的优势进行独到的说明。要用简要的语言概述产品或服务的特性，研发过程，技术规格，及在同类产品比较的优势，产品给客户带来的利益，客户愿意买这种产品或接受这种服务的原因，这种产品为什么会使企业盈利，企业采用何种方式来改进产品的质量，企业对该产品的发展设想及战略，企业最终所要达到的行业地位、市场信誉度等。这部分写作要简洁明了，突出个性，要让风险投资商对产品或服务项目"一见钟情"。

二是通过对创业宏观环境和产业环境的分析，从而阐明自己的市场地位，清楚阐明自己的竞争优势和劣势，明确经营战略目标。在宏观环境分析中，要灵活运用因素分析、对比分析、预测分析等方法，对影响企业发展的社会、技术、生态、经济、政策、人口等因素进行探析，从而进一步得到金融支持和政府政策的支持。通过对产品的分析、技术的分析、产业成长与产业特征的分析、产业结构与产业竞争的分析，来说明发展生产的机遇性、成熟性。使投资商对投资环境感到既安全，又有发展信誉和各项保障。

三是明确提出新创企业的营销战略和实施步骤。在对产品市场作出准确的分析与预测后。创业公司应在商业计划书中，向风险投资者提供目标营销战略。对市场的渗透过程及预计取得的市场份额进行准确的预测，对不同顾客群体的营销策略，产品的合理定位，价格的合理区间，产品的分销渠道，售后服务的特色，广告经营策略，如何提升产品知名度等加以明确的说明，使风险投资商认为你的营销策略是行之有效的，产值是指日可待的。

四是客观的说明可能遇到的风险和机遇。有创业就有风险，风险与机遇是并存的；一般的投资商对企业发展所面临的困难和挑战都是比较重视的。所以要将创业中所面临的主要问题，如资金的不足，资源的短缺，管理经验的不足，市场和产品的不确定因素等摆出来，并提出相应的应急措施和办法，如新技术的开发，寻找替代产品，新的营销手段和战略等。机遇部分可以给整个的创业计划带来闪光点，是企业的转折和希望之所在，它往往能使投资商为之振奋，从而慷慨解囊。

五是介绍精干的创业管理团队和严密的组织结构。高素质的管理人员和良好的组织结构是管理好企业的重要保证，因此风险投资家会特别注重对高层管理团队的评估；这个管理团队应该是由具有专业型、创新型、协作型、互补型的人才构成。他们分工明确，富有开拓进取的团队精神。在介绍他们在企业的职务、职权。职业经历背景的同时，着重突出他们的个人专长，以及给企业带来的潜在效益。同时还要对公司的结构（组织机构、各部门的功能、部门负责人等）做简要介绍，以说明机构设置的有效性、合理性。投资商十分注重高层管理者的管理水平和能力,所以"人才兴企"的战略是不可忽视的法宝。

六是明确新创企业财务控制制度,展示新创企业的理财特色。新创企业首先应明确自己的理财目标,要尽可能使企业的税后利润最大化,使产品收益最大化,使企业市场价值最大化。另外对企业现金预算编制要进行精确的说明,还要对企业的财务的偿债能力,资金运营能力,获利能力和发展能力进行准确的分析,使风险投资商全面了解创业公司的财务状况,对融资款项获利的前景和重要的财务数字了如指掌,做到心中有底。这部分主要是通过数字和表格来体现的,在写作时应以诚信、守法为原则,做到数据精确,账目清晰。

资料来源:刘亚平.创业计划书的写作应抓住六要素[J].商场现代化,2008(3):224.

6.2.3 创业计划书的编写过程

创业计划书的编写是一个复杂的过程,如图 6.1 所示。它始于创业者及创业团队对某一商业创意(机会)的识别,然后对创意(机会)进行初筛与评估,在此基础上对这一创意(机会)展开全面的可行性分析,在此基础上进行创业计划书的编写,并向投资者和其他人展示自己的创业计划。在这一过程中,创业者将通过吸取相关建议从而不断地修正和完善创业计划的内容。

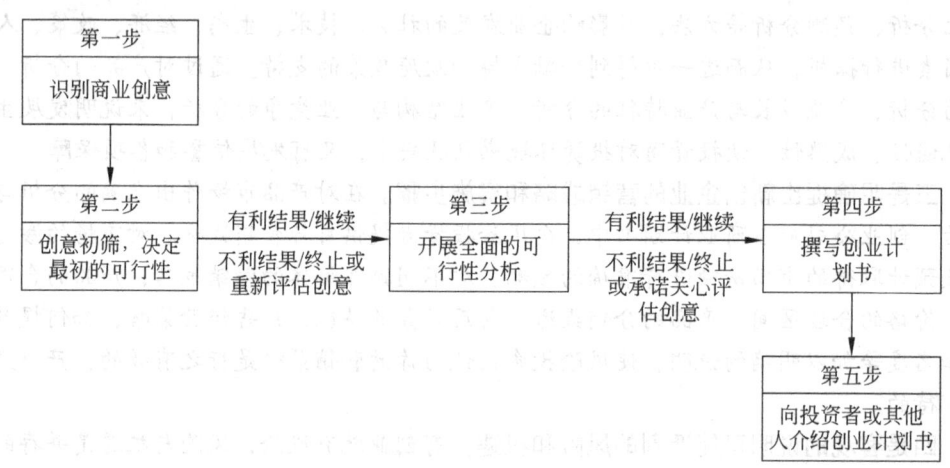

图 6.1 创业计划书的编写过程[4]

在图 6.1 中,这些步骤清楚地把商业创意的调研过程、计划过程与推销过程区别开来。从本质上看,第二步和第三步是调研,其任务是鉴别商业创意的价值。第四步是创业计划书,重点在于计划和推销。调研的步骤十分重要,因为人们没有任何理由为根本没有成功希望的创意去撰写一份创业计划书。根据约翰·马林斯(John W.Mullins)在《新企业路程之测试》(The New Business Road Test)一书中的观点,执行上面的全部过程可以避免陷入"关于机会的所有方面都完善"的思维模式。马林斯认为写作创业计划书之前,缺乏对商业创意价值的认真调研(第二、三步)是一种冒险行为,它会使创业者对那些和潜在创业活动相关的内部风险失去判断能力,导致对计划的过分乐观,从而降低创业计划书的在读者心中可信度。

6.2.4 创业计划书编写的基础工作

创业计划书像是一张行车图，而制定过程就像是绘制地图，确定了自己在哪儿，要去哪儿，这样就可以开始计划线路。一张好的地图可以增加到达目的地的可能性。类似地，一份好的创业计划书也可以增加创业成功的可能性。在着手编写创业计划书之前，需做好些一些基础准备工作，主要包括创业现状分析、创业目称确定和创业愿景规划这三个基本问题。

1. 创业现状分析

一般而言，创业现状分析可以从如下四个方面着手进行。

一是分析创业企业提供产品或服务的现状。例如，怎样在价格、质量等方面与别人竞争？产品或服务是否在某些方面区别于其他企业？这种差异化经营怎样能够加强？产品或服务是否容易被模仿？能否辨别成功或不成功竞争者的模式？

二是分析顾客的需求。例如，能否辨识并正确地进入细分市场？现在的顾客对自己的产品或服务满意吗？市场组合有哪些优点和缺点？能否找到和现在的顾客群相似的更多顾客？是否在向一个利基市场出售产品或服务？

三是分析自己的优势和劣势。例如，自己的目标是什么？自己的优势和劣势是什么？企业的员工和设备怎样？自己善于和领导交流吗？对公司发展至关重要的东西是什么？

四是分析市场机会与威胁。例如，消费者的品位是否发生了变化？市场是否在成长？可能影响企业的社会、法律、经济、政治和技术环境将来是否会发生变化？竞争者进入公司所在的行业有多容易？自己有继续开创新产品或新服务项目的想法吗？

2. 创业目标确定

首先，创业者应确定自己和公司的创业宗旨。创业者是想要一种生活方式还是想努力获取企业成长？企业宗旨是企业追求的基本使命。星巴克的创始人舒尔获有非常远大的个人志向，那就是建立一家庞大、知名而又利润丰厚的企业，来改变美国人开始一天新生活的方式。为此，他为公司确立了明确的使命：成立一家能把意大利咖啡吧文化带到美国的公司；供应最优质的咖啡；经营一个重视员工的组织。因此，他并不局限于在西雅图开几家咖啡店就算创业成功，而是最终要成为麦当劳式的连锁帝国。

在此基础上，创业者还需要根据宗旨来确定具体的目标。创业目标必须是定量的、有时间限制的，并且是可以实现的。它们可以作为有效的判断标准评价创业者的表现。比如说，一个具体的目标可以是实现10%的利润增长，最小资本回报率为15%等。目标是路途上的里程碑，告诉创业团队成员要到哪儿去，如果达到目标就要让大家知道。

3. 创业愿景规划

创业愿景的规划包括如下三个方面。
（1）制定发展战略
战略是经营者谋求企业自身和外部环境间平衡的一种策略；是关于企业经营方向的规定和解决经营活动中所碰到问题时应遵循的全局性、长远性和指导性的原则和谋划。

战略就是描述"怎样做",它并不复杂,是需要联合起来的任务。制定战略需要不同的管理职能,如营销、运营、人事和财务等部门的合作。

(2) 制订营销计划

构造一个一致的、连贯的营销组合,以明确如何把产品或服务销售给不同的顾客。

(3) 财务预算、利润和现金流量预测

看看要完成这个计划需要什么财务资源?需要吸引投资者吗?能够吸引投资者吗?如果不能,则需要对计划做出修改。

6.3 让投资人一见倾心的创业计划书

一份好的创业计划书,传递的是一个清晰易懂,以及应当如何计划去达到的故事,必须表现出新创企业的可预测性和激动人心的一种感觉,那么如何才能写出让投资人一见倾心的创业计划书呢,下面将给出一些写作意见和建议。

6.3.1 创业计划书必须关注的问题

一份好的创业计划书,是创业者寻求到投资后能够基本顺利实施项目的操作计划,投资者关注的要点就是其写作的要点。

那么,在审阅创业计划书时,投资者在寻求些什么呢?他们关注的要点主要有六个方面:一是技术和商品,即该公司所用技术的创新性与独特性、产品或服务是否可以产生高利润以及未开发的潜能;二是市场,即市场的容量、产品间的相对竞争力和潜在成长力;三是该公司的管理团队是否能胜任;四是公司财务增长预测,预测结果不必让人们大喜过望,但也必须打动投资者的心;五是退出计划,在计划中必须明确提出投资者的退出机制,如公司股票上市、股权转让、回购、利润分红等;六是出色的计划摘要,它必须能让投资者有兴趣读下去并渴望得到更多的信息。为此,创业者在编制创业计划书时应特别注意对上述问题进行准确而翔实的论述。

【拓展阅读】

商业计划书的撰写技巧

通过商业计划书,你应该能够让投资人对以下两方面问题有一个清晰的理解:Why:为什么要做这款产品,为什么选择现在做这款产品?为什么你开发这款产品最合适?为什么他们是最适合投资你的产品的投资人?How:你的公司是如何实现盈利的?你们公司是如何获取客户的?你们公司是如何扩大业务的?

回答上述问题应该贯穿到整个商业计划书的始末,并且应该要向那些看你的商业计划书的人证明:你的公司有出色的产品、市场、团队、时间和战略,所有这些足以让投资人获得足够高的投资回报率。为了达到上述效果,在撰写商业计划书的每一部分时,应特别注意一些要点和技巧。

(1) 执行摘要:一个好的执行概要内容包括用一个到两个句子对以下信息做简单的

介绍：公司使命、产品/服务概括、市场机会概述、牵引力概述、未来的计划、愿景宣言。

（2）**投资机会**：投资机会这部分要告诉投资人你们公司的目标是什么，为什么他们在帮助你实现这些目标的过程中是不可或缺的，以及他们从投资你的公司中能获得什么。具体包括：①融资目标：你需要融多少钱才能顺利推动公司向前发展；②条款：投资人投资你的公司能获得什么？③资金计划使用情况：你计划将如何使用这轮融资？④里程碑：有了这轮融资，公司能达到什么样的里程碑？

（3）**团队概述**：理想的团队概述部分不仅能够说明你的团队是适合做这款产品的团队，而且你们是唯一一个能够做这款产品的团队。为了做到这一点，你需要为团队的每个成员创建一个简历，每一个团队成员的简历应该包括下面这些内容：团队成员的名称、在公司的头衔和职位、他们的专业背景、他们在过去的经历中所积累和掌握的特殊技能、他们在你公司担任的角色和承担的职责、是什么让他们成为唯一能胜任这一角色的。需要特别提示的是，此处不适合列出团队成员的兴趣爱好或过往趣事，你的目标是用三到五句话简单地描述每一位团队成员。

（4）**市场机会**：此处应明确两个关键问题：一是你们公司产品或服务要解决的问题是什么，二是能够让你的公司现在获得成功的行业趋势是什么。具体地，在撰写公司产品或服务要解决的问题这部分内容中，要考虑两个问题：①你的目标客户面临的问题是什么？②你们公司主要帮助消除目标客户面临的哪些不便或困扰？在撰写行业趋势这部分内容时，要考虑下面三个问题：你打造的产品/服务顺应的是最近新出现的什么趋势？是否有新的或新兴的技术使你的产品/解决方案成为可能？你能不能找到任何产品品牌说明市场对与你的产品/类似的产品（不要太类似）是否有需求？

（5）**公司简介**：这个部分很简单，你可以介绍一下你们公司正在做的事情，以及为什么所做的这些事情是非常棒的。

（6）**盈利模式**：此部分需要确定目前所有跟营收来源相关的内容，包括定价、主营业务成本（COGS）、利润率。不妨问自己下面这四个问题：为什么这个盈利模式适合公司目前的发展阶段？你们公司的产品定价和竞争对手的产品定价的差异在哪里？你在未来是否计划增加新的营收渠道？如果你们现在还没开始创造营收，那么你们如何/何时能够创造营收？

（7）**Traction/公司里程碑**：Traction（市场需求得到量化证明）是你用来向投资人证明的最好证据，这里给出一些Traction中的关键领域，你可以用这些让投资人表明你的公司正在取得实质性进展：①产品开发：你的产品开发到什么阶段了？你的产品已经投入市场了吗？②生产/分销：你是否有一个成熟的生产/制造伙伴？你是否有一个成熟的产品分销伙伴？③早期用户和营收：你是否已经获得了一批早期用户？获得了多少用户？公司增长速度有多快？公司是否已经创造了营收？④客户证言：你的产品或服务是否得到了一些客户的积极正面的评价？这里面有没有一些知名度非常高的客户或行业专家？⑤合作伙伴：你是否与任何知名品牌建立了合作伙伴关系？⑥知识产权：你公司背后的技术有什么专利吗？你的公司名称注册商标了吗？⑦媒体报道：你的公司有没有被一些知名媒体报道过？都被哪些媒体报道过？

（8）**行业分析**：此部分主要讲的是你公司所处的行业、这个行业中正在发生的事情、以及你的公司与你的同行之间的关系等内容的概览。在这个部分要展示哪些数据是需要认真考量的，应该只展示那些有助于你阐述下面这些内容的数据：你公司所在的市场的规模的大小，对你提供的解决方案的需求，公司产品的用户增长数据，竞品分析。此外，还需要为你的公司确定至少三家竞争对手，针对每一家竞争对手，都要回答以下这些问题：①基本信息：他们公司在哪？他们处在哪一个发展阶段？②Traction：他们创造了多少营收？他们有多少用户？他们是否拿到了融资？③相似点和不同点：他们的优势是什么？你打算如何压制他们的这种优势？他们的弱点是什么？这对你有什么好处呢？④收获：你能够从你的竞争对手身上学到什么，从而让你的公司变得更强大？需要注意的是，在确定竞争对手的时候，要跳出固有思维模式，不要只找那些提供与你公司相同的产品或服务的公司。

（9）**差异化特质**：阐述你提供的产品或服务与市场上的其他公司的产品或服务的不同之处，以及这些差异化特质如何帮助你保持战略优势的。问自己下面这两个问题：与其他公司相比，你们公司提供的解决方案的几个（3~5个）关键区别是什么？这些差异化优势将如何转化为你公司的长期优势？

（10）**目标用户**：需要向投资人展示你知道你的目标用户是谁，他们在哪里，对用户而言重要的是什么。具体可以通过下面这些问题明晰你的目标客户：①公司的产品或服务主要是为了满足哪些用户的需求的？②你对这个群体的顾客的了解有多少？③你的目标用户主要是男性用户还是女性用户？④你的目标用户主要是哪个年龄段的？⑤这个目标人群大概有多大规模？⑥目标用户主要住在哪里？⑦他们大概处于什么样的收入水平？⑧在购买产品或服务时，他们是否有什么特别的偏好或顾虑？

（11）**用户获取和营销策略**：现在我们知道你的目标客户是谁了，下一个问题是：你打算如何获取这些客户？问自己下面这些问题：①你如何获取你的第一批用户？②你首先瞄准哪些用户？③你会在一些关键的市场推出你的产品吗？④你是否打算与一些现有的品牌进行合作？⑤你打算如何提高公司产品的品牌知名度？⑥你打算用哪一类媒体，为什么？⑦你会利用社交媒体吗，你主要用哪些社交媒体平台，为什么？⑧从本质上说，你的营销策略是什么？

（12）**未来的增长和发展**：一旦你完成了所有的短期目标，开发完成了你的初始产品，并获得了你的第一批用户，你打算如何进一步发展公司的业务呢？不妨问自己下面几个问题：①你未来计划推出一些新产品吗？②这些新产品将如何进一步完善公司目前的产品矩阵？③你是否打算向全新的市场扩张，如新的城市或新的用户群体？④你能不能提供一个时间表，让大家了解你期待未来的新突破会在什么时候发生？⑤什么指标或条件能帮助你决定何时该继续向前发展？⑥未来，你的公司有哪些潜在的退出策略？你会寻求被大公司收购吗？你打算带领公司IPO吗？

（13）**财务概述**：这部分内容需要包括以下三点最重要的信息：现金流量表、损益表和你的资产负债表。虽然这三点是相互关联的，但是它们衡量的是一家公司财务状况的不同方面的信息。

资料来源：节选自：「如何撰写一份投资人喜欢的商业计划书？．编辑：郝鹏程．原文链接 https://www.startups.co/articles/writing-a-business-plan-investors-will-love"．

此外，在编制创业计划书时还应注意避免如下问题。

① 过分乐观。对产品、服务的前景过分乐观，使人产生不信任感。

② 数据没有说服力。创业计划中出现了一些与产业标准、常规经验相距甚远的数据。

③ 产品或服务导向，而不是市场导向。整个创业活动仅仅面向一种产品，然而当今社会，单一产品是很难支持一个企业的生存与发展的。

④ 对竞争没有清醒的认识，忽视竞争威胁。任何商业活动都会面临竞争，若忽视竞争威胁，则说明创业者不懂得市场经济的规律。

⑤ 选择进入的是一个拥塞的市场，企图后来居上。

⑥ 创业计划书写作不专业，如缺乏应有的数据、过分简单或冗长。

⑦ 创业计划的写作风格和分析深度不一致。一份创业计划书通常由几个人一起完成，但最后的版本应由一个人统一完成，以避免写作风格和分析深度不一致。

⑧ 不是仔细寻求最有可能的投资者，而是滥发材料。

编写创业计划书的几个误区

1. 急功近利而缺乏全盘考虑

计划书由一套关系密切的模块组成，就像组装积木一样。无论从哪个环节着手，都要坚持执行下去。从自己最感兴趣的环节或者能够迅速获益的环节着手。这些环节可以是策略、概念、目标市场、业务、愿景等。

2. 商业计划执行到头

计划到头，业务也就止步了。因此，最新的商业计划书只是对以前计划的概括，并且计划书必须一直处于更新状态，以反映出不断变化的各种情况。

3. 对团队保密计划

运用常识来确定需要与团队成员分享哪些信息，而哪些信息应当保密，如个人薪水等。但是，请务必与团队成员分享计划的目标及指标，并通过商业计划营造团队凝聚力及协作精神。但这并不代表与非团队成员分享计划，除非必须这样做，如进行融资的时候。

4. 混淆现金与利润

这两者有巨大的区别。客户未付款项会影响创业者的财务状况，却不会降低利润。库存增加会影响现金流，但不会降低利润。利润是一个会计概念，而现金是存放在银行的货币。创业者不会在支付账单时把利润交付出去。

5. 工作重点不明确

涵盖三到四个重点的计划书有效且具有针对性，人们能够理解三到四个要点。列出20个重点的计划书实际上毫无重点可言。

6. 高估商业创意

创意的价值并不在于创意本身，而在于建立在创意之上的业务。经历了员工朝九晚

五、生产产品、订购和装运产品、客户支付账单等过程，创意才真正成了业务。创意本身不会打造出优秀的企业。

7. 创业初期忽略细节

计划需要关注细节，包括财务状况、重大事件、责任和截止时间等。现金流最重要，但有分配任务、安排会晤、确认日期、明确执行人员等大量细节也举足轻重。

8. 创业后期过于关注细节

商业计划不是简单的会计问题。创业初期每个月的细节问题都非常重要。但是，创业后期过多关注业务细节就是浪费时间。虽然创业者确实能够规划未来5年、10年甚至是20年的企业发展大致目标，但是无法规划一年后每月的细节问题，没有人期望要了解这些细节，也没有人会确信这些细节的规划准确度。

9. 不切实际的预测

没有人会相信不合理的虚高销售额预测。而且，超高的盈利预测通常意味着创业者对费用成本缺乏实际认识。

资料来源：佚名.商业计划书中的九大错误[J].责编/陈梦琴.销售与管理，2012(3):117.

6.3.2 细心检查创业计划书

第一印象是指人与人第一次交往中给他人留下的印象，会在对方的头脑中占据着主导地位。创业计划往往就是投资者对新创企业的第一印象，如果计划不完善有瑕疵，投资者可能就会做上一些"红色标记"（red flags），如表6.4所示。这些"红色标记"会很容易让投资者猜测创业项目本身是否也存在某些问题，从而对创业团队产生不信任感。因此，在将创业计划书送交到投资者或者其他相关人员进行审阅之前，一定要进行仔细、反复的检查，避免出现这些可能的瑕疵。

表6.4 创业计划书中的红色标记[4]

红色标记	解 释
没有任何资金就冒险的创业者	如果创业者并不愿意投入资金去冒险，那其他人为什么要去冒险呢
引证较为缺乏的创业计划	创业计划应当建立在有力的证据和合理的调研基础上，并不是猜测，或者靠创业者对未来发生什么事的"想象"。那些初始的和间接的调查来源应当用来引证
界定的市场规模过于宽泛	对新创企业的市场界定得太宽表明真正的目标市场并没有明确。例如，一家新创建的企业声称将来每年在制药产业获得205亿美元的市场并没有好处。市场机会应当很好地加以界定，显然，一家新创建的企业应当将目标确定在某个细分市场或者产业内的特定市场
过于大胆的财务分析	这是许多投资者对创业计划书直接跳读过去的一部分内容。理由不够充分或者盲目乐观都会失去可信度；相反，那些通过合理调研和正确判断活动，显得既冷静又理由充足的观点，将会很快就获得信任感
隐藏或回避不足之处	新创建的企业试图去掩饰或者回避自身不足是一种有勇无谋的表现。所有的企业都会有不足之处，作为投资家或者银行家，他们除提供资金外，要做的一件重要的事情正是帮助新创建企业克服其不足之处

续表

红色标记	解　　释
任何形式上的缺乏	让读者费劲读完那些错误连篇、不平衡的资产负债表以及排版印刷上存在瑕疵的文稿都不是一件好事。这类错误类型往往被看作对细节不够专注，从而有损创业者的可信度
计划书过长	许多对创业计划书有经验的读者准确知道他们要看什么，不要让他们费力读完50页材料却仍未进入正题。例如，不要一页接一页地对产业进行描述性分析，两页击中要害的信息和分析，要比那些从互联网剪切或粘贴的内容更有价值

6.3.3　全面评估创业计划书

一份好的创业计划书是所有投资人的共同期望，好的创业计划书应该包括正确的市场机会分析和优秀的管理团队介绍。国内外任何投资机构在进行风险投资前，都会对创业计划书进行非常科学、严谨的审查评估。因此，创业计划书的内容与格式是否能够顺利通过评估，是获得投资的关键所在。

1. 创业计划的评估者

客观来看，某个创业计划书的特定读者就是该计划的评估者。无论他是否与该计划的研究、编制者有这样那样的利益关系，他们都可以对创业者的创业计划书进行评论。

在这里，特别需要关注的是创业计划书的如下评估者：①创业者希望吸纳引入到创业团队的人或机构，即潜在的合作伙伴、加盟者。他们首先关心的是该计划的现实性、可能性与其前景，以及他们在创业团队中的地位和利益。②潜在的投资人。他们关心的主要是三类问题：一是特定创业活动的未来前景和商业价值；二是投资者可能的利益所在；三是推动该项创业活动的主要人员的知识、经验、人品和既有业绩。③供应商。限于资金压力，向供应商展示一份令人信服的创业计划，使其相信新创企业能够盈利、能够支付欠款，往往是获得供应商赊账供给的可行之路。

2. 评估的重点内容

在创业计划进行评估时，评估者往往特别关注以下内容。

（1）创业团队的合理性及其优劣。是否有一个充满魅力的领导者；团队成员在资源、能力、背景等方面的互补性以及在团队内部分工的合理性；成员之间是否有共同的创业理念和创业激情，共同的行动纲领和纪律制度；团队成员之间的互信程度，能否相互协作，是否拥有强大的凝聚力；是否拥有危机意识，并进行有效的风险管理。风险投资家宁愿要二流的技术和一流的管理者，也不要一流的技术和二流的管理者[8]。

（2）所提供产品或服务的市场前景。产品是否具有独特性，是否拥有知识产权且不易被模仿；预期产品满足真实需求的程度；市场对预期产品的需求的显著性与潜在性；凭借该产品进入和创造市场的可能性，可能遇到的技术壁垒、规模壁垒、许可壁垒等，与同类产品、相近产品比较，该产品是否有可能形成产品优势甚至是产业优势；产品的市场成长速度，有没有可能形成创新产品链或产品群。

（3）所采用技术的先进性。特别是所采用技术功能的先进性，有关技术参数、费用参数，技术的市场生命周期；所采用技术的成熟程度，是否经过中试、小试；与同类技术或相近技术的功能、技术参数、费用参数、市场生命周期等相比较，是否可能形成某些技术优势。

（4）特许资源的可保障程度。特别是所需的资金、原材料、社会关系、特殊人才、营销渠道等能否满足项目启动的要求；所需资源种类的最小范围；创业者已经掌握了哪些资源，哪些资源必须是创业者内部组织的一部分。另外，能否控制非己有资源；所需的资源是否存在可替代品，特别是不同品质的替代品。

（5）财务效益与股东回报。项目整体收益是股东收益的源泉，评估者主要关心三个方面：一是项目的整体收益，即该项目可能实现的利润及其利润成长前景；二是股东回报，即投资者可能得到的收益；三是创业者自己可能得到的回报。

投资人眼里的优秀创业计划书

你必须有一份创业计划书来打动投资人，但仅仅依赖创业计划书本身——不管写得多么好都不足以吸引对方。投资人的最终决定取决于许多其他因素：整个经营团队及其过去的纪录，你要销售的产品，你的竞争优势和所处的市场等。就其本身来说，创业计划书就像汽车引擎，离了它车子就发动不了，但单靠引擎也没法开动车子，这是你必须从一开始就要意识到的问题。当 VC 寻找投资机会时，它们所期待的是：

具有良好纪录的管理团队。

是的，这意味着他们不会投资给没有经验的人，但如果没有人投资的话你就很难获得经验，这就是现实。如果你的问题症结就在这里，那就去找天使投资人或家人朋友。

具有竞争优势的独特产品。

实体产品的发展前景比服务型产品更容易预测，这是 VC 很少对服务业产生兴趣的原因。当然也有特例，如大受市场欢迎的 DVD 租赁上门服务公司 Netflix。

合理估值。

用你的计划融资额除以用于交换的股份比例。比如，想用公司 50%的股份交换 500 万美元资金，意味着你认为自己的企业价值 1 000 万美元。太离谱的估值会让投资人觉得你不切实际。

一份清晰的投资协议。

向律师咨询这一投资交易的合法性，包括用多少股份交换多少资金，还有日后融资中预计出现的股权稀释等情况。

此外，VC 可能还会对其他一些情况感兴趣：

① 有可能在三到五年内将公司价值提高 100 倍，不管现在值多少钱。

② 投资额至少在 300 万美元的创业计划书，事实上越多越好。必须在创业计划书中表现出对资金需求有认真规划，而且确实需要这么多钱。

③ 有其他投资人准备一起投资的创业计划书。VC往往觉得人越多越安全，所以他们通常不喜欢成为交易中的唯一投资者。

④ 明确的退出方法。投资人希望看到你已经提前做好了安排，让他们能在交易中拿回自己的钱并获得回报。

资料来源：Tim Berry[①].投资人喜欢什么样的商业计划书[J]. 金笙译. 创业邦, 2009(4).

本章小结

创业计划书被认为是创业者为了吸引投资家的创业资本而制定的一份报告性文件。创业计划书的类型主要有三类：争取风险资金投入的创业计划书、争取他人合伙的创业计划书、争取政府支持的创业计划书。撰写创业计划书可以从书面上对企业或者创业团队的整体状况进行审视，为战略的整合和设想提供一套有效的模板，同时创业计划书也是创业企业获取外部资源的主要工具。

所有的创业计划书均应该以执行摘要开始，正文的其他部分应该包含：行业背景和企业目标、市场营销分析、竞争分析、开发生产和选址、管理团队、财务计划与预期、风险因素、收获与回报、时间表和里程碑、附录。

风险投资家评价创业计划书的视角和标准就是：商业计划必须从一开始就吸引人；管理团队以及市场机会的价值是两项关键的投资要素；对财务预期及回报策略冷眼观察。在撰写创业计划书的过程中需要注意商业计划书的结构和体例，同时还要避免出现一些创业计划书不应出现的错误。

重要概念

创业计划　投资　执行摘要　愿景　使命

讨论案例

一份商业计划书只需要一页纸

"创业初期我也经过无数次的失败，后来才知道我讲了太多大而空的概念"，其实，"创业中最重要的是要学会做减法，学会聚焦。"正如奇虎360董事长周鸿祎所感慨的："市场瞬息万变"，值得用几个月写一份"完美"的商业计划书吗？如果说"梦想照进现实，只有一步之遥"，一份商业计划书只要一页纸也就够了。在商业启蒙思想家马克·范·艾克（Marc van Eck）和艾伦·林豪思（Ellen Leenhouts）看来，简洁明了、重点突出的商业计划书比冗长繁芜的更实用。

[①] Tim Berry是entrepreneur.com网站"商业计划书"栏目的教练，也是硅谷知名科技公司PaloAlto Software Inc.的总裁，该公司提供业内领先的商业计划书写作软件。

不仅初创的人没有时间和资金去制作浩繁的商业计划书，风投、天使投资人和金融机构也更偏爱简洁风格。一是因为根本没时间研读动辄百页的长篇大论；二是一份最优秀的商业计划书只要几段或几句话阐明市场机遇和如何从中获利就足够了。战略规划并不是要预言将来要发生什么事，它只是一种思考的工具，思考为了取得未来的结果应该做些什么。在《一页纸商业计划》一书中，作者马克和艾伦介绍了一种极具创新型的使公司快速成功的工具。

"如果你不知道自己的目的地在哪儿，你很有可能中途迷失。"一如劳伦斯·彼得所言，有别于传统的复杂、耗时、累人的流程，OGSM方法不但简化了流程，还不受国界及文化的限制。从实践来看，马克和艾伦不但多次成功地将OGSM方法推广到不同的公司（比如，宝洁、恩德莫），OGSM还像一门通用的语言，将形式和内容完美地结合在一起。"从悉尼到马德里，从孟买到洛杉矶，公司的员工都乐意使用它。"正如恩德莫CEO贾斯特·斯毕所评价的，这就是OGSM方法的强大之处。

OGSM方法是"勇者的游戏"。马克和艾伦将Objective（目的）、Goal（目标）、Strategies（策略）和Measures（方法）整合在一张纸上，用四步打造出一份可靠的商业计划书。从实践来看，OGSM方案虽短小却很精悍，不但"几乎让你忘了过程中那些痛苦的抉择和艰难的讨论"（伊莎贝拉·斯宾德勒-雅各布斯语），OGSM方法还能起到监控的作用，监控你是否在正确的方向上前进，以及你的行动计划是否完成了预期的目标，并帮助你及时地作出调整，确保你的策略清晰、明确、易于实施和分享。

"在开始构思商业计划之前，准确的商业品牌定位和深入的商业分析至关重要。"正如马克和艾伦所言，"我们热爱OGSM，不仅因为它实用性强，更因为它能让你掌握主动权。"一个可靠的、有差异性的定位不但能为企业的经营策略指明方向，好的定位还为计划的实现掌舵护航。在《一页纸商业计划》一书中，马克和艾伦用丰富的案例、多年的实践，手把手地教你理解并掌握OGSM方法，最终打造出专属的OGSM方案。

"保守的思维关注'有什么'，有远见的思维更注重'可以做什么'。"一如爱德华·德·波诺所言，制定战略规划就是要做出选择，选择想要实现的目标及实现的方式。选择越清晰，决策也就越具体。在制定OGSM方案的过程中，马克和艾伦创建了一个确保OGSM方案更加实用的方法，其中，在"怎样做什么"中，成熟的目标、策略和行动包括两个部分：一是"做什么"，二是"怎么做"。而"怎么做"远比"做什么"更重要，这就是OGSM战略的实质——敢于选择。

长期目标既是企业的定性目标，也是制定OGSM方案的方向。一个切实可行的长期目标不但要有明确的发展方向，还应兼具"合情合理"与"野心勃勃"的特性。反之，"如果你不知道自己的目的地在哪儿，你很有可能在中途迷失"（劳伦斯·彼得语）。当然，制定计划的最终目的就是实现计划，对OGSM方案来说也是如此。所以，不但要把长期目标量化转换成短期目标，在执行中还要不断地审视短期目标，以确保实现方式确实促进了目标的实现。

尽管制定OGSM方案应综合考虑各方面的因素，但专注于较少的策略是更明智的选择。实践证明，选择性策略最多制定5项，少于5项更好。所以，在OGSM方案的表格中，马克和艾伦并未将短期目标与每个策略一一对应。为了使商业计划书清晰明确，在

《一页纸商业计划》中,他们不但建议用"具体"(Specific)、"精选"(Selective)、"长久"(Sustainable)、"协调"(Synchronized)和"充分"(Sufficient)这一"5S 标准"来审视各项策略,还以一个真实的案例及三个虚拟的案例使我们更准确地理解 OGSM 方案,以帮助我们打造专属的一页纸商业计划书。

资料来源:刘英团. 一份商业计划书只需要一页纸[J]. 现代国企研究,2017(9).

讨论题:

一份商业计划书只需要一页纸,你认可这一观点吗?为什么?

思考题

1. 你觉得创业计划书的核心内容有哪些?
2. 撰写创业计划书需要花费大量的时间和精力,需要做很多辛苦的工作和调研,但为什么创业者还是需要写它呢?如果不写创业计划书,直接开始创建企业会有什么弊端?
3. 有人说创业计划书只是一系列的假设,按照创业计划书执行并不一定会成功。那么你认为怎样才能使创业计划书最大程度地发挥作用呢?

参考文献

[1] 贺尊. 商业计划书的撰写价值及基本准则[J]. 创新与创业教育,2012(5):77-79.
[2] 史琳,宋微,李彩霞等. 量身定制商业计划书[J]. 价值工程,2013(10): 182-184.
[3] 埃里克·莱斯. 精益创业:新创企业的成长思维[M]. 北京:中信出版社,2012.
[4] 布鲁斯 R.巴林杰. 商业计划书[M]. 北京:机械工业出版社,2016.
[5] 朗宏文,安宁,郝婷. 创业管理——理论、方法与案例[M]. 北京:人民邮电出版社,2016.
[6] 张玉利,陈寒松,薛红志等. 创业管理(第四版)[M]. 北京:机械工业出版社,2016.
[7] 邓立志. 商业计划书——原理与案例分析[M]. 北京:机械工业出版社,2015.
[8] 杨春华,熊勤竹,莫琼玉等. 创业投资项目评估相关问题研究[J]. 合作经济与科技,2015(3): 66-67.

第7章 创业资源的整合

未来的竞争,不再是产品的竞争,也不再是渠道的竞争,而是资源整合的竞争,是终端消费者的竞争,谁能够持有资源,持有消费者用户,不管他消费什么产品、消费什么服务,你都能够盈利的时候,你才能够保证你的利益,才能立于不败之地。

——马云

学习目标

- ✓ 了解创业资源的类型
- ✓ 掌握创业所需的基本资源及获取途径
- ✓ 了解创业资源整合的内容及方式
- ✓ 了解创业资源拼凑观
- ✓ 理解创业资源整合的过程及控制

引导案例

资源整合——站在巨人肩上创业

初见王亚宏,给人的感觉低调而严谨,而当打开话匣子后,王亚宏阳光而健康的个性特点便表现出来。他只对外传递出一个信息:我一直在创业的路上。虽然艰辛而曲折,却不肯停下追梦的脚步。

自我实现始于创业

王亚宏高校毕业后被分配到单位没多久,就因为单位效益不好而下岗,后来虽然找了其他工作,可王亚宏却觉得很清闲。他想,年轻人不能再这样耗下去了,必须做有意义的事。于是,创业的念头自然而然萌发了。打定主意创业后,王亚宏便开始找项目,生物专业毕业的他敏感地意识到生物领域将在未来成为新兴行业,通过对专业的了解和市场的调查,王亚宏把眼光聚焦在了多肽合成上。

于是,王亚宏倾尽所有积蓄开始创业,经过几年筹划,2004年,蓝晶生物科技——这个致力于多肽系列产品合成方法和制备工艺等的技术引进、吸收和创新的高科技企业诞生了,公司主要从事高纯生物活性多肽系列试剂的规模化合成、修饰和制备,多肽原料药、多肽库产品、保护性氨基酸、固相合成树脂、合成试剂等产品的生产，提供多肽（多肽药用原料）客户定制合成服务和药品报批服务，建立了可以同时进行多条多肽并行合成的现代化快速生产线及配套的质量控制、纯化设备及相关生产车间。

创业之初的艰难让王亚宏记忆犹新："那时候，身上已经没钱了，实在找不到亲朋好友借钱了。那个冬天，我在街道上打投币电话借钱，最后，终于有个朋友答应借钱。"那一刻，虽然冰天雪地，但王亚宏的心里却充满了暖意……是这些短暂却重要的情感暖流，支撑着王亚宏坚定于创业之路，开始自我实现之旅。

经过几年打磨，从申请专利到资金到位，王亚宏完成了公司的初步框架。公司的产品由于成本低、质量好，在高校和科研单位受到广泛的好评。王亚宏希望能进一步把产品从国内市场推向海外。

资源整合聚合能量

资源是创业必不可少的关键元素，创业者整合资源能力的大小基本上决定了创业的成败。王亚宏将有限的资金都投入了创业，但显然，这对一个所谓"富人玩的行业"来说是远远不够的，于是，整合高校和多方资源成为王亚宏创业制胜的法宝。

做多肽合成的研发，需要一些昂贵的实验设备，这对于蓝晶生物科技这样的初创企业来说，实在难以企及。没有好的实验设备，小公司怎么搞研发？王亚宏想到要整合社会各种资源。"高科技企业的发展必须把科研开发放在首位，"王亚宏说。于是，公司与西安多个高校共同建立实验室，使用他们的仪器资源来共同从事科研开发，这样既节省了研发成本，也有利于新产品更快更好地推出。

其实，与高校合作并不仅限于在仪器的使用上，更主要是在人力资源和技术领域的有效开发。高校拥有众多的专业人才，包括一些权威博导，他们在技术研发上具有一定的前瞻性和实践性，王亚宏经常抽空与他们探讨科研上的问题。虽然王亚宏对有些深奥的问题并不太懂，但他一定会记在心上，回家之后查阅资料，彻夜研读，深入理解问题，等下次再和教授们探讨时就会受益匪浅，而教授们也容易得到新的启发。从这个层面上来看，王亚宏具有很强的学习能力和钻研精神。分享将人脉资源有效整合产生的巨大生产能量，给蓝晶生物带来了企业的高速健康发展机遇。

公司负责市场和科技成果的产品化、市场化，而高校有试验条件和设备，有先进的理论知识，负责产品的研发。王亚宏认为，对小企业来说，这是较为理想的产品研发方式。

企业寻求高校合作技术创新，是行为目标不同的两类组织之间寻求优势互补情况下的理性选择，是高校与企业利用各自的要素占有优势，分工协作共同实现一项技术创新过程的行为。就企业而言，不仅可以发挥企业对市场需求熟悉、开发转化应用能力强的优势，而且可以发挥企业有一定的资金投入优势、项目选择符合市场需求的优势；同时企业可以利用高校知识聚集的优势，减少在基础研究和应用研究环节的投入，从而降低企业技术的创新风险。就高校而言，可以发挥高校基础研究力量雄厚的优势，最终减少、降低项目的技术创新风险，提高技术创新的可靠性和成功率。将不同行为目标的组织通过技术创新合作融为一体，可以互相抵消技术创新中的大多数风险。

可见，企业整合高校资源的合作技术创新行为，是加快技术创新过程，抢抓市场机遇，促进企业竞争能力提高的一种有效形式。

资料来源：节选自"孙嘉. 资源整合：站在巨人肩上创业——访西安蓝晶生物科技有限公司总经理 王亚宏[J]. 科技创业，2008，82(6)：56+69-70."

创业是在资源的高度约束条件下追逐机会、创造价值的过程。资源短缺会贯穿创业始终。有效获取资源，让自己像磁铁般将资源方吸引过来为自己所用就是伴随创业者整个创业生涯的基本功[1]。成功的创业型企业家擅长定位和获取创办公司的资源。他们需要资金、人才和智力等来开拓和发展业务。他们通常擅长讲有说服力的故事，以引起人们对他们事业和公司发展潜力的关注。他们利用说服技巧来及时获取所需资源。

7.1 创业资源的概念及类型

7.1.1 创业资源的概念

1. 创业资源的定义

创业是发掘机会，并组织资源建立新企业，进而创造新的市场价值的过程。对于新创企业来说，占有和获得关键资源是新企业最终实现价值创造的必要条件[2]。资源基础理论（resource-based theory，RBT）认为，企业是一组异质性资源的组合，而资源是企业在向社会提供产品或服务的过程中，所拥有的或者所能够支配的用以实现自己目标的各种要素以及要素组合。

创业资源是企业创立以及成长过程中所需要的各种生产要素和支撑条件，不仅包括企业在创业前、创业中，还包括企业在创立后投入和利用的资源。对于创业者而言，只要是对其创业项目和新创企业发展有所帮助的要素，都可归入创业资源的范畴。创业资源对于创业活动的重要意义不仅仅局限在单纯的量的积累，创业过程也是各类资源的重新整合以支持企业获取竞争优势的过程[3]。

2. 创业资源在创业过程中的作用

创业资源是企业生存和发展的重要因素。资源本位论认为，企业在创立过程中，率先占有的资源，对企业的发展将形成优势壁垒[4]。创业过程一般可以分为企业创立之前的机会识别以及创立之后的成长两个阶段，那么创业资源在每个阶段中是如何发挥作用的呢[3]？

（1）机会识别过程。机会识别与创业资源密不可分。从直观的含义上看，机会识别是要分析、考察和评价潜在的创业机会。柯兹纳（Kirzner，1973）认为，机会代表着一种通过资源整合及满足市场需求以实现市场价值的可能性。因此，创业机会的存在本质上是部分创业者能够发现其他人未能发现的特定资源价值的现象。例如，在同样的产品或者盈利模式下，一些人会付诸行动去创业，另一些人却往往放任机会流失；一些人会经营得很成功，而另一些人却会遭受损失。对后者来说，其失败往往是缺乏必要创业资源的缘故[5]。此外，企业在创立过程中，资源类别对企业创业绩效将有重要影响，不同类别的资源对创业绩效的影响是不同的。企业拥有的其他企业所没有的竞争性、异质性资源，可以提高企业的绩效[6]。

（2）企业成长过程。在企业创立之后，一方面，创业者仍需要积极地从外界获取创业资源；另一方面需要将已经获取的创业资源加以有效整合、利用，以实现资源效用的最大化。这种资源效用的最大化，并非简单的各项资源各安其位，各司其职，而是能够通过重新整合规划，创造企业独特的核心竞争力，实现企业在市场上的竞争优势。资源整合对于创业过程的促进作用是通过创业战略的制定和实施来实现的。丰富的创业资源是企业战略制定和实施的基础和保障，同时，充分的创业资源还可以适当校正企业的战略方向，帮助新创企业选择正确的创业战略[3]。

7.1.2 创业资源的类型

从分类学的角度来看，所谓分类就是指一个对事物进行认识、区分、理解的过程，可以按照不同的目的对事物进行分类。早期的学者将资源分为三种类型，即物质资源（存货、设备）、财务资源（资金、贷款）、人力资源（劳动力、管理者）。资源基础理论（RBT）强调资源的异质性和独特性，因此，这些资源演变为描述更加细致的组织资源（技能和知识的结合）、技术资源（技术诀窍）和声誉资源。Brush 等学者提出了突出创业者重要性的一种资源——社会资本，又称网络资源或关系资源[2]。

李家华等人在《创业基础》一书中，给出了五种常见的创业资源分类视角[3]。

1. 按创业资源的来源分类

创业资源按其来源可以分为自有资源和外部资源两大类。其中自有资源指的是创业者或者创业团队自身所拥有的可以用于创业的资源，如自有资金、技术、创业机会信息等。而外部资源则是指创业者从外部获取的各种资源，包括从朋友、亲戚、商务伙伴或其他投资者那里筹集到的投资资金、经营空间、设备或其他原材料等。此外，自有资源的拥有情况（特别是技术和人力资源）会影响到外部资源的获得和运用。

2. 按创业资源的存在形态分类

从创业资源的存在形式上来看，包括有形资源和无形资源。有形资源是指具有物质形态的、价值可以用货币来度量的资源，如组织赖以存在的自然资源和建筑物、机器设备、原材料、产品、资金等。无形资源是指具有非物质形态的、价值难以用货币精确度量的资源，例如，信息资源、人力资源、政策资源以及企业的信誉、形象等。其中，无形资源往往是撬动有形资源的重要途径。

3. 按创业资源的性质分类

根据创业资源的性质，可将其分为六种资源，分别是物质资源、声誉资源、组织资源、财务资源、智力和人力资源和技术资源[7]。

(1) 物质资源

物质资源是指创业和经营活动过程中所需的有形资产，如厂房、土地、设备等，有时也包括一些自然资源，如矿山、森林等。

(2) 声誉资源

声誉资源是一种无形资产，包括真诚、信任、尊严、同情和尊重等。在良好的商业关系中，声誉是商业运营成功的决定因素，比任何有形资产都尤为重要。

(3) 组织资源

组织资源通常包括组织结构、作业流程、工作规范和质量系统这四类。组织资源指组织内部的正式管理系统，包括信息沟通、决策系统以及组织内正式和非正式的计划活动等。一般情况下，人力资源要想更好地发挥作用需要得到组织资源的支持，企业文化的培养也需要良好的组织环境。由于创业过程通常被解释成组织的形成过程，所以对创业企业来说，组织资源是一类具有标志性意义的资源。

(4) 财务资源

财务资源一般包括资金、资产、股票等。对创业者来说，由于缺乏抵押物等多方面原因，难以从外部获取大量财务资源，因此，创业者的财务资源主要来自个人、家庭成员和朋友。

(5) 智力和人力资源

智力和人力资源包括创业者本身与创业团队的知识、训练、经验等，也包括组织及其成员的专业智慧、判断力、视野、愿景，甚至是创业者本身的人际关系网络等。因为创业者能从复杂多变的创业环境中看到市场机会，以及本身所具有的价值观和信念，成为新创企业中最重要的人力资源。换言之，新创企业之间的竞争实际上可以总结为创业者个人之间的竞争。人力资源中包含的社会资源，主要是指由人际和社会关系网络构成的关系资源。社会资源使得创业者有机会接触大量的外部资源，可以透过关系网络降低潜在风险，从而加强合作者之间的信任，所以社会资源对创业活动非常重要。

(6) 技术资源

技术资源通常有关键技术、制造流程、作业系统、专用生产设备等。技术资源区别于智力和人力资源的是，后者主要体现在个人身上，会随着人员流动而消失，而技术资源大多与物质资源相结合，因此可以通过法律手段来进行保护，从而形成企业的无形资产等资源。

4. 按创业资源对生产过程的作用分类

创业资源还可以按照其对生产过程的作用来进行分类，包括生产型资源和工具型资源。生产型资源可以直接用于生产过程或用于开发其他资源，如物质资源，像机器、汽车或办公室等，被认为可直接用于生产产品或提供服务；工具型资源则被专门用于获得其他资源，如财务资源，因其具有很大的柔性特征，所以可被用于获得其他资源，如用来获得人才和设备。产权型技术可能是生产型资源，也可能是工具型资源，需要按照其依存条件来进行判断，如果依赖于个人则可能是工具型资源，如果以专利的形式存在则可直接用于生产过程。需要注意的是，个人的声誉资源和社会网络对新创企业来说，也属于工具型资源。市场资源有时也可以用来吸引其他资源,因此也将其归为工具型资源[3]。

5. 按创业资源在创业过程中的作用分类

学术上通常将创业资源划分为两类,一类是运营性资源,主要包括人力资源、技术资源、资金资源、物质资源、组织资源和市场订单等资源。另一类是影响新企业生存和发展的战略性资源,主要指知识资源。知识资源是企业生产、竞争的关键所在,企业组织工作的重大任务就是战略性地开发并利用知识资源,从而为企业带来持续而深远的影响。由于存在新企业的高度不确定性以及创业者和资源所有者之间的信息不对称,因此知识资源可以有效促进获取和利用运营资源。

另外,还有学者从其他视角对创业资源进行了分类。Wiklund 和 Shepherd 依据资源的类别,认为创业资源可划分为资产型与知识型资源两大类。资产型资源主要指投入的以资产形式存在的资源,包括金融、物质、人力、技术和市场资源。知识型资源是指企业对有形资源进行整合和转化的资源,企业的技术和产品的知识产权、品牌等以知识形式存在的资源都属于知识型资源。另外,企业制定的规章制度、方针政策、战略规划等也都属于知识型资源[8]。

我国学者蔡莉和柳青将创业资源归纳为六种类型,如人力资源、物质资源、技术资源、财务资源、市场资源和组织资源,其中人力资源定义比较宽泛,又可以进一步细分为智力资源、声誉资源和社会资源三种[2]。

创业公司所需要的三大核心资源

对于初创公司来说,这是最好的时代也是最坏的时代。要想创建一家公司远比以前要容易得多。但也正是因为这么多初创公司的存在,创业公司要想幸存下来又比之前变得艰难得多。在这个竞争激烈的时代,资源的争夺也愈加激烈,创业公司难以找到足够的资源来支持自身的发展。创业公司要想生存下去,需要以下这三个核心资源:**资金、人才和用户**。

最近,AngelList 公司对使用过他们服务的创业者进行了一次调查:什么资源是创业公司最需要的资源以及获得这些资源的难易程度。调研结果显示,大多数初创公司目前都处在"饥荒"状态。初创企业的需求排行如下:

1. 人才
2. 募资
3. 顾问
4. 社交媒体营销
5. 媒体
6. 联合创始人
7. 董事
8. 销售人员
9. 公关
10. 办公室、律师、会计

在过去,募资是最大的需求,而在今天,招募人才是最大的需求,在招募人才、融资之后,顾问是初创公司的另一大需求,之后是社交媒体营销也就是对大量用户的需求,这之后就是联合创始人。

这是一个有趣的现象,尽管创始人位列这个需求列表的中下端,但实际上,这也表明了创业公司在招聘人才上面临着很大的困难。AngelList 创始人 Ravikant 表示,在目前普遍存在泡沫的大环境下,当你不得不扩大你的创始团队时,就会发现招募人才变得越来越困难。这在互联网的历史上有着惊人相似的一幕。Epinions,1998年创建,曾经有5个联合创始人,这主要就是因为在当时的环境下,如果不给那些应聘者"联合创始人"股权,就很难招到所需要的早期员工。

资料来源:节选自"Tim Devaney, Tom Stein.《创业公司所需要的三大核心资源》. 乔立蓉编译. 创业邦. http://www.cyzone.cn/a/20121113/235212.html, 2012年11月13日"。

7.2 创业资源整合的内容及原则

古人云:能用众力,则无敌于天下矣;能用众智,则无畏于圣人矣。创造性地整合内外部资源是创业者应具备的一项核心能力,创业资源整合可以遵循一定的规律和原则。首先,我们需要了解一下创业资源整合的内容有哪些。

7.2.1 创业资源整合的内容

一般而言,新创企业的资源整合可以从行业及市场资源、大数据资源、人力资源和财务资源等方面展开。

1. 行业及市场资源整合

新创企业在发展的过程,依靠与企业外部上下游资源,与企业外相关行业、相关业务进行资源的整合,可增强自身竞争实力。因此,创业者应充分了解某行业,掌握该行业关系网,如业内竞争对手、供货商、经销商、客户、行业管理部门以及技研机构、行业协会、行业杂志、行业展会等,这些对于创业来说都很重要[9]。在互联网经济时代,这个规律仍然不变。滴滴与快的"联姻"、58同城和赶集网的合并等现象的出现都让我们看到了企业在整合行业及市场资源中所做的探索和努力。在市场竞争日渐激烈的今天,新创企业应该善于利用多方资源,及时认清行业及市场形势,用竞合关系替代竞争关系,通过与上下游企业甚至竞争对手的合作,实现行业及市场资源的有效整合,从而最大化地利用企业内外部资源,开拓更大更广泛的市场,降低成本以增强企业的竞争力。

2. 大数据资源整合

近年来,大数据已全方位进入经济社会和人们的生活当中。比如,我们经常用到的滴滴打车,其给我们每一次的派单都是基于对滴滴平台上大数据的计算和利用(滴滴平台上每天新增数据量是70TB+,每日处理数据2 000TB,每日路径规划90亿+)。随着相关技术的快速发展,数据的可获得性和流动性也在持续改善,例如,分布式存储和分布式计算技术的成熟,使得大量的数据源存储成本快速下降,应用成本大大降低,1TB的存储成本,30年前需要16亿美元,现在只需100美元。一边是新的有价值的数据源不断产生,另一边是数据管理的基础设施和技术也越来越完善,这其中就萌生了许多大数据应用的新机会,如果能在有数据源的领域找到好的商业化应用场景,并切入进去,那么就是好的创业机会[11]。

成立于 2013 年的海致公司正是凭借对大数据资源的高效整合利用，实现了企业的快速成长，估值已超过 2.5 亿美元，是中国目前估值最高的大数据创业公司。海致公司旗下的大数据平台 BDP 能够提供涵盖数据抽取、整合、计算、可视化分析等多个环节的一站式数据分析服务，这样的产品服务形态在国内大数据服务领域独树一帜，拥有包括中国联通、招商银行、雀巢、华联、康佳集团等在内的 3 000 家企业客户。

3. 人力资源整合

创业企业的人力资源整合可以从创业者个人的人脉资源和外部人才资源两方面着手。

在创业过程中创业者的人脉资源是第一资源，拥有各种良好的人脉关系，有助于创业者方便地找到投资、找到技术与产品、找到渠道等各种创业机会。整合人脉资源可以说是创业成功的基本条件。例如，北京六合万通微电子技术有限公司创始人寿国梁用 18 年时间在自己喜欢和擅长的专业领域聚集了大量的人脉资源。因而在创业伊始，寿国梁就聚集组合成了一个梦幻般的创业团队，几位创始人在运作公司和技术研发上各有所长，很快就使公司成为无线通信大规模集成电路设计及系统开发领域的佼佼者，作为中国宽带无线 IP 标准工作组和信息设备资源共享协调服务标准工作组（IGRS、闪联）的成员之一，独立承担国家科技部 863 计划项目。六合万通创业团队的组建和企业的快速发展都与创始人寿国梁对人脉资源的有效利用密切相关。在寿国梁看来，聚集大量人脉资源就意味着找到了资本，找到了技术与产品，找到了渠道等各种创业资源[10]。

利用"外脑"，创造吸引人才、留住人才的企业环境，是新创企业发展中面临的迫切任务，有效整合人才资源能够为企业实现可持续发展提供内在动力。成立于 2000 年的上海中科合臣股份有限公司，在经营中曾处在一盘散沙状态，甚至到了濒临破产的边缘。后来，通过引进培养了以姜标为代表的一批具有专业知识的高层次复合型科技领军人才，组建起一支完整的科研开发队伍，建立了一套完整的、均衡发展的产业化体系，并开发出一系列高科技产品，挽救了企业并使之走上了高新技术产业化之路。把人才战略作为企业发展的重点，求才、爱才、育才、重才，用事业发展吸纳高科技人才，用高科技人才牵引高新技术产品开发，从而形成了一支支撑企业发展的高素质的优秀人才队伍是中科合臣成功的秘诀。因此，新创企业应根据自身发展，建立起一套人才资源规划体系：其一，建立起完善的激励体系，善于用奖惩制度去激发员工的潜能；其二，建立起培训机制，培养人才，同时也让人才在企业里发挥其最大的潜能从而为企业做出贡献；其三，善待员工，让员工有一种家的感觉，这种善待，既包括精神上给予人才的满足，也应配套给予物质上的奖励；其四，要量才而用，取人之长，避人之短；其五，人员分工尽可能明确，但可根据职务的重要与否适当地兼职；其六，引入外部力量，如培训班等来协助你快速找到自己所需要的人才[11]。

4. 财务资源整合

财务资源整合是资源整合的关键环节，财务资源整合要理顺创业企业内经济关系，加强内部财务资源的整合与共享。财务资源整合的目的在于既要合理合法地辨识企业中的各项财务资源，又要快速调动企业的财务资源，实现资源整合优势和协同优势。

正确的控制和管理财务资源将有助于增加企业的销售额,并使得公司能够从中获得利润。财务资源随着行业、组织以及商业类型的不同而不同:是服务还是产品、是新经济还是传统经济、是分销商还是制造商。作为一个创业者要决定哪些是对企业至关重要的关键点,首先要考虑公司大部分的收益、资金来源于何处以及花费于何处,通俗地说,就是要了解钱的"来龙去脉"。例如,是否更多的收入被用来购买原材料或支付工资,是否更多的现金流被存货、应收账款或资本支出占用,使用什么样的指标和利润率作为公司现在和未来成功的标志等。

7.2.2 创业资源整合的原则

创业资源整合必须集中、明晰地围绕某一目标进行,把分散的资源和各种不同的方法纳入一个统一体中,体现出诸要素之间的合成能力,通过对所需的资源予以组合,以及对资源、方法的有效配置、有序调度,使之形成整合力。相关专家通过企业管理实践经验总结了企业资源整合的四性原则,即目标性、系统性、经济性和对立统一性。

1. 目标性

企业资源整合体现出来的是一种多要素之间的合成能力,通过配置、排序,组织起实现目标所需的各项资源、方法的有效利用,在整合过程中,其核心是目标,只有明确了目标,才能产生整合的效果。因此,明确目标性是企业资源整合的第一性原则,企业资源整合必须围绕某一目标而进行。只有明确了目标是什么,整合才具有部署的方向,才能取得最佳效果。否则,资源的配置常常是顾此失彼、脉络不清,各种资源、方法未经筛选,难以达到整合的有序性,更谈不上产生整合的效果,最终将会偏离整合的目标,无端浪费资源,从而给企业造成危害。

确立目标是企业资源整合最重要的原则,但要注意的是,目标的确立并不是随心所欲的,需要确立以下三个条件:其一,是企业能力、企业资源力所能及的,各项能力、各种资源的配置必须满足目标要求;其二,围绕目标而进行的资源整合能形成企业能力、企业资源的整合优势;其三,能够体现整合的目标价值。也就是说,如果企业资源整合无法达到目标要求,无法形成实现目标的优势能力,则需考虑降低目标期望与目标设置。

2. 系统性

新创企业的各项资源往往是零散的、分离的,一旦锁定目标之后,就要把各项资源纳入一个为目标服务的整体之中。所谓资源整合的系统性,就是要把本来分散的资源有所取舍,通过有序的配置,体现出为目标所用的整体效果。整合的系统性要求注重各项资源、方法之间的有机联系。要注意整合过程中容易出现的四个问题:其一,虽然进行了整合,但只是局部的整合,没有整体的整合,使得各部分之间不协调;其二,整合过程中,材料的筛选是盲目的,使融入整合的许多资源都不能体现出资源的有效价值,资源整合不经济;其三,因为缺少了必须具有的资源项目,整合不够完整;其四,最主要的一点,偏离了目标方向,或离目标太远。

由此,我们可以看出,创业资源整合不是一个部分,而是整体,一切资源、方式的取舍、配置，都必须服从整体需要。基于这样的认识，我们得出整合的系统性的两个结论：第一，重视企业资源的统筹兼顾，各资源、方法之间是多元的有机联系，而不是彼此分割的，注重思维的整体和连贯性；第二，强调资源整合的有序性，避免出现错序和倒序，重视各资源、方法之间的横向有序和纵向有序，并根据目标实施的轻重缓急，予以有序调度，以达到整合的效果。

米老鼠是迪斯尼的象征，迪斯尼公司以深受人们喜爱的米老鼠作为形象，将分散的资源如迪斯尼乐园、玩具制造等予以组合，充分利用其不可替代的文化资源，作为一个整体推出了一系列产品进行销售。同时，迪斯尼在销售产品时又销售了文化，销售着对生命的感悟，那就是：机智、善良、积极、乐观。在它们的表现形式上都有着惊人的一致性，每一件产品都以同样的价值观传递给消费者，而正是因为这一切使迪斯尼公司稳固确立了其在家庭娱乐界的地位。

3. 经济性

说到整合的经济性，首先要知道，新创企业的资源是有限的，甚至是匮乏的，如何使有限的资源发挥出最大的效果，这就需要在整合的过程中，注重资源的可利用性。把握好整合的"度"，即"分寸"，是整合的经济性的第一要求。在进行整合的思维时，为提供更多的决策选择，相关的资源和信息当然越多越好，但在解决问题时，只要能够达到目的，则资源利用的成本越经济越好。

在实际运作中，很多人在思考问题和工作时，往往抱着宁滥毋缺、多多益善的思想，凡是资源都想抓过来用，凡是想法都舍不得放弃，使得枝蔓过多，环节过杂，这恰恰违背了整合的意义。而且，把杂乱无用的资源组合在一起，一味地进行大投入，但这样的大投入往往是没有必要的。这样做不仅使资源无序，还可能对有效资源的利用造成损害。

整合的经济性重在合理、有效、适宜，要求避免繁杂，力求资源、方法等各要素的经济性，讲求够用和适当，筛选获取好的方式，通过有效的调整、组合、配置，以更经济的方法取得最佳效果。2008年北京奥运会上李宁"飞天点火"，引发了市场对李宁鞋服的狂热追捧，自此李宁公司开始走上疯狂扩张之路。2008年，李宁的销售规模达到67亿，门店数量仅为6 245间，两年后，李宁的体量飙升到95亿，高涨42%；到了2011年，门店数量已增长到8 255间，涨幅超过32%。这样的急速扩张，以及后期门店维护花费剧涨，为日后的巨亏悲剧埋下了隐患。在渠道布局上，李宁公司采取"直营门店+加盟门店"的方式，这一方式的优势在于可以迅速抢占市场，挟制竞争对手，劣势则在于面对的是各级供应商而非终端消费者。门店渠道缺乏对消费者需求的洞察，造成市场反应慢，品牌形象与消费者认知脱节。而且多数店铺形象陈旧，运营、销售水平欠佳，导致过季产品的大量积压，一度亏损至30多亿元。由于亏损严重，危机重重，李宁不得不自救求生。回归后的李宁，亲自调整公司的转型战略，通过引入战略投资者，推出渠道、品牌和产品的全面变革计划，制订"渠道复兴计划"等一系列战略举措，创造李宁新的产品、新的渠道、新的运营方式以及新的体验，并最终于2016年上半年扭亏为盈，摆脱了持续三个财年的亏损[12]。

需要注意的是，新创企业在实现资源整合的经济性的同时，也需防止另一个倾向，即资源的过于"贫乏"。因为注重经济性，讲求"分寸"，导致该用的资源和方法也不敢用，有时为了实现目标，在整合过程中还会根据需要对资源做出适当补充。总之，要根据企业目标的实际需要来考虑整合的经济性。

4. 对立统一性

企业未经整合的各种资源、方法常常是分离的、不协调的，甚至是彼此抵触的，对立面的整合是把对立的东西，通过和谐处理、有机组合，纳入一个统一体中。世界千差万别，事物不是静止的，而是在不断发展、变化的，企业追求生存、发展，就应该解放思想、放开手脚，要看到问题貌似对立实则统一的两个方面，一些乍看对立的方式往往会互相转换，如求同与求异、分析与归纳、个性与共创等。可能在这个场合用这一种方式，而在另一个场合却用所谓"对立"的另一种方式，有时则两者共用。因此，企业资源和方法的整合不应该画地为牢，简单地排斥"对立"面，要善于分析事物的内在联系，用发展的眼光审时度势，容忍"亦此亦彼"的现象，根据实际需要，选择性地为我所用，从而为实现企业的某一目标提供更多的方法。

2007年，年营业收入只有不到5亿元人民币的京东决定自建仓储配送，最早只有10名员工，京东的这一举动震惊业内，大家纷纷唱衰京东的疯狂之举，因为这背后，是大量的基础建设与资金投入，其规模在当时的快递行业属于天量投资，这也是京东为何一直不盈利的重要原因之一。然而，有效的资源整合一剑封喉。刘强东说："京东有今天是因为敢打敢拼、肯干'傻大黑粗'的活，一不小心将其他电商企业不愿意碰的物流配送做成了京东'前端用户体验、后端成本效率'的核心竞争力，极速+良好用户体验，让竞争对手们望尘莫及。"的确，京东这一表面看来耗资巨大的举动，不仅帮助京东建立起了覆盖全国的物流体系，用"京东速度"显著提升用户满意度，还构建起了京东强大的核心竞争力，让自建物流配送带来的"京东速度"成为消费者心目中的行业标杆[13]。

需要注意的是，任何整合都不应该故步自封，而是应该围绕目标持灵活、开放的态度，面对新的情况和问题，根据企业的实际情况，采用务实的方式，注重资源整合的有效性，把多种对立纳入和谐处理的统一体中。

7.3 创业资源整合的方式

创业资源整合是一个复杂的动态过程，是指企业对不同来源、不同层次、不同结构、不同内容的资源，进行选择、汲取、配置、激活和有机融合，以形成新的核心资源体系的过程。资源整合有多种实现方式：既可以行业作为整合的主线，也可以某一项业务流程作为整合的主线。近年来，以特德·贝克（Ted Baker）和里德·纳尔逊（Reed Nelson）等学者为代表的创业拼凑观也引起了学者们的广泛关注。

7.3.1 以行业为主线的资源整合

互联网给企业造成了一个有趣的冲突：是应该扩大规模，还是缩小范围？在电子商务模式中，交易量的增加并不意味着管理费用的增加，企业也许更愿意考虑开展大规模并购，以丰富自己的产品线，为现有的用户群提供更多增值服务，更为了并购后能够充分利用彼此互补的资源。

万科链家（北京）装饰有限公司（简称万链）创立于2015年7月，由中国知名房地产开发企业万科与中国O2O地产服务商链家共同投资成立，是一家致力于解决家庭装修烦恼的创新型企业。万链集合了母公司的雄厚优势，直面家装市场"三低一高"——低质量、低信任、低服务、高风险的痛点，秉持"对客户好、说到做到"的价值观，从产品研发、服务落地、质量监控等方面重度投入，充分整合资源，用更高标准解决家庭生活中真实存在的需求，运用匠心精神制造出更好的产品，给客户提供更好的服务。

7.3.2 以业务为主线的资源整合

真正的资源整合，应该是同时基于竞争与合作的互动整合。2015年，我们见证了携程和去哪儿、滴滴与快的、美团和大众点评、58同城和赶集网这四组直接竞争的企业的合并重组。以业务为主线的资源整合帮助了这些公司在短期内实现战略和业务的重新调整，合并后的新企业也因此扩大了利润空间，迎来了新一阶段更快更健康的成长。

以滴滴和快的为例，2015年2月14日，滴滴打车与快的打车宣布合并，双方人员架构保持不变，业务继续平行发展，并将保留各自的品牌和业务独立性。促使这次合并的主要原因正如快的CEO吕传伟在内部邮件中所说的那样，"恶性的大规模、持续烧钱的竞争不可持续"。合并后，原快的打车副总裁付强带领原来的团队，开始筹备滴滴代驾业务。合并后的滴滴出行像一辆跑在快车道上的赛车，朝着平台化的目标狂奔。2016年8月1日，滴滴出行在与新的竞争对手优步长达近两年的较量后，最终同样以合并优步的方式结束了这场旷日持久的战争，新公司估值高达350亿美元。

滴滴出行先后的两次合并揭示了中国互联网市场新的规律，当竞争态势愈发激烈、互不相让的竞争对手不得不靠更强大的资本阵容和补贴抢占市场空间时，无论对于背后的投资方还是创始人来说，若想早日实现其翘首以盼的盈利能力，合并以进行新的资源整合，或许才是更好的选择[14]。

7.3.3 创业资源拼凑观

山东老家"方盒"快餐业务的成功

"山东老家"成立于1998年，是一家以经营精品鲁菜为主的知名饮食连锁企业，融汇了南北风味，现已在广东、福建、山东等地拥有几十家分店。公司在中式正餐连锁发展标准化上执着探索，致力于成为中国大众正餐第一品牌。在2013年打破行业常规，作为正餐企业首家推出面向大型会议和中高端白领的外送快餐——"方盒"。

面对大型会议和中高端白领配送快餐这一日渐增多的市场需求，"山东老家"计划新推出"方盒"这一快餐品牌。按照一般企业的常规做法，"山东老家"需要组建新的部门、招聘新的人员以及投入其他新资源来开展此项新业务，但这样就需要较长的准备周期和较高的成本投入，而且，将与传统的高档餐厅不从事快餐业务的行业"潜规则"相悖，可能对餐厅整体品牌产生不利影响。然而，"山东老家"并没有在困难面前等待和徘徊，而是敢于挑战行业的传统规则，勇于行动和尝试。2013年，他们充分依靠企业在餐饮行业多年经营中已经积累下来的原料供应、菜式出品、专业化厨师等现有资源，深入挖掘潜力，充分利用新旧业务之间的各种协同性，依托现成的内部资源，基本上不多费一兵一卒，就迅速推出了"方盒"的快餐业务。

资料来源：节选自"张建琦，安雯雯，尤成德等. 基于多案例研究的拼凑理念、模式双元与替代式创新[J]. 管理学报，2015(5): 647-656."

在面对新的市场需求时，先动企业将会获得先动优势，而踌躇不前的企业将面临后发追赶的被动局面。"山东老家方盒快餐"业务的成功告诉我们，在发现新的市场机会时，要避免"大企业病"，要善于利用自身的现有资源进行重组并充分利用相关资源，敢于挑战行业的传统规则，勇于行动和尝试，果断抓住机会，从而使企业重获生机。

1. 创业拼凑的概念

"拼凑"（bricolage）一词最早于1967年由人类学家列维·施特劳斯（Claude Lévi-Strauss）提出[15]。施特劳斯用思想上的拼凑解释社会成员如何将旧的神话元素重新组合，创造出新的神话，用物质上的拼凑解释了人们如何利用"手头资源"寻找问题的解决方案。他认为，对手头资源用途的重新审视可以深化对当地资源禀赋的认知，提升廉价、易获得资源的价值[16]。此后，"拼凑"的概念逐渐被广泛地运用于文化人类学、法律、教育学、社会学、生物学、计算机软件科学等众多学科。例如，生物学家认为基因的形成就是拼凑的结果，生物进化就是"从腿上长出翅膀，或者从下颚生出耳朵"。长期存在的普通的基因组或者基因片段，作为拼凑的基础材料，在进化过程中产生了新的功能和物种。进化经常利用同样元素，或者有所调整，在这儿或那儿改变，把不同的组件整合成新的对象，或者增加复杂度。

虽然"拼凑"是一个人类学概念，但实际上与现实中创业者的决策具有"异曲同工"之处。一般我们会认为，新创企业由于缺少合法性、相关技能以及各类资源，难以获取外部资源或依靠既有资源承担漫长、昂贵、高失败率的创新活动，因此大部分新创企业只能模仿[17]。然而，一些新创企业确实做到了创新，甚至是颠覆性创新[18]，那么是什么原因以及采取何种途径使得这些新创企业能够在创新上取得卓越成就呢？

"创业拼凑"概念的提出，可以很好地回答上述疑问[22]。创业企业通常能够重构或者富有创意地利用手头资源，突破既有资源先前利用经验的束缚，进而实现创业价值[20]。特德·贝克（Ted Baker）和里德·纳尔逊（Reed Nelson）拜访和记录了40家独立的中小企业，进行了757小时的田野调查和167次访谈，发现总有一些企业能够在很少的资源下运营并获得成长。于是，他们挑选出20家特别的企业和9家对照企业进行了为期两年的跟踪研究，发现拼凑能够很好地描述创业者资源利用方面的独特行为[21]。他们将"创业拼凑"定义为"组合手头资源并即刻行动，解决新的问题和发现新的机会"，认为创业拼凑可更加充分地解释一些创业企业是如何解决资源约束并取得成功的[22]。

2. 创业拼凑的类型

依据不同的视角和维度，创业拼凑可以细分为多种类型。目前，学者们从拼凑频率与范围、拼凑对象、拼凑动机、拼凑导向4个方面对创业拼凑进行了类型划分,如表7.1所示[22]。

表7.1 创业拼凑的类型

分类依据	类型	解释	影响
拼凑频率与范围	并行型拼凑	在多个同时执行的项目中进行拼凑,是一种持续性、重复性的多领域拼凑	采取并行型拼凑的企业的成长性无显著提高
	选择型拼凑	在个别方面或个别项目进行拼凑,通常会在一次拼凑结束之后才考虑开始下一次拼凑,是一种不连续的、具有选择性的拼凑	采取选择型拼凑的企业的成长性有显著提高
拼凑对象	物质拼凑	利用被遗忘的、被遗弃的、已磨损的或被假定为"单一用途"的材料进行拼凑	将无价值的资源转变为富有价值的资源,物质拼凑创造了新的资源投入
	人力拼凑	对项目中的客户、供应商等利益相关者进行拼凑	人力拼凑创造了新的劳动力投入
	技能拼凑	允许和鼓励业余爱好者和自学的人参与活动,技能拼凑创造了有用的服务	面对快速变化的市场需求可以迅速做出反应
	客户拼凑	调节客户的需求并建立卖方与买方间的相互责任,企业提供给顾客便宜的、非标准的产品和服务	客户拼凑为市场创造了新的客户,这些客户先前可能并未考虑过会进入该市场
	制度拼凑	拒绝标准和常规的限制,在各个规则并不明确或是并未受到限制的领域积极尝试	制度拼凑创造了"侥幸"的解决方案
	网络拼凑	利用先前存在的或建立的人际网络关系进行拼凑	网络拼凑有可能导致企业即兴创建,创业者在自己曾经从事的行业创办企业
拼凑动机	需求型拼凑	为了降低对资源提供者的依赖和资源投入成本,通过拼凑达到可接受任务的要求	以极低的资源成本满足要求,减少了资源寻找的时间,但产品可能是残次品
	构想型拼凑	识别出价值被低估的废弃资源,感知到废弃资源的优势,有目的地利用废弃资源开发新产品	通常发生在拥有丰富资源的企业,创造性地利用手头资源不会影响企业其他业务的进行
拼凑导向	资源导向的创业拼凑	以手中资源为导向,利用手边已有的资源重新组合,不考虑结果,产生创造性的结果后再去考虑是否有需求的市场	加深了对手头资源的理解,是对手头资源的创造性利用
	机会导向的创业拼凑	以市场机会为导向,利用存在的、但尚未被利用的资源提供给已完全建立好的市场,拼凑就是为了满足已发现的市场机会	以极低的资源成本满足市场需求,但产品可能是残次品
	顾客导向的创业拼凑	以顾客偏好为导向,利用普遍的资源创造性地构想出全新的服务组合,更好地满足消费者需求	满足了消费者自身此前都未意识到的需求,是一种创造需求的手段

上述创业拼凑类型的划分对我们了解创业拼凑的内涵及作用有着重要帮助，然而这些分类也并非尽善尽美，尚存在一些概念的交叉和重合。例如，客户拼凑可被视为关系网络拼凑的一个方面；顾客导向的创业拼凑与机会导向的创业拼凑、资源导向的创业拼凑存在重叠部分。如果客户偏好已知，顾客导向的创业拼凑与机会导向的创业拼凑重合；如果客户偏好未知，企业根据手中资源进行拼凑，则可以被视为一种资源导向的创业拼凑[19]。这些问题有待创业领域学者们进一步的研究和讨论。

3. 拼凑策略

受到资源限制的创业者一般有三个选择。第一，应对环境的限制，企业可以从外部寻找并获得符合标准的外部资源，以满足新挑战的需求。第二，另一些企业——包括那些尝试资源搜寻但失败了的——转而逃避新挑战。例如，拒绝新挑战，或者某些极端的例子，缩减规模或者解散。第三，采用拼凑策略，通过手头现有资源的"将就"与重新组合，去应对新的问题或者新的机会。很多新企业在创办之初都不自觉地采取了拼凑策略。

依据创业企业采取拼凑策略的时间和范围的不同，可以将拼凑策略细分为全面拼凑策略和选择性拼凑策略两类[7]。

（1）全面拼凑策略

所谓全面拼凑，是指创业者在物质资源、人力资源、技术资源、制度规范和顾客市场等诸多方面长期使用拼凑法，在企业现金流步入稳定后依然没有停止拼凑的行为。这种行为导致企业在内部经营管理上难以形成公正有力、符合标准的规则章程，在外部拓展市场上也会因为采用低标准资源而遇到阻力，使企业无法走上正轨[7]。

此外，全面拼凑的企业还表现出如下特点：往往过分重视"零碎"，经常收集储存各种工具、材料、二手旧货等；偏重个人技术、能力和经验；不太遵守工艺标准、行业规范、规章制度；也不遵守在社会网络中的传统角色，顾客、供应商、雇员、亲戚、朋友等角色都是可以互换的，并且形成了一种"互动强化模式"。创业者在每个领域都采用拼凑手段，久而久之容易被大众认定成标准低、质量次的"拼凑型企业"，一旦拼凑型企业定位形成，企业往往在同一个人际关系圈中打转，很难拓展新的市场，因而也丧失了更有利润的顾客群，阻碍了企业的进一步成长[7]。

这样凑合，顾客真的还会再来吗？

刘刚（以下简称为"老刘"）是市郊一家摩托车修理厂的老板。走进他的维修间，你会发现一个很大的库房，里面堆满了各种各样的工具、零件、废轮胎、二手引擎、汽化器、燃油泵、传动器等杂物。有趣的是，老刘总是能够从中找到他想要的东西。

有一次，一个老顾客来找他，老刘放下手中的活儿就去检查。老刘从他那堆零碎宝贝中找了个零件给客户换上，就打发他走了，也没要钱。老刘解释说，客户的排气管出了问题，他帮客户搞好了，"正常情况下要花一百多块"。问他为什么不收钱，"这点小毛病反正也收不了多少钱"。老刘又补充，"出了大问题他还是会来找我。"这种凑合有没有麻烦呢？当然有，首先坚持不了多长时间，其次增加了尾气排放。"不合标准，但是没人管"。

在老刘的店铺待了半小时,发现他会和各种各样来来往往的人打招呼。"都是朋友",老刘解释。他的雇工都是老乡,一个村里出来的。问及他的员工有没有培训,老刘说:"有啊,我做的时候他们都在看,都是我手把手教出来的。"

资料来源:节选自"王晓文,田新.《让拼凑充满创意》. http://www.ceccen.com/toutiaoxinwen/1455759110.html. 2016年2月18日"。

我们看到,很多新企业在创办之初都是不自觉地采取了拼凑策略。但是我们很容易就能判断,刘刚这样的小店很难成长为一个有前途的事业。从理论研究的角度来看,老刘的行为可以被视为全面拼凑。

(2)选择性拼凑策略

与全面拼凑的表现和效果大不相同的是另一种方式:选择性拼凑。顾名思义,选择性拼凑是指创业者在拼凑行为上有一定的选择性,有所为,有所不为。在应用领域上,他们往往只选择在一到两个领域内进行拼凑,以避免全面拼凑的那种自我加强循环;在应用时间上,他们只在早期创业资源紧缺的情况下采用拼凑,随着企业的发展逐渐减少拼凑,甚至到最后完全放弃,由此使得企业摆脱拼凑型企业的阴影,并逐步走向正规化,满足更广泛的市场需求[7]。

采用选择性拼凑方式开发项目的创业者常会采取"自我阻止"(self-arresting)策略,也就是有选择地放弃部分创业机会,而拼凑资源集中开发一个机会。因此,选择性拼凑的优点是,可以利用有限的资源来集中开发市场前景最好或成功概率最高的机会,可用于探索性机会开发,如涉及产品创新等的机会开发[22]。

摩拜:现在上坡真的不难!

2016年,拥有十年汽车科技媒体经验的胡玮炜充分利用身边的人脉资源,创立了摩拜单车。而在形形色色的共享单车大潮中,摩拜单车的用户体验一直有着不错的口碑,如车身结实、开锁方便、损坏率低等。但是,在夸赞的后面,用户们往往也会毫不留情地补上一句:"好是好,就是太重了。"事实上,"重"是第一代摩拜单车在当时的工业设计水平,是为了降低投入市场后的运营维护成本不得不做出的妥协,是初始的创业拼凑。摩拜也为了"减重"数次对车型进行更新。从初代摩拜单车,到第二代轻巧的Lite版单车,再到2016年4月发布的第三代"风轻扬"单车,摩拜单车经历了三次全面升级。2016年9月23日,摩拜单车又正式发布了新一代车型。新一代摩拜单车都重新设计了每一个车身零件,在确保安全和耐用的前提下尽可能减少每1克重量,车身强度超欧盟标准50%,而整车仅重15.5kg。也就是说,这款新车相比于第一代单车"减重"了约10公斤。

曾有顾客表示:"比起摩拜单车上坡的吃力,我还是更愿意撅着屁股去开小黄车的锁。"如果摩拜仅仅在占有一定市场份额的时候就停止不前,不对产品进行进一步的迭代和创新,它可能就不会成为如今出行领域的佼佼者了。

资料来源:节选自《摩拜发布新车型,比第一代轻了10公斤》.凤凰网科技. http://tech.ifeng.com/a/20170924/44695802_0.shtml,2017年9月24日"。

在这个例子中，我们发现了典型的将就特征。一款不完善的产品获得了用户和投资人的认同，但不影响企业发挥其速度优势，并在后续的工作中弥补产品不足。如果创业者拘泥于产品本身，也许会丧失技术上的先发优势。摩拜单车的资源通过新的整合获得了更多价值，极大地改善了用户体验，提高了用户的满意度和忠诚度，这样的做法不失为一种创造性拼凑行为。然而，如果胡玮炜继续推广难骑的共享单车，顾客会逐渐认识到产品的弊端，不但难以拓展更广泛的市场，而且会形成"摩拜单车不如ofo"、"摩拜单车属于低端企业"等现象，摩拜就会像刘刚的修理店那样走上全面拼凑的老路。但是摩拜单车没有这样做，他们不断推出升级版本，让难骑的拼凑资源逐渐成为达到质量水平的标准资源，从而树立良好的企业形象，促进企业发展。

依据创业企业的拼凑过程与拼凑方式的不同，可以将拼凑策略细分为并行拼凑策略和连续拼凑策略两类[20]。

（1）并行拼凑策略

并行拼凑（parallel bricolage）是指这样一种情形：创业者通过资源拼凑同时推进多个创业项目，当其中某个或某些项目因资源紧缺而难以为继时，就转而推进其他可用现有资源的项目，等找到新的资源或者发现现有资源的新用途以后，再继续推进先前因资源紧缺而搁置下来的项目。因此，采用并行拼凑方式，必须筹备相对较多的资源，某些项目的搁置又能腾出部分资源，甚至造成部分资源闲置。此外，并行拼凑由于把有限的资源同时用于多个项目开发，无法照顾到更具成长潜力的项目，因此，通常只能维持创业企业的生存。

今日头条：抖音+火山的快步前进

2017年，今日头条对企业内部资源进行了新一轮整合，并同时推出"抖音"和"火山小视频"两款短视频App。从目前递交的成绩单来看，两个"小兄弟"的发展还真没有辜负大哥的厚望。

2017年7月12日，国内著名的数据机构QuestMobile发布了移动互联网2017年Q2夏季报告。其中今日头条旗下的火山小视频增长超过1 488%，引人瞩目。QuestMobile的报告还显示，仅上线一年多的火山小视频用户规模已经进入行业前十。一同进入前十的还有同为今日头条旗下的西瓜视频和抖音。

2018年3月7日，根据Sensor Tower提供给虎嗅的一份最新的数据显示，抖音已持续霸占中国App Store单日下载量榜首共16天，创其上线以后保持榜首最长时间的佳绩，同时打破了自2017年年初以来其他所有非游戏类App所创下的冠军位持续天数的纪录。若把游戏类App包括其中，抖音目前的No.1持续天数仅次于《王者荣耀》去年七月初创造的18天最好成绩。另根据QuestMobile的数据显示，春节期间，抖音的日活则为6 200万，照这样的趋势发展，抖音很可能在今年实现过亿的日活。开年的局势不错，这些漂亮的数字也印证了抖音正在快速增长。

资料来源：根据"《QM报告：火山小视频增长1488%领跑短视频行业》。CCTIME飞象网。http://www.cctime.com/html/2017-7-12/1303886.htm，2017年7月12日"和"《抖音：创造了纪录，也引起了争议》。虎嗅网。http://tech.ifeng.com/a/20180307/44899224_0.shtml，2018年3月7日"整理而得。

今日头条采用巧妙的并行拼凑策略,有效地对竞争对手"快手"的发展起到了遏制作用,分得了"短视频+社交"的一块大蛋糕,也巩固了今日头条在内容创新方面的地位,进一步提升了今日头条的价值。

（2）连续拼凑策略

连续拼凑（serial bricolage）是指这样一种情形：创业者拼凑资源集中开发一个创业机会或者项目,等这个项目成功以后再拼凑资源开发其他项目。相比之下,采用连续拼凑方式开发的创业项目能够表现出较好的成长业绩,由于并行拼凑由于在多个项目之间分散使用或切换资源而降低了资源的利用效率,因此,就创业成长业绩而言并行拼凑的效果不如连续拼凑好。在连续拼凑概念的基础上,衍生出了选择性拼凑。

美团：每"拼"一次更"美"一次

2010年3月4日成立的美团网有着"吃喝玩乐全都有"和"美团一次美一次"的服务宣传宗旨,是如今我们再熟悉不过的明星应用之一,但其创始人王兴的创业经历却可谓一波多折：他曾先后创建过多多友、游子图、校内网（即人人网）、饭否、海内网,但一次次的失败让王兴学会了如何更有效的把握客户需求,拼凑创业资源,并最终成功创建了美团网。美团网的成功极大地鼓舞了王兴,在大量的数据资源和敏锐洞察力的驱使下,王兴再一次整合资源,开启了美团"扩张"的新时代。

2017年1月18日,美团点评双平台同时推出海外酒店；2月14日,美团在南京推出"美团打车"服务；4月12日,美团点评推榛果民宿,主打整租业务；4月20日,美团点评加码酒旅业务,发布旅行品牌美团旅行；6月16日,美团点评上线掌鱼生鲜,并推出线下开店计划；9月9日,美团旅行APP上线,签约Angelababy代言品牌……如今,王兴的连续拼凑策略已经帮助美团成为继BAT阵营之后,TMD新阵营的核心成员,也迎来了美团的全新发展。

7.4 创业资源整合的过程及控制

滨海毕普多媒体技术有限公司创业之路

滨海毕普多媒体技术有限公司位于滨海市动漫产业基地,拥有经验丰富的多媒体开发团队和完备的多媒体开发设备,是滨海市政府重点支持企业。公司设有3D动画部、Flash动画部、手机游戏部、平面设计部、策划部、营销与事业推广部六个主要部门,拥有来自整合营销、3D动画、平面设计、flash制作、游戏开发、概念设计、市场推广、网络开发、系统集成、虚拟现实等领域的专业人才,是一支充满活力与智慧,敬业创新的研发团队。

2001年,滨海毕普多媒体技术有限公司的创始人萧史所在的团队获得了一个香港投资商的投资,创立了校办企业——天影科技有限公司（以下简称天影公司）。天影公司作为校办企业就坐落在校园内,这使得萧史和其他的创作人员能够常常组织一些讲座,请学校的教授来指导大家的工作,传授很多实践中积累的宝贵经验,也由此与各位教授建立了良好的关系。平日里萧史等创作人员如果遇到技术上的问题也可以随时向相关的老师请教，公司员工的能力也因此得到进一步的提高。

2003年，天影公司开始出现危机。资金储备不足，应收账款也难以收回，内部矛盾逐渐激化并升级，甚至出现了一些小团体。企业创作人员大部分是学生，每年都会出现因主创人员毕业离开而导致项目搁置或延迟的现象，此时的天影公司已经陷入了困境。面对如此情况，萧史毅然决定要进行一次大的"兵变"。

萧史先是越过了公司的总经理，直接向香港投资商反映了公司的真实情况。投资商了解了具体情况后，给予了萧史很大的权利。萧史借此大刀阔斧的进行了一番改革，从此获得了企业的决策权。在人员上，萧史将一些"毒瘤"扫出大门，同时稳定住核心技术人员，建立了严格的奖惩制度和权限，并采用了一些人员培训机制，为后备人才创造条件。在资金上，萧史将应收账款也一一回收，在公司财务方面进行大幅度的整顿，公司呈现出焕然一新的面貌。

改革后的天影公司开始向良好的方向发展，可是时间一长，问题就逐渐浮出了水面。天影公司始终是一个校办企业，他开始考虑自己创办一个动漫企业。

2004年，动漫产业开始在中国各个地区迅速发展起来，滨海政府也开始着手大力发展动漫产业，并特别规划出某区建立动漫产业基地，萧史的技术团队开始与政府合作。同时萧史作为业内人士来协助政府进行一系列的谈判，制定招商计划，也由此获得了政府在资金、场地上的大力支持。2004年年底，萧史随政府官员飞往日本，考察了十几家企业，亲身感受了索尼、万代等日本大中小企业的发展状况，这给萧史很大触动，也让他真正学到了很多先进的动漫理论和一些在中国无法看到的动漫创作方式，并深切地体会到在中国关键是要做出属于自己、属于民族的原创动漫产业。在人员整合问题上，萧史原有的创作团队完全可以在一个新的企业胜任。万事俱备，只欠东风，要创办一个企业，资金整合这个难题摆在了萧史的面前。

此时，萧史想到了以前投资天影公司的那个香港投资商。2003年，这个香港投资商要创办一所投资两亿的学校，萧史曾协助他制定商业计划，并全权负责前期的招生，工作进展顺利。这让香港投资商对萧史十分信任，对萧史的组织协调能力都大为认可。此时香港投资商也有意向动漫产业发展，因此萧史从日本回国后，仅用了三天时间，通宵达旦做出一个很翔实的商业方案，将其拿给香港投资商，充分展示了双方共同的未来。不久，终于得到投资的萧史经过一系列运作，成立了漫涛动漫文化发展（滨海）有限公司，并担任总经理一职。

公司经过几年的发展，随着业务不断扩大，已成长为涉足flash和三维动画两个领域、创作团队近百人的动画制作公司。此时的萧史，又有了自己的打算。不久后，萧史创立了滨海毕普多媒体技术有限公司，这是一个真正完全属于萧史的公司，他同时也兼任漫涛的总经理。把爱好变成工作，把工作变成生活，这是萧史对工作的理解，也是他教导下属的一个宗旨。无论是资金整合方面还是人员整合问题，毕普公司都表现出一种强有力的向上的势头。公司目前把动漫外包当作三年之内的战略核心，主要开展对欧美、日本的外包业务。萧史打算通过外包项目的成功，获得三年稳定的现金流，进而达到融资目的，形成核心竞争力，核心团队，并最终可以创造真正属于中国人自己的动漫。公司也在外包项目的实现过程中全力打造外包团队,提升自己能力,以适应今后在原创制作中的需要。

资料来源:节选自"王光磊,陈中源. 滨海毕普多媒体技术有限公司创业之路. 中国管理案例共享中心,PJMT-0001,2008年1月。"该案例经中国管理案例共享中心同意授权引用。

每段创业旅程从想法的诞生到实际运营都需要源源不断的资源投入。创业者,尤其是刚刚起步还没有做出漂亮成绩单的创业者,由于自身资源匮乏,而吸引外部资源的能力又有限,因此资源获取是最大的挑战。当企业发展到一定阶段,资源的有限性会进一步暴露出来。如何利用有限的资源给企业以最大的发展空间,这是创业者应该考虑的问题。资源短缺会贯穿创业始终。有效获取资源,让自己像磁铁般将资源方吸引过来为自己所用,就是伴随创业者整个创业生涯的基本功。

7.4.1 创业资源整合的过程

不同创业者的创业过程千差万别,但新企业的产出在很大程度上是由其资源开发过程所决定的。新创企业的资源整合过程包括资源识别、资源获取、资源整合和资源利用四个环节[23][24]。

1. 资源识别

在创造性地资源整合过程中,首先要进行的就是资源识别。资源识别是指创业者根据自身资源禀赋,结合自己所发现的创业机会和自己的愿景,对企业创业所需资源进行分析、确认,并最终确定企业所需资源的过程,主要包括评价初始资源、细化资源需求和确定资源来源三个方面。资源识别过程是资源整合过程的起点,关系到资源整合的成败。

早期阶段,新企业应该着重关注资源识别,根据创业机会的特点详细列出自己的资源需求,并进一步确定各种资源的相对重要程度[25]。在明确了资源需求以后,接下来就应该了解控制相关资源的主体(资源提供者)。有些资源掌握在个人手里,有些资源被竞争对手或潜在的竞争对手所控制,而还有一些资源则散布在社会网络中。因此,新企业必须根据自身的初始资源和能力来明确可能的资源来源。

2. 资源获取

资源获取是指在确认并识别资源的基础上,利用其他资源或途径得到所需资源并使之为创业企业服务的过程。由于创业过程是循环、迭代的过程,受信息和资源的变化而变化,因而创业者会不断地调整机会方向和创业资源获取的方式。在不同的创业阶段,企业获取资源的难度也不尽相同。在企业创立初期,资源获取相对比较难,因为企业尚未成立,或成立时间很短,各方面都不是很成熟[26]。伴随企业的成长与壮大,企业对资源的吸引力也随之增强。

一般而言,资源获取的方式有三种,资源购买、资源吸引和资源积累。资源购买是指企业在创立过程中,用货币支付手段来获取一些外部资源。资源吸引指企业在创立过程中,通过制定完善的商业计划,绘制创业蓝图,以及创业团队的人格魅力,吸引了投资者的投资或者社会大众的关注。资源积累指企业在创立过程中,自己内部培育、积累、沉淀的资源[22]。

从社会资本视角来看，资源获取实际上是企业在创立过程中，将创业者的社会资本不断社会化，同时获得企业绩效的重要途径。社会资本越丰富，创业者越容易获取创业资源，创业更容易成功。缺乏充足资源的企业频繁使用社会关系能够帮助新企业从外界获得补充资源。通过社会资本，新企业能够在要素市场中获得资源[27]。尤其是资源在企业之间进行交易的难度比较大时，社会资本将发挥重要作用。在网络关系中，企业之间的有价值的资源能够共享，共同开发创新，追求当前不可获得的市场机会，取得竞争优势，提高企业绩效。

3. 资源配置

资源配置是指企业在获取了必要的资源之后，对资源进行调整，使它们互相匹配、相互补充并获得独特竞争力的过程。关于资源配置，有两点需要注意：一是资源配置是资源整合的中心环节，获取的资源是否有价值，关键在于如何配置使用，如何增值并为企业带来价值。异质性的资源并不能直接为企业带来持续的竞争优势，需要通过有效的资源配置来创造价值。二是应该意识到资源配置过程是个复杂的阶段，需要调动组织内、外部资源，通过对资源配置过程的自我反馈，进一步指导企业管理者去认识及积累重要、关键的资源[28]。已有创业研究也表明，组织内、外部关系网络相协调有助于企业实现资源配置，并帮助企业提升能力。

（1）内部资源的配置。内部资源包括企业拥有的或已从外部获取的（市场交换、联盟、并购等），能被企业调动和分配的资源。资源配置是一个过程，需要企业根据需要用不同的方式加以配置。例如，以新的方式对现有资源进行配置，用现有的方式对新获取的资源进行配置，用新的方式对新获取的资源进行配置。值得一提的是，组织内部的沟通是提高资源配置效率的重要保障。例如，当企业获取项目订单后，各部门或者企业管理者应当根据需要建立有效的沟通机制，通过相互间的交流和配合来完成整个项目订单。

（2）外部资源的调动。现有研究大多关注组织内部资源的配置。在很多情况下，企业会因为缺少一些关键资源而使得获取项目订单过程遇到阻碍。由于资源分布的不均衡性，企业在组织资源的过程中应当充分考虑到外部关系中蕴含的可调动资源。虽然这些资源并不能为企业所有，但通过与外部关系建立稳定合作的联盟可为其提供必要的资源基础。企业对这些资源的适时调动能够及时地弥补内部资源的某些缺陷。

4. 资源利用

资源利用是资源整合过程的最后环节，是企业资源的价值实现过程。资源利用就是使用所获取并经过匹配的资源，在市场上形成一定的能力，通过发挥资源与能力的作用生产出产品或服务为客户创造价值的过程，主要包括调动、协调、配置三个方面[23]。

企业的资源整合主要解决的是如何调动资源以提高企业运营效率，为企业创造更多的价值。这里的调动就是指调动资源，是指基于某种战略目标识别和选取资源，利用这些资源来支持必要的资源结构，以便通过这种资源结构来开发新的商机。调动资源要求与资源利用战略相匹配，同时也要与企业所处的环境相吻合。尽管资源调动是必不可少的环节，但只依靠它是无法有效推动新企业成长的[29]。因此，还必须通过协调过程来合理配置资源。资源协调是对调动起来的各种资源进行整合，以便对它们进行高效、合理的配置，并把它们整合成可利用的资源结构。最后，通过资源配置对资源结构与新企业的资源战略（如资源优势战略、市场机会战略等）进行匹配。

7.4.2 创业资源整合的过程控制

为什么企业资源整合需要进行过程控制？因为缺乏有效控制已使很多企业陷入服务关系和合同的双重混乱中。对长期资源整合成功的企业来说，有效的过程控制比其他任何一个因素都更为重要。控制是资源整合灵活性的基础，这种灵活性促进了企业的经营效率、有效性及增长。

资源整合的过程控制主要任务是：制定合理的资源整合计划以及各个阶段实施计划的活动；根据整合过程和反馈的信息纠正偏差，调整计划和目标；协调各职能部门的活动；消除企业资源整合可能出现的混乱局面；解决因意外出现或影响资源整合的企业内外部因素变化导致的有关问题。

资源整合的过程控制对企业成长的作用主要体现在以下五个方面：

良好的过程控制意味着更好的结果。资源整合的目标是实现预期的经营目标，而非其他。良好的过程控制能确保所有的资源整合行为都遵循这些目标，而不会把资源（资金或管理重点）浪费在其他方面。

良好的过程控制能在经营战略发生变化时使资源整合战略和经营战略保持一致。现在企业管理存在的一个不容争辩的事实是，由于竞争与市场环境的变化速度远远高于过去，经营战略也在发生着很大的变化。一系列主要为了达到今天的经营要求的资源整合行为只会暂时奏效。经营战略与经营要求会变化，资源整合战略与行为必须与这些变化同步。没有良好的控制，一个和谐的资源整合战略很快就会变得不合时宜。

有效的过程控制可以把破坏性的、互不相关的服务纳入高效的服务供应运营体系。对服务的消费者（设定需求）、企业管理者（设定目标和规则）以及服务的供应商（设定如何交付服务）的良好控制可以创造出一种管理不断变化的需求以及解决其他问题的环境，而不必经历代价高昂且具有破坏性的更换供应商的过程。

良好的过程控制会鼓励供应商与服务的消费者采取理想的资源利用行为。最后，资源整合的过程控制创造了有关各方采取理想的资源利用行为的环境。关系中的有关各方每天都会做出资源利用的决策。这些决策会支持或阻碍企业实现经营目标。控制建立了一定的规则与结构，无须进行全方位管理，有关各方即可在这种规则与结构的框架内做出恰当的决策。

良好的过程控制是企业资源风险管理的最好方法。风险是生活中的一种现实存在。公司必须对伴随资源整合的风险进行管理。控制帮助企业确保拥有并运用良好的管理措施，从而帮助企业降低与资源整合利用的相关风险。另外，企业在资源整合的过程控制中，一方面要注意积累资源，如媒体资源、人脉资源、广告资源等；另一方面要善于挖掘资源、开发资源。这样才能把可以整合的资源最大化地整合进来，为企业的发展服务。

本章小结

创业活动是在资源高度约束的情况下开展的商业活动，大多数创业者在启动创业活动之初资源都相当匮乏。创业资源是创业者在创业过程中必须要放在重要位置、需要反复估量权衡的要素。一般来说，成功的创业需要以下几种创业资源：组织资源、技术资源、声誉资源和社会资源等。优秀的创业者在创业过程中所展现的卓越创业技能之一就是创造性地整合资源。拼凑能很好地描述创业者在资源利用方面的独特行为。创业者面临着全面拼凑和选择性拼凑的选择。

新创企业的资源整合有多种实现方式：既可以行业作为整合的主线，也可以某一项业务流程作为整合的主线。资源整合过程包括资源识别、资源获取、资源整合和资源利用四个环节。有效的资源整合的过程控制对资源整合来说至关重要，控制是资源整合灵活性的基础，这种灵活性促进了企业的经营效率、有效性及增长。

重要概念

创业资源　资源整合　创业拼凑

讨论案例

抛开"成长的烦恼"——连阳集团的创业拼凑之路

连阳金融集团始创于 2006 年，坐落于大连，是东北地区金融信贷领域率先"吃螃蟹的人"。与全国相比，东北地区的金融业发展水平在规模增长、结构调整和创新优化等方面一直以来都相对滞后。连阳集团在这样贫瘠的"土壤"中通过不断的努力逐渐成长起来。通过 10 年的发展，连阳已从初期 3 人共同成立的投资公司逐步发展成为集资产管理、信息咨询、基金管理、融资租赁等业务于一体的金融综合体。连阳的初始创业团队面对行业的快速变化与发展，是怎样利用自身的有限资源实现一次次突破，使公司实现飞速成长的呢？

初创

2006 年，通过炒房获得第一桶金的丛阳，和两位有一定金融行业工作经验和房地产交易贷款资源积累的朋友，面对当时房地产市场火爆，但贷款买房程序复杂、周期长、首付款也有门槛限制等市场实际情况，决定成立投资顾问公司，主要从事个人信贷、担保等业务，并即刻推出购房"零首付"业务，该项业务主要由公司垫付首付款，购房人只需在一定时间内分期偿还本金并付出一定比例的手续费和利息即可。申请牌照、办理相关手续、寻找投资人和潜在客户，三人一气呵成，很快做成了第一笔业务，成功地将有限资源转化为金融服务，收获了连阳集团的第一桶金。随着业务的正式开展，公司选址于大连地标性商圈，将收入的 60%用于广告宣传；对内不断招聘新员工，并注重对员工的培训与培养。当有限的初始资源转化为服务后，通过人力、物力和资金的持续投入，使得公司品牌形象得以树立，业务也得到了进一步发展。

创业三年

2008年，在金融危机以及初始成员出走的影响下，初始投资公司的业务受到了一定程度的波及，业务量增长速度下滑。此时东北区域的金融市场依旧相对落后，通过市场观察发现，还有许多待开发的业务领域。为了缓解公司遭遇的危机，连阳决定要用创业初期积累的资本来开拓这些待开发市场，扩充公司的资源来源通道。2009年连阳以现有资金收购了一家担保公司，成立了大连连阳投资担保有限公司（后更名为大连连阳经济合同担保有限公司），拓宽公司业务面，帮助公司渡过难关。

随着金融行业的大热，越来越多人想从行业内分一杯羹。市场形势的严峻使得公司意识到不仅需要拓宽公司的业务项目，还需要打造公司独有的竞争力。虽然公司的资源依然存在诸多限制，但他们选择在时间和质量上取胜，优先设计出市场上没有的优质产品来吸引客户的念头涌现在脑海中。连阳凭着两位创始人超强的市场预判能力，以国家相关规定为基准，率先研发出一系列金融产品，预先申请营业牌照，并坚持规范化经营，吸引了大批客户，在业内获得良好的口碑。2012年，连阳逐步开拓了中小企业信贷等业务，顺利突破资源"瓶颈"并获得了持续的成长。

创业七年

2013年，随着互联网金融在全国的高速发展，传统金融受到了极大冲击，连阳也难以幸免。因此，在迈入发展的第七年，连阳又一次做出了转型决策，决定进军互联网金融行业。

面对建立互联网金融平台带来的人力、物力、财力等方面的资源挑战，连阳团队对公司现有业务做出了相应的调整，淘汰了产出相对较低的产品业务，集聚资金和人力等资源投入到互联网金融平台的建设中。为了促成平台早日成功上线，连阳逐步放弃了原有的担保业务，转而将担保重点放在经济合同担保上，作为贷贷通网络平台的辅助工具；同时，资产管理中的私募基金业务由于受政策影响较大，其收益变动较大，公司虽然投入了许多精力，但结果往往不够理想，因此在保有私募基金牌照的基础上也逐步放弃了私募基金业务。这一步棋促使连阳优化企业内部的资源配置，将更多的资源用于互联网平台建设当中。

公司培养了大批金融人才，挖掘外部互联网人才组建研发团队；同时培养和强化现有产品设计和风险控制团队的互联网思维。为了避免再次出现创业初期团队出走的危机，贷贷通创始团队实行股份分红，以此稳固团队，提高团队的积极性和主动性。通过重新整合资源，连阳为贷贷通平台的建立创造了良好的条件。2014年7月，历经一年多的筹备和自主研发，东北首家P2P互联网金融平台——贷贷通正式上线。

2014年，P2P网贷平台迎来了井喷式增长，连阳面对激烈的市场竞争，实行差异化定位，将贷贷通业务定位为P2C，在现有资源能力范围内为平台投资人和借款人设立了"五大保障、四项注意"，形成了平台"三大优势"，即技术、风控和产品设计。连阳依托拥有的资源，通过高效整合利用，仅上线半年就取得了巨大成功，解除了现有资源来源通道的限制。

此后，连阳继续扩张通道，涉足供应链金融业务。2015年8月，上海信生融资租赁有限公司在上海自由贸易试验区注册成立。通过互联网供应链金融的投入，连阳的资源来源通道进一步扩大，并得到了快速发展。

在连阳的创业拼凑之路中，尽管资源有限，但连阳通过创造性利用现有资源，克服资源匮乏的限制，成功形成了"资源—服务—更多资源"的经营模式，打通了连阳的资源获取通道。通过一系列的资源整合手段，扩充通道、解除通道容量限制、再进一步扩张通道，把握市场机会，克服企业发展中的瓶颈，成功实现了连阳的创业成长。善用资源、孜孜不倦、勇于开拓，连阳的成长历程无处不体现出这些难能可贵的品质。随着连阳的子公司——贷贷通（大连）网络科技有限公司以注册资金2000万正式在新四板挂牌上市，连阳正在飞速成长。

资料来源：王国红，秦兰. 抛开"成长的烦恼"——连阳集团的创业拼凑之路. 中国管理案例共享中心，PJMT-0214，2016年8月. 该案例经中国管理案例共享中心同意授权引用。

讨论题：

创业过程中连阳的资源条件发生了哪些变化？连阳如何整合这些资源使其发挥作用，整合的初衷是什么？每一阶段资源整合方式有什么特点？

思考题

1. 创业所需要的资源主要有哪些？如何获取这些资源？
2. 创业者如何整合外部资源？
3. 你如何看待创业拼凑在创业过程中的作用？
4. 简述资源整合过程中创业者所扮演的角色。

参考文献

[1] 朱恒源，余佳. 创业八讲[M].北京：机械工业出版社，2016.
[2] 蔡莉，柳青. 新创企业资源整合过程模型[J]. 科学学与科学技术管理，2007(2): 95-102.
[3] 李家华，张玉利，雷家骕等. 创业基础[M]. 北京：清华大学出版社，2015.
[4] 周荣华. 创业资源获取相关理论研究综述[J]. 中小企业管理与科技（下旬刊），2017：95-96.
[5] 林嵩. 创业资源的获取与整合——创业过程的一个解读视角[J]. 经济问题探索，2007(6):166.
[6] 窦红宾，王正斌. 社会资本对企业创新绩效的影响——知识资源获取的中介作用[J]. 预测，2011，30(03): 48-52+58.
[7] 张玉利. 创业管理[M]. 第4版. 北京：机械工业出版社，2017.
[8] 张君立，蔡莉，朱秀梅. 社会网络、资源获取与新创企业绩效关系研究[J]. 工业技术经济，2008(05): 87-90.
[9] 创业资源整合六 行业资源[J]. 科技创业. 2005(2): 36-37.
[10] 创业资源整合一 人脉资源[J]. 科技创业. 2005(2): 25-27.

[11] 创业资源整合二 人才资源[J]. 科技创业. 2005(2): 28-29.

[12] zhongzhang. 李宁 08 年登顶巅峰后却年亏损 20 亿,他犯了哪些错?[DB/OL]. [2016-08-16]. https://finance.qq.com/a/20160816/009342.

[13] 沙水. 时势造京东:自建物流战略一剑封喉[DB/OL]. http://www.sohu.com/a/76793599_116457. 2016-05-23.

[14] 相欣. 历经两次合并,滴滴如何在严苛的新政下开始"下半场"?[DB/OL]. http://tech.qq.com/a/20161026/002834.htm. 2016-10-26.

[15] Lévi-Strauss C. The Savage Mind[M]. Chicago: University of Chicago Press, 1968: 17-18.

[16] Baker T. Resources in Play: Bricolage in the Toy Store(y)[J]. Journal of Business Venturing, 2007, 22(5): 694-711.

[17] Davidsson P, Gordon SR. Panel Studies of New Venture Creation: A Methods-Focused Review and Suggestions for Future Research[J]. Small Business Economics, 2011.39(4): 853-876.

[18] Christensen CM, Johnson CW, Horn MB. Disrupting Class:How Disruptive Innovation Will Change the Way the World Learns[M].New YORK:McGraw-Hill, 2008.

[19] 于晓宇,李雅洁,陶向明. 创业拼凑研究综述与未来展望[J].管理学报,2017,14(2):306-316.

[20] 梁强,罗英光,谢舜龙. 基于资源拼凑理论的创业资源价值实现研究与未来展望[J]. 外国经济与管理, 2013, 35(5):14-22.

[21] Baker T, Nelson RE. Creating Something from Nothing: Resource Construction through Entrepreneurial Bricolage[J]. Administrative Science Quarterly, 2005, 50(3):329-366.

[22] 赵文红,梁巧转. 技术获取方式与企业绩效的关系研究[J]. 科学学研究,2010(05): 741-746,776.

[23] 柳青,蔡莉. 新企业资源开发过程研究回顾与框架构建[J]. 外国经济与管理, 2010, 32(2): 9-15.

[24] 董保宝,葛宝山. 新创企业资源整合过程与动态能力关系研究[J]. 科研管理,2012,33,(2): 107-114.

[25] Aspelund A, Berg-Utby T, Skjevdal R. Initial resources' influence on new venture survival: A longitudinal study of new technology-based firms[J].Technovation, 2005,25(11):1337-1347.

[26] Domenico DH, Haugh H, Tracey, P. Social Bricolage: Theorizing Social Value Creation in Social Enterprise[J]. Entrepreneurship Theory and Practice, 2010(04): 681-703.

[27] 李振华,赵寒,吴文清. 在孵企业关系社会资本对创新绩效影响——以资源获取为中介变量[J]. 科学学与科学技术管理,2017, 38(06):144-156.

[28] 蔡莉,杨阳,单标安等. 基于网络视角的新企业资源整合过程模型[J]. 吉林大学社会科学学报, 2011, 51(3):124-129.

[29] Sirmon DG, Hitt MA. Managing resources: Linking unique resources, management and wealth creation in family firms[J]. Entrepreneurship Theory and Practice, 2003, 28(4):339-358.

第 8 章 新企业的创建

大型成功企业都曾经历为获得生存而努力挣扎的阶段。有的企业体验了灵感的迸发，创业者在咖啡馆提供的餐巾纸背面构思计划，在地下室或车库苦心酝酿；有的企业一帆风顺，从创建以来一直蓬勃发展；有的企业在历经长期煎熬后才最终获得成功。事实上每一家企业都是从小事开始做起的。

——乔尔·库尔兹曼（Joel kurtzman）

学习目标

- ✓ 理解新企业创建需要的条件和时机
- ✓ 了解新企业创建的相关法律法规
- ✓ 了解新企业创建的三种方式
- ✓ 了解新企业选址与名称设计的要点

引导案例

Keep：一个健身应用的快速成长之路

背景

王宁创建 Keep，部分是出于偶然。这个出生于 1990 年、长着娃娃脸的男孩，以前曾经胖到 180 斤。对尺码很敏感的他，有一天忽然发现自己穿不上一年前的衣服了，于是就开始锻炼。那是 2013 年，为了减肥，王宁开始坚持跑步，但跑了一个月后，发现自己进入了一个"瓶颈"期，单纯的跑步已不再带来更明显的减肥效果。而作为一名正在实习的学生，也没有多余的钱去请教练，于是王宁就上网搜索健身的相关信息。他发现，很多人都面临同样的情况：健身都是从跑步开始，但很快就不知道该怎么继续下去了。

王宁就自己搜索各种减肥方案，每一种方案他都尝试过。半年后，他瘦到了 130 斤，很多同学开始向他请教是如何做到的。这时一个想法出现在王宁脑中："为什么我的减肥过程这么难？为什么不做一个可以让人随时随地做运动的教学工具？"王宁通过百度指数检索了一些类似于"健身""运动跑步""瑜伽"等跟健身相关的关键词，发现从 2010 年开始，这些指数增长越来越快，人们越来越关注自己的身体健康了。这可能是一个机会，相关的数据也证明了这个判断。2013 年，美国体育产业总产值 4 400 亿美元，约占美国当年 GDP 比重的 3% 左右,而在中国,却只有 0.6%。但在体育用品的销售上,美国体育产业占比比较低(30%),但在中国这一比例还是非常高的(70%),这证明中国缺乏体育服务。

开始创业

由于同样爱好足球,王宁和猿题库当时的产品经理彭唯经常泡在一起。王宁把自己想创业的想法告诉彭唯后,彭唯也觉得,在运动健身领域,有很多事情可以做,两个人一拍即合。王宁的优势在团队整合、市场和运营上,彭唯的强项则是产品和技术。2014年 6 月底,王宁大学毕业,除了彭唯,又拉上了一个大学同学和一位朋友,4 个人就开始做 Keep1.0。实习期间的一个朋友介绍王宁认识了泽厚资本的许民,许民给了他们 300 万元的天使投资作为启动资金。

2014 年 11 月初,他们写下了 Keep 的第一行代码。3 个月后,Keep 在 App Store 上线,此时团队已经扩张到了 10 个人。2015 年 4 月 27 日,Keep 发布了安卓版本。到了 5 月,用户突破了 100 万,接下来每一个百万用户增长所用的时间都在缩短,从最初的用时 105 天到后来的用时 4 天,增长速度越来越快。

"首席内测官"和"埋雷计划"找到第一批种子用户

如何找到第一批种子用户,是所有创业者都要费尽心力去解决的挑战。而 Keep 从 0 到 1 000 万用户,用了 289 天。基于在猿题库实习时的经验积累,王宁团队发起了"首席内测官"和"埋雷计划"。在上线前,Keep 做的第一件事就是通过微博、微信或者通过 QQ、贴吧,招到了很多喜欢健身又愿意去尝试新事物的用户,他们把这部分用户叫作"首席内测官"。通过这 4 000 个人的不断反馈,Keep 又迭代了两个版本,整体稳定之后,才正式上线。在启动内测官的同时,Keep 还有一个"埋雷计划":在所有用户聚集的社群里面,比如,百度贴吧里的减肥吧、减脂吧、健身吧,豆瓣各种减肥的小组埋下 Keep 的一些帖子或者内容,主要是发一些健身经验帖并维护好帖子的热度。等到产品上线的时候,所有的人都在谈论 Keep 了。4 000 的用户量像滚雪球一般增长,这个数字在 2015 年 11 月 20 日变成了 1 000 万。现在,Keep 用户已经超过 3 000 万,月活跃用户超过 1 500 万。2016 年 5 月,Keep 拿到了 3 200 万美元的 C 轮融资,晨兴资本和纪源资本领投,贝塔斯曼亚洲投资基金跟投。贝塔斯曼投资 Keep A 轮时,Keep 还没上线,投资副总裁汪天凡说,王宁有两点吸引了自己:他在在线教育公司实习过,也是健身行业创业者中唯一自己减过肥的。纪源资本管理合伙人李宏玮表示,投资 Keep 是经过深思熟虑的。"我关注的是它现在切入的这个点是不是足够好、足够深,可以导入你第一批的用户。"

课程内容和人才需求

在内容上,Keep 设有专门的课程研发团队。这些团队成员里有资深的健身教练、健身用户以及营养学、健身学相关领域的专家,有一些专家是顾问,另一些则是 Keep 聘请的。所有的动作,Keep 都会考虑到用户会有多少种可能做错,然后对动作的易学程度进行排序,挑选其中同时"易学"和"有效"两者加权参数更高的动作加入课程。而课程的编排上,Keep 会控制动作的节奏,同样是一个俯卧撑,10 秒做 8 次和 30 秒做 8 次的训练效果截然不同。这些细节在健身房的教练制订计划时不需要考虑，只需在实际训练时根据经验监督即可，但 Keep 努力做到巨细无遗，并致力于做到所有训练课程都可以让用户脱离人的指导。

Keep 追求靠产品的功能、创新与体验去驱动成长。目前，Keep 的产品技术团队占全员的一半还多。王宁将 Keep 定义为"一款具有社交属性的移动健身工具"，把绝大部分精力都放在产品的打磨上，把产品做得高效、好用。

随着用户的快速增长，他们需要更多优秀的技术开发人员，来实现产品方面的优化、迭代需求。现在公司有 100 多名员工，招聘一直是他很重视的问题，前 100 名员工几乎每一个人王宁都会亲自面试。王宁深知，自己是一个相对年轻的创业者，如何吸引那些很出色但年长的人加入 Keep，对他来说也是一个挑战。

未来

在 Keep 3.0 版本之后，Keep 逐渐开放了社区功能，包括主动打卡功能以及兴趣小组的推出，同时对社区内容做了结构化调整。现在，在课程方面，Keep 增加了邹市明拳击课程、战斗跳绳以及瑜伽课程，接下来会有更多的运动品类以及特色课程，电商也将有更丰富的商品。

2016 年 6 月 14 日，Keep 用户达到了 3 500 万，课程增加到了 134 门，他们终于推出了第一支品牌广告，"自律给我自由"，这是 Keep 第一次大规模地向用户进行品牌宣传。在腾讯视频有 518 万次的播放，优酷上则被播放 4 000 多万次。

"未来，Keep 不只是一个单纯的手机 App，我们希望把 Keep 这个品牌做好，能够影响更多的人。人们想要运动的时候，能够很自然地想到我需要 Keep 一下。"王宁说。

资料来源：朱晓培. 《Keep 一个健身应用的野蛮生长》. 财经天下周刊. 2016(15):44-45.

一个新创企业能够成功发展壮大，由多方面因素所促成，如抓住顾客痛点、好的市场机会、配套的软硬件设施发展较为完善等。从 Keep 创业团队的成功中，我们对这些成功因素或许会有所窥见。

在互联网时代，健身运动文化正在觉醒，应该有更专业的工具，更纯粹的社区，让好身材来得更容易些。王宁正是把握住了这次机会，基于广大健身用户的需求，借助智能终端的完善发展，开发出 Keep 这款具有社交属性的移动健身工具类产品。随后，团队应用恰当的策略找到第一批种子用户；在课程内容上由专业研发团队及专家把关；另外，Keep 还特别重视团队的人才吸纳。这一切都为这个新创企业带来了快速成长的条件与机会。本章将为大家介绍新企业创建的相关内容。

8.1 新企业成立的条件与时机

当创业者拥有创意，对创业机会做出评价和选择，并且已经做好了资本、人员、场地、设备及企业名称等各方面的前期准备工作后，就进入了企业的创立阶段。要创办企业，创业者首先要确定适合自己创业的企业组织形式，然后按照有关法律和行政法规要求，到行政机关登记注册取得营业执照，并到税务登记部门等机关办理其他手续后，一个新的企业就可以宣告成立了[1]。

8.1.1 新企业成立需要何种条件与时机

不管是既有企业的内部创造，还是新创办一个企业，都面临着如何在适当的时间以及适当的地点建立自己的企业。大量的调查表明，企业的设立时机对新创企业的成功有着重要的影响。一般来说，当具备以下一个或几个条件时，设立企业才有可能成功。

1. 具备设立企业的外部环境

创业需要有适当的制度环境、政策环境、金融环境、市场环境、科技环境和人文环境，传统计划经济时期个人之所以无法创业，关键原因是那时缺少个人创业的经济制度和政策环境。良好的外部环境可以为创业者提供设立企业的良好时机。我国改革开放30多年间，就出现了3次创业高潮，并从中涌现了一大批优秀的创业家和蓬勃发展的新创企业。

政府对创业者的帮助和支持表现在对新创企业提供房产、水电、通信等方面的基础设施，鼓励创业企业的财政和税收等方面的政策支持，以及对特定行业的发展支持等。没有政府政策的支持，新创企业很难在投入大于收益的艰苦阶段获得持续发展的动力和回报。比如，政府对于高科技企业的创办给予了大力的扶持，包括制定具有引导性的政策、制定新的法律法规、建立高新技术创业园区、减免部分新创企业税收、提高新创企业的审批效率、鼓励留学人员创业等。创业者在做出创业决策时，需要考虑新创企业的产品和服务是否符合当地政府的要求、企业的经营业务将受到政府鼓励还是抑制、能够享受哪些政策优惠、需要履行怎样的企业义务等，良好的外部环境将加快新创企业的设立，为许多有心创业的个人和团体提供有利的时机。

2. 有了强烈的做老板的意识

很多创业者在强烈的做老板的意识支配下创立了自己的企业。每个人对生活和工作都有自己的理解和追求，在一个公司做一般甚至高级员工，虽然有较高的薪资或比较舒适的办公环境以及良好的福利，但是，必须要按照公司统一的战略规划及统一的步调进行日复一日、年复一年的工作，这对很多人来说已经不能满足其对自由和成功的追求。做一个自由人，可以独立经营，独立决策，没有上司对你指手画脚，告诉你什么是对的、什么是错的、应该怎么做等。自己创办企业基本上可以选择自己喜爱的事业去开创，按照自己喜欢的方式去做自己喜欢的事情。创业有成功的欢乐和喜悦，但也有困难、失败的烦恼和沮丧，而且往往后者多于前者。显然，一个没有做老板欲望的人是无法创业的，因为他没有应对创业之挑战、困难、烦恼的心理准备。即使他受人挑动或盲目上阵创办企业，也必然会败下阵来。在自己创办的企业里为自己工作，做自己喜欢的事情，实现自己的人生理想和抱负，是大多数创业者的创业动因，也正是在这种强烈的自己做老板的意识驱动下，很多企业应运而生。

3. 出现了有利的市场机会

古人云，"谋事在人，成事在天"。很多人认为，有了创意就有了市场机会。事实上，创意并不等同于市场机会。大多数经营者在代理其他品牌产品的时候，往往希望能够存在一个很好的市场机会，使自己目前的业务有所发展或者开拓更多的业务方向。因此，绝大多数的经营者对创意都很敏感。然而，一个很好的创意未必就是一个很好的市场机会，尽管在大多数情况下，市场机会源于创意，但并不是所有的创意都会成为市场机会。市场机会必须是实实在在的，能够用来作为企业发展基础的。

一个好的创意仅仅是一个好的创业工具，而将创意转化为良好的市场机会却是一个非常艰苦的过程。人们常常过高的估计创意的价值，而忽视了市场需求是否真实可靠。比如，中关村一家经销商与北京大学的学生合作开发了能够在黑暗中发出荧光的键盘，在黑暗中，计算机的使用者不用点灯就可以敲打键盘。这个创意很好，但显然这样的产品成本一定比普通键盘高，同时经常使用计算机的用户，绝大多数基本可以实现盲打，因而市场需求不会很好。也正是由于这个原因，这个产品始终未能获得成功。

很多很好的商业机会并不是突然出现的，而是对"有准备头脑"的一种"回报"。市场机会的出现，让创业者意识到机会的到来，有准备的创业者，会适时创立自己的企业，在这种有利的市场条件下，创业企业才有可能成功。

4. 开发了创造市场的新产品

这是创业者起步创业的最为直接的可能性。2007年6月，苹果公司推出第一代智能手机iPhone。iPhone的出现彻底颠覆了人们对手机的传统认识，这款手机采用智能操作系统，允许开发者在此基础上开发众多丰富多彩的APP，将智能手机提高到了任何人都能使用的水平。凭借第一代iPhone，苹果公司创造出了一个全新的市场需求，改变了人们的日常生活方式和社交方式，开创了一个新的市场——智能手机市场，并带动了相关行业的快速发展，开启了智能手机发展的新时代，iPhone也成为引领业界的标杆产品。

虚拟歌姬也是一个因为创造性的新产品而开创出的新市场，从而挖掘并培养了消费者新的需求的典型例子。虚拟歌姬是女性虚拟歌手软件，《甩葱歌》的爆红让越来越多的人开始认知和了解虚拟歌姬的成长。虚拟歌姬的出现在潜移默化地改变着宅男的生活方式，改变着ACG的发展，改变着电子音乐制作的点点滴滴。2007年日本CRYPTON FUTURE MEDIA以Yamaha的VOCALOID系列语音合成程序为基础开发音源库，采样于日本声优藤田咲，创造出了虚拟歌姬初音未来[2]。初音未来作为日本最著名的虚拟歌姬，已经渐渐地走向全世界。而随着虚拟歌姬的热潮，更多二次元歌姬偶像正在悄悄走红，并通过各种手段，逐渐"入侵"我们的现实[3]。

5. 有了能创造市场的商业模式

21世纪是信息世纪，互联网的飞速发展极大地推动了信息的数字化和网络化，信息的获取和传递变得非常容易。在这样的互联网环境下，不断更新迭代的各种新技术催生出了许多新的商业模式。

借助移动互联网的优势，社群成为企业与用户连接的最短路径和最经济的手段。以工具+社群+商业模式为例，最典型的企业当属微信。微信最开始就是一个社交工具，先是通过不同属性（如工具属性、社交属性、价值内容等）的核心功能过滤海量的目标用户，能够满足用户的痛点、需求来做流量的入口；但要想有效沉淀粉丝用户，还需要加入其他功能，微信在这方面加入了朋友圈点赞与评论等社区功能；继而添加了微信支付、精选商品、电影票、手机话费充值等商业功能来变现流量价值。以上三者的内在融合的逻辑是一体化的[4]。

互联网环境下另一新技术——物联网，其最大的价值同样在于带来新的商业模式。物联网并不是一个全新的定义，过去被叫作很多不同的名词，如机器对机器（M2M）。如今，技术上的成熟加上成本的大幅降低使得物联网越来越热，并且可以做到以前完全做不到的事。比如，物联网被看好的四类应用前景：①场所监控，即实时监控。如 Ersules——一家做智能照明的公司，通过安装有气体、温度传感器，以及视频监控器的联网照明系统，可实现空气质量、温度、人流监测和统计等。②产品监控。主要体现在制造商对客户如何使用以及使用之后的反馈等信息和数据的获取上。如 Pepex 公司中做生物医药的部门，利用可以贴在皮肤上、透过皮肤来测血糖的智能 Wi-Fi 血糖仪，代替了过去需要扎手指取一滴血检测糖尿病人血糖的方式，可以轻松方便地通过网络把相关数据传输给医生或者 APP 上。③供应链监控。可以监控整个产品的生命周期，并了解整个产品在供应链上的情况，包括从早期的开发到生产制造，再到销售及部署。如东芝在 POS 机上加入了可以从某个销售点售出产品的信息，这样可以把商品的货架周期有多长，是否需要补货等信息和数据提供给供货商，供应商便可以采取及时且有效的行动。④客户监控。通过客户使用的联网产品/可穿戴设备，就可以知道客户的行为并可以对他们的行为进行指导或提示。如 Qaqri 公司的工人戴的智能头盔，上面的墨镜也是智能屏幕，可以看到操作产品设计图和一些指示信息，这样不仅可以提高工作效率，而且安全性也得到了一定程度的保障[5]。

因此我们可以看到，一个有着巨大市场潜力的商业模式也能带动大批企业的创立。

6. 有机会掌握独立创业的独特资源

这里说的独特资源有很多种，如拥有一项独特的专利技术，或是拥有独特的市场（客户）资源，或是拥有了某种有利于自己独立创业的特许权。创业者一旦拥有了独特的资源，就意味着不会遇到过多的竞争者，不会进入一个拥挤的市场，创业成功的概率自然会大大提高。比亚迪公司的成功就是一个典型的例子。比亚迪公司从电池起家，凭借在电池研发和电源管理方面的领先技术优势及多项自主核心技术和知识产权，正逐渐成为新能源汽车领域的领军者。

比亚迪于 1995 年成立后，一直为摩托罗拉、诺基亚、爱立信等当时的国际手机巨头做手机电池的 OEM（贴牌生产）。并于成立后的 8 年内跃升为锂离子和镍氢电池全球第三大生产商，镍镉电池全球第一生产商。使得曾在 20 世纪 90 年代形成全球垄断之势的日本企业，如松下、东芝等基本退出市场，仅余下当时日本最大的电池厂商三洋与之决战。但是，OEM 的生产方式影响了比亚迪自有品牌的发展。公司于 2003 年绝对控股秦川汽车，开始进军汽车行业[6]，并遵循自主研发、自主生产、自主品牌的发展路线，全情投入燃油汽车、电动汽车和混合动力汽车的研发与生产中[7]。由于拥有在电池领域的强大技术实力,而且发展电动汽车的核心在于电池的技术,比亚迪便将自身在电池方面的强大优势同发展电动汽车巧妙结合,拥有了领先的电动车产品线。加之公司对自主技术研发和知识产权保护的重视,使得比亚迪在汽车行业迅速崛起,成为新一代新能源汽车的引领者。

目前比亚迪成立了汽车智慧生态研究院,与全球顶级企业展开战略合作,深化品牌、产品双国际化战略,开启全新造车时代,目标是将汽车打造成为移动智能终端,实现从互联到智能的飞跃[8]。可见,由于掌握着创业的独特技术资源,比亚迪股份有限公司因此成为了成功创业的典范。

8.1.2 新企业成立的程序

企业需要通过设立登记注册的法定程序获得正式的经营资格,即创业者向国家工商行政管理部门提出创立企业的申请,登记机关依照国家有关法律法规,对设立企业进行审查,确立企业经营主体资格。这也是企业经营者获得法律保护的必要程序,即如果准备合法经营自己的企业,就必须获取所在城市或地区颁发的营业执照或经营许可证[1]。

创业企业需要到当地工商管理部门办理登记注册手续。创业者应仔细阅读相关要求,熟悉基本的办事程序,按照工商行政管理机关的办事程序和要求,提供相应的材料,就可以顺利完成登记注册手续。

1. 企业登记注册的三个阶段

(1)申请和受理

申请是创业者的主动行为。在正式申请前,可以到工商行政管理部门向有关人员了解申请的程序,认真听取有关要求。申请开业需要填写开业申请登记表或开业登记注册书,还要填写有关人员的履历表。要如实填写拟定的企业名称和在银行开设的临时账号,如果企业的注册资本达到一定的规模,就要出具会计师或审计师事务所的验资证明,同时还要出具有关行业管理部门的经营许可证等。创业者按照要求提供材料,到相应的工商管理部门正式提交申请。

受理是指登记主管机关接受创业者正式登记申请的过程。受理登记注册需要申请者缴纳一定的费用。对于证件、文件不全的申请,登记主管机关会确认为无效申请,不予受理。登记主管机关需要说明申请材料中缺乏的项目,以便申请人补充。

(2)审查和核准

审查是注册审批工作的关键环节,主要由工商行政管理机关来完成。注册分局或各区工商分局要审查申请者提交的申请书和各种文件,确定是否符合法定程序,提交的批准文件或资格证明材料是否完备,审查申请登记的企业是否具备企业登记条件,企业登记主要事项是否属实,生产经营项目是否符合国家的有关规定等。审查的另外一项内容是对经营场所的调查,申办企业的场地调查由工商部门企管科负责。在审查过程中如果经营场所不符合规定,工商机关会说明理由,驳回申请。经过审查,工商行政机关在规定的时间内做出核准登记或不予核准登记的决定。

（3）发放执照和公告

在审查核准的基础上，工商行政管理机关填写"企业法人营业执照"，颁发给符合条件的申请者。创业者经过核准登记，领取营业执照，就表示企业已经取得了合法的经营地位，同时也取得了名称专用权和生产经营权，其正常的经营活动、合法权益和资产受法律保护。登记管理机关还要发布登记公告，将核准登记的企业，通过报刊、电台等新闻媒体向社会公开公布。

2. 公司的注册登记事项

公司的注册登记事项包括：名称、住所、法定代表人、注册资本、企业类型、经营范围营业期限、有限责任公司股东或者股份有限公司发起人的姓名或名称。

公司名称应该符合国家相关规定，只能使用一个名称，经公司登记机关核准登记的公司名称受法律保护。公司住所是公司主要办事机构所在地，经公司登记机关登记的公司住所应当在公司登记机关辖区内。

除了法律、行政法规中有规定的以外，公司的注册资本应当以人民币表示。

设立公司申请名称应预先审核，设立有限责任公司，应当由全体股东指定的代表或者共同委托的代理人向公司登记机关申请名称预先核准；设立股份有限公司，应当由全体发起人指定的代表或者共同委托的代理人向公司登记机关申请名称预先核准。具体提交及审核条件，可参考相关条例。根据企业的规模、规范化程度，初创企业一般选择个体工商户、个人独资企业、合伙制企业和公司制企业的形式。

3. 其他相关事宜

按照有关规定，具备了新企业设立的条件，并提交相关文件后，为了保证新企业的顺利申办，还应注意如下几个问题。

（1）具体申办程序：名称预先核准、银行入资、验资、企业设立登记、刻制印章、办理企业代码、银行开户、划转资金、统计登记、税务登记（国税登记、地税登记、一般纳税人登记）。名称登记规定包括：行政区划、字号、行业或者经营特点、组织形式。例如：北京紫华管理顾问有限责任公司。

（2）企业法人开业登记收费标准：注册资金总额在 1 000 万元以下的，按注册资金总额的 0.8‰收取费用；注册资金总额在 1 000 万元以上的，超过部分按 0.4‰收取费用；注册资金总额超过 1 亿元人民币的，超过的部分不再收取费用。

（3）公司办理设立登记、变更登记，应当按照规定向公司登记机关缴纳登记费。领取《企业法人营业执照》的，设立登记费按注册资本总额的 1‰缴纳；注册资本超过 1 000 万元的，超过部分按 0.5‰缴纳；注册资本超过 1 亿元的，超过部分不再缴纳。领取《营业执照》的，设立登记费为 300 元。变更登记事项的，变更登记费为 100 元。

（4）建立企业后的工商年检。每年 1 月 1 日至 4 月 30 日，公司登记机关对公司进行年度检验。年检内容包括以下几个方面：第一，企业名称：使用名称与核准名称是否一致；第二，企业地址：办事机构所在地与核准住所是否一致；第三，法定代表人：变更决议或者决定做出后，是否按照规定办理变更登记；第四：企业资本：实收资本与注册资本是否一致，出资人是否抽逃资金；第五，企业类型或经济性质变化：企业是否按照规定办理变更登记；第六，经营范围：是否按核准的经营范围从事活动；第七，营业执照：经营期限是否到期；第八，股东：是否发生变化；第九，违规行为：有无伪造、涂改、出租、出借、转让营业执照的行为；第十，停业事项：是否超过 6 个月未开业，或自行停业连续 6 个月以上；第十一，其他需审查事项。

8.2 新企业创建的相关法律法规

毫无经验的创业者面临的一个主要难题是，几乎所有的法律文件都充斥着大量罕见的专业术语，既应理解其中包含的内容，也应清楚这些条款出现的缘由。如果创业者没有时间及兴趣阅读并理解公司签订的合约，那么他应仔细考虑自己是否真的适合创业。

——帕特里克·R. 莱勒斯（Patrick R. Liles），哈佛商学院

8.2.1 成立新企业的法律因素和法规

法律和管理失误会给企业带来致命的伤害，尤其是在新企业生命初期。因此在开始创业以前，一定要了解相关的法律法规，如《公司法》《合伙企业法》等。一旦发生法律纠纷，这些制度性的文件就是保护所有人合法权益的有力武器。表 8.1 列出了与创业企业相关的法律概念，主要包括三大类：一是与企业创立相关；二是与企业日常运营相关；三是与企业成长及发展相关。

表 8.1 创业企业相关的法律概念[9]

Ⅰ企业创立	Ⅱ企业运营：业务开展与交易	Ⅲ成功创业企业的持续发展
A. 知识产权	A. 人事法律	A. 税收
1. 专利	1. 雇用与解雇政策	1. 从中央到地方的各级税收
2. 版权	2. 平等就业机会委员会	2. 工资税
3. 商标	3. 劳资双方集体谈判	3. 税收激励
B. 企业形式	B. 合同法律	B. 管理制度
1. 独资企业	1. 合法契约	1. 分区制
2. 合伙企业	2. 销售合同	2. 行政代理机构
3. 有限公司	3. 租约	3. 消费者权益法
4. 特许经营		C. 所有权的持续
C. 税收政策		1. 产权及所有权
D. 资本构成		2. 遗嘱、信托、遗产
E. 债务问题		3. 破产

下面着重介绍与知识产权紧密关联的专利、商标、版权和商业秘密。

1. 专利法

专利（patent）赋予所有者独占的权利，包括持有、转让以及对专利产品或流程生产和销售的许可权。专利保护的对象可以是流程、机器、产品、设备、配方以及对现有事

物的改进。专利的目的是使持有者对创新发明享有一定期限的独有权,以此鼓励创新[9]。

依照我国《专利法》的有关规定,公民要想取得专利权,须向国家专利主管机关提出专利申请,专利机关根据发明人的申请,依照《专利法》的规定,经审查符合法律规定的条件下,审核批准后,方可授予发明申请人专利权。在未经审批以前,任何一项发明创造都不得成为专利[10]。

创业者如果拥有了专利,便如同拥有了可出售、可转让、可质押、可估值作价的无形资产;也为创业的技术提供了保护,防止竞争对手抄袭;也是创业者申请高新技术企业和国家奖项的必备条件,增加企业荣誉的同时享受税收减免的具有高科技含量的专利也容易提升企业形象,提升企业品牌附加值[11]。

2. 商标法

商标(trademark)是商品的生产者、经营者在其生产、制造、加工、拣选或者经销的商品上或者服务的提供者在其提供的服务上采用的,用于区别商品或服务来源的,由文字、图形、字母、数字、三维标志、声音、颜色组合,或上述要素的组合组成的,具有显著特征的标志[11]。

所谓商标法,是指确定商标专用权,规定商标的注册、使用、转让、保护和管理的法律规范的总称。商标法在加强商标管理、保护商标专用权等方面起着重要的作用,同时它还有助于商品生产者和经营者保证商品质量,维护商标信誉,从而保证消费者的利益,促进市场经济的发展[12]。

3. 版权法

版权(copyright)也称著作权,是指作者对其创造的文学艺术和科学作品依法享有的权利。著作权包括发表权、署名权、修改权、保护作品完整权、复制权、发行权、出租权、展览权、表演权、放映权、广播权、信息网络传播权、摄制权、改编权、翻译权、汇编权以及应当由著作权人享有的其他十七项权利。对著作权的保护是对作者原始工作的保护。著作权的保护期限为作者有生之年加上去世后50年。我国实行作品自动保护原则和自愿登记原则,即作品一旦产生,作者便享有版权,登记与否都受法律保护,自愿登记后可以起到证据作用。国家版权局认定中国版权保护中心为软件登记机构,其他作品的登记机构为所在省级版权局[13]。

4. 商业秘密

业务流程及相关信息如果不能申请专利、版权或商标时,还可作为商业秘密(trade secrets)进行保护,如顾客信息、计划、调查与开发、定价信息、营销技术、生产技术等。一般来说,只要是公司所特有的以及对竞争者有价值的都可以成为商业秘密。商业秘密的保护是对创意以及它们的表现方式同时加以保护,此外商业秘密无须注册,对于软件来说是非常理想的。当然,这些保密的配方、方法或其他相关信息是必须透露给关键员工的。因此,企业应与所有使用此流程或信息的员工签约,要求他们不对外泄露,从而保护商业秘密[9]。此外,通过行业间谍窃取商业机密数据,如偷走竞争者的重要文件其实是对商业秘密的窃取，虽然没有违反合同，但仍可进行控告[9]。

"老干妈"商业机密泄露案

2016年5月，"老干妈"工作人员发现本地另一家食品加工企业生产的一款产品与老干妈品牌同款产品相似度极高。该事件引起了老干妈公司的警觉，公司相关人员认为此现象很可能存在重大商业机密的泄露。2016年11月8日，老干妈公司到贵阳市公安局南明分局经侦大队报案，称疑似公司重大商业机密遭到窃取。

侦查人员从市场上购买了疑似窃取老干妈商业机密的另一品牌同类产品，将其送往司法鉴定中心，鉴定结果为该产品含有"老干妈"牌同类产品制造技术中不为公众所知悉的技术信息。经查，涉嫌窃取此类技术的企业从未涉足过该领域，绝无此研发能力。老干妈公司也从未向任何一家企业或个人转让过该类产品的制造技术。由此可以断定，有人非法泄露并使用了老干妈公司的商业机密。

经多方了解和仔细排查，侦查人员将注意力最终锁定到老干妈公司离职人员贾某身上。2003年至2015年4月，贾某历任老干妈公司质量部技术员、工程师等职，掌握老干妈公司专有技术、生产工艺等核心机密信息，并与老干妈公司签订了"竞业限制与保密协议"，约定贾某在工作期间及离职后须保守公司的商业秘密，且不能从事业务类似及存在直接竞争关系的经营活动。

然而，自2015年11月起，贾某以假名做掩护在本地另一家食品加工企业任职，从事质量技术管理相关的工作。其真实目的是将在老干妈公司掌握和知悉的商业机密用在这家企业的生产经营中，并进行生产，企图逃避法律的约束和制裁。

法网恢恢疏而不漏，历经三个多月的侦查，贵阳市公安局南明分局经侦大队一举将涉嫌泄露贵阳南明老干妈风味食品有限责任公司商业机密的贾某抓捕归案，该案涉案金额高达千万元人民币。

资料来源：周文学.《"老干妈"技术信息遭泄密 舌尖上的美味被复制——贵阳警方缜密侦查3个月破获商业秘密泄露案》 中国警察网. http://news.cpd.com.cn/n3559/c37822772/content.html, 2017年5月10日.

8.2.2 选择新企业的法律组织形式

目前在中国，企业的组织形式有个人独资企业、合伙制企业、有限责任公司、股份有限公司等几种。合适的组织形式对于企业今后的发展壮大以及管理都有着重要的影响。因此，创业者要根据企业现有的人力、财力资源，并结合这几种组织形式的特点，选择合适的企业组织形式。下面是新创企业所普遍采用的组织形式，其中，个人独资企业和合伙制企业更为常见[1]。

1. 个人独资企业

个人独资企业是起源最早，也是最普通、最简单的企业组织形式，流行于小规模生产时期。个人独资企业在小型加工、零售商业、服务业领域较为活跃且十分普遍。在数量上，即使在以大公司为主的欧美国家，个人独资企业的数量也占了大多数，其对社会经济活动的影响力不容忽视。

(1) 个人独资企业的法律规定

个人独资企业，也称个人业主制企业，是依照《中华人民共和国个人独资企业法》（以下简称《个人独资企业法》）在中国境内设立，由一个自然人投资，财产为投资者个人所有，投资者以其个人财产对企业债务承担无限责任的经营实体。个人独资企业的特点是：第一，由一个自然人投资设立，如果由一个法人或两个以上的自然人投资设立，则其不能成为个人独资企业；第二，企业财产为投资者个人所有；第三，投资者自负盈亏，个人承担风险[12]，承担无限责任。

根据《个人独资企业法》的规定，个人独资企业设立的条件是：第一，投资人为一个自然人；第二，有合法的企业名称（不得使用"有限""有限责任""公司"等字样[11]）；第三，有投资人申报的出资（自愿申报；不验资；需要明确是以个人财产出资还是以家庭财产作为出资[11]）；第四，有固定的生产经营场所和必要的生产经营条件；第五，有必要的从业人员。

(2) 个人独资企业的优点

第一，企业的独立性强。个人独资企业的设立、转让与关闭等行为，一般仅需创业者向政府工商管理部门登记即可，手续简单。在决定如何管理方面有很大自由，企业经营方式灵活多样，处理问题简便、迅速。同时，个人独资企业在经营管理上有着完全的自主权，不受他人的制约。个人独资企业的强独立性使得它对市场的变化可以迅速做出反应。

第二，企业信息易于保密。在激烈的市场竞争中，有关企业销售数量、利润、生产工艺、财务状况等一切商业秘密，是企业获得竞争优势的基础。个人独资企业由创业者负责，除非他自己促使商情外泄，否则个人独资企业除了所得税表格中需要填的项目以外，其他均可保密。易于保密的特性可以让企业保持其核心技术的垄断地位和竞争优势。

第三，税负负担轻。企业由个人出资，财产归个人所有，利润也全部归个人所得和支配，不需要和别人分摊。与法人企业不同，个人独资企业只需缴纳个人所得税，不需要双重课税，减轻了企业的财务负担。

第四，企业创业者能够得到个人意愿的满足。个人独资企业可以按照创业者自己的方式来经营，将生活与工作融为一体。企业目标往往也是创业者自己个人的目标，企业经营的成败与个人荣辱集于一身。对于大多数创业者而言，他们在经营企业中首先获得的主要是个人满足，其次才是利润。

第五，个人独资企业成立或解散的程序简单。在美国，个人独资企业的成立只需缴纳低廉的市府档案费或填写营业税缴纳申请表，无须其他任何手续。在我国，个人独资企业成立时，仅需到当地的工商行政管理机关登记，并缴纳少许费用，即可领取营业执照。当个人独资企业在解散时，只需将个人独资企业存续期间的债务偿清即可（债权人在五年内未向债务人提出的除外[11]），由自己或委托他人充当清算人，免掉了重大议程等程序，既节约了时间也减少了成本费用。

(3) 个人独资企业的局限性

第一，由个人负无限财产责任。创业者主要对企业的全部债务负无限责任，即当企业的资产不足以清偿企业债务时，法律规定创业者不是以投资企业的财产为限，而是要用创业者个人的其他财产来清偿企业的债务。创业者的全部财产都与企业的经营风险相关，一旦经营失败，就会有倾家荡产的可能。因此，风险较高的行业不宜采用这种企业组织形式。

第二，企业投资规模有限。个人独资企业在发展规模上，受到资金和管理的限制。一方面，个人资金有限、信用有限，企业的发展主要依靠自身的积累，很难凭借自身的信誉从市场上筹集到较多的资金来扩大生产规模；另一方面，创业者一人承担经营管理的全部职能，个人能力有限，超出一定规模，企业经营就难以控制。

第三，企业寿命有限。企业经营完全取决于创业者个人的意愿，如果创业者无意经营或因健康状况无力经营，企业的业务就要中断，企业甚至会面临关闭的可能。这时，企业一般很难由外部人员接管，而且创业者的继承人也不一定有足够的经验能力来维持企业的生存。所以，个人独资企业的寿命有限，企业的雇员和债权人不得不承担较大的风险。

2. 合伙制企业

（1）合伙制企业的法律规定

合伙制企业，也称合伙企业，合伙企业是指自然人、法人和其他组织依法在中国境内设立的普通合伙企业和有限合伙企业。具体来说，合伙企业是指依法在中国境内设立的由合伙人订立合伙协议，共同出资、合伙经营、共享收益、共担风险，并由全部或部分合伙人对企业债务承担无限连带责任的经营性组织[11]。

合伙企业可分为普通合伙企业和有限合伙企业，其中有限合伙企业是指由普通合伙人和有限合伙人组成，普通合伙人对合伙企业的债务承担无限连带责任，有限合伙人以其认缴的出资额为限对合伙企业的债务承担责任。有限合伙企业也可以说是风险投资领域的一种股权投资方式，即通过持有股权，投资于在创业阶段有快速成长可能性的科技型中小企业，以促进这类企业的技术开发、创业发展和资金融通。大多数吸纳风险投资的企业采取的都是有限合伙形式。作为创业者，如果创业投资的项目属于有可能快速成长的科技产品或服务，又有吸引风险投资的需求，可以着重考虑采取有限合伙企业形式创业[11]。

目前调整合伙企业的商事立法主要是《中华人民共和国合伙企业法》。合伙企业的法律特征主要有：第一，合伙企业必须有两个或两个以上合伙人共同投资。普通合伙企业没有最多人数的限制，对于合伙企业的合伙人主体也没有太多限制，自然人、法人和非法人组织均可。第二，合伙企业设立的法律基础是合伙协议。合伙企业中的合伙人必须以合伙协议的形式明确约定各自的权利义务。合伙协议的订立应自愿协商一致，就合伙企业的设立、经营管理、盈余分配、风险承担、解散等重要问题做出约定，并须采取书面形式。第三，合伙企业的财产为合伙人所共有。以合伙企业名义取得的收益和依法取得的其他财产为合伙人共同所有。第四，至少有一名合伙人对合伙企业的债务承担无限责任。合伙企业至少有一名合伙人为普通合伙人，有限合伙人对合伙企业债务承担有限责任，有限合伙人承担债务的限额为其所认缴的出资额[11]。

合伙关系的成立以口头或书面契约为条件。合伙契约主要包括以下内容：合伙企业及合伙人名称、契约生效日期、经营事业的性质、营业的地点、每一合伙人投资的数额和投入资产的名称及其估价、合伙人的权利义务、利益计算和分配日期、每一合伙人分配净利的方法、每一合伙人允许提现的限额及超额提现的处罚、合伙企业的存续期限、合伙人退伙的条件和程序、合伙人死亡时的处理方法、发生争议时的仲裁规定、企业解散时合伙人的权利与义务等相关条文。

执行合伙企业事务的合伙人，对外代表合伙企业；不参加执行事务的合伙人有权监督执行事务的合伙人，检查其执行合伙企业事务的情况。合伙企业对债务的处理，应先以全部财产进行清偿，合伙企业财产不足以清偿到期债务的，各合伙人应当承担无限连带清偿责任（其中有限合伙人只承担合伙协议中规定的出资责任，其他责任不承担[10]）。也就是说，以合伙企业财产清偿合伙企业债务时，其不足部分，由各合伙人按规定的比例，用其在合伙企业出资以外的财产承担清偿责任。由于承担连带责任，当合伙人所清偿的数额超过其应当承担的数额时，有权向其他合伙人追偿。

（2）合伙企业的优点

当企业需要扩大规模时，创业者往往会吸收其他人来创办合伙企业，与个人独资企业相比，合伙企业具有以下优点：一是有利于扩大资金来源和信用能力。合伙企业的每一个合伙人都有自己的专长和社会背景，能从多方面为企业提供资金也容易向外筹措资金，如从银行获得贷款，从供货商那里赊购产品。二是有利于提高决策能力和经营管理水平，由于合伙企业的创业者人数多，各有所长，因而大家可以集思广益，利用众人的才智和经验，更好地经营和管理企业，提高企业的市场竞争力。三是有利于保护小股东的利益，这是因为在进行企业的决策时，每个股东都有投票权，故小股东与大股东地位平等，小股东的利益也就有了充分的保障。

（3）合伙企业的缺点

一是普通合伙人要承担无限连带责任。合伙企业是自然人企业，普通合伙人不仅要对企业债务负无限责任，使其家庭财产面临经营风险，而且对其他合伙人还存在一种连带责任关系。因此，合伙关系要以相互之间的信任为基础。

二是产权流动难度大。根据法律规定，合伙人不能自由转让自己所拥有的财产份额，产权转让必须要经过全体合伙人的同意；同时，接受转让的人也要经过所有合伙人的同意，才能购买产权，成为新的合伙人。

三是管理协调成本较高。原则上，全体普通合伙人都有权参与企业经营，都有决策权，因此重要事项要协商一致才能做决策。如果产生意见分歧，互不信任，就会影响企业的有效经营。这对于有些需要迅速做决策的企业来说，机会成本太高。

四是企业规模有限。与个人独资企业相比，合伙企业规模也许较大，但与公司制企业相比，其规模仍然有限。如果企业规模过大，任何一个合伙人都无法了解其他合伙人的财产情况和可能承担的债务责任。此外，其筹资能力有限，所以无法满足企业大规模扩张的需求。

3. 有限责任公司

（1）有限责任公司的概念和特点

有限责任公司是经政府相关部门批准，由不超过一定人数的股东共同出资设立，股东以其出资额为限对公司承担责任,公司以其全部资产为担保对外承担责任的法人组织。

公司股东作为出资人按投入公司的资本额享有所有者的资产收益、重大决策和选择管理者等权利。公司享有由股东投资形成的全部法人财产权,依法享有民事权利、承担民事责任。

有限责任公司这种企业组织形式一般适用于中小企业,其法律特点主要如下:一是有限责任公司的股东仅以其出资额为限对公司承担责任;二是有限责任公司的股东人数,有最高人数的限制,如我国的《中华人民共和国公司法》(简称《公司法》)规定,有限责任公司由50个以下股东共同出资设立。三是有限责任公司不能公开募集股份,不能发行股票,出资证明不能上市流通、财务管理等信息无须向社会公开[11]。四是有限责任公司兼有人合性和资合性,是资金的联合与股东之间的信任联合的集合体。

有限责任公司的人合性表现在以下几个方面:一是股东人数的限制;二是股东出资的转让有严格的限制;三是公司不得向社会集资;四是公司的经营状况不需要向社会公开。

有限责任公司的资合性表现在:一是股东对公司的债务只负有限责任,即以其出资额为限对公司承担责任;二是股东以货币、实物、工业产权、非专利技术、土地使用权等出资,但不得以信用和劳务出资;三是实行"资本三原则",即资本确定原则、资本维持原则和资本不变原则;四是有限责任公司的组织比较简单。根据有限责任公司的上述特点可以看出,有限责任公司是我国国有企业实行公司制最重要的一种组织形式。

(2) 有限责任公司设立的条件

首先,股东符合法定人数。有限责任公司的股东应为50人以下。国家授权投资的机构可以单独设立国有独资的有限责任公司,也就是说,在特殊情况下,有限责任公司的股东可为一人。

其次,股东出资达到法定资本最低限额。公司资本是公司从事经营活动的物质基础,也是公司承担各种民事责任的信用担保,因此,公司资本是公司设立的必要物质条件,现代公司法也对公司资本给予了足够的关注。我国《公司法》第26条规定,有限责任公司的注册资本为在公司登记机关登记的全体股东认缴的出资额。公司全体股东的首次出资额不得低于注册资本的百分之二十,也不得低于法定的注册资本最低限额,其余部分由股东自公司成立之日起两年内缴足;其中,投资公司可以在五年内缴足。有限责任公司注册资本的最低限额为人民币三万元。法律、行政法规对有限责任公司注册资本的最低限额有较高规定的,从其规定。

再次,股东共同制定公司章程。有限责任公司必须要有章程。公司章程是经公司全体股东同意,依法签订的规定公司组织和活动的根本准则。它从总的方面规定了公司的组织原则、业务活动范围、方式以及公司的发展方向。有没有章程,是一个公司是否存在的重要标志之一。有限责任公司章程,必须经全体股东同意并签名盖章,报登记主管机关批准后,才能正式生效。

最后,有公司名称,建立符合有限责任公司要求的组织机构。最后,有固定的生产经营场所和必要的生产经营条件。确定公司住所主要是为了实行国家有关机关对公司的行政管理,便于他人与公司的民事往来和民事诉讼等。公司的场所范围要比公司住所范围广一些,公司场所除住所外,还包括公司进行各种业务活动的各个固定地点和设施。

公司的住所只有一个，而场所则可能有多处。我国的公司，以其主要办事机构所在地为其住所，这是公司章程的必备事项。必要的生产经营条件是指公司必须具有的其他条件，如生产企业需要有相应的专业人员等。

（3）有限责任公司的优点

一是投资人风险有限，资本相对集中。出资人只以出资额为限承担公司的经营风险，出资额以外的财产不受赔偿的影响。公司可以吸收来自多个投资人的资本，促进资本的有限集中，在一个比较大的规模上从事生产经营活动。

二是产权主体多元化，有助于形成有效的公司治理结构。产权主体多元化，各投资方就会要求按照投资比例享有权利、承担义务，就会重视公司章程的制定，要求建立有效的公司治理结构，促进公司决策的科学化与民主化。因此，有限责任公司一般要设立股东大会、董事会和监事会，在决策、执行和监督环节上形成委托代理与相互制衡的运行机制。

三是公司经营稳定，有利于企业扩张和保持连续性。在有限责任公司里，由股东会选举和更换董事，由董事会聘任或解聘公司经理，公司财产所有权与经营权的分离，使公司的存续不受某些股东出让股份影响，因此能够保证公司经营的稳定和企业的长远发展。

四是设立程序简单，内部机构设置灵活。有限责任公司发起设立的程序比较简单，一般由两个以上的发起人发起即可，也不必发布公告、公开账目和资产负债表等；在公司内部机构设置上，可设几名或一名董事；股东较少、规模较小的公司还可以不设监事会，甚至不设股东大会；股东大会的召集方法和决议方法也简便易行。

（4）有限责任公司的缺点

一是双重纳税。双重纳税是指有限责任公司盈利首先要上缴公司所得税，当红利以股息的形式派给股东后，股东还要就投资收益部分或个人所得额上缴企业（投资）所得税或个人所得税。这种双重纳税的制度会加重企业的财务负担。

二是企业规模有限。由于不能公开发行股票，有限责任公司筹集资金的范围和规模一般不会很大，难以适应大规模生产经营的需要。同时，由于股权不能充分流动，企业兼并收购等资产运作方式受到很大限制。

4. 股份有限公司

（1）股份有限公司及其法律特征

股份有限公司是指其全部资本分为等额股份，股东以其所持股份为限对公司承担责任，公司是以其全部资产对公司的债务承担责任的企业法人。大型企业和较大的中型企业一般采取这种组织形式，其法律特征主要表现在下列几个方面：

第一，它是典型的资合公司。任何愿出资的人都可以成为股东，不受资格限制。

第二，发起人有法律上的最低限制。我国《公司法》第78条规定，设立股份有限公司，应当有二人以上二百人以下为发起人，其中须有半数以上的发起人在中国境内有住所。对股东人数则无限制，具有广泛性及规模性[12]。

第三，资本总额均分为每股金额相等的股份。出资多的股东拥有股票数量多，但不能增大每股的金额。股票数量的多少决定股东应享有的权益，作为普通股，应该是同股、同权、同利。

第四，股东以其认购的股份对公司承担有限责任。公司以其全部资产对公司债务承担责任，但股东只限于以其所认购的股份对公司负责。当公司解散或破产清算时，公司债权人只能向公司追偿，无权向任何股东直接提出还债要求。

第五，所有权与经营权相分离。随着股份有限公司股权的多元化和分散化，股东投资企业，但并不一定参与企业的经营活动。事实上，由于股东投资份额不同，持有不同比例股份的股东也并非享有同样的股东权利。公司通常推举熟悉业务、有管理才干的人担任董事，组成董事会，由董事会聘任总经理（可以不是股东）负责公司的日常经营管理工作。股东大会与董事会、董事会与公司经理之间形成相互制衡的委托代理关系，通过规范公司治理结构实现股东财产所有权和企业经营管理权的有效分离。

（2）股份有限公司设立的条件

我国《公司法》对股份有限公司设立的条件作了明确的规定，主要包括以下几点：第一，发起人符合法定人数。应当2人以上200人以下为发起人，其中须有半数以上的发起人在中国境内有住所；第二，股份有限公司以发起设立方式设立的，在公司登记机关登记的全体发起人认购的股本总额为其注册资本；公司全体发起人的首次出资额不得低于注册资本的20%，发起人自公司成立之日起两年内缴足其余部分；第三，股份发行、筹办事项必须符合法律规定；第四，必须有发起人制定公司章程，并经创立大会通过。第五，必须有公司名称，建立符合股份有限公司要求的组织机构；第六，有固定的生产经营场所和必要的生产经营条件；第七，依法登记。

（3）股份有限公司的利与弊

股份有限公司是最典型的现代企业组织形式，是现代企业组织形式的高级形态，产权关系明晰、权责界定明确，具有规范的公司治理结构和良好的运行机制，与其他组织形式相比较，有更大的优越性。

首先，股份有限公司是迅速聚集资本的最便利的形式。它可以向社会公众发行股票或者债券，更广泛地吸收社会小额闲置资金。若无法律明文禁止事项，任何人都可以通过购买股票成为股东。这就使得股份公司更易于大规模地吸收社会闲置资本以筹集资金，使企业迅速发展壮大。

其次，股票易于转让，股份具有良好的流动性。一方面，股东只按投资份额承担有限的财产责任；另一方面，股东可以比较方便地转让股份，而且股份有限公司有可能挂牌上市，成为国内或国外上市公司，在广阔的资本市场上，通过资本运作，优化资源配置，提高企业经营价值，以此加速公司产权的流动与重组。

最后，股份有限公司所有的信息公开，有利于社会监督，提高企业的经营效率。股份有限公司，尤其是上市公司，必须坚持公开性原则，使公司全部经营活动置于社会监督之下。公司财产所有权与经营管理权分离，由各方面的专家从事公司的经营管理工作，能进一步提高企业的经营效率，更易于适应竞争激烈、多变的市场环境。

但是，与其他企业组织形式相比，股份有限公司的设立手续比较复杂，组建费用也较高，公司股东也要缴纳双重所得税。尤其是上市公司要公开披露企业经营业绩和公司财产状况，受到更多的法律、法规的制约和监督，在资本市场上也有被其他公司所接管的可能性。

(4) 股份有限公司的基本要素

股份有限公司的基本要素包括股份、公司资本和股东。其中，股份是股份有限公司赖以存在与运作的物质基础，是公司股本的计量单位，是股东权利和义务的来源，也是股东权利和义务的计量单位；公司资本又称股本，是指公司成立时根据公司章程确定的由股东出资构成的财产总额，或者说是公司全体股东出资的总和，公司资本并不是股东的个人财产，而是独立于股东个人财产而存在的，是对客户的信用保证，是衡量公司实力的重要标准；股东是公司股本的出资者，也是公司股份的持有者，是股份公司的组成成员。

概 念 辨 析

为了对公司资本有更清楚的了解，需要准确区别以下概念：

注册资本，指登记成立时所填报的公司财产总额。注册资本应按公司资本总额如实填报，所以，注册资本与资本总额是同一个概念。

发行资本，指公司股份在分期发行后，已经发行的股份总额。在公司章程确定的股份总额未全部发行完毕之前，发行资本低于公司资本总额。

实收资本，指公司发行股份实际已收到的财产总额。如果发行的股份被全部认足、缴足，那么实收资本即等于发行资本，否则，实收资本总是低于发行资本。

实有资本，指公司实际拥有的财产总额。由于公司溢价发行股份或有经营性盈亏，实有资本总处于变动状态，它可能高于也可能低于公司资本。

综上所述，可以看出不同企业组织形式有着不同的外在表现，它们在注册企业的资金额、创业资金来源、法人对风险责任承担的大小以及企业资本结构等方面有着显著的不同。因此，创业者应根据自己的经济实力和现实条件选择合适的企业组织形式[1]。表8.2对不同组织形式的企业法律特征进行了比较。

表8.2 不同组织形式的企业法律特征比较[14]

	个人独资企业	合伙企业	有限责任公司	股份有限公司
创建者人数	1个自然人	2个以上合伙人	1个自然人或者法人	2～200个发起人
注册资本	申报的出资额	合伙人认缴或者实际缴付的出资额	股东认缴的出资额	全体发起人认购的股本总额或者募集的实收资本总额
筹资	个人自行筹资	合伙人自行筹集	股东自行筹集	发起人认购或者向社会公开募集
出资方式	不限	以货币、实物、知识产权、土地使用权或者其他财产权利出资，也可以用劳务出资	以货币、实物、知识产权、土地使用权等可以用货币估价并依法转让的非货币资产	发起人以货币、实物、知识产权、土地使用权等出资；社会公众以货币认购股份
验资	投资者决定	可协调确定或评估	委托评估机构验资	委托评估机构验资
企业财产性质	个人所有	合伙人共有	法人独立的财产	法人独立的财产

续表

	个人独资企业	合伙企业	有限责任公司	股份有限公司
企业责任	无限责任	无限连带责任	以全部资产为限的有限责任	以全部资产为限的有限责任
投资者的责任	无限责任	无限连带责任或有限责任	以其认缴的出资额为限对公司承担责任	以其认购的股份为限对公司承担责任
盈亏分析	投资者个人	按约定	按出资额比例	按股份
权力机构	投资者个人	全体合伙人	股东会	股东大会
执行机构	投资者个人或委托他人	普通合伙人或者委托他人	董事会或执行董事	董事会
所得税	个人所得税	合伙人分别缴纳个人所得税	企业所得税	企业所得税
企业信用	个人资信	任何一名普通合伙人资信	注册资本	注册资本

8.3 创建企业的三种方式

每个即将创业的人都想了解创办一家企业的最佳途径。他们会问自己：通过哪种方式拥有自己的公司是最理想的？最常用的市场进入模式有三种：创建一个新企业、收购现有企业和特许经营。这三种获得企业实体所有权的方式各有利弊，需要根据创业者的实际情况进行选择[9]。

8.3.1 创建一个新企业

新建一个企业是指从零开始创建一个企业，是与创新以及企业家精神密切联系的一个概念。在现代社会，随着技术进步的加快和技术周期的缩短，在一个人的有生之年，完全有可能经历"从理论研究到应用研究，再到研究开发和创建企业"这一技术创新成果商业化的全过程。因此，个人创业就成为了一种很平常的现象。更多具有创意的人士，还往往通过工艺创新、市场营销创新等非技术创新而成功地创建企业。

多数创业者都认为创业的最好方式是开办一个新的企业，而不是购买一个现成企业。这种方式给予了创业者最大的满足感，但同时也意味着要承担比购买现成企业高得多的风险。

开办一个新的企业最有效的方法之一就是创建一种独特的产品或服务，即当前市场上还没有提供的产品或服务，如果你能够提供，将会有很大的市场需求。第二个方法就是对当前市场上的产品进行改进，或者将产品扩展到其他新的领域中[1]。

（1）有以下三种条件的情况下，可以组建新企业，而不必购买现有企业或获得特许经营权。

① 新建企业以新发明、新产品或新服务为特征。

② 新建企业能充分利用理想的地址、设备、产品或服务、雇员、供给方和银行方面的优势。

③ 新建企业可以避免不理想的先例、政策、程序和现有公司的一些法律契约限制。

创建一个新的企业有很大好处。具体来说，开始创立一个企业的前期花费要比收购一个企业的费用低，而且在开发一个独特的产品时能充分发挥创业者的独创天赋，可以从事一个全新市场的开发；可以自己做主选址，创建自己的管理模式和方针，不会有在收购现有企业时一同购进企业的麻烦和缺陷等问题。

当然，创建一个新企业也会存在一定的风险，创业者必须从零开始做起。创业者有责任选择一个合适的厂址、一种合理的企业结构和内部资产营运系统。创业者必须申请并获得营业执照和经营许可证，发展自己的基本客户群、开发企业管理和组织体系以及市场营销计划。有时，这些会让创业者望而生畏。

大部分人都是在他们比较熟悉的行业创建自己的企业。创业者应用自己的才能和创造力开发出一些独特的资源，他们生产制作、供应和销售一种非常好的产品或提供一项完善的服务。然而，一个成功的企业家必须能够在提供好的产品或服务的同时了解一个企业是如何运作的。

（2）创建一个新企业就意味着要花大量的时间用于对新企业的计划，并要对产品或服务的潜在市场进行研究。市场分析可以帮助创业者确定是否存在特定的产品和服务的需求，这个需求是否足够大，以至于说明启动企业经营是否合适。市场分析的方法包括以下几个步骤：

① 尽可能清晰的问题陈述；
② 收集关于问题的所有必要的事实；
③ 对事实进行组织和分析；
④ 制定一种或多种行动方案，分析各种方案的优点和缺点；
⑤ 选择并实施最佳的方案；
⑥ 观察这一方案的实际进展情况，根据需要进行调整。

【拓展阅读】

建立一个新企业，你需要两个战略

企业要成功，往往需要两个战略。

就像要造一架能在3万英尺高空中以每小时500英里的速度飞行的飞机一样，这就需要飞机发动机动力达到一定的量，以及最大化减少空气阻力的流线型设计。但这还不够，首先，你要让飞机离开地面起飞，这需要轮子、机翼和比在3万英尺高空更多的发动机动力。**你需要两个战略：起飞阶段和飞行阶段。**

从起点开始

我们共事过的很多创业家的首要问题就是，他们从规划中的结果着手，而非业务的起点。

如果你无法让飞机离开地面起飞，那么它是否能在3万英尺的高空中完美飞行就毫无意义了；如果你无法让你的新业务起飞，你的概念是否能在业务发展壮大之后发挥作用就毫无意义了。因此几乎每个大的成功都是从小成功开始发展起来的。

Facebook是从哈佛大学内部发展起来的，最终成为全球领先的社交媒体品牌，年营业收入超过一半来自美国之外的市场；亚马逊从售书开始发展起来，也非常成功，如今它是互联网上最大的零售商，出售各种商品。

短期 vs. 长期

如果在短期内你无法胜出，那么长期之后你的未来将陷入严重的不确定。FedEx是全球性的包裹运输和物流公司，为220个国家和地区提供服务。但它并非一开始就如此。联邦速递起初的战略是"更便宜、更便宜、更便宜"。换句话说，三项服务的收费都比艾默里低：隔夜达、两日达和三日达。然而并没什么用。联邦速递亏损了2 700万美元，当时的2 700万美元可是一个大数目。那么，接下来发生了什么？很多企业通常的做法是通过扩张业务以期实现盈利，也许是增加国际业务。但联邦速递并没有这么做，而是做了每个亏损企业都应该做的事：**收缩了自己的焦点业务，聚焦于隔夜达服务**。还记得当时的广告口号吗？——"隔夜必达。"

建立品牌

福特是美国市场领先的汽车品牌，有15个不同的车型。在2016年前11个月中，福特的销量达到2 262 493台，领先雪佛兰19%。但它并非一开始就如此。亨利·福特推出的第一台车是福特A系，1903年的销量为1 708台。第二年，福特推出了三个新车型（B系、C系和F系），但最终却只售出了1 695台。这件事给他留下了深刻的印象。当他在1908年最终推出T系车时，他对员工宣布：在未来，我们将只造一个车型的汽车，那就是T系。结果令人震惊。在接下来的18年里，福特的平均市场份额达到了43%。

你无法同时做所有事

有很多公司试图通过同时做所有的事情来打造"生活方式"品牌。例如，底特律的Shinola品牌。Shinola制造手表、皮制品和自行车，已经在底特律、伦敦、迈阿密和洛杉矶开设了门店。未来它还计划生产耳机、电源板、电子产品、眼镜和家居用品。会有效吗？拭目以待。但历史总是与"一次性全上"的战略相背。

因此，每个新品牌、每个新企业都需要两个战略：**一个帮助品牌和企业开始起飞，一个帮助建立一个强大、盈利的品牌和企业**。

资料来源：艾·里斯.《建立一个新企业，你需要两个战略》.销售与市场·管理版.2017年6期.

8.3.2 收购现有企业

创业是企业由青涩走向成熟的过程，不能简单地将创业理解为起步阶段，创业不一定是新办一家企业从小做到大，也不必非要拥有新产品或高新技术。通过管理变革、市场拓展，引入新的商业模式，将经营已经稳定或有一定规模的企业改组成适应产品创新和市场创新需要的企业，也是一种创业。很多创业企业家通过收购现有企业，使企业扭亏为盈或实现超常发展，在体现自己价值的同时，也完成了创业初期的资金积累[15]。在购买他人既有企业之前，收购人需要先评估欲收购企业的风险及优缺点。

1. 收购的主要类型

（1）按照支付方式分类。收购主要有两种类型：资产收购（asset acquisition）和股份收购（stock acquisition）。资产收购是指买方购买另一家公司的部分或全部资产。股份收购则是指买方直接或间接购买另一家公司的部分或全部股份，从而成为被收购公司的股东，相应地承担公司的债务。在股权收购的情况下，按照收购方所获得的股权数量（比例），又可以分为参股收购、控股收购和全面收购[13]。

（2）按收购双方行业关联性分类。主要分成三类：横向收购、纵向收购和混合收购。横向收购是指同属于一个产业或行业，生产或销售同类产品的企业之间发生的收购行为，其目的在于消除竞争，扩大市场份额，进而增加收购公司的垄断实力或形成规模效应。纵向收购是指生产过程或经营环节紧密相关的公司之间的收购行为，即处于生产同一产品、不同生产阶段的公司间的收购，收购双方往往是原材料供应者或产成品购买者，对彼此的生产状况比较熟悉，有利于收购后的相互融合。混合收购又称复合收购，是指生产和经营彼此没有关联的产品或服务的公司之间的收购行为[13]。

（3）按收购方的收购态度分类。主要包括善意收购和恶意收购。善意收购是指收购者事先与目标公司经营者商议，征得其同意，目标公司经营者主动向收购者提供必备资料的收购方式。而恶意收购指的是没有与目标公司的管理层达成共识而强行收购该公司股份的行为[16]。

（4）按收购行为是否构成法定义务分类。可分为自愿收购和强制收购。自愿收购是指收购人自愿做出收购决定，并根据目标公司总股本确定预计收购股份的比例，在该比例范围内向目标公司的所有股东发出股份要约的方式。而强制收购则与自愿收购相对，是指当收购人间接或直接持有一个上市公司股份达到法定比例时，依法必须向该公司全体股东发出收购股份的要约的收购方式[17]。

2. 收购方式的优点

（1）迅速进入。新创企业进入市场时总会遇到这样或那样的障碍，诸如技术壁垒、规模壁垒、市场分割壁垒、政府许可壁垒等。收购方式最基本的特性就是可以省掉很长的时间，迅速获得现成的管理人员、技术人员和设备。可以迅速地建立一个产销据点，有利于企业迅速做出反应，抓住市场机会。如果被收购企业是一个盈利企业，收购者可以迅速获得收益，从而大大缩短了投资回收年限。

（2）迅速扩大产品种类。收购方式可以迅速增加母公司的产品种类。尤其是原有企业要跨越原有产品范围而实现多样化经营时，如果缺乏有关新的产品种类的生产和营销方面的技术和经验的话，显然采取收购方式更为稳妥。

（3）选择性大。目前，我国不少行业的生产能力是过剩的。如在轻工行业，某些产品的生产能力超过了市场需求的25%，有些甚至超过了100%。其他一些行业也有类似的情况。这就给购买他人的生产能力提供了较大的选择空间。创业者关键是要在可能的购买对象中做出恰当的选择。

(4)利用原有的管理制度和管理人员、技术。采取收购作为直接投资的方式可以不必重新设计一套适合当地情况的经营管理制度。这样可以避免因对该领域或该地区的情况缺乏了解而引起的各种问题。收购技术先进的企业可以获得企业的先进技术和专利权。

(5)采用被收购企业的分销渠道。这样可以利用被收购企业已经成形的市场分销渠道以及企业同经销商多年往来所建立的信用。

(6)获得被购企业的市场份额,减少竞争。市场份额的增加会导致更大规模的生产从而实现规模经济。企业可以收购竞争对手的企业,然后将它关闭来占据新的市场。

(7)获得被购企业的商标。收购一些知名的企业往往可利用其商标的知名度,迅速占据市场份额。

(8)廉价购买资产。有一种情况是,从事收购的企业相对于目标企业来说更知道目标企业所拥有的某项资产的实际价值。例如,目标企业可能拥有宝贵的土地或按历史折旧打开市场。一种情况是,成本已摊提了,可是在账簿上还保有不动产,目标企业有时低估了这项资产的限期重置价值,使得收购者廉价地买下这家企业。另一种情况是,收购不盈利或亏损的企业,可以利用对方企业的困境压低价格。

(9)迅速形成自己的财富生产能力,加快市场进入的速度。在新经济时代,要求企业用对方的困境压低价格,对市场变化、市场竞争有更快的响应速度。如果新建一种财富生产能力,往往要花数月甚至数年的时间。等到你的生产能力建成了,市场机会早就被他人夺取了。而购买他人现有的生产能力,只需进行必要的技术改造,即可迅速提供市场需要的商品,实实在在地抓住某些盈利良机。

雀巢收购徐福记

近年来,由于欧美市场经济衰退,新兴国家市场正在成为跨国公司业绩增长的最大来源地。在雀巢,大中华区已成为其全球范围内业务增长最为迅速的区域市场。要进一步提升发展速度,收购市场增长潜力巨大的本土品牌,显然是比自己独立建厂或扩大产能更快捷的途径。将威化、糖果视为未来中国市场业务增长点,雀巢急需通过收购快速提升市场份额。于是,它转动收购罗盘,这一次,指针对准了徐福记。2011年12月7日,雀巢以17亿美元的价格收购徐福记60%股份的申报获得商务部批准,使得其在糖果市场领域版图得到扩张,推进了这家公司在中国市场的业务布局。

1992年,台湾徐氏兄弟在东莞创办了东莞徐福记食品有限公司。从创立之初,这家公司就一直专注于糖果糕点产品,希望把徐福记品牌做成百年老店。20年后,这家公司已成为中国最大的糖果糕点企业之一,生产糖果、巧克力、沙琪玛、糕饼点心等产品。徐福记在中国糖果市场的领先份额,以及其遍布全国的上百家直营销售分公司和下探到三四线城市的分销实力,正是雀巢所需要的。

拥有了徐福记的雀巢,在中国糖果市场的份额将得到大幅提升;而雀巢也为徐福记的市场推广、产能扩张以及日后打入高端市场提供了强大的研发能力及资金支持。中国食品商务研究院研究员朱丹蓬表示,雀巢收购徐福记将对糖果行业格局造成巨大的影响。收购成功后,雀巢有望超越拥有德芙、士力架等品牌的玛氏,成为中国糖果与巧克力市场的领头羊。

案例来源:节选自"昝慧昉.《收购狂人 雀巢.中国市场》,2012(8): 54-56."

3. 收购方式的缺点

（1）价值评估难。究其原因，其一是有的目标企业为了逃税漏税而伪造财务报表，有的财务报表存在各种错误和遗漏，有的目标企业不愿意透露某些关键性的商业机密，加大了评估难度；其二是对收购后企业的销售潜力和远期利润的评估困难较大；其三是企业的资产还包括商誉等无形资产，这些无形资产的价值不像物质资产的价值那样可以轻易地用数字表示。

（2）失败率高。失败有很多原因，一个重要的原因是被收购企业的原有管理制度不适合收购者的要求。如果原有的管理制度好，收购企业可以坐享其成，无须做很大的改变；若原有管理制度不适合要求，收购后对其进行改造时问题就出现了。习惯原有经营管理方式的管理人员和员工往往对外来的管理方式加以抵制，母公司在被收购企业内推行新的信息和控制体系常常是一个困难而又缓慢的过程。另外，企业虽然可以通过收购方式获取市场份额和产品技术，但如果对被收购企业的产品过于缺乏经验，则可能无法进行有效的管理，这也会导致收购的失败。

（3）现有企业往往同其客户、供给者和员工存在某些已有的契约关系或传统关系。例如，现有企业可能同某些老客户具有长期的特殊关系，该企业被收购后，如果结束这些关系可能在公共关系上代价很大，然而继续维持这些关系可能会被其他客户认为是差别对待。同样地，与供给者之间的关系也可能会碰到类似的情况。

（4）转换成本。收购对方的生产能力后，一般要对所购入的生产能力进行某些技术改造，这就涉及转换成本问题，包括技术改造成本、原有某些设备提前报废的损失、原有人员进入新岗位的培训费用增加等。这是购买现有企业生产能力时不得不考虑的问题。

（5）选择收购对象是个难点。恰当地选择目标企业并不容易。通常在选择购买对象时，创业者应该考虑如下问题：目标企业目前的市场地位、未来的市场地位；目标企业目前的技术能力及技术能力的成长性；目标企业的负债情况；目标企业目前的经营业绩；目标企业要求的出资方式及其方便性；购买后技术改造需要的增量投资；可能随之增加的企业社会负担等。

（6）原有企业的包袱会随着收购而被带进新公司。我国目前正处于经济制度转轨时期，计划经济时期遗留的"企业办社会"问题，仍困扰着企业，政府从稳定社会的角度出发，往往也显得无可奈何。创业者如果收购某个企业，常常也要不得不承担目标企业原本承担的某些社会义务。

此外，收购也可能导致人力资源管理上的麻烦。现有企业被收购以后，由于企业的整顿往往会产生大量的剩余人员，在安置这些人员及支付其报酬时，创业者需要从经济、道义和法律方面综合考虑，如何妥善地处理这些问题，对企业者来说是一个挑战。

惠普：收购失败的连锁效应

2011年10月，惠普斥资110亿美元收购了英国软件企业 Autonomy，后者是欧洲第二大软件公司，仅次于德国的萨普公司。惠普当时说，收购 Autonomy 是其向利润率更高的软件销售商转型的关键。时任 CEO 的李艾科（Leo Apotheker）还希望通过收购该公司向云计算领域拓展。可能也是出于看好这宗收购的前景，惠普当时给 Autonomy 的收购溢价近 60%。

不过，惠普的内部调查发现，Autonomy 前管理团队一些成员在惠普收购前通过虚报、瞒报等手法隐瞒了公司财务状况，加之董事会充分相信毕马威和德勤这两家会计师事务所提供的审计报表，最终误导了惠普的收购估价。

时任 CEO 惠特曼称，对于未能及早发现 Autonomy 公司的财务问题，惠普前 CEO 李艾科和公司前任战略主管罗比森负有主要责任。收购 Autonomy 的决定是在李艾科卸任前一个月宣布的，并在惠特曼上任三个星期后完成。事实上，当初惠普斥巨资收购一家软件公司，曾遭到一些投资人的强烈反对，认为付出的代价太高。惠普方面表示，已向美国证券交易委员会（SEC）和英国执法部门进行报告，要求对此事展开调查；公司还计划向 Autonomy 前高管提起民事诉讼，要求赔偿损失。

资料来源：节选自"佚名.惠普：失败收购的连锁效应等.世界博览，2012(23)."

4. 收购过程的注意事项

收购过程没有正规的程序，目前尚无一本书能成功地阐述最合理的收购步骤，以及各种情况下最好的选择。因此，在收购过程中，个人理念、良好的商业感觉以及对每个机会谨慎乐观的探索都是必需的。有人提出成功收购一个企业必须经过确认目标、价值评估及交易谈判三个步骤。

（1）在收购企业前，必须对被收购的企业进行认真的考察。

第一，对被收购企业的体制做一番彻底的检查与分析。

第二，考虑收购者自身经营实力能否经营自如。例如，对被收购企业所属产业是否有所认识，整顿企业应有的具体指示是否足够。

第三，企业长期发展预测及准确深入的收益成本分析。

第四，被收购企业的权利义务、债权债务是否清楚。

（2）在决定收购某个企业之前，创业者还需要回答以下几个问题：

第一，收购的必要性。即与独创、合伙企业相比，作为创业者，你真的需要收购某个既有企业吗？收购的利弊有哪些？

第二，收购后改造目标企业的可能性。一般情况下，同意被创业者收购的企业，往往都存在这样或那样的问题和困难。特别是一些企业创新能力差，生产技术落后，整体技术能力提升速度大大落后于社会技术进步的步伐。这就涉及对企业进行技术改造是否可行，如果不可行则不如自己去新建一个企业。

第三，扭转现有企业低回报的能力。现实中，收购者收购的企业往往只有很低的收益水平与规模，这就需要创业者去扭转企业的低回报状态。因此，创业者应当思考自己是否有能力扭转该企业目前的业绩状态。

第四，运营现有企业的经验。在新创一个企业的过程中，创业者可以逐步积累运营企业的经验。但一下子买进一个企业，创业者受其知识、经验、能力的限制，往往无力运营这个企业，甚至使一个原本较好的企业的经营状况变坏，使一个原本较糟的企业的经营状况雪上加霜。因此，在收购某个企业之前，创业者一定要问问自己：我有运营这个企业的能力和经验吗？时间允许我去积累经营这个企业的经验吗？

第五，对方有无隐形债务。显然，即使对方要价很低，创业者也需要好好考察对方的债务状况，以免背上一堆不明不白的债务。

虽然通过收购企业进行扩张有很多优点，但是收购企业也有不利之处，创业者在收购中也可能会陷入一些误区。因此，创业者必须将收购与其他扩大规模方法相比较，必须对每种方式的优点和缺点仔细衡量。另外，还可以选择性地收购现有企业的某一部分，如客户名单、商誉，而不收购其陈旧设备、机器或库存产品等，以减少资金负担。

8.3.3 特许经营

1. 特许经营的概念

特许经营是目前在全世界流行的一种新型组织经营形式。特许经营是指特许人将自己拥有的商标（包括服务商标）商号、产品、专利和专有技术、经营模式等以合同的形式授予受许人使用，受许人按合同规定，在特许人同意的业务模式下从事经营活动，并向特许人支付相应的费用。

2. 特许经营的特点

现代意义上的特许经营始于麦当劳公司。一般而言，特许经营有如下特征：
① 特许经营是特许人与受许人之间的契约关系；
② 特许人允许受许人使用自己的商号、商标或服务标记、经营诀窍、技术方法、持续体系及其他知识产权；
③ 受许人自己对特许人业务进行投资，并拥有其业务；
④ 受许人向特许人支付费用；
⑤ 特许经营是一种持续性关系。

3. 特许经营的种类

目前主要存在产品品牌特许经营、经营模式型特许经营两种不同的特许经营模式。其中，产品品牌特许经营主要由制造商作为特许人向被特许人转让某一品牌或商品的经销权和制造权，但对受许人的生产经营活动没有严格限定，受许人以专有或非专业形式经营特许人的产品，并向特许人支付相关的费用。经营模式型特许经营要求受许人经营的产品和商标保持统一性，另外对加盟店的日常营运管理、经营方针和产品服务标准都进行了严格规定。特许人通常向受许人提供培训、产品推广广告和后续支持服务，作为回报受许人向特许人缴纳加盟初始费以及经营期间的特许权使用费。与产品品牌特许经营相比，经营模式型特许经营的受许人不仅获得了产品商标的使用权，更为重要的是获得了特许人整个商业经营模式的使用权。该种模式多被应用于第三产业，如餐饮业、便捷储物、网络服务提供和咨询服务等[18]。

此外，按照不同的划分标准，特许经营还有许多种类型，特许经营模式的不同也意味着双方当事人享有不同的权利和义务[13]。

4. 特许经营的优势

特许经营是一种程序化、指导经营关系的协议。特许经营是围绕着双方签订的合法特许协议的一种市场营销活动。被许可一方有权以个人所有者身份从事经营企业，但要根据特许权人一方所限定的方式进行经营。特许经营公司通常给系统或加盟成员提供企业名称、商标、产品、专利或技术、经营程序等方面的使用权。

特许经营提供了一种独特的创业机会。进行特许经营，成为被许可方，对创业者来说是一个很好的选择。它可以帮助创业者增加收益，而无须很高的启动资金，可以利用现有的技术和渠道，而无须为初期的开拓费尽脑筋。特许经营的好处在于它能使创业者以公众已接受的品牌和商标开展业务，可以得到培训的机会和行业专家们所给予的经营指导，同时还可以得到许可方的财务支持。有些公司会指导新企业的日常经营，帮助新企业成为行业专家。有些公司会连续不断地提供经营咨询服务，这通常包括帮助记录内部经营业务资产账目。还有些公司进行的区域或全国性的促销活动可促进新加盟企业的业务开展。国际市场上通过特许经营取得巨大成功的企业比比皆是，如麦当劳、肯德基、可口可乐、沃尔玛、富士、通用、福特等公司。

具体来讲，创业者采用特许经营模式有很多好处：①得到培训与支持；②拥有标准化产品和服务；③拥有全国性广告；④拥有强大的采购能力，在价值链上有较强的谈判能力；⑤有强大的财务支持：常见的有总公司内部的建设贷款、给予帮助的特许经营费用的短期贷款；⑥有正规科学的区位选择和得到总公司的区位保护；⑦拥有的是已经被证实的有效运作的商业模式，让企业少走弯路。

首旅如家的特许经营

2002年6月，首旅集团和携程旅行网共同投资组建了"如家"酒店品牌，此后"如家"瞄准了高星级酒店和低星级酒店见的空档，大力发展经济型酒店，通过不断的市场细分和调整，作为经济型酒店的领头羊，"如家"酒店始终保持着市场的敏感性和创新性，并最终于2006年10月26日在美国纳斯达克成功上市。在经营方式方面，从2004年开始，"如家"便选择了直营+特许经营的方式，并将特许经营作为其拓展的主要方式。其中，特许经营店是获得如家酒店的特许经营权，使用其品牌、商标、经营模式的经济型酒店。

在管理方面，作为特许经营酒店的"如家"不必派出庞大的管理团队，只需派出一名经过专门培训并且经验丰富的总经理，由他全权负责特许加盟店的经营和管理工作。"如家"总部还向特许店提供专业的特许加盟"售后服务"，通过特许经营经理把"如家"对特许店的支持，交由不同的部门来完成，之后由各个部门协调合作，最终形成标准化、专业化和简单化的管理优势。

在品牌方面，通过特许经营的方式将众多散乱的、无品牌个性的酒店统一纳入"如家"体系，进行规范经营，统一、持续的宣传。

在销售方式方面，"如家"采用全方位、立体化的销售模式，通过公司总部与全国各大网络订房公司进行联合促销。另外，"如家"在全国范围内首家实现800免费中央电话预订系统和 CRS 的联结，保证在任何地方的客人都可以通过电话和网络进行全国预定，并且每一家酒店都可以分享"如家"所有的忠诚会员。这些都为特许经营提供了强大的客源支持。

资料来源：张璐，张胜男. 我国经济型酒店特许经营模式研究——以"如家"酒店为例[J]. 首都师范大学学报（自然科学版），2012, 33(02): 79-86.

5. 特许经营的劣势

特许经营的一些不足之处我们也应该了解，由于公司实行的是标准化经营，被许可方不能凡事都按自己的意愿去做，通常会受到一定的制约，在很多事情上无法自己做决定。一方面，特许公司通常以总销售额的一定比率收取特许使用费，而那笔特许使用费最终不能算作被许可方的利润。另一方面，特许授予者通常不会分担你的损失。你在制定销售价格、介绍新产品或服务和撤出不赚钱的产品时都可能会受到限制，因此，新企业的竞争能力受到一定的削弱。由于特许授予者会要求递交明细报告，被许可方必须抽出时间和精力来准备这些烦琐的报告。

具体来说，特许经营的一些缺点是：①较高的加盟费和特许权使用费；②必须强制性的标准化，不能按照自己的意愿做事；③采购和产品线方面的要求很严格，必须从固定处采购；④培训项目参差不齐，创业者要谨慎选择加盟方；⑤面临着市场饱和的危机，由于只要交钱即可加盟，因此有些地方的加盟店已经遍地都是了；⑥独立分店之间的协调能力比较低，每个分店在服从总体的基础上还是有一定空间的自主权，如独立宣传，这样会产生"溢出"效应，降低了单个加盟商与他人协调行动的激励作用，也降低了企业的总体效率。

总之，通过特许经营创业的好处是可以降低白手起家创办企业的整体风险，可使创业者从特许经营系统的所有成员积累的经验中获益。对创业者不利的方面主要体现在特许权费用和收入按特许权提成，经营独立性差，发展受到限制[1]。

【拓展阅读】

关于特许经营的常见问题

问题 1：什么是特许经营的本质？

回答：简单一句话，服务产品大规模生产和销售的方式。要懂得特许经营的本质，需要了解服务产品的特征。什么特征呢？生产和销售的不可分离性，即通常所言服务的生产和消费是同步的，不像有形产品是可以分开的。那么，问题来了，生产和消费必须同步，如果要把某个服务产品卖到异地，如何办到？不能像有形产品那样事先生产库存拉过去卖，只能到异地就地生产和销售。因此，服务产品的经销商即受许人，要复制单店，复制特许人商业模式，生产服务产品并同时提供给当地消费者。所以，提供服务产品的企业，如果想把自己的产品大规模卖到世界各地，除了直营，能做到的就是特许经营模式。当今著名的国际品牌都是这样做大的。所以，原则上纯服务或带有服务元素的有形产品的行业，只要你想大规模销售你的产品，都可采用特许经营方式。

问题 2：特许经营和连锁加盟是什么关系？

回答：生活中经常可以看到，特许、加盟、连锁、经营，这四个概念被人们任意组合使用。可以这样说：凡出现加盟字样的概念，其正式名称就是"特许经营"。"特许经营"是正规表述。"特许加盟"的说法，分别强调了特许人和受许人的行为特点。无论是直营还是特许经营，多门店体系形成后，对这个体系的管理需要整体性、系统性管理，这种管理，被形象地称为"连锁经营"。

问题 3：是不是只要有商标权和经销权就可以叫作特许经营？

回答：不是。特许经营是实现服务产品规模化生产与销售的方式。由于服务产品生产与销售不可分离的性质，使得加盟商销售服务产品时首先要同时生产服务产品，即加盟商要复制单店及其运营过程。因此，特许人须将自己的商标、商号、服务模式等经营资源的使用权授予加盟商使用，从而实现加盟商对单店的复制。因此，特许经营关系中，加盟商获得的是特许人所有经营资源的使用权和销售服务产品的经销权，而不仅仅是商标的使用权和产品经销权。那么，只授予商标使用权和经销权，是种什么关系呢？这是知识产品所有者规模化生产和销售自己的知识产品的方式。这种方式叫作"许可经营"（Licensing），以示与"特许经营"（Franchising）的区别。

知识产品所有者，比如，米老鼠这个商标的所有者，它可以将这个商标的使用权授予某服装企业使用，并同意该服装企业销售贴有米老鼠商标的服装，该企业为了获得米老鼠商标的使用权和销售权，要付给商标所有人相应的费用。

总结一下：特许经营（Franchising），是服务产品规模化生产与销售方式。许可经营（Licensing），是知识产品规模化生产与销售方式。

资料来源：节选自"佚名 《你真的了解特许经营吗？》 中国连锁.2017(8):80-81"。

8.4 新企业的选址与名称设计

8.4.1 新企业的选址

企业选址是关系新企业未来经济效益和发展前景的重要因素，也是创业初期就涉及的几个问题之一。两个同行业同规模的商店，即使商品构成、服务水平、管理水平、促销手段等方面大致相同，但仅仅由于所处的地址不同，经营效益就可能有较大区别。因而对于企业来说，位置选择非常重要，创业者应该了解做出正确选址决策所需的信息和技能。一般而言，企业选址要解决两个基本问题：一是选择一个适合的地区，包括不同的国家地区、一个国家内的不同地理区域或城市；二是在该地区内选择一个适合的地点，包括商业中心、住宅区路段、市郊等[19]。那么，创业者在企业选址时需要哪些因素呢？主要如下。

1. 行业因素

由于不同行业的竞争要素和盈利模式的不同，新企业在选址时首先要考虑行业因素或企业类型的影响。例如，制造业企业选址决策主要是为了追求成本最小化，因而应重点考虑成本、环境以及原材料供应等问题；而对于零售业（如大型超市、商场）和服务业企业（如电影院、洗衣店、美容美发店），其客流量和客流的购买力决定着企业的业务量及利润，因而企业的选址必须靠近其客户[14]。

2. 经济因素

人们收入水平决定着对产品或服务的需求，经济因素决定了当地的购买力即购买产品或服务的能力。创业者通常可以通过受雇人数、家庭平均收入、就业/失业趋势、银行存款人均零售总额以及当地人口数量和人口迁移等情况来判断，这些数据一般与当地经济繁荣与否有关。显然，创业者希望企业所在地区的人们对他们提供的产品或服务的购买能力不断增加。

3. 竞争因素

正所谓知己知彼，百战不殆。新企业选址时需要对周围相关竞争对手有所了解。通过收集竞争者的相关信息，对竞争者进行研究，包括一个区域有多少竞争者？他们都在哪里？过去两年内有多少业务相似的企业开张和关闭？这些信息都可以为新企业的选址提供参考依据。

从竞争对手角度来看，新企业选址有两种不同的思路。一种思路是选择同行集聚的地方，因为同行成群有利于人气的聚合与上升，就像我们常见的家装市场、家电市场、小商品市场、"海鲜一条街"等；另一种思路则是"别人淘金我卖水"，别人都蜂拥到某地去淘金，成功者固然腰缠万贯，失败者也要维持生存。如果到他们中间去卖水，肯定稳赚不赔[13]。

4. 地理因素

地理因素也是新企业选址需要考虑的因素之一，尤其是对于那些经营业务与地理环境及天气因素密切相关的企业而言则更为重要。在这方面应该考虑的一是天气及自然资源因素。例如，滑雪场或冰雪度假村应设立在经常下雪或至少有冬季的地方，而海滩度假村则应设立在海滨城市，且最好是南方温度较高的城市，对于那些用水量大的企业来说则应选择水资源相对充足的区域建厂。二是要考虑地理位置与市场的接近程度。例如，船舶维修店的场所应当考虑靠近海域，砖块生产也需要靠近销售市场，因为它们非常重且单价低，如果长途运输将是一笔极不划算的买卖。三是要考虑该区域劳动力（人才）的供应情况，有时企业的选址是由能够找到足够的劳动力（人才）的地方确定的。例如，高端的金融、技术人才多聚集在北上广等一线城市，因而很多集团公司的总部都会设立在这些城市。

5. 政治因素

创业者在为企业选址时还应该重视政府对市场的规制，通过评价现在已经存在的以及将来有可能出现的法律和法规问题，判断其对产品或服务、分销渠道价格以及促销策略等的影响，将企业建在政府支持该产业的地区，如光伏企业应设立在有国家或地方政府支持的高新产业园区内，有利于企业得到各方面的支持和保障。当投资者到国外去设厂时，更应该考虑不同国家的政治环境，如国家政策是否稳定、有无歧视政策等。

6. 社会文化因素

人们对于生活的态度不同，会直接影响其对安全、健康、营养及对环境的关心程度，相应的需求也会发生变化。当创业者准备生产的产品与健康或环境质量等密切相关时，应充分考虑相应的社会文化因素，优先考虑将企业建在能对其企业文化和产品有较大认同的地区。如生产奶制品的企业应将企业建在与奶源地相同或相近的省份，丝绸制品的生产应设立在苏沪杭附近，这样容易建立起消费者对产品质量的认同感和信赖感。

此外，不同行业的企业在考虑企业选址时应有不同的侧重点，比如，制造业企业应侧重考虑生产成本因素（如原材料和劳动力等），而服务业企业应侧重考虑市场因素（如顾客消费水平、产品与目标市场的匹配关系、市场竞争状况等）。创业者在进行选择时必须仔细权衡各种因素，识别出与企业自身特点紧密相关的因素，还要考虑在不同情况下，同一影响因素的不同影响作用。

8.4.2 新企业的名称设计

让科学流行起来：果壳网名字的由来

提起"果壳网"，就不得不提到近年来在国内大名鼎鼎的民间科普组织科学松鼠会。这两者的创始人，是毕业于复旦大学生物系的博士姬十三。正是他，将一批拥有理工科较高学历背景的青年人会集在一起，用轻松活泼的文笔在网络上撰写科普文章，帮助普通人打开了科学那原本坚硬的外壳，领略到科学的美妙。2008年，"科学松鼠会人气蹿红"甚至与"中国首次太空行走"共同入选当年"中国十大科普事件"。

2010年11月，姬十三又成立了定位为"泛科技"主题的果壳网。以"科技有意思"为题的果壳网，不仅聚集着科学松鼠会的成员们，还有更广泛的科学爱好者加入，他们尝试着对身边的生活进行有意思的科技解读，致力于让科学流行起来。更重要的是，科学松鼠会更像"科学文青"们自己的俱乐部，而果壳网则是一个具有媒体性质的社交网站，拥有更为广泛的读者基础。

哈姆雷特曾言"即便我身处果壳之中，仍自以为是无限宇宙之王"，霍金以此为题著书《果壳中的宇宙》，暗示自己身处轮椅之上的那些时光。姬十三正是在一次洗澡中想到了这个典故，便决定用果壳来命名这个网站。

姬十三说："我一直觉得，科学如果总是让公众敬而远之还有什么意义？为什么不能好听、好看、好玩，像电影、音乐那样流行？真希望走在路上，身边的人突然对我说，'我认识这颗星星、这个星座'，就像说起一个音乐家、一个电影明星那样自然。我相信科学家一样可以在绚烂的灯光下享受粉丝们的尖叫。"

资料来源：节选自"王晓易．《让科学 流行起来》汉网-长江日报．http://news.163.com/12/0410/03/7UMUNAGB00014AED.html，2012年4月10日."

对于新创立的企业来说，设计一个有辨识度的、好听的名字，是创建品牌的第一步。案例中，果壳网这个名字不仅容易让人记住，更加重要的是它体现了企业自身的价值取向，即希望普通人也能打开科学的硬壳，发现科学的美妙之处。好的企业名称是企业文化的一部分，也是属于企业的一种无形资产。

1. 企业名称的特点

企业名称一般是用以辨认和识别企业的特定标志。它的基本功能是在一定区域范围内和一定行业中，识别不同企业，以避免混淆。当企业生产的产品进入市场以后，企业名称还能起到表示商品出处的作用，并集中反映企业的商誉。作为工业产权的一种，企业名称有以下三个特点：一是专有性，权利人在一定的地域或地区范围内，享有使用企业名称的独占权，并可禁止同行业中其他企业使用相同或近似的企业名称；二是地域性或地区性，前者主要是指企业名称只有在登记注册所在国的范围内有效，后者指的是在本国范围内，企业名称权的法律效力仅在登记机关辖区内有效；三是企业名称权没有时间性的限制，这是它与专利、商标等工业产权最本质的区别，只要企业存在企业名称权也就依附该企业而存在；四是企业名称既具备人身性，又具有财产性，是人身权与财产权的复合体[14]。

优秀的企业名称具有六大功能

识别功能：易于识别是一优秀的企业名称的最基本的功能。企业名称只有具备了识别功能，才能使消费者在众多企业中很快将之分辨出来，因而企业名称应具有显著的特征。

便利功能：一个优秀的企业名称能够使消费者在购物时感到便利，易读、易记、易懂，健康和谐优美，具有很强的视觉识别力。

广告功能：一个优秀的企业名称，本身就是一则很好的广告，具有很强的信息传播效果。

示意功能：企业名称是企业的专有标志，"名正言顺""名副其实"的企业名称能准确反映企业的经营方向和特征，从而正确引导消费者，因而具有示意功能，并引起消费者的购买欲望。

美化功能：一个优秀的企业名称会具有很好的寓意、美观的设计，富有艺术性，具有美化企业及其产品的功能。

增值功能：一个优秀的企业，通过其优质的商品或服务赢得消费者对企业的信赖，使企业在社会中建立良好的信用和信誉，从而使企业名称成为一种无形资产。

资料来源：朗宏文，安宁，郝婷. 创业管理——理论、方法与案例[M].人民邮电出版社，2016.

2. 企业名称的规范要求

企业名称的确定并不是随意的。根据相关法律规定，企业名称应当由行政区划名称、字号、行业或者经营特点、组织形式四项基本要素构成。企业名称中的字号应当由两个以上的字组成，其中行政区划不得用作字号，企业名称可以使用自然人投资人的姓名作字号；企业名称应当使用符合国家规范的汉字，不得使用外国文字、汉语拼音字母、数字(不含汉字数字);企业名称不得含有有损国家利益或社会公共利益、违背社会公共道德、不符合民族和宗教习俗的内容,名称中不得含有"帝""总统"等封建、殖民、资本主义不良文化色彩的内容;除全国性公司外,公司不得使用带有"中国""中华"等字样的名称,而且公司冠以每一级行政区域地名的,由该级工商行政管理局核准;企业名称中的行业表述应当反映出企业经济活动性质所属国民经济行业或者企业经营特点的用语,且行业表述的内容应当与企业经营范围相一致。

3. 企业名称的命名方法

企业名称命名方法有一段式命名法、二段式命名法、三段式命名法、四段式命名法等,其中以四段式命名法最为常见。[14]

一段式命名法一般是仅以企业创办者"姓氏"或"字号"作为企业的名称。如"王麻子""李宁""冠生园""吉野家""香奈儿""迪奥"等。

二段式命名法一般是在创办者"姓氏"或"字号"的基础上加上行业作为企业名称。如"王老吉凉茶""张小泉剪刀""摩根汽车""希尔顿酒店"等。

三段式命名法是在地名、字号、行业、组织形式这四个要素中选取其中三个要素组合成企业名称。通常有四种形式:其一,以"地名+行业+组织形式"构成企业名称,没有字号。如"长春第一汽车制造厂""山西老陈醋集团有限公司""哈尔滨锅炉厂有限责任公司""大连第一互感器有限责任公司""中国茶叶股份有限公司"等。其二,以"字号+行业+组织形式"构成的企业名称,没有地名。如"苏宁云商集团股份有限公司""加多宝饮料有限公司""川崎重工业株式会社"等。其三,以"地名+字号+行业"构成的企业名称,没有组织形式。如"杭州西泠印社""上海三阳南货店""北京来今雨轩饭庄""北京同升和鞋店""天津老美华鞋店"等。其四,以"地名+字号+组织形式"构成的企业名称,没有行业。如"北京小米科技有限责任公司""内蒙古伊利实业集团股份有限公司""上海老凤祥有限公司"等。

以上三种企业名称主要是由历史原因形成的。随着我国法制建设的完善,这些企业名称已经按照我国《企业名称登记管理规定》重新命名登记,其原有的企业名称大多已改为企业字号或者以商标形式注册登记。

四段式命名法是企业依法命名的主要方法。按照我国《企业名称登记管理规定》的要求,企业名称应当由以下部分依次组成:字号(或者商号)、行业或者经营特点、组织形式,并冠以企业所在地(包括省、自治区、直辖市、市、州或者县、市辖区等)行政区划名称,即企业名称是由"行政区划+字号+行业+组织形式"依次组成,这是目前企业命名普遍采用的方法。如"上海飞科电器股份有限公司""北京京东世纪贸易有限公司""珠海格力电器股份有限公司""玉溪红塔烟草(集团)有限责任公司""日本松下电器产业株式会社"等。

本章小结

新创企业的设立时机是否得当,将直接影响创业的成功与否,一般来说,新创企业的成功必须具备相应的条件,如外部环境、创业欲望、市场机会、新产品、商业模式及独特资源等。在创立企业的过程中,涉及很多企业注册登记的相关问题,企业注册登记一般包括申请和受理、审查和核准、发放执照和公告三个过程。

一般来说,创立企业有三种方式:创建新企业、收购现有企业和特许经营,创业者要根据自己的实际情况进行慎重评估,要求符合创业目标与创业条件,最后做出科学决策。

创业者在创建和经营企业的过程中,必须要了解和遵守有关法律法规,以确保自身和他人的利益不受非法侵害。与创业有关的法律主要包括专利法、商标法、版权法、商业秘密等。一家新创企业可以选择的法律组织形式有很多种,在我国主要有:个人独资企业、合伙制企业、有限责任公司(包括一人有限责任公司)和股份有限公司。

新企业选址是一个较复杂的决策过程,涉及的因素比较多。归纳起来,影响选址的因素主要有六个方面,即行业因素、经济因素、竞争因素、地理因素、政治因素、社会文化因素。精心设计一个企业名称对新创企业也至关重要,因为企业名称不仅是一个企业区别于其他企业的标志,而且还承载着企业的文化、商誉等,是企业重要的无形资产。

> 讨论案例

喜家德:餐饮界的华为

有一家企业,拥有450家门店、7 000名员工,用了15年时间从东北拓展到华北,但所有产品却只有5款水饺!

企业高管每天要吃6 000只水饺,只为试出最好吃的饺子;明明只有5款水饺,加班最多的部门是"产品研发部";员工光靠做饺子年薪最高能达到50万元!

就是这样一个略显"奇葩"的企业,在互联网泡沫退去的今天,依然屹立不倒,不仅成为了餐饮企业的标杆,而且还将成为餐饮业未来的风向标,这家企业就是喜家德,被公认为"餐饮业的华为"。

喜家德是如何诞生的?

1990年,在黑龙江鹤岗市,高德福拿着母亲为自己娶媳妇而攒下的3 000元,开始创业。

"民以食为天",高德福把创业方向放在餐饮业,火锅店、海鲜店,凡是新出来的业态他都要尝试一下。不到几年时间,高德福已经在鹤岗当地开了20多家餐饮店。

回首过去,高德福说:凡是我擅长的餐饮业态都赚钱了,喜欢的却都不赚钱,所以做餐饮一定要选择自己最擅长的去做,而不是喜欢的。

在高德福看来,自己最擅长的无疑是做饺子,于是他下定决心,余生只做一件事,那就是"做好饺子"。

2002年,第一家"喜家德水饺"在黑龙江鹤岗市正式成立。

精进!我们每天都要精进!

没有好产品就没有企业的一切!

有记者曾到喜家德总部考察,发现全公司最忙、加班最多、经常工作到凌晨的部门竟然是——"产品研发部"。

要知道,喜家德一共只有5款水饺在售卖,而且产品已经相当标准化,还有什么可研发的?

后来记者采访到了产品研发部的一个师傅,师傅说:"精进!我们每天都要精进!比如,营养上能不能更高一点?口感上能不能更好一点?食材上能不能更健康一点?配料上比例能不能更佳一点?这一点点微创新,听起来简单,其实每一点都要反复尝试上百遍。"

对于产品质量的严苛追求,正是喜家德能够走到今天的根本原因:

1. 高管每天吃6 000只饺子

喜家德的员工说,这个世界上吃水饺最多的就是他们的老板了。

高德福吃水饺吃到什么程度?一周七天有五天都是吃饺子,出国也是到处找水饺吃,吃完还要仔细体会自己的消化过程。

他不仅自己吃,还要求喜家德每家店长每天至少要吃5只饺子,这样算来,喜家德管理层每天就要吃掉6 000只饺子。

对于这么做的原因,高德福给出的答案是:"做饺子的难度是非常大的,一种饺子有七八十种可能性,电压不稳可能做出来的饺子都不好吃,水和温度哪里控制的不好的话饺子也可能不会好吃,所以需要日日监督,日日精进。"

2. 高科技做水饺,标准化生产

饺子皮厚度对于饺子的口感至关重要,喜家德从X光透视仪得到了感,研制出一台"饺子皮透视仪":擀好的面皮放在透视仪上,一眼就可以看出面皮的均匀程度。

喜家德门店煮水饺用的锅,是申请了专利技术的,比一般煮饺子的锅快2分钟,而且不用拿起锅盖就能盛饺子汤。喜家德的擀面杖,不仅标有刻度,而且长短粗细均标有标准尺寸,甚至连材质都有特别要求。这样的擀面杖,第一,用起来省劲;第二,受力均匀;第三,面皮出来的形状和厚薄都是最佳状态。甚至每一个饺子的面皮都需要上秤称斤两,如此"严苛"的规定在喜家德450家门店都有严格执行。

现在,喜家德的饺子已有一套自己的标准:

一盘饺子规定是360克,15个饺子,只允许2克以内的偏差,其中招牌产品虾三鲜水饺,虾仁需要手工挑选三次,韭菜要经过9道工序,鸡蛋要经过245秒的低温精炒,才能做成这一盘饺子。

在高德福看来:"一个连锁企业离不开标准,没有标准那就是小吃部。"

3. 聚焦品质,不做虚的

为了保证质量,高德福还在企业经营战略上做了调整:

一是只卖5款水饺

为什么只卖5款水饺,高德福有个精彩的比喻:你拿一棵葱往1个碗和10个碗里蘸,上面沾的酱其实是一样多的,所以你要找的应该是勺而不是葱。

事实上,以喜家德的馅料和技术来看,做200种饺子不重复都没问题,但种类多并不等于味道好，只卖 5 款水饺能让产品打磨得更极致，使浪费和出错率降至最低。

但刚开始时，并没有多少人能理解高德福的做法，连员工都会抱怨顾客反应饺子种类太少了，高德福干脆在每家喜家德门店上挂上一句话：谁再说饺子品种少，就把谁开掉！

二是首创一字型水饺

在喜家德刚创立时，长得漂亮、寓意好的元宝型饺子才是主流，但高德福并没有跟随潮流，而是首创了一字型水饺。

这种水饺虽然看起来不好看，但是相对来说更容易夹起来，最关键的是一口吃不完，能够让顾客看清里面的食材，因此比较放心。

在东北，不少人都会觉得在外面吃的带馅的东西不安全、不卫生，喜家德的一字型水饺则让大家都放下心来，因此这种水饺也越来越受到人们的欢迎。

三是不做外卖

2015 年，个别喜家德门店曾经尝试做外卖，业绩提升 30%，但顾客反馈外卖影响产品品质，于是果断停掉。

虽然因此造成每天少收入上亿元，但在短期利润和产品质量之间，高德福选择了后者。

358 合伙人机制
让员工变成老板！

当企业的战略确定后，能使之变成现实的还是靠人，在管理机制上，喜家德也有自己的一套，独创了"358 合伙人机制"：

3 就是 3%，即所有店长考核成绩排名靠前的，可以获得干股"身股"收益，这部分不用投资，是完完全全的分红。

5 就是 5%，如果店长培养出新店长，并符合考评标准，就有机会接新店，成为小区经理，可以在新店"投资入股 5%"。

8 就是 8%，如果一名店长培养出了 5 名店长，成为区域经理，并符合考评标准，再开新店，可以在新店"投资入股 8%"。

另外还有 20，就是 20%，如果店长成为片区经理，可以独立负责选址经营，此时就可以获得新店"投资入股 20%"的权利。这种方式极大地调动了店长培养人才的积极性。并且店长与新店长之间，利益相关，沟通成本极低。

除此之外，喜家德还专门开办了"水饺大学"，录取门店的员工前去进修，每年培训过万人次，其中技术特别好的优秀员工，年薪甚至高达 50 万元！

在这样的分利机制下，喜家德年收入过千万元的超过 3 人，管 15 家店年收入百万元的人也大有人在，而员工也干劲十足，收入也水涨船高。

高德福坦言，他还想让大家赚得再多点。

450 家门店 7 000 名员工
它就是餐饮业的华为！

经过 15 年的发展，喜家德已经是中国最知名的水饺品牌之一，拥有 7 000 名员工，450 家门店，遍布东北、华北各大城市。

2016年6月,喜家德作为中国传统美食水饺的唯一代表,亮相达沃斯世界经济论坛,惊艳世界。

一时之间,国内各地"喜×德""喜家×"等模仿者遍地开花,但都活得相当憋屈。

因为真正的赢家,不仅仅是产品出色,更是引领了餐饮业的潮流:

喜家德第一个提出"现包"概念,随后"羊肉现串才好吃""包子现蒸才好吃""活鱼现杀才好吃"等不断涌现。

2016年喜家德升级定位"虾仁水饺",一时之间街上多了不少虾仁水饺店。

喜家德以红色为门店主色调,而全国水饺颜色一片红……

可以说,谁为行业提供标准,谁就是领导品牌。

喜家德成功经验可以归纳为如下几个方面。

1. 舍全取精,舍粗取精

喜家德坚持手工现包水饺,走高品质之路,而且主打5款水饺,保证品质。

2. 舍大取小,舍点取面

在开店上,喜家德会先把1个城市打透,然后再辐射临近的城市,不摘蘑菇,只滚雪球。

而且,喜家德的门店也不会盲目地追求规模,经过多年的经验和数据分析,100平方米是最佳性价比的开店面积,最佳座位数是60人,因此喜家德的门店也是这样。

3. 舍利取质,舍低取高

为了保持品质,宁愿损失过亿元收入也不做外卖,不做加盟,只做直营;只做高品质,不做低价格,甚至不打折不促销,还年年涨价。

对于华为,我们的印象是什么?国货龙头、质量过硬。

被誉为"餐饮业的华为",喜家德绝对没有辜负这个名号,有人说:

在喜家德之前,饺子行业有品类无品牌;在喜家德之后,饺子行业不仅有了品牌,品类也得到了繁荣。

一字型水饺、现包现卖、只售5种水饺,十几年前喜家德就用顾客满意的思维做产品;过硬的产品质量和与员工分富贵的管理方式,都是喜家德做大的原因。

做企业,是做厚度而不是宽度,先把企业做强,然后才能做大;深耕细作、苦练内功,这才是一家企业能够做大做强的根本。

资料来源:创业智库,喜家德:餐饮界的华为!员工靠包饺子年赚50万!http://www.china sspp.com/News/Detail/2017-4-9/377023.htm,2017年4月9日。

讨论题:

喜家德水饺的创业故事,对你有何启示?

思考题

1. 新企业成立的条件有哪些?时机该如何把握?

2. 企业不同的法律组织形式各有哪些特点，分别适合什么类型的新创企业？
3. 创建新企业需要了解哪些法律法规？它们对新企业有哪些影响？
4. 影响新企业选址的因素有哪些？

参考文献

[1] 唐丽艳，王国红，武春友. 创业管理[M]. 北京：高等教育出版社. 2013.
[2] 卢扬. 虚拟歌姬如何玩转音乐市场[N]. 北京商报，2016-11-10(D02).
[3] 燧石. 二次元歌姬，你们为何这样"红"[J]. 课堂内外（初中版），2016(09):26-29.
[4] 卢彦. 盘点移动互联网时代的六种商业模式. 科技快报，2015(4).
[5] 王莹. 工业物联网的新商业模式为软件带来巨大机会——访风河公司首席产品官 Michael Krutz. [EB/OL]. http://www.eepw.com.cn/article/201610/310962.htr10-08.
[6] 王原. 比亚迪猜想[J]. 新西部，2003(5).
[7] 楚颜. 比亚迪诠释中国创造[J]. 中国发明与专利，2006(02): 24-27.
[8] 夏楠. 比亚迪：用新能源科技打造美好生活[J]. 中国新闻周刊，2017(47).
[9] 唐纳德·F. 库拉特科. 创业学[M]. 北京：中国人民大学出版. 2014.
[10] 法天使编. 创业，你需要的合同[M]. 北京：法律出版社，2016.
[11] 张洪江. 创业者的七堂法律必修课[M]. 北京：中国法制出版社，2017.
[12] 易达. 创业者不可不知的法律常识[M]. 北京：北京理工大学出版社，2013.
[13] 张玉利，陈寒松，薛红志等. 创业管理（第四版）[M]. 北京：机械工业出版社，2016.
[14] 朗宏文，安宁，郝婷. 创业管理——理论、方法与案例[M]. 北京：人民邮电出版社，2016.
[15] 佚名. 第二方案收购现有企业[J]. 科学投资，2004(11).
[16] 刘纪鹏. 恶意收购的积极意义[J]. 经济，2018(04).
[17] 邱麒元. 浅论上市公司的强制收购制度[J]. 法治与社会，2018(05).
[18] 陈春华. 特许经营中逆向选择与道德风险问题研究[D]. 西南财经大学，2013.
[19] 魏围宽. 如何为企业选址[J]. 青年与社会，2017(12): 46-51.

第 9 章　创业融资

一个公司在两种情况下最容易犯错误：第一是有太多的钱；第二是面对太多的机会，一个 CEO 看到的不应该是机会，因为机会无处不在，一个 CEO 更应该看到灾难，并把灾难扼杀在摇篮里。

——马云

学习目标

- ✓ 了解创业融资的含义
- ✓ 掌握创业融资的主要渠道
- ✓ 理解创业融资的风险
- ✓ 了解创业企业的融资策略
- ✓ 了解创业融资的一般过程

引导案例

Oculus VR 的融资之路

Oculus VR 是一家应用虚拟现实技术的生产虚拟现实游戏头盔的美国技术厂商，坐落于加利福尼州的 Irvine 市。公司主要产品是虚拟现实头盔 Oculus Rift。沉浸式虚拟现实技术为参与者提供完全沉浸的体验，使用户有一种置身于虚拟世界之中的感觉。

在 Oculus Rift 出现之前，虚拟现实的显示设备头盔显示器的价格非常高昂，平均价格在 2 万美元左右，主要用于科研或军事训练，不是为计算机游戏设计的，且分辨率等硬件条件较差。Oculus VR 的出现，通过技术上的突破，打破了虚拟现实技术的发展"瓶颈"。游戏玩家们折服于它的超真实的现实体验感，口口相传，论坛热捧，显示出其掀起未来游戏行业一场巨变的可能性。Oculus VR 的创始人 Palmer Luckey 钟爱虚拟头戴设备，对该领域的技术十分了解，加上极强的执行力和创造力，让初创期技术不甚成熟的 Oculus VR，凭借产品未来的发展潜力、创始人对于自己创业项目的热情与真诚，以及平台上投资者们对于 VR 市场未来前景的看好，依托互联网金融提供的"网上众筹模式"获得了 243 万美元的第一桶金，正是这第一笔至关重要的众筹资金打开了 Oculus 发展的大门，同时企业获得了市场关注和 PE 的关注。

2013 年年中和年末，Oculus VR 获得 A、B 两轮融资分别为 1 600 万美元和 7 500 万美元，并吸引了多领域的专家级的人才进入公司，公司进一步健全了组织结构，完善了技术开发功能和市场推广功能，产品逐步完善，具备向市场推出的可能。

随后公司进入成长期，公司规模需要扩张，产品需要真正向市场推出，技术与现实的结构是否会产生巨大的利润？在这一阶段，公司不仅需要大量的资金，同时需要多种多样的资源和能力。面临着一系列关乎公司未来发展的重要问题，Oculus VR 选择与FACEBOOK 签订收购协议，FACEBOOK 允许 Oculus 公司继续其 VR 技术的研发，同时该技术除了应用于游戏头盔外，还将被 FACEBOOK 用于新闻、体育、电影、电视以及自拍视频。

Oculus VR 公司从名不见经传的开发游戏头盔的小公司到被 FACEBOOK 大手笔收购的充满前景的公司，仅仅用了不到两年的时间。在这一过程中，从小微资本的汇聚，到风投资金的适时介入，再到 FACEBOOK 的高屋建瓴一举收购，以雄厚的资本推动 VR 产品的实体化，众多资本将婴儿期的小公司扶持起来，未来的 Oculus 公司会面临一个更加健康舒展的创新空间，还是揠苗助长后的疲软？两者联手是否能创造出虚拟现实世界的奇迹？这些都值得我们期待。

资料来源：姚宏，胡芬等. Oculus VR 的融资之路. 中国管理案例共享中心，FAM-0299，2015 年 8 月. 该案例经中国管理案例共享中心同意授权引用。

创业融资对企业，尤其是对新创企业发展来说至关重要。随着经济技术的不断发展，融资方式和渠道也变得多种多样。但对企业来说，应在充分了解企业现有资源与实力的基础上，综合对比不同融资渠道的利与弊，谨慎的加以选择，并有针对性的制定不同发展阶段的融资策略。本案例中 Oculus VR 公司创业之始的优势在其技术研发能力，而其他方面的资源和渠道几乎为零。创业团队准确基于自身优势选择适用于创业型小微公司的有效融资模式——众筹融资，使企业获得了第一笔资金并实现了快速发展。

9.1 创业融资的概念与特征

9.1.1 创业融资的概念

创业融资是指企业在创业初期，通过科学的预测和决策，采用一定的方式，从一定的渠道向公司的投资者和债权人筹集资金，组织资金的供应，以保证公司正常生产需要、经营管理活动需要的行为。融资成本和融资风险是创业融资决策的两大基本问题。

融资成本或称资本成本，是在商品经济条件下，由于资本所有权与使用权相分离而形成的一种财务概念。简言之，融资成本是指取得和占用资金的代价。在不考虑融资费、所得税的情况下，从资金使用者方面来看，它是融资者为获得资本所必须支付的最低价格；从资金所有者方面来看，它是资金所有者提供资本时要求补偿的最低收益。对于创业企业而言，最初的融资目标是以最低的成本获得启动资金。成本可以用两种方式来计算：一是以承诺支付给投资者的回报来计算；二是以交易成本来计算，包括投资的获取、监控和核算成本。投资者可能会满意于某一低于市场回报的投资。但是，如果交易成本太高的话，创业者就会寻求其他的融资渠道。

融资风险是指创业企业参与融资活动而带来的不确定性。包括两个层次：一是创业企业可能丧失偿债能力的风险；二是由于举债而可能导致创业企业股东的利益遭受损失的风险。企业融资风险分析需要解决好融资风险和融资成本、收益的关系。由于融资方式不同，因而融资成本、融资后项目取得的收益以及融资风险都有可能不一样。

9.1.2 创业融资的特征

创业企业与一般企业相比，存在着不成熟性、不稳定性和发展的不确定性等特征，而且外部环境和内部条件决定了创业期企业的风险要远大于一般企业，无论是选择股权融资还是债权融资，信用的缺失与地位规模的弱小将可能导致创业企业在融资市场的资本与信贷的"双缺口"。资金缺乏是限制创业企业发展的主要"瓶颈"之一，故而创业企业融资问题成为了研究的一个热点话题。

创业企业的发展，一般要经过种子、创建、成长、扩张、获利五个阶段。在每个阶段，资金的需求和风险程度有所不同。为了完善创业企业的融资体系，需要根据创业企业的不同发展阶段，发展多种融资形式。

在开创期，资金主要用于产品的研制和投入生产，由于技术、市场等不确定性较高，资金的风险很大，这一阶段的成功率是最低的，但单项资金要求最少，成功后的获利最高，呈现出"高风险、高收益"的特征。由于没有产品，企业也处于组建中，因而投资风险太高，风险投资家都会避开这一阶段，故该阶段所融资金应是非营利性的。在这一时期生存是企业的唯一目的，而生存的关键因素是创业者的意志和融资能力。

进入成长期后，企业扩大生产规模，需要更多的资金投入，但企业的不确定性程度逐渐降低，风险也随之减少。这一阶段企业的主要问题是稳住顾客，争取更多的发展资金。而发展的关键因素仍是资金和企业家的领导才能。进入成熟期，企业经营业绩较稳定，风险也降至最低，此时资金的需求速度放慢。由于不同动机的需要，创业者自身资金的有限性使融资活动显得尤为重要。

创业企业在融资需求上也有别于其他企业。①融资市场化。企业创业初期，自我积累的资金有限，不可能满足技术创新的高投入需求，必须从外部市场进行广泛的融资。②融资多元化。为了满足技术创新的融资需求，创业企业需要多渠道筹集资金，建立完善的融资体系。③融资组合化。创业企业技术创新的风险产生于研究与开发活动的不确定性。这种风险的初始值最大，随着技术创新各阶段的顺利发展而逐渐减少。在一个技术创新过程中，技术风险和投资风险的最大值分别出现在创新过程的初期和中前期，中后期的风险逐步减少。根据技术创新风险收益的阶段性特征，创业企业在融资过程中应当实施有效的组合，合理、有效的融资组合不但能够分散、转移风险，而且能够降低企业的融资成本和债务负担。④融资社会化。融资社会化是指创业企业的融资需要社会各方面的力量，特别是需要政府的引导和扶持。

由此可见，无论创业企业处于开创、成长、成熟的哪个阶段，创业融资都是创业者面临的主要问题之一，要想使创业企业存活并且发展起来，就必须解决好创业企业的融资问题。

9.2 创业融资方式

9.2.1 创业融资方式的选择

融资方式包括内源式和外源式两种。其中，外源式融资主要分为债权融资和股权融资。债权融资和股权融资各有优缺点，债权融资的优点主要体现在：企业的控制权不受影响，使得企业能够按照既定的方向发展，并且独享未来可能的高额回报率；债权方因为有担保、抵押等方式的权益保护，所以只要求企业按期偿还贷款即可，既不承担企业成长性的风险，也不享受企业成长性的收益。而缺点主要是这种融资方式要求企业按时清偿贷款，可能会给企业造成财务上的风险；而且债权融资提高了企业的负债率，如果负债率过高，企业的再筹资和经营能力都将面临挑战[1]。

股权融资的优点主要体现在：创业者通过股权融资可能会从投资者那里得到创业企业所需要的各种资源，如资金、关系网络等；企业没有定期偿还的财务压力，财务风险比较小。股权融资的缺点是企业将面临控制权分散和失去控制权的风险，在一些重大战略决策方面，企业会受到投资者的影响，会降低企业决策效率。企业如果能够成功上市，在融资的同时，也要承担信息披露等责任，部分创业者可能会对此有所顾虑[1]。

根据创业企业发展的实际需求，创业者可以选择债权融资，也可以选择股权融资，或者两种方式兼而有之。对于创业企业来说，长期的资金来源是债务和权益。在大多数情况下，股权融资比债权融资更昂贵，因为纯粹的债务在一段时间内的收益是固定的，而在股权融资中，投资者的潜在收益是不受限制的。

具体而言，创业企业融资的方式主要有如下几种。

1. 自融资

自融资是指创业者自己出资或者从家庭、亲朋好友处筹集资金，在国外称之为self-financing 或 bootstrap financing。绝大多数创业者靠自融资创建企业，因为专业的投资机构只对那些有可能高速成长的企业投资，只有这样投资者才能实现高回报。能够获得这种专业投资的，只占创业企业的极少部分。即使是在创业投资非常活跃的硅谷，创业者也常常是先靠自己的资金来开始最初的创业。国内更是如此，如用友公司，创业启动资金是借来的 5 万元，以及刚创业时从银行贷到的 10 万元。

自融资的好处是相对比较快速、灵活，投资者的自我激励和约束较大。但现实中存在的主要问题是：相当多的创业者缺乏自融资的能力和渠道；自融资通常难以满足创业企业快速发展的资金需求。在企业刚起步时，风险是最高的，随之而来的启动权益资金完全损失的风险也是最高的。当然，一旦企业创业成功，它所带来的回报也是最高的。从公司的角度来看，这些最初的投资是权益，尽管实际上它可能也是借来的钱。例如，某个投资者可以用他的房产做抵押来借钱，再作为权益资金投入创业企业中去。来自所有者、高层管理者以及亲朋好友的权益资金被称为内部权益，因为通常认为这些投资者会根据公司的利益来进行股权表决。

2. 天使投资

天使投资是指那些富有的个人对创业企业进行投资以换取创业企业的股权。专业的投资机构通常不太愿意投资早期项目，其中有两个重要的原因：一是早期项目风险大；二是早期项目尽管投资额度小，但同样需要专业投资者去做详尽的调查和投资后参与管理，这对于管理上亿美元的大投资机构来说，成本上不合算。因此，天使投资者应运而生，它的出现可以说是对专业投资机构的一个重要补充。在硅谷，相当多的天使投资者是成功的创业企业家、创业投资家或者大公司的高层管理人员，他们不仅有一定的财富，而且还有经营理财或技术方面的专长，对市场、技术有很好的洞察力；有的本身就是成功的创业者，十分了解创业企业的发展规律。他们能够在很多方面帮助创业者，如经营理念、关键人员的选聘以及下一步融资等。此外，他们对创业者的要求不像正规的风险投资机构那样苛刻，因而更受创业者的欢迎。例如，Google 在初创阶段获得了 Sun 公司的共同创始人 Andy Bechtolsheim 的 10 万美元天使投资。

富有的投资者会想查看公司的创业经营计划或证券出售备忘录。在这一过程中得到专业的法律咨询帮助是很重要的。不遵守这些法律和规定，将会使投资者在公司破产时有权向创业者提出收回投资的要求。从富有的投资者那里获得早期资金的主要优势在于其资金比较容易获取以及它所形成的投资集合的规模。同时，企业也可以利用这些投资者的声望再去吸引更多的资金。

不过有其利必有其害，天使投资的第一个劣势是许多富有的投资者是通过专业机构来赚钱或是通过继承而得到的资金，他们可能缺少商业知识，因此无法在创业者需要建议的时候给予帮助，富有的投资者即使是经商者，他们或者可能从事不同的产业，或者在很久以前从事过同行业，而现在情况早就不同了，所以不能给创业者这方面的帮助。

第二个劣势是在未来的某个时间可能无法投入更多的资金（富人的财力也是有限的）。通常投资者的个人投资额介于 1 万美元到 50 万美元之间，平均投资额约为 5 万美元。尽管这些资金在公司发展的早期可能是足够的，但是如果企业取得成功，在以后就会需要额外的资金。额外的金额也许超出了"天使"的能力范围，或者某项业务风险太大，投资者难以接受。

第三个劣势是"天使"与高层管理团队之间的关系。私人投资者倾向于过度保护他们的投资。当创业企业的经营进展得不太顺利时，他们就会给创业者或公司打电话，如果公司方便到达或者本身就是当地的企业，他们甚至会亲自造访，占用创业者的时间，干扰创业者的工作。

3. 创业投资（资本）

根据美国国家创业投资协会（NVCA）的定义，创业投资（venture capital）亦称"风险投资"，是由专业投资者投入新兴的、快速成长的、有巨大竞争潜力的企业中的一种与管理相结合的资本。斯坦福大学的 Hellmann（2002）博士将创业投资定义为"实行专业化管理、为新兴的以增长为诉求的未上市公司提供股权式融资的资本"。这些定义大同小异,实质上是一致的。本书认为 Hellmann 博士的定义最为可取。在这个定义里,有三个方面值得注意:第一,创业投资是指由专家管理的钱。尽管创业投资家有时被说成是随心所欲的冒险者,但实际上,真正意义上的创业投资家应当是专家,他们代表一群投资者,以一种概念明确又程序化的方式进行投资。第二,创业投资家拥有股权式金融工具。尽管交易结构可能比较复杂,但有一个本质的特征,即创业投资家要直接分担他们所投资企业的商业风险。因此,创业投资家虽然可能获得如媒体所报道的可观回报,但同时也得承担很大的风险。第三,创业投资家通常投资新兴的公司,而且往往是那些尚未盈利、尚未销售产品,甚至还没有开发出产品的公司。然而,创业投资家并不投资于通常百折不挠的"小企业"。

实际上,他们只对那些增长潜力很大(但风险很高)的公司感兴趣。风险投资行业很久以前就和创业企业的创建联系在一起了,它自己也有一部创业史。和其他任何行业一样,影响这个行业盈利能力的因素有:买方(投资者)的谈判能力,卖方(提供交易的创业者)的谈判能力,替代者的威胁,进入壁垒的高度以及现有风险投资公司之间的竞争。同样,宏观环境因素也给这些公司带来了限制和机遇,正如同它们对创业企业的影响一样。这些宏观因素取决于风险资本家具体专攻的产业类型。因为评价创业企业的融资请求需要相关产业的专门知识,风险投资资本家会倾向于关注某些特定的行业。例如,那些高技术风险投资家偏爱前沿技术的投资,分销类风险投资家会投资有物流利润的创业企业,专攻餐饮业的风险投资家会投资下一个达美乐或麦当劳的连锁店。由于经济衰退和硅谷在 20 世纪 90 年代后期繁荣期的结束,风险投资公司近年来筹集和投出的资金也都减少了。

4. 上市

通过首次公开发行(IPO)实现上市,是创业企业融资的一个重要途径。选择不同的上市地点有不同的优势,对企业也有不同的要求。上市地点的主要选择有国内主板、创业板、美国纳斯达克、香港主板、香港创业板、新加坡证券交易所等。例如,新浪、搜狐、网易、亚信、携程等选择在美国纳斯达克上市,蒙牛、中讯、李宁、腾讯等在香港主板上市,金蝶软件、慧聪国际等选择在香港创业板上市,鹰牌陶瓷则在新加坡证券交易所上市。IPO 使得公司可以筹集前所未有的、大量的权益资金,它还使创业者、高层管理团队以及仍持有公司股份的早期投资者可以出售他们的股份。这是创办者和早期投资者热切期盼的事情,因为它是创业者个人职业生涯中最有利的融资机会。据估计,每一次公开发行完成后,公司的价值将会增长 30%。

对于许多创业型公司的创业者和高层管理者来说,上市是多年艰苦工作后所达到的事业顶峰,是公众对于公司成功的认可,是迟到很久的投资回报。然而,上市也有不利的地方,并需要付出成本,因此创业者应该考虑到上市的所有成本以及上市之后的收益。

5. 银行借款

创业者在寻找贷款时,会发现这是一个卖方市场。有时获得一项商业贷款的概率几乎为零，但创业者可以通过做几件事来改善这种情况。与所有租赁的情形一样，创业者会查看银行的介绍。其他一些和银行有生意往来的人能够告诉创业者某家银行是否友好，是否能够让企业满意并且有能力和创业企业一起合作，无论是在顺境还是逆境中，有些银行因过早取消（抵押品）赎取权或是在银行需要清理资产负债表时收回贷款而败坏了名声。银行的声誉是它最重要的一项资产，坏名声将导致其不能得到账面上的收益。

寻找一家在你的行业内有丰富借贷经验的银行。不同的银行有不同的经验，银行的贷款主管和贷款委员会有他们自己的知识来源。如果贷款人经验丰富，他们更容易理解贷款申请的详细条款。并且，还要寻找对于你的公司来说大小合适的银行。一家对于你的公司来说太小的银行，将不能提供后续的贷款；而太大的银行会认为你的账目价值不大，在一堆大交易中你会感觉被遗忘了。

如果你的生意是国际性的，需要进口、出口、在国外继续借贷关系，那么就要在国内寻找一家既有经验、又有相应关系的银行。在银行家的选择中，个人特性也是一个重要因素。与那些你喜欢的并且喜欢你的人共事，寻找一家在其中有你的支持者的银行。在银行内部，支持者会试图正面地去介绍你的公司及公司前景，甚至当你不在场时他也会这样做。

6. 兼并收购

被大企业兼并收购也是创业企业融资的一种方式，尤其是对那些资金出现严重问题的企业来说，至少是"生存"下去的重要选择：当然，并购后的创业企业丧失了其独立性。创业企业被并购的案例很多，如大麦网被阿里收购，hao123.com 被百度收购；另外，新浪、搜狐、盛大在上市的前后也对一些创业企业进行了并购。

腾讯 4.48 亿美元战略入股搜狗

2013 年 9 月 16 日，腾讯宣布以 4.48 亿美元战略入股搜狗，并将旗下的搜搜以及 QQ 输入法并入搜狗的现有业务中，腾讯将持有新搜狗 36.5% 的股份。搜狗将继续独立运营，王小川的 CEO 职位也就此保住。这一收购案也被戏称为互联网版的《金枝欲孽》，其剧情之跌宕起伏，引人入胜足以拍成一部商战大片。

在这桩收购案之前，连续传出过奇虎 360、百度、腾讯等投资或者并购的消息，其中流传最广的版本是奇虎 360 以 14 亿美金收购搜狗。

经此一役，腾讯完成了入股搜狗，遏制了奇虎 360 的战略，王小川也终于保住了自己搜狗 CEO 的位置，并且抱上了腾讯这条大腿。有人说周鸿祎又被耍了一次，是整个交易中的最大输家，其实未必。虽然没有完成收购搜狗以抗衡百度的夙愿，但是周鸿祎也没有失去什么，奇虎 360 收购搜狗未必能够实现 1+1>2 的结果，这其中的原因在于王小川，因为王小川是不会眼睁睁地看着自己出局，搜狗被打散来滋养奇虎 360 的成长的。因此假如奇虎 360 收购搜狗，团队融合将是摆在奇虎 360 面前的最大难题。

至于未来巨头竞争的格局，我们还需要耐心等待，但是至少有一点是比较明确的，因为有奇虎 360 这条鲶鱼在，这几个巨头就不会那么自在。

资料来源：中国证券报. 腾讯 4.48 亿美元战略入股搜狗与奇虎角逐第二大搜索. http://finance.eastmoney.com/news/1354,20130917323533568.html, 2013 年 9 月 17 日.

在移动互联网领域，搜狗手机输入法已经成为仅次于 QQ 和微信的第三大入口级产品。与腾讯达成战略联盟后，搜狗的无线产品可以摆脱奇虎 360 的钳制，得到腾讯的资源，与腾讯的核心产品深度整合，爆发出更强的创新能力，实现更高的市场地位。而对于腾讯来说，旗下产品线非常多样，QQ、电子商务及视频等都需要搜索流量，都可以在移动端与搜狗的产品整合。如此一来，双方的合作将带给业界一个巨大的想象空间。

7. 其他融资方式

在我国，各级政府对创业活动的重要性的认识越来越深入，出台了一系列针对创业企业和中小企业发展的优惠政策。中小企业担保基金、科技部中小企业创新基金、地方政府的留学生创业基金等，都可能成为创业企业的重要融资选择。当然，如果创业企业能够争取到供应商的信贷支持、付款时间方面的优待等，都将对企业大有好处，实际上这也是一种重要的融资方式。

9.2.2 创业融资风险控制

创业企业在经营上具有分散、规模小、抗风险能力弱的特点。经营波动性大是创业企业的一大特点。一方面创业企业经营比较灵活，能够根据市场的变化随时调整自身的生产经营；另一方面因为其规模小、抗风险能力弱，使得创业企业在激烈的竞争中往往处于不利的地位，而且易受外部风险的冲击，因而创业企业的生产经营活动存在较大的风险，这也是创业企业融资风险形成的最根本原因。与此同时，技术风险、创业企业特殊的融资结构则进一步加剧了创业融资的风险。在创业过程中，针对创业融资风险的特点和成因，采取有效的融资风险控制措施，可以降低融资风险的预期损失或使损失更具有可预测性，这对创业企业的生存与成长都具有重要意义。

一般而言，融资风险控制包括融资风险回避、融资风险预防、融资风险分散、融资风险转移以及融资风险自留五个方面。

1. 融资风险回避

融资风险回避主要是指切断融资风险的来源，阻止其发生或遏制其发展。融资风险回避主要有两种途径：一是识别、衡量某项融资风险后，拒绝该项融资活动；二是了解到某项融资出现新的融资风险，中止该项融资。

2. 融资风险预防

融资风险预防是指减少融资风险发生的概率或降低融资风险造成的严重程度，使融资风险最小化。融资风险预防包括预防融资风险和减少融资风险。前者指采取各种预防措施防止融资风险发生的可能性；后者指对不可避免的融资风险，采取有效措施遏制其蔓延或恶化。

3. 融资风险分散

融资风险分散是指增加融资风险承担的主体以减轻总体风险的压力，共同分摊总体

4. 融资风险转移

融资风险转移是指融资企业采取转移手段，即寻求外来资金来补偿已发生或确实会发生的风险以保护自己，从而减轻自身的风险压力。包括通过保险手段进行转移或通过非保险的其他经济手段。通过保险，融资企业可以将在融资过程中造成的融资风险转嫁给保险公司，从而使融资企业免受损失；非保险转移手段的形式是通过担保机构来开具保证书。

5. 融资风险自留

融资风险自留是将融资风险留给自己承担，不予转移。融资风险自留包括主动型的风险自留和被动型的风险自留。主动型的融资风险自留是减少损失后果的一种风险控制方法。

博湃养车难逃"C轮死"魔咒

博湃养车是一家主打高端汽车上门保养服务的平台，以高端汽车上门保养为基础，扩展各项汽车使用过程代办业务的增值服务内容，为高端车主提供用车、养车、爱车体系化的有力支撑。2014年9月，获得创新工场千万元级A轮融资；2015年3月，完成京东、易车等参投的B轮1.1亿元融资，估值达6亿元的博湃养车C轮融资失败。博湃养车微信公众号于2016年4月5日凌晨发布公告长文《认识这么久，第一次说再见》，正式宣布破产倒闭。

"死亡原因"

1）疯狂扩张和过度补贴最终导致资金链断裂。在不到半年的时间内博湃养车将市场拓展至全国22个城市，月订单超过15万单，员工曾一度高达1400名。博湃养车想要效仿"滴滴"的做法，用低价甚至是补贴的方式迅速圈占用户，但每次的扩张和扩招员工都意味着巨量成本的投入，并且还同时面临着做一单赔一百的结果。疯狂地扩张和过度的补贴最终成为资金链断裂的直接原因。

2）用户转化率低。与大多数上门O2O创业公司类似，博湃养车想要践行"滴滴"的路子。用低价甚至是补贴的方式来迅速圈占用户，再用第一的市场份额去融下一轮投资，周而复始当累计了一定体量用户数后再尝试商业化。但是靠补贴换来的用户黏性极低，在还不具备商业化的前提下，低转化率成为导致博湃养车倒闭的间接原因。

行业现状：在汽车O2O创业圈，博湃养车并非孤例，e洗车、车8洗车、爱洗车、1元洗车、云洗车、嘀嗒洗车等都没能逃过倒闭的厄运。而典典养车之所以得以存活，并于2015年7月完成6 000万美元C轮融资，也是经过了6次转型、停止烧钱补贴和上门洗车业务，进而另辟蹊径推出车险业务，并借此实现了收支平衡。车险业务也成为典典养车盈利模式的探寻。业内人士也曾表示，汽车金融是互联网汽车值得深挖的一个点。

然而博湃养车的倒闭并不意味着O2O洗车平台的垮台，互联网洗车确实解决了传统洗车耗时长、成本高等一系列问题，但O2O洗车要想将服务扩大，并不能局限于洗车这一业务，而是满足车主与汽车相关的多种需求。

资料来源：节选自"董也.《融资过亿也难逃'C轮死'魔咒：九大死亡惨案剖析》.品途商业评论. https://www.pintu360.com/a23038.html ,2017年2月15日"。

案例中，博湃养车创始人吉伟犯了"羊毛出在猪身上狗埋单"的通病，明知本业不赚钱，却还想通过高频低价的上门保养吸引用户占领市场，继而转向低频高价的钣喷的后市场服务。现在看来，上门养车是一个伪需求，并不能给行业创造真正的价值。烧钱、扩张、补贴一个都没少，博湃养车可以成为集体涌入汽车后市场创业，但因没有认清商业模式而倒下的典型代表。业界素有"天使看人、A轮看产品、B轮看数据、C轮看模式"的说法。即便获得了C轮融资，若商业模式不通，也会难逃一劫。当C轮创业者还沉浸在融资喜悦之中，不曾想"C轮死"这个魔咒却早已紧紧箍在那些还未认清商业模式的创业者头上。

9.3 创业融资渠道

创业企业在融资之前必须要考虑其融资渠道，因为选择恰当的融资渠道会减少筹资成本以及企业以后的经营成本，会提高企业的竞争实力。另外，企业的各种筹资结构还会影响到企业的风险地位以及企业的总体筹资能力。因此，企业在决策时应慎重选择融资渠道。目前，创业企业的融资渠道通常有以下几种：私人投资、风险投资公司、投资银行和非银行金融机构、私募基金、大企业（集团）附属的分公司及创业投资公司、政府基金等。近年来，随着互联网与金融业的结合，互联网金融业开始成为一种新的融资渠道，如P2P融资、众筹等。

9.3.1 私人投资

早期的风险资本主要来源于富裕的个人和家庭，如在1978年以前，美国风险资本来源构成比例为个人和家庭占32%，国外资金占18%，保险公司占16%，年金基金占15%，大产业公司占10%。从1988年开始，美国创业基金来源发生了比较明显的变化，个人和家庭作为创业基金来源的比例降低，而年金基金等机构投资者已经成为创业基金的主要来源，其中年金基金占46%，国外资金占14%，大公司占11%，保险公司占9%，而个人和家庭仅占8%。

从目前创业投资的发展趋势来看，个人资本虽然已经不占优势，但由于个人投资者具有较强的风险承受能力，仍是创业投资中一个不可缺少的重要资金来源。私人投资一般是亲友的资助或其他合伙经营者个人的投资，这类资金在创业投资的启动与初期阶段所占比重较大，称为种子资金。结合我国的实际，可以发现我国的私人资本具有相当大的潜力。据《2017中国私人财富报告》显示，2016年中国个人可投资资产1 000万元以上的高净值人群规模已达到158万人，在经济L型运行的背景下，中国私人财富市场将继续保持高速增长。

2016年，中国个人持有的可投资资产总体规模达到了165万元亿人民币，2014—2016年年均复合增长率达到了21%；预计到2017年年底，可投资资产总体规模将达188万亿元人民币。其中，中国高净值人群人均持有可投资资产约3 100万元人民币，共持有可投资资产为 49 万亿元人民币；预计到 2017 年年底，高净值人群持有的可投资资产规模将达 58 万亿元人民币。与此同时，中国私人投资能力的地区差距也在进一步缩小。2016 年，全国 22 个省市高净值人数超过 2 万人，9 个省市高净值人数超过 5 万人，东南沿海五省市（广东、上海、北京、江苏、浙江）率先超过 10 万人[2]。

世界银行所属的国际金融公司（IFC）对北京、成都、顺德、温州 4 个地区的私营企业调查表明：我国私营中小企业在初始创业阶段几乎完全依靠自筹资金，90%以上的初始资金都是由主要的业主、创业团队成员及家庭提供的，而银行、其他金融机构贷款所占的比重很小[1]。

9.3.2 风险投资

风险投资在美国、日本和西欧等国家和地区已发展成为一个独立的行业，成为经济发展的助推剂。全球的风险投资活动于 20 世纪 60 年代起源于美国，并在 20 世纪 70 年代美国的税法改革后得到迅速发展，并培育出了一大批世界级的著名企业，如微软公司、苹果公司、惠普公司、英特尔公司、思科公司、雅虎公司、谷歌公司等。风险投资业在美国的经济生活中扮演着不可或缺的重要角色，赢得了"新经济发动机"的美誉。之后，各国政府纷纷效仿，用税收减免等财政、金融政策来刺激风险投资的发展。因此，风险投资公司在刚开始发展时有半官方性质，享有一定的政策优惠。但是，随着美国经济的发展，新的民间资本不断地注入，这种半官方性质已变得越来越模糊，创业投资业的发展也变得越来越成熟。

我国的风险投资业虽然起步较晚，始于 20 世纪 80 年代，但近年来却发展迅速。在经历了 90 年代末的互联网热及 21 世纪初的网络泡沫破灭，再随着 2003 年前后新一波创业浪潮的兴起，中国已经成为全球风险投资的中心之一[1]。根据中投顾问咨询公司及中国风险投资研究院等单位的调查报告显示，2009 年中国本土投资机构主导的风险投资总量首次超过外资机构。毕马威最新发布的风险投资趋势全球季度报告《风投脉搏》显示，2017 年中国风险投资金额超过 400 亿美元，比 2016 年的 350 亿美元增长 15%。

有限合伙制是适合创业投资领域的一种较好的企业组织形式，实行此种形式，会促使创业投资公司加快发展速度，并能保证组建的创业投资公司健康发展。目前，这种组织形式已成为美国投资公司主流的组织形式，这也反映了美国的风险投资业日益组织化、机构化和专业化，这同时也是美国风险投资业高度发达的标志。然而，这种形式在我国还没有成为创业投资公司的主体，政府可以考虑采取政策的倾斜来加以扶持，也可以采取各种优惠措施鼓励我国私人权益资本市场的发展，为有限合伙制创业投资公司的发展提供市场基础。

【拓展阅读】

中国十大风险投资机构

1. 真格基金

真格基金是由新东方创始人之一徐小平于 2006 年创立的天使投资基金，旨在鼓励青年人创业、创新。继新东方为莘莘学子筑起出国留学的桥梁后，真格基金希望能为海外学子搭建起归国创业的彩虹。真格基金乐于帮助那些拥有具备国际意识、懂真格基金的青年人实现他们的创业梦想。

真格基金在新金融领域投出38个项目，并保持在融资事件中的强主导地位。明星项目包括老虎证券、氪信等，真格基金重点布局金融科技，以资本带动金融产业创新，是用资本撬动金融科技发展的全球化推手。

2. IDG 资本

IDG 技术创业投资基金（IDGVC Partners，原太平洋技术创业投资公司）于1989年11月在北京进行了第一个试验项目的风险投资。至2004年6月，IDG 技术创业基金目前已在中国投资了2亿多美元，扶植了120余家中小型高新技术企业，一共创造了13 500余个就业机会。给中国市场经济带来了无穷的潜力。

IDG 资本作为最早一批关注互联网金融的投资机构，在该领域下注册40多家公司，布局资产端、流量端和中间端，形成全产业链投资格局。IDG 资本早期投资征信类明星项目同盾科技，重金投入基于区块链技术的某美国数字支付公司，豪赌下一个互金行业的 BAT。

3. 经纬中国

经纬中国布局金融科技的各个领域，共投资45个项目，在财富管理、信贷资产、股票、支付和众筹等领域均有不俗的成绩，是分期乐和品钛等明星项目的早期投资者。经纬中国以其大胆想象、勇敢冒险的精神，押注金融创新，助力未来金融。

2008年1月28日，北京——总部位于美国波士顿的经纬创投（Matrix Partners）和美国中经合集团中国团队正式宣布：经纬中经合中国第一期基金已于日前全部募集完毕，规模达到2.75亿美元。后来的短短数年中，经纬中国陆续成立4只美元基金和4只人民币基金，拓展成以8个合伙人为核心，30个人的专业投资团队，累计投出300余个项目。在"人有多大胆、地有多大产"的神州大地，这也许并不是一个很耀眼的数字，难得的是其几乎覆盖了互联网领域里绝大多数最优秀的公司、丰厚的退出回报和远低于大众认知的失败率。

4. 红杉中国

2005年9月，德丰杰全球基金原董事张帆和携程网原总裁兼 CFO 沈南鹏与 Sequoia Capital（红杉资本）一起始创了红杉资本中国基金（Sequoia Capital China）。

红杉资本中国基金下注消费金融领域，投出60多个项目，看好由技术驱动、数据驱动的金融科技项目，从中挖掘从 0-1-无限大的优秀项目。在资本寒冬的笼罩下，红杉资本却在新金融领域一路高歌猛进。

5. 创东方

成立十年，创东方投资沉淀出了一套自己的投资逻辑。投资阶段做加法，从投资 Pre-IPO 延伸至全生命周期，却在专注领域上做减法，聚焦在 TMT 和高科技制造业赛道。互联网金融在创东方的投资版图上占据重要地位，累计投资21个项目，布局互联网保险、大消费金融、供应链金融，打造了一条互联网金融行业的"投资链"，是金融科技领域稳健的领跑者。

十年间，从创立之初的4人团队发展到近60人；累计投资项目超过160个，其中超过60个项目已经成功退出；管理基金规模近200亿元……创东方由一个创投"新兵"，进阶到"黑马"，如今已跃居国内一线本土创投之列。

6. 华创资本

华创资本自成立之初就将投资目光集中在新金融领域，10余年的时间里投出众多明星项目，其中包括量化派、同盾科技、铜板街。从孵化宜信到押注互金，华创资本深耕金融科技领域10年，扎扎实实地交出了一份亮眼的成绩单。

华创资本是一家为创业者提供初创期和成长期投资的专业投资机构，自2006年成立伊始，一直专注于新金融、新消费、新实业领域的早期投资。

作为华创资本的合伙人，吴海燕毕业于清华大学工程物理系，2006年加入华创资本，曾参与投资敦煌网等企业。2012年至今，吴海燕负责投资了七幕人生、铜板街、同盾科技、别样红PMS、Wish、700BIKE、下厨房、ONE等多个早期项目。

7. 梅花天使

2016年3月2日，梅花天使联合50多家知名创投发起"中国VR/AR创投联盟"成立。

梅花天使创投关注互联网改造传统行业的机会。聚焦在金融领域，梅花天使在天使轮投资了趣店、农分期、悟空宝等明星项目。在投资大潮中觅机遇，梅花天使凭借其超高的回报，成为新金融领域当之无愧的淘金者。

8. 险峰长青

险峰长青作为机构化的天使机构，其身影出现在众多互联网金融项目的早期投资中，尤其关注消费金融类的投资项目，明星项目包括天使轮进入分期乐、早期投资牛股王、老虎证券。尽管鲜有在媒体发声，但险峰长青以其专业、果敢的态度成为了金融科技领域的投资先锋。

2010年，在创始人陈科屹的努力下，早期投资机构险峰长青成立。

这一年里，上海世博会宏大开幕、360和QQ爆发大战、世博会观看攻略、和3Q大战中如何站队，成了普罗大众生活中最多的谈资。低调的险峰长青成立首支基金，这只基金在随后三年里，就实现了回款，至今已分配收益超13倍，账面回报20倍多。

9. 源码资本

成立三年，源码资本在新金融领域投资了18家公司，其中出现了多家明星公司，包括A轮投资趣分期、用钱宝、农分期等。专注于信息产业投资，源码资本致力于投资用技术颠覆传统金融行业的优秀公司。

源码资本（Source Code Capital）是一支于2014年8月成立的新基金。首期基金募集规模达到1.0亿美元，基金专注于TMT早期投资，包含以O2O、互联网金融、新型社交、娱乐、企业 IT 等为代表的领域。源码资本是红杉资本中国成员企业。

10. 顺为资本

顺为资本以基于互联网和技术改造传统行业的强大基因，关注消费金融的各个应用场景，明星项目包括买单侠、什马金融、米么金服等。在新金融领域，顺为资本的投资顺风顺水，用资本为互联网金融创新赋能。

许达来毕业于新加坡国立大学及美国斯坦福大学。在联合创办顺为资本之前，他曾在 C.V. Starr、新加坡政府直接投资公司（GIC）、美国国际集团（AIG）及德意志银行等多家国际知名机构担任管理职位。现任顺为资本创始合伙人兼 CEO。

投资案例：小米科技、丁香园、一起作业、加一联创、金山软件、兴达国际等。投资领域：高科技及互联网、制造业、零售及消费、物流等。

资料来源：搜狐财经.《中国最牛十大风险投资机构》. http://www.sohu.com/a/194020937_10 0022525，2017 年 9 月 23 日。

9.3.3 投资银行和非银行金融机构

商业银行、证券公司、保险公司等金融机构曾是发达国家创业投资的重要资金来源，但随着创业投资基金的出现，养老金等各种契约性金融组织进入创业投资的比重大大增加，并且已经成为创业资本的主要来源。投资银行和非银行金融机构在许多国家风险资本发展的初期做出了巨大的贡献，其中日本就是一个典型的国家，其风险投资的资金来源主要是证券公司、银行以及保险公司。1963 年，日本政府为了帮助中小企业的发展，制定了小型企业投资法，并同时在东京、大阪、名古屋成立三家财团法人中小企业投资育成会社，这是日本风险投资的最早起源。日本风险投资的发展也多次得到日本政府的参与和支持。

目前，我国的国有商业银行还不能像日本的银行那样成为创业投资活动的主体，这是因为首先对于银行等金融机构来说，经营业务的安全性是首要原则，金融机构发生危机不仅是一个机构或行业的问题，它还会危及整个国家和社会的安全与安定。这就决定了金融机构不能进行对其经营安全性构成很大威胁的高风险投资。此外，目前我国银行等金融机构的自主意识和风险意识还很薄弱，资产质量不高，其风险承担能力不可能太高，这也表明金融机构不能进行高风险投资。

国外风险基金的发展历程也说明了这一点，美国的金融机构是在风险基金市场发展已经十分成熟的时候才进入的，而其投资偏向于处于发展阶段后期的风险企业（这时的投资风险相对较小），对于发展初期的风险企业，它们则很少问津。德国的金融机构进行风险投资也有相同的倾向。所以，目前中国的金融机构还不能成为风险基金的可行融资渠道。但也有人提出了不同的看法，认为虽然我国的金融机构和养老金、社会保障基金、商业保险基金等基金组织聚集了千万亿元人民币的社会资金，但由于现行制度不允许一般金融机构和各类基金机构直接进行创业投资，造成了社会资金的大量闲置浪费，产生了资金的宏观紧缩效应，不利于中小企业的发展。他们呼吁我国金融政策要逐步放宽，提出了金融机构应当成为创业资本的主要出资者。

随着我国金融体系的不断完善,创业投资在促进经济发展和提高综合国力方面发挥的重要作用日渐凸显。世界上许多国家,尤其是发达国家都对创业投资给予了大力扶持,制定了一系列强有力的法律、法规,努力创造良好的政策环境来保障和促进创业投资业的发展[3],中国也不例外。2015年3月,中华人民共和国工业和信息化部发布了《关于进一步促进中小企业信用担保机构健康发展的意见》,提出要充分发挥中小企业信用担保机构在缓解小微企业融资困难、促进大众创业、万众创新中的重要作用,进一步促进担保机构的健康发展[1]。2017年4月19日,国务院常务会议作出决定,在京津冀、上海、广东、安徽、四川、武汉、西安、沈阳8个全面创新改革试验地区和苏州工业园区开展创业投资企业和天使投资个人税收政策试点。财政部和国家税务总局根据国务院决定,联合出台了有关创业投资企业与天使投资个人投资种子期、初创期科技型企业投资抵扣的税收优惠政策。2017年6月1日,国家税务总局发布了《国家税务总局关于创业投资企业和天使投资个人税收试点政策有关问题的公告》,一方面是为了进一步明确相关税收征管工作流程,规范纳税人办税手续,保证相关税收优惠政策快速落地;另一方面,也是为了使纳税人能够更好地理解和把握政策规定,规范各地税务机关政策执行口径,保证相关税收优惠政策精准落地[4]。

《中小企业促进法》:为中小企业提供"造血干细胞"

新修订的《中小企业促进法》于2018年1月正式实施。新法在资金扶持、融资促进等方面多维度地进行了明确。

在财税支持方面,新《中小企业促进法》进行了进一步规范,操作性增强,明确了中小企业发展专项资金的使用方式,明确了中小企业发展基金支持领域及设立要求。如专项资金通过资助、购买服务、奖励等方式,重点用于支持中小企业公共服务体系和融资服务体系建设,资金向小型微型企业倾斜,引导和带动社会资金支持初创期中的小企业。并把部分现行的财政税收优惠政策上升为法律。如《中小企业促进法》第11条的规定,国家实行有利于小型微型企业发展的税收政策,对符合条件的按照规定实行缓征减征、免征企业所得税、增值税等措施。

对于融资促进,新《中小企业促进法》更是单设一章,从宏观调控、金融监管、普惠金融、融资方式等层面多措并举,全方位优化中小企业的融资环境。同时,在宏观调控层面,中国人民银行将综合运用货币政策工具,鼓励和引导金融机构加大对小型微型企业的信贷支持。

此外,在金融监管和普惠方面,新《中小企业促进法》采取了合理提高小型微型企业不良贷款容忍度等措施,引导金融机构增加小型微型企业融资规模和比重。并明确推动中小银行、非存款类放贷机构和互联网金融有序健康地发展,引导银行业金融机构向县域和乡镇等小型微型企业金融服务薄弱地区延伸网点和业务。

在融资方式方面,新《中小企业促进法》提出健全多层次资本市场体系,多渠道推动股权融资,发展并规范债券市场,促进中小企业利用多种方式直接融资。完善担保融资制度,支持金融机构为中小企业提供以应收账款、知识产权、存货、机器设备等为担保品的担保融资,进一步明确提出中小企业以应收账款申请担保融资时,其应收账款的付款方，应及时确认债权债务关系，支持中小企业融资。同时，还明确指出县级以上人民政府应当建立中小企业政策性信用担保体系，鼓励各类担保机构为中小企业融资提供信用担保。

值得一提的是，新《中小企业促进法》特别新增了保险层面内容，明确国家将推动保险机构开展中小企业贷款保证保险和信用保险业务，开发适应中小企业分散风险、补偿损失需求的保险产品。

资料来源：王婷.为中小企业提供"造血干细胞". 新《中小企业促进法》本月正式实施. 义乌商报. https://zj.zjol.com.cn/news.html?id=854850, 2018年1月22日.

9.3.4 私募基金

私募基金（Privately Offered Fund）是指通过非公开的方式向特定投资者、机构与个人募集资金，按投资方和管理方协商回报进行投资理财的基金产品。首先是相比于公募基金而言，它们之间的区别首先是募集方式不同。私募基金的募集采取非公开的方式，如美国法律规定它在吸引客户时不得利用任何传播媒体做广告，其参加者主要是通过依据获得的所谓"投资可靠消息"或者直接认识某个对冲基金的管理者的形式；其次是投资主体不同，私募基金的发行面向特定投资者，为其推出定制的基金产品；再次是法律监管上的区别，私募基金由于投资者只是部分特定的群体，可以是个别协商的结果，一般法规要求可以不必像公募基金那样严格详细，因此，其操作更具隐蔽性和灵活性，投资收益也更大。

简言之，私募就是私下募集或私人配售。私下的意思有三。第一，不可以做广告。第二，只能向特定的对象募集。所谓特定的对象又有两个意思：一是指对方比较有钱具有一定的风险控制能力；二是指对方是特定行业或者特定类别的机构或个人。第三，私募的募集对象数量一般比较少，如200人以下。

近年来，我国私募基金发展迅速，中国证券投资基金业协会发布的2017年私募基金行业大数据显示，到2017年年底，私募基金的总规模高达11.1万亿元，一年涨了3.21万亿元，同比增长41%左右，在资产管理行业里面涨势最猛。同时，2017年私募管理人数量为2.24万家，基金突破6.64万只，私募员工总人数为23.83万人。其中，股权创投私募2017年增长了2.4万亿元，贡献了主要力量，证券私募缩水4 803亿元；上海、深圳、北京私募数量均超过4 000家，私募数量上海最多，管理规模北京最大；百亿私募数量达到187家，比2016年年底增长54家[5]。

公 募 基 金

公募基金（Public Offering of Fund）是受政府主管部门监管的，向不特定投资者公开发行受益凭证的证券投资基金，这些基金在法律的严格监管下，有着信息披露、利润分配、运行限制等行业规范。

简言之，公募基金就是公开募集。公开的意思有两方面：一是可以做广告，向所有认识和不认识的人募集。二是募集的对象数量比较多，如一般定义为200人以上。目前国内证券市场上的封闭式基金属于公募基金。

9.3.5 大企业（集团）附属的分公司和创业投资公司

大型企业和企业集团曾是国外创业投资的重要资金来源。在国外，大型企业和企业集团从事创业投资的目的大都是带战略性质的，即寻求符合企业战略需要的高新技术项目，使企业不断拥有技术优势，在长期竞争中立于不败之地。大公司可以组建一些小公司进行创业投资，或者创业投资公司与大公司进行横向联合，按照风险共担、利润共享原则，发展高技术产业，充分利用大公司的资金、技术与人力资源优势，降低创业投资风险。美国的 IBM、Xerox、3M 等大公司十分重视小企业的发展，并积极组建或协助小企业发展创业投资；韩国电讯公司与韩国电力公司等韩国国有公司将其自身 80% 的 R&D 投资提供给相关的 R&D 中心和技术研究部门，以开发 R&D 产品；日本丰田、三菱、住友、日立、富士通等大公司也都非常重视对高技术的研究开发，并不断投入巨额资金开发高技术产品。

在我国，随着包括主板、创业板、中小企业板和新三板在内的多层次证券市场的形成，越来越多的企业通过上市实现了自身的发展壮大[6]。与此同时，一些大型企业和企业集团为了企业的长远发展，开始积极地调整投资战略，以寻求新的利润增长点。中国互联网未上市创业公司估值前 30 名的公司中，80% 背后有 BAT 的身影。BAT 的投资侧重领域与投资规模各有不同，其投资战略背后是各家公司的补短板策略，以及对未来风口的押注。从 BAT 投资公司的所属行业来看，腾讯在各领域的布局较为全面，且重视内容资源，在文化娱乐、游戏行业进行的投资次数较高。阿里在电子商务、文化娱乐、企业服务行业进行的投资次数最多，主要围绕日常生活领域，建立商业生态。而近年来在大众眼中热衷投资造车、AI 领域的百度，其实在企业服务行业进行的投资次数最多。从三家公司的投资总体情况来看，腾讯在投资数量与金额方面都遥遥领先，而百度最为谨慎，总投资数量不及腾讯的 1/3。数据显示，自三家公司成立至 2017 年 12 月 27 日，百度共进行投资 134 笔，阿里 296 笔，腾讯 483 笔[7]。

联想之星：助创业者改变世界

联想之星创立于 2008 年，目前管理着五支、总额约 25 亿元人民币的天使投资基金，已投资近 200 个项目。2015 年，分别被清科集团、投中集团评为中国最佳天使投资机构前三名；2017 年，被投中集团评为 2016 年度中国最佳早期创业投资机构第二名。

作为联想控股的早期投资和孵化板块，联想之星植根联想 30 余年来的创业经验和资源积累，为创业者提供天使投资＋深度孵化的特色服务，做创业者身边的"超级天使"。

天使投资

主要投资于人工智能、TMT、医疗健康三大领域，积极布局智能机器、互联网改造传统产业、生物技术、医疗器械等前沿领域。目前已投资"乐逗游戏""开拓药业""清智科技""先声教育"以及"车贷贷"等 40 余家创业企业。

深度孵化

管理和运营"创业 CEO 特训班"，为广大创业者提供专业实战的公益创业培训，目前，创业 CEO 特训班已面向全社会招生并连续举办 10 年。此外，2011 年成立的"创业联盟"，是以联想之星孵化和投资的企业为主体（简称"星友"），共同创新、创业、成长和发展的平台。创业联盟荣誉理事长是柳传志先生。创业联盟成员目前有 4 家上市企业，新三板挂牌 40 多家，至少 50 余家企业估值超过 1 亿美元，企业总估值超过 1 500 亿元人民币，带动的融资规模超过 200 亿元人民币，解决就业岗位超过 10 万个；有超过 500 家企业覆盖生物技术、节能环保、新能源、新材料、云计算等国家战略新兴产业。

资料来源：联想之星公司官网 http://www.legendstar.com.cn/.

9.3.6 政府资金

政府资金在许多国家风险投资发展中起到了重要的作用，尤其是在风险投资发展的种子期阶段，政府会给予特别的支持。政府为了鼓励创业投资的发展，向创业投资者和创业投资企业提供无偿的补助。这种补助实质上是政府部门共同出资筹集创业资本，分担创业投资者的投资风险，鼓励民间创业投资。例如，加拿大安大略省对向高技术创业投资企业投资的个人入股者给予其投资总额 30%的补助金。美国 1982 年通过的《小企业发展法》规定，年度 R&D 经费超过 1 亿美元的联邦政府部门必须依法实施"小企业创新研究计划"，每年拨出法定比例的 R&D 经费支持小企业开发技术创新活动。英国贸易和工业部门将政府支付的高技术发展专款的 20%作为支持高技术产业的开发费用。1981 年英国政府成立了专门投资于高技术企业的英国技术集团。新加坡政府规定，凡投资于高技术的企业如果连续亏损 3 年，则可获得 50%的投资补贴。从各国情况来看，政府提供的创业资本对各国风险投资的发展是很重要的，但其作用也是有限的，它的作用主要是带动民间资本进入创业投资领域，起到了政策示范和引导作用。

近年来，我国的科技型中小企业的发展势头迅猛，已经成为国家经济发展新的重要增长点。尤其是高新科技型产业或地方优势产业对增强区域竞争力、解决就业问题具有重要意义。为此，我国新创企业的发展受到了政府各级部门的重点关注。同时，处于初创期的企业可能是在不同地区、不同产业背景下创立的，这些企业在融资方面面临很多困难，因此各地政府需要推出不同的创业支持政策来帮助这些新创企业解决融资难的问题[1]。

《2017 中国创业投资引导基金运作模式与发展策略研究报告》显示，截至 2016 年 12 月底，国内共成立了 1 013 支政府引导基金，目标规模已经超过 5.3 万亿元，已到位资金为 1.9 万亿元。其中，仅 2016 年就新设立政府引导基金 384 支，披露的总目标规模超过 3.1 万亿元[8]。

随着政府引导基金的升温，财政部等相关部门也加强了引导和规范。继 2016 年 12 月发布《政府投资基金暂行管理办法》后，2017 年 2 月，财政部又发布了《关于财政资金注资政府投资基金支持产业发展的指导意见》，进一步明确了政府投资基金应按照"政府引导、市场运作，科学决策、防范风险"的原则进行运作。

创业投资引导基金

创业投资引导基金是指由政府设立，以市场化的方式运作，不以营利为目的的政策性基金，通过出资或提供融资担保等方式扶持商业性创业投资企业的设立、发展，引导社会资金参与创业投资领域,而引导基金本身是不直接参与创业投资运作业务的。创业投资引导基金的宗旨是发挥财政资金的杠杆放大效应,增加创业投资资本的供给,克服单纯通过市场配置创业投资资本的市场失灵问题,特别是通过鼓励创业投资企业投资处于种子期、起步期等创业早期的企业,弥补一般创业投资企业主要投资于成长期、成熟期和重建期企业的不足。

此外,2016 年 9 月 20 日,国务院发布《国务院关于促进创业投资持续健康发展的若干意见〔2016〕53 号)》,鼓励个人、社会、政府等各级资本进入创投领域,培育多元创业投资主体。鼓励行业骨干企业、创业孵化器、产业(技术)创新中心、创业服务中心、保险资产管理机构等机构投资者参与创业投资,鼓励包括天使投资人在内的各类个人从事创业投资,支持大众创业、万众创新。各省市也纷纷出台具体的实施意见,积极采取措施,进一步促进创业投资持续健康地发展。

国投创业投资管理有限公司

国投创业投资管理有限公司,成立于 2016 年 1 月,国投为了落实国家创新驱动发展战略,加快推动国家科技成果转移转化,布局前瞻性战略性新兴产业,按照市场化方式设立了私募股权投资基金管理公司。目前,管理三支基金,首期规模 120 亿元。国投创业以"服务国家创新战略,聚焦科技成果转化"为宗旨,兼顾政策导向和投资回报目标,落实国家战略,实现政府、社会和市场的共赢。

9.3.7 互联网下新的融资渠道

小米金融生态链公司"福米科技"获 1 亿元 A 轮融资

2017 年 5 月,小米金融生态链公司"福米科技"对外宣布,已经完成 1 亿元 A 轮融资,领投方为弘道资本,跟投方为墨白资本和顺为资本。据悉,本轮融资资金将用于继续提升全球用户的交易体验。

据创投时报项目库数据显示,福米科技成立于 2016 年 2 月,是一家专注于为个人投资者提供金融市场服务的金融科技公司,一方面通过"微牛"APP 为全球投融者提供交易及辅助交易的平台和工具;另一方面承担了小米海外金融业务的拓展功能。2016 年 10 月,福米科技获得小米科技和顺为资本的 5 000 万元人民币天使轮融资,是小米的生态企业之一。2017 年春节前后,福米科技上线了美股和港股的交易业务。据悉,福米科技此次之所以能获得资本市场的认可,主要源于投资机构对其数据金融方向的认同。科技的进步让越来越多的复杂金融服务可以通过产品化的形式在线完成。福米科技官网显示,"微牛"系列产品已经覆盖了 20 个国家和地区、5 大品类、42 个交易所、100 000 多个投资标的,并且在全球多地部署了数据中心。关于本轮融资,福米科技 CEO 王安全说:"我们有幸在创业初期就得到小米和顺为的支持,本轮的投资者弘道和墨白,也都是在互联网金融领域有深入理解的 VC,与我们团队在终局思考上有着完美的默契。"此外,他还表示:"科技的进步让越来越多的复杂金融服务可以通过产品化的形式在线完成,在证券领域，机器代替人工提供投资顾问和资产管理的服务是行业的必然趋势。"

资料来源：节选自"创投时报.《小米金融生态链公司「福米科技」获 1 亿元 A 轮融资》. http://www.ctsbw.com/article/13386.html，2017 年 5 月 3 日".

随着互联网时代的到来及飞速发展，高科技新创企业如雨后春笋般大量出现，与此同时，一些在位互联网企业的创新发展也为许多新创企业提供了新的融资渠道及大量的发展机会。如福米科技是小米生态企业之一，在此背景下自然会在发展初期就获得所需的发展资金，并且还会受到持续支持。另外互联网时代，人们对与互联网相关的企业和知识都会更加快速地了解，这也会为一些新创公司获得新渠道融资提供机会与便利。互联网下的新融资渠道主要有 P2P 融资、众筹等。

1. P2P 融资

P2P 是 peer-to-peer 的缩写，peer 有（地位、能力等）同等者、同事和伙伴等意。融资 P2P 直接将人们联系起来，让人们通过互联网直接交互，使得网络上的沟通变得容易、更直接地共享和交互，真正地消除中间商，为企业与个人提供更大的方便。

P2P 是指个人与个人之间的借贷，P2P 网贷平台是以互联网为依托，为客户提供高效便捷的金融服务。从小微企业 P2P 网贷融资模式来看，目前国内主要有三种，即无抵押无担保模式、无抵押有担保模式以及有抵押有担保模式。①无抵押无担保模式采用在线竞标方式，由小微企业发布借款信息，出借人根据小微企业提供的认证资料和信用状况来决定是否借出，利率由小微企业和投资竞标人的供需所决定，交易平台只要求小微企业提供信用而无须抵押，并按规定期限还本付息，对出借人也不承担担保责任，只是通过平台的注册认证和自建信用规定以及社会化因素的引入进行信用审核、风险控制。②无抵押有担保模式采用线上线下相结合但偏重于线下的借款模式，网络仅提供交易信息，具体的交易手续与交易程序都由 P2P 信贷机构和客户面对面完成，利率根据其信用审核来决定，采取还款风险保证金措施，通过面审和实地调查方式进行风险控制，分散贷款和每月还款制度保障有效还款，在风险发生时偿还出借人全部本金和利息。③有抵押有担保模式基本上是以房产作为抵押物，借贷双方在工作人员的陪同下去公证处和房产交易中心办理手续，出借人风险控制效果较好，不良贷款率低，虽然以网络为载体展开运营，但在一定意义上来看还不是典型的 P2P 网贷平台[9]。

P2P 网贷平台是对国有商业银行等传统金融机构的重要补充，发展潜力巨大。资料显示，截至 2016 年 6 月，我国 P2P 网络借贷运营平台数量达到 2 349 家，各路资本加紧 P2P 网贷平台布局，仅 2016 年上半年，P2P 网贷平台投资人数与借款人数，较 2015 年同期分别增长 13.51%与 43.22%[10]。2017 年 11 月 10 日，中国首家 P2P 平台——拍拍贷（成立于 2007 年）在美国纽交所挂牌上市，股票代码为"PPDF"，IPO 发行价为 13 美元，成为第四家在海外上市的中国 P2P 平台，同时也是当时全球市值最大的 P2P 平台。随着网贷成交量的增长，P2P 网贷行业贷款余额也不断攀升。"网贷之家"数据显示，截至 2017 年 3 月，P2P 行业投资人、借款人、贷款余额分别达到 419.82 万人、238.94 万人、9 209.66 亿元，同比增速 24.11%、112.56%、50.67%。然而，在快速增长的背后，平台跑路乱象也非常显著——截至 2017 年 3 月，P2P 行业累计平台数量 5 888 家，停业及问题平台高达 3 607 家，正常运营平台为 2 281 家。

在 P2P 融资快速发展的同时，如何规避风险，也成为了一个重要问题。为此，国家相继出台多项政策，不断规范网贷市场。2016 年 8 月，中国银监会、工信部、公安部、国家互联网信息办公室制定并颁布了《网络借贷信息中介机构业务活动管理暂行办法》，对我国的 P2P 网贷行为进行了规范，该办法的内容实质上侧重于保障投资人的资金安全，打击借 P2P 网贷之名行非法集资之实的违法行为，解决了网贷平台"野蛮生长"的问题[9]。2017 年 8 月 25 日，银监会官网发布《网络借贷信息中介机构业务活动信息披露指引》，明确了网络借贷信息中介业务活动中应当披露的具体事项、披露时间、披露频次及披露对象等。至此，P2P 网贷行业银行存管、备案、信息披露三大主要合规政策悉数落地，初步形成了较为完善的制度政策体系，进一步明确了网贷行业的规则[11]。

2. 众筹

北大 1898 咖啡馆：中国式众筹"策源地"

在离北京大学校区有那么一点点距离的地方，2013 年 10 月 18 日，出现了一家咖啡馆，取名叫北大 1898。依傍着北京大学的文化、背景，当然还有资源。目前，它被定义为众筹咖啡馆，发起人是时任北大校友创业联合会秘书长的杨勇。

杨勇认为，他无意中找到了一条适合中国国情的众筹路子，即充分调动熟人圈的信任资源，并将它在"螺旋壳里做道场"。更早以前，杨勇主要服务于老校友。2009 年年底才开始陆续接触年轻校友，那是因为北大校方当时正式批准成立了第一个跨行业的校友会，也就是北大校友创业联合会，杨勇任秘书长。

与年轻校友沟通以后，联合会每年要举办 100 多场活动，一场场活动办下来，"就觉得挺不容易的，始终都没有自己的地盘，迫切地需要归属感"。也就是因为这个初心，才有了后来的北大 1898 咖啡馆。不过，初心里没有设置程序，杨勇也没想过这个承载着特定功能的咖啡馆究竟应该怎么走，又将走向何方。

位于中关新园 9 号楼一处 400 平方米左右的地方，因为可以接受的年租金价格，而最终被杨勇确定为咖啡馆的地址。为校友们办事情的同时，也希望筹办资金能来源于他们。与现在不一样，那时还不说众筹，杨勇对校友说的是："我们要开一家咖啡馆，大家一人出点钱，有自己的一个地方。你们每年都得接待别人，把钱放在一起，我们自己来接待"。杨勇的意思是"这笔钱是你本来就要花的钱"。所以，"大家都没有得到回报的预期"。

其中还有一个技巧，那就是咖啡馆征集的 200 个股东，要讲究搭配。"主要定位是'70 后'，'80 后'太嫩了，'50 后'、'60 后'太牛了。'70 后'有底子，但还需要帮点忙。所有的股东，覆盖了北大 77 级到 2000 级所有年级、所有院系、所有行业、所有有创业想法的人。"人数为什么要控制在 200 人以内？杨勇认为，其实 150 个人左右是最合理的人数，人太多了，亲近感就没有了，人数太少了，氛围又出不来。

最开始的方案是"第一批交钱的人，每人 3 万，第二批交钱的每人 5 万，享受一样的股权"。两个月后，当看到反馈时杨勇"心里就有底了"——第一批股东，全部来自创业联合会。主要是点击科技的王志东、创新工场的陶宁、蓝色光标的赵文权，还有拉卡拉的孙陶然等。

北大 1898 咖啡馆"出生"之前的整个过程,杨勇认为还算是很顺利的。2013 年 3 月开始调研、找地址、筹资,6 月开始装修,10 月 18 号开业。开业前后三天的盛况,让杨勇感到意外,甚至是惊喜,"没想到会来那么多人,1 500 多人,都挺有来头,北京大学的校领导,中关村管委会的领导,各个协会的会长、秘书长,各个校友会的秘书长等,每个股东也都介绍自己的朋友过来。"

"很重要的媒介就是微信,大家来了以后会拍照,拍照了之后就发微信朋友圈"。以至于半个月后,杨勇去深圳开北大全球校友工作会议,全国各地 20 多个城市的校友,都知道了北京这个角落里有一家叫北大 1898 的咖啡馆,校友们已经开始邀请杨勇过去开连锁店,"全球的校友都知道了"。

一出生,似乎就风华正茂,这样的始料未及,点燃了杨勇内心深处的小火苗,但那时他还不知道那团火叫什么。直到后来每遇会场,大家都让他来谈谈北大 1898 咖啡馆,并说"你做了一个很牛的众筹案例"时,他才意识到,原来他做的是众筹。

资料来源:陈莉莉.北大 1898 咖啡馆:中国式众筹"策源地".中外管理,2014(8):43-46.

"众筹",又称群众募资、大众筹资。根据 WordSpy.com 网站的调查,2006 年 8 月 Michael Sullivan 在其个人微博中最先使用"crowd funding"一词,并在维基百科中将之定义为"群体性的合作,人们通过互联网汇集资金以支持他人或组织发起的项目"[12]。学术界,Schwienbacher 和 Larralde 从众包的广义概念出发对众筹进行了界定,将众筹视为众包的一种特例,即众筹是一种借助于互联网进行公开募集资金的方式,通过捐赠、预购商品或享有获得其他回报的权利等方式,对具有特定目的的项目提供资金支持[13]。在众筹过程中,融资方和大众投资者借助互联网建立关系网络(如在线社区和众筹平台),融资方在上述关系网络中发布其商业计划,每个人都可以通过互联网对该项目进行投资。该模式使得融资方能够直接从广大个体投资者中获得资金支持,而不是从专业投资人(如合格投资者、天使投资人)或专业的金融投资机构(如银行、私募基金、风险投资等)那里获得融资,并且参与众筹的每位投资者只需提供小额资金即可[14]。

众筹的兴起源于美国网站 kickstarter,这家网站以互联网为平台,集中大众的资金和资源,用来支持某个项目。相对于传统的融资方式而言,众筹更为开放,只要是公众喜欢的项目,都可以通过众筹方式获得项目启动的第一笔资金,为更多富有梦想的人提供了无限的可能[1]。

按照募资的形式,众筹可分为三类:①"捐赠式",投资者是赠与人,筹资者是受赠

人。投资者向筹资者提供资金后并不求任何回报，筹资者也无须向投资者提供任何回报，因此捐赠式众筹具有无偿性。典型的例子有赈灾救助、政治选举、电影制作、免费软件开发等。②"借贷式"，筹资者通过利息回报的方式来募集资金，一些 P2P 平台本质上就是借贷式众筹。这种借贷模式通常称为 P2P 借贷。③"股权式"，筹资者出让公司一定比例的股份，面向普通投资者。投资者通过出资而入股公司，获得未来收益[15]。

【拓展阅读】

中国众筹情况扫描

据众筹家旗下人创咨询统计，2017 年上半年全国众筹行业整体情况为：

截至 2017 年 6 月底，全国共上线过众筹平台 808 家，其中正常运营的为 439 家，下线或转型的为 369 家；运营中平台的平台类型分布为：物权型平台 135 家，权益型平台 120 家，股权型平台 113 家，综合型平台 61 家，公益型平台 10 家；2017 年上半年共有 37 905 个众筹项目，其中已成功的项目有 31 552 个，占比为 83.30%；2017 年上半年成功项目的实际融资额达 110.16 亿元，与去年同期相比增长了 38.11%。

在上线的 808 家众筹平台中，2011 年上线平台为 3 家；2012 年上线平台为 11 家；2013 年上线平台为 20 家；2011—2013 年共计上线 34 家，仅占比 4.21%。2014 年，国内众筹平台数量激增，全年共有 168 家平台上线，占到所有平台的 20.79%；2015 年，众筹平台持续增加，全年共有 289 家平台上线，占到所有平台的 35.77%；2016 年，上线平台数依旧可观，全年共上线平台 278 家，占到所有平台的 34.41%；2017 年，众筹平台上线数量骤减，上半年仅有 39 家平台上线。

截至 2017 年 6 月底，439 家众筹平台分布在 25 个省级行政区中。从图 9.1 中可以看出，众筹平台主要集中在经济较为发达的沿海地区，如北京、广东、山东、上海、浙江和江苏等地，其中北京有 85 家，占比为 19.36%；广东有 75 家，占比为 17.08%；山东有 74 家，占比为 16.86%；上海有 55 家，浙江有 38 家，江苏有 25 家。

9.4 创业融资渠道选择与融资策略

9.4.1 创业企业融资渠道的选择

"奇艺果"的非奇异融资之路

如果你想制作你自己独有的 T-shirt，去奇艺果看看，它肯定能满足你的个性化需求！奇艺果（www.artqiyi.com）是一个在线艺术社区和创意产品商城，目前支持定制的商品种类已经从最初的 T-shirt 扩大到服装、手机壳、抱枕、手提袋和移动电源等。

2013 年创业之初，奇异果初始创业团队出资的 10 万元远远满足不了购买原材料、组装生产线、维护网站、吸引人才的资金需求。经过初步预算，大概需要融资 50 万元，这可急坏了发起人刘彦博。然而他也明白，即使缺乏资金也不能盲目融资，融资方式的选择对于任何一个企业来说都是至关重要的，必须仔细研究，谨慎选择。

银行贷款属于间接融资的一种，虽然有着成本相对较低、资金稳定、使用灵活等特点，但是银行贷款的高门槛限制了很多像奇艺果一样的公司，即企业没有足够的抵押品和合适的担保人，就无法从银行获得贷款。刘彦博也曾经考虑向朋友借钱这种民间融资的方式，而民间融资虽然资金到位迅速，但是有着相当高的融资成本，而且民间融资还有一定的不规范性，风险很大。我国企业上市发行股票属于直接融资的一种，但首次公开上市发行股票（IPO）有着相当严格的规定，不仅仅是主板，中小板和创业板 IPO 也是很有难度的。奇艺果存续时间不够长，盈利能力不能得以显现，并不具备 IPO 的资格，同时 IPO 的成本也是很大的，IPO 上市发行股票融资不在奇艺果的可选范围之内。最后发行企业债券虽然也属于直接融资的一种，但其资格审查也是非常严格的，奇艺果同样不具备发债资格。总的来说，奇艺果尝试传统融资方式以失败而告终的最大原因就是传统融资方式的门槛都相对较高。

奇艺果无法通过传统的融资方式获得资金，不得不转向其他新型融资方式。股权式众筹不同于一般的股权投资，它是一种基于互联网渠道而进行融资的模式，简化了企业的融资程序，降低了融资门槛，直接切中了中小企业和创业企业的融资需求。股权式众筹对于融资者的要求较低，只要项目符合标准，通过审核，就可以在股权式众筹平台进行融资；融资者通过股权式众筹的融资成本相对于传统融资方式来说也有很大程度的降低。

奇异果借助股权式众筹，突破了企业融资瓶颈，成功融资 50 万元，并于 2016 年 4 月获得机构投资，其注册资本也由 15.082 9 万元增至 100 万元，成为国内首家投资者整体退出的公司。

资料来源：史金艳，姜雪莹."奇艺果"的非奇异融资之路. 中国管理案例共享中心，FAM-0350，2017 年 8 月. 该案例经中国管理案例共享中心同意授权引用。

对创业者来说，一方面，能否快速、高效地筹集到资金是创业成功的关键因素；另一方面，即使缺乏资金也不能盲目融资，融资渠道的选择对于任何一个企业来说都是至关重要的。奇异果成功融资的例子告诉我们，在面临融资渠道选择时，要基于自身企业特点，充分了解每一种渠道的利与弊，并谨慎选择适合自己的方式，这样才能突破企业融资"瓶颈"，实现跨越式发展。

创业企业融资渠道的选择，主要受到如下几方面因素的影响：创业所处阶段、新创企业所处的行业及产业特征、融资动机、融资成本以及资金供求双方的关系[16]。

1. 创业企业所处的阶段

数学者将创业过程分为：种子阶段、创建阶段、成长阶段、加速阶段和成熟阶段五个阶段。在国外，创业企业种子阶段主要融资方式有自有资金、天使投资和政府投资；创建阶段有风险投资、自有资金、政府投资；成长阶段为风险投资；加速阶段为私人投资、风险投资；成熟阶段为债权融资、银行贷款、上市融资和风险投资。但对于我国创业企业而言，不同发展阶段在具体国情影响下形成了鲜明特点：种子阶段的主要融资方式为自有资金和少量私人融资；创建阶段主要资金来源仍是自有资金，一些前景好的企业会有少量风险资金和银行贷款进入；成长阶段是银行贷款和私人资金；加速阶段有更多的私人投资和风险投资进入；成熟期的企业主要是商业贷款。我国创业企业过多的依赖内源融资，外源融资却很少涉及。

2. 新创企业所处的行业及产业特征

创业企业需要根据自身特点对融资渠道进行选择，对于高新技术企业来说，其具有的高成长性和较好的发展前景，在选择融资方式时会更容易受到外源融资的青睐，如债务融资和风险投资。对于一些高速成长的技术型创业企业而言，其高风险和高收益的并存，更容易获得风险投资和天使投资，因而融资渠道会相较于传统型行业的创业企业更宽泛。

3. 融资动机

创业企业的融资动机不同也会影响融资渠道的选择。主要的融资动机有：生存、周转、扩张和还债。对于生存动机，考虑的是获得资金的及时性和便利性，成本和风险因素是次要考虑的；周转性动机考虑的不仅是资金获取的便利性，还有成本因素；扩张性动机的融资需求主要用于创业企业的发展壮大，所考虑的首要因素是融资成本，高的融资成本会造成收支不抵的局面，对企业日后发展造成阻碍；还债性融资动机主要是创业企业对于即将到期的债务由于自己没有足够的资金进行偿还，从而向社会进行资金的筹借，此时要考虑的不仅是成本问题，而且还有融资规模问题，因此会对应选择不同的融资渠道。

4. 融资成本

成本是创业企业在选择融资渠道的过程中不可忽视的因素。廖继胜（2007）等人指出在多数情况下，由于权益性资本风险较高，其所对应的成本相对较高，而债务性资本由于有固定的利息和还本付息的期限，风险相对较小，所以成本较低。从获取资金的成本角度来看，创业者拥有的自有资金最低，另外，是政府引导基金、银行贷款，对于风险资金和天使投资，获取的成本相对较高，主要体现在创业企业成功地发展壮大后通过上市交易高价转让其所拥有的份额，这种成本是一种事后成本。

5. 资金供求双方的关系

关系型融资在中国融资市场上经常出现，其产生于双方长期的互动中，融资数额的多少、成本的高低和获取资金的便利程度，很大一部分取决于资金供求双方的关系。童牧（2004）在关系型融资中，由于投融资双方的关系和信息生产的私有性使得外部投资者能在企业治理中起到更为积极的作用。在我国融资市场的关系中，不仅包括双方的亲密程度，还包括所获取信息的多少，这种信息的获取对融资会产生直接的影响。由于有些信息涉及敏感性问题，创业企业可能不想在资本市场上过多地披露，此时关系型融资是一个以较低成本解决信息传播和控制的较好方法。而由于创业企业处在初创阶段，可利用的关系型融资较少，是关系型融资中较弱的一方，所以影响了创业融资。

9.4.2 不同成长阶段的融资策略

据美国风险投资界的定义,风险企业的成长一般可划分为四个成长阶段,即种子期(seed stage)、初创期(start-up stage)、扩展期(development stage)和成熟期(mature stage)。在不同的成长阶段,风险企业面临的风险特征不同,对融资的需求也不同。在种子期,资金主要投入新产品和新技术的研究与开发,用于生产和市场的资金较少;在创业期,研发活动所占资金开始减少,而投入生产与拓展市场的资金略有增加;成长期与成熟期的资金投向格局发生了显著的变化,资金主要投向生产与拓展市场,尤其在成熟期,这部分资金占了70%以上。资金投向结构是企业融资决策的重要参考依据,我们应关注企业在不同发展阶段资金需求的特点,要使企业顺利渡过四个发展阶段而成为一个拥有稳定市场的成熟企业,就要在其成长的每一阶段动态地给予相应的资金支持。风险企业在不同成长阶段有不同的融资需求。

1. 种子期的融资策略

种子期是指技术的开发与试制阶段,或者是商业创意的酝酿与筹备阶段。在这一阶段,从事新技术和新产品开发的创业者,仅有产品的构想和初步设计,为实现实用化和商品化需进行产品、工艺流程、设备等方面的研究,研究的成果为样品、样本、方案等。此阶段的投资对象仅有产品构想,未见产品原型。在这个阶段,创业者的主要活动是确定技术和商业上的可行性;确定技术规范内容,进行市场研究;收集翔实的信息,制订经营计划;筹集创建资金。这时企业会面临三大风险:高新技术的技术风险;高新技术产品的市场风险;创业企业的管理风险。其中,技术风险和市场风险是最为突出的。创业投资家在决定对一个项目进行投资时所看重的是该项目的未来发展机会。早期投资的价值并不在于它产生的现金流,更重要的是初期投资可以获得有关项目未来发展的信息及其蕴含的增长潜力。

由于这类企业未成立或成立不久,风险投资公司很难从经营计划书的资料中来评估企业性质与营运绩效。再加上企业所面对的市场风险与技术风险远比其他阶段高,因此对于这类企业,风险投资公司应该进行全方位的评估与分析。首先,在筛选方案时,风险投资公司应该选择那些与其投资专长领域密切相关的企业,便于通过积极的经营辅导来降低投资风险。处于种子期的企业,创业者的人力资本是企业最重要且不可分割的资产,因此对创业企业的评估应该偏重创业家的经历、背景、人格特质、管理能力与技术能力。其次,技术来源和市场潜力等方面的分析也至关重要,早期投资计划的评估工作和许多决策都基于经验判断,因此风险投资公司必须对产业技术市场发展具有深入的认识。在风险投资者对企业的监管方面,处于种子期的创业者通常投入了自己的许多财力和精力,他们的命运与企业的成败息息相关,因此在这个阶段创业者的目标与风险投资者的目标基本一致,创业者的道德风险和机会主义行为还不严重。然而,在信息不对称方面,由于企业刚刚成立或还处于市场调研和技术研发阶段,信息不确定性极高,各项数据多属预测性,仅能从规划的合理程度来判断。

针对上述的风险分析,风险投资者在签订投资合约时应着重注意防范信息不对称带来的风险。可以通过一些条款,比如,要求对技术和无形资产进行资产评估、要求企业经常向投资者汇报进度、指定会计事务所对企业进行定期审计。而在监督和激励方面，应以监督为主，使企业按正常轨道运行，使信息能够及时得到传递。另外，在这个阶段，风险投资者提供的管理咨询服务和其他增值服务特别有价值，其丰富的行业和投资管理经验以及人际网络为企业的生存提供了机会。这也从另一个角度解释了为什么在早期阶段的风险投资数额较小，但是所占股份很大。种子期的风险投资适合人员密集型的投资基金。

由于种子期是指技术的酝酿与发展阶段，因此，资金需求量可能不大，但由于开发高科技并将其转化为现实产品具有明显的不确定性，项目的失败率很高，因此，应以谨慎的原则进行商业融资，在融资方式上建议以私募资金为主，或者在较低层次的交易市场，如柜台交易市场上市。在这一阶段，企业要将高新技术转化为产品具有明显的不确定性，存在技术失败的风险，所以尽管这一时期对资金的需求量不太大，但对资金的风险偏好却要求很高，资金供给者要冒非常大的技术风险。此阶段投资单项资金需求额最低，成功率最低，风险最大，但一旦成功的话其资金回报率最高。风险投资公司主要考虑投资对象的技术研发能力与产品市场潜力，以及是否与风险投资公司目前的专长领域、专业范围密切相关。一般来说，该阶段较难获得风险投资。

2. 初创期的融资策略

初创期一般指从产品开发成功到产品试销阶段。这一阶段的主要任务是市场导入、创立企业和进行规模化生产。在初创阶段，高新技术企业建立并开始实行经营计划，即开始了商业化、产业化的阶段。初创期的长短因其所处的产业不同而有所差异，短至六个月，长到四五年不等。

当初期研究开发成功时，创业者就需要考虑将产品推向市场，此时就应进行创业企业注册、产品市场调研、建立生产基地、小批量试制。该时期引入的投资是在前期产品研制成功的基础上用于公司的注册及中试。它起到一个承上启下的作用：在前期研究成功的基础上，为下一阶段的发展奠定基础。由于这个时期虽然对产品的生产有了一定的把握，但对市场的反应却知之甚少。因而这个时期的投入只是比种子期的多，但还不能形成规模生产。它为下一期扩大规模埋下伏笔，同时也为产品在市场上失败后迅速退出做了准备。初创期的风险比种子期的风险小，投资相对种子期较多，期望收益也相对降低。

在初创期，由于产品和主要技术已经在种子期研制出来，因此技术风险较之种子期有所减少。在市场方面，产品进行试销，此时的信息高度不确定。如何找到正确的市场定位，建立有效的销售渠道，是这个时期的主要任务。而且，在市场化过程中，新产品的推广和被潜在顾客接受都需要时间，企业经营面临许多外部的不确定性因素。因此，市场风险是这个时期最突出的风险因素，风险投资者需要根据自己在行业中的经验来判断是否投资于创业企业。

由于信息的高度不确定性和迅速变化，风险投资者需要不断根据新得到的信息来制订投资计划，因此在与创业者签订合约时，风险投资者要着重强调信息传递的准确和有效来降低风险。同时，风险投资者应帮助创业者找到和建立合适的市场，制订营销计划。而这方面是具有技术和创意背景的创业者所欠缺的。可以看出，在这个时期，由于要打开市场、建立生产基地和营销渠道，所需要的资金很大，因此风险投资者在这一轮投资的资金投入增加了。这个时期所需要的监管和为解决信息不足所花费的精力也是巨大的，因此，也适合于人员密集型的投资基金来进行投资。

此阶段产品的技术风险逐渐减少，但由于在融资方面，创立企业需要购入生产设备雇用人员、形成生产能力和开拓市场，因此对资金的需求较大。这时企业虽然因市场导入而获得了销售收入，但现金流极不稳定，远满足不了扩张生产和组织销售的需要，必须从外部融入大量可用于固定资产投资的长期资金。但由于此阶段企业的失败率仍然很高，投资风险还很大，而企业又没有以往业绩的记录，因此直接从银行贷款的可能性很小，更难以在公开的资本市场上融资，此时他们最需要的是股权性质的风险资本。

3. 扩展期的融资策略

扩展期是指技术发展和生产扩大阶段。处于成长期与扩充期的事业，由于产品已被市场接受，且市场需求也比较明确，企业组织又渐具规模，此时筹资的主要目的是在既有基础上，继续开发新产品并扩大生产规模。这一阶段的资金被称作成长资本或扩展资本。由于这类投资计划风险较低且收益稳定，因此是风险投资公司主要的投资对象。

风险投资公司对于这类投资计划的考虑，主要在于投资对象的企业性质以及未来继续成长的机会。因此评估的重点将放在创业企业过去与现在的财务状况、经营机构的经营理念与管理能力、市场目前的竞争态势、市场增长的潜力、产品技术开发的能力与优势等方面。另外有关资金回收年限、方式以及可能的风险，尤其是未来是否具备上市的机会是影响投资决策的重要评估与衡量项目。在这个阶段企业的产品需求上升迅速，企业生产规模很快就不能适应市场的需求。因此，企业需要加大投资力度，扩大生产规模，招募管理和技术人员。成长期企业经营风险已经很小，创业投资公司在这个时候可以考虑退出企业的经营，从而完成创业投资资本的循环并获得资本增值。

如果创业投资公司继续投资以扩大创业公司的经营规模，那么在早期发展时期的投入就构成一个改变运营规模的期权，它使得企业保持一定的灵活性，在市场状况变得比预期好的时候，能扩大生产规模；而在市场变得比预期差的时候，能缩小生产的规模，甚至可以暂时关闭，等市场好转再重新开始经营，这又是一个延迟期权。

这一阶段是产品技术不断完善、生产不断扩大的阶段，此时企业在经营上已经逐渐取得业绩，为进一步开发产品、扩大生产能力和加强营销力量奠定了基础。这一阶段的主要风险已不再是技术风险，因为技术风险在前两个阶段应已基本解决，但由于技术已经成熟，新的竞争者开始效仿并加入，将会夺走一部分市场，企业将面临竞争的威胁，这些将使企业的市场风险和管理风险加大，会成为本阶段的主要风险。企业规模扩大，原有的组织结构可能不再适合企业，需要进行改革。而由于创业者"小富即安"的心理，或者将注意力转向对于私人收益的追求，从而造成此时的道德风险增加。另外，基于创业者管理知识的局限，他可能已经不再适合创业企业的发展，企业这时就需要职业经理人来进行管理。总的来说，风险投资者和创业企业面临着增长转型风险。

风险投资者在投资这一阶段的企业时，在合约中应侧重防范和限制增长转型风险。一方面，要通过提供财务、管理和市场方面的服务，来帮助企业顺利地从初创企业成长为成熟的企业；另一方面，要防范创业者的道德风险，并通过激励和监管条款，使创业者的收益能够和投资者保持一致。同时，要寻找适合企业发展的职业经理人来参与企业的管理，一旦发现创业者不再适合企业的成长，就要及时更换 CEO。而通过激励报酬机制和内部控制机制，使创业者的目标能够与投资者保持一致，对于顺利实现管理权让渡也是十分重要的。

在资金需求上，风险资本仍然十分重要，但由于有了稳定的现金流量和经营业绩，传统融资机构的渠道也逐渐打通，对以银行为主的债务融资的需求开始逐渐增加，因此，风险资本所扮演的角色也越来越小。而且与上一阶段相比，企业对资金的风险偏好要求稍微低一点，因而适合在成长型交易市场上市，类似于美国的 NASDAQ 小盘股市场，或者我国已经推出的创业板市场。与此同时，风险资本家也会考虑资本的退出。

4. 成熟期的融资策略

这一阶段企业的产品和市场占有率已得到承认，生产规模也已扩大，技术、管理日趋成熟，销售和利润大幅增加，企业开始进入盈利期。成熟期的投资计划在市场或技术上的风险比较低，经营组织上的管理能力也可从过去的经营成就与财务资料中发掘，因此，风险投资公司评估重点主要在财务状况、市场竞争优势，以及资金回收年限、方式、风险等方面，目的是衡量股票上市的时机和市场价值。另外，企业的经营理念是否能和风险投资公司相吻合，也是评估的一项重要因素。一般而言，成熟阶段投资计划回收年限较短，回收风险较低，评估工作并不复杂，应将较多时间放在双方的协议谈判上。

创业公司进入成熟期，产品的市场需求稳定，生产进入正常状态，此时的投资主要用于维持企业的正常运营。在这一阶段，企业的技术、财务和市场风险已降得很低，对资金的需求也不像早期那么迫切。而且，由于知名度和社会信誉度开始建立，企业这时已有足够的资信能力从银行正常获得贷款，并且还可以通过努力，在达到一定的条件后发行债券或股票，在公开资本市场上融资。产品进入成熟期后，市场竞争格局保持稳定，利润趋于行业平均利润，此时可以考虑将企业上市，并最终退出企业的运营，结束资本的循环。随着企业各种风险的大幅降低，会不再有诱人的高额利润，对风险投资也不再具有足够的吸引力，这时，风险资本已完成使命，于是开始通过各种途径，以实现成功退出。而这时的企业已不再被视为风险企业了。

【拓展阅读】

融资推介及谈判技巧

融资谈判是企业成功融资过程中的关键一环，充分发挥融资谈判技巧，能帮助企业更好把握融资的主动性、争取更多有利自己的条件，融资推介应立刻区分开自己与竞争对手的不同之处，以强化自己的项目优势。

1. 调查风投公司的投资组合策略，选择一个最为合适的风投合伙人

那些肯下功夫、愿意花时间来寻找风投公司过往投资记录以及相应合伙人的创业者，他们往往在寻求融资的时候能获得更大的优势地位。创业者要按照下面的思路去寻找。

- 看看他们过往的投资组合，寻找一些跟你的商业模式类似的投资案例

绝大多数的公司都是在"同一行业"内去寻找相类似的投资案例，其实更重要的是去寻找一种类似的商业模式，而将相同行业放在次要位置。如果你的销售对象是中小企业，而之前被投资的很多公司的销售对象也是中小企业，那么它们所对应的风投公司及合伙人才是你需要去争取的对象。

- 注意你的竞争对手

你需要注意自己的竞争对手是否已经出现在某些风投公司的投资组合中。如果投资人过去所欣赏的某种商业模式是可以运用到你行业的，那么尽早地联系投资人，让他知道你所选择的这种商业模式是受到他认可的，这样能大大节省时间，而且要留意不要让一些敏感的信息传到竞争对手那里。睁大眼睛，关注融资有关的一切信息。

- 选择合伙人，而非公司

现在风投界有很多非常优秀的公司，但是公司的运营归根到底还是人。

要了解风投公司里每个合伙人的专长是什么。看看每个人的投资记录，从业经历，这不仅仅是为了证明投资人的业界信誉，更重要的是挖掘出来他最擅长投资什么。另外，不要将目光老是局限在合伙人在一个投资公司下的投资业绩，更重要的是考量贯穿他整个职业生涯的投资记录。如果投资人只是最近才转换风格，将兴趣点关注到你所处的领域中，那么也许融资并不会那么容易达成。

- 你既然做过调研，那就让对方知道你就是冲着他去的

你知道说什么话最能打动风投的心吗？下面这段话请抄写在自己的小本子上："我们其实已经考虑过很久，关于这次融资，我们可不是对谁都说的。我知道你可以给我们的创业带来一些与众不同的改变，因为你之前就投资过某某公司，你成功地帮助这家公司应付过了某某难关，我们其实已经对你很了解了。"

在准备说出这段话之前，请确保自己已经联系了之前获得这个投资人投资的初创公司，跟这些初创公司的创始人聊聊，会给你带来非常大的帮助。

- 正确选择你的"引路人"

其实，不是说你第一次接触的那个人在将来一定会投资你的公司，但他却能扮演非常关键的"引路人"的角色。他是投资网络中的一个"结点"，凭借他的丰富从业经验，他会将你带到最符合你诉求的投资人那里，请谨慎地选择你的这块"敲门砖"，他也许并不会和你的公司所处行业高度吻合，但是他一定是在投资圈内具有一定的影响力和权威性的。

2. 制造"稀缺性"

创始人需要制造一种"稀缺性"，让投资人"害怕错过某个重大的投资机会"。在融资过程中，"稀缺性"一直都是用得最顺手的"武器"之一。

3. 讲一个动听的故事

将自己的竞争力贯穿于整个项目推介。就比如说，用 X 轴和 Y 轴的方式做一张表，最好是从客户的视角出发，证明你在这个市场上的位置是多么的不同，不断地在项目推

介过程当中,从各个角度来证明自己的竞争力有多么的强大和特殊。项目推介关注的是一个成熟、稳健且能带来爆炸式增长的公司是怎么一步步从初创公司阶段发展过来的。这其中,最关键的是要寻找到其他创业者都没有发现过的一个角度,一个"讲故事"的切入点。项目推介是每个创业者必须闯过的一道关,创业者必须自然、流畅地介绍完这个项目,让台下的投资人对这个商业模型有着清楚的把握,台上短短的二三十分钟,却是不可多得的你与投资人之间构建信任纽带的时刻。所有的准备都是为了能够得到第一份投资条款书,这是你能获取到最好融资结果而迈出去的第一步。

资料来源:节选自"TECH2IPO/创.花满楼.《初创项目融资推介完全指南-如何让 A 轮融资投资人追着屁股后面送钱》, http://tech2ipo.com/10030505, 2016 年 6 月 11 日。"

本章小结

创业融资是指企业在创业初期,通过科学的预测和决策,采用一定的方式,从一定的渠道向公司的投资者和债权人去筹集资金,组织资金的供应,以保障公司正常运营需要的行为。如何选择合理的融资渠道和融资策略,并在此基础上有效地控制融资成本和融资风险,是创业企业能否成功设立并持续发展的前提条件。

根据创业企业发展的实际需求,创业者可以选择债权融资,也可以选择股权融资,或者两种方式兼而有之。创业企业的融资渠道通常有以下几种:私人投资、风险投资、投资银行和非银行金融机构、私募基金、大企业(集团)附属的分公司及创业投资公司、政府资金、P2P 融资、众筹等。选择恰当的融资渠道和融资策略会减少融资成本以及企业以后的经营成本,提高企业的竞争力。

重要概念

创业融资　债权融资　股权融资　风险投资　私募基金　P2P 融资　众筹

讨论案例

丰天集团的融资决策

大连丰天产业集团有限公司(以下简称丰天集团)可以说是田总一手创办的企业。田总与其夫人白手起家,20 世纪 90 年代初田总在日本学习期间,对日本畜牧业进行了考察。回国后,最初利用东北地区天然的稻草资源进行深加工,向日本出口熏蒸稻草,几年时间就取得了日本农林水产省的指定生产授权,并成为中国稻草协会的龙头生产企业。后来田总考察了这些稻草饲料的下游企业——肉牛养殖,认为他的企业有饲料生产优势,国内高档肉牛养殖又存在较大的利润空间,于是便引进种源,租用土地,开始了综合养殖业。经过近十年的发展,集团已成为中日合资的集肉牛养殖、肥料生产、稻草饲料出口及国际贸易等于一体的农业产业化龙头企业。集团最大限度地利用有效资源,建立并健全了良性的生态循环系统,形成了独具特色的以肉牛繁育、养殖、饲料加工、屠宰、加工、销售、粪肥处理一条龙的产业化经营格局。

如今的丰天集团可谓"家底丰厚",经营的肉牛养殖基地成为国家星火计划项目,总投资规模达2.5亿元,年饲育肥牛能力达15 000头,有机肥料年生产量为2.5万吨,年屠宰加工能力为3.2万头,是集繁殖、育肥与屠宰加工为一体的国内规模较大现代化养牛企业。其主要肉牛品种"丰天1号牛"是引进蒙古褐牛的种源,与当地的优质肉牛品种杂交而成的肉牛品种,优良的肉牛血统和现代化的饲养设施及生态条件,使丰天牛具有极强的脂肪沉积基因,营养成分超过了国外顶级牛肉,开创了中国高端牛肉产业的先河。为保障食品安全,集团率先在肉牛繁殖和饲养中采取了终身编号的"身份证"制度,详细记录了繁育、饲养、防疫和检测全过程,实现了从牧场到餐桌的安全管理体系,成为中国肉类行业首家同时获得ISO22000:ISO9001,HACCPY认证的企业,2005年荣获"中国著名品牌"的称号,2006年获得国家颁发的符合出口卫生标准的注册证书,同时获得了中国农业部颁发的"绿色食品"认证。

田总雄心勃勃,想进一步扩大生产规模。可一提到资金,田总的头就大了,资金,资金,所有的一切发展设想都需要资金作为保障。想要对丰天集团追加投资的人不是太少,而是太多,该如何取舍呢?

风投公司的青睐

中午与日本客人藤野的一餐饭吃下来,田总的战略合作者名单里又多了一个"北海株式会社"。藤野先生是由日本的老朋友介绍,想到中国投资的日本商人,没有肉牛养殖业方面的经验,田总认为藤野先生可能是看好了集团经营的稳定性和高盈利。对于引进外资,田总尚没有多加考察。目前集团已经有25%的股权属于日本伊式产业株式会社,田总并不想让日本人拿到太多的股权。

下午一点半,田总约了瑞华风险投资机构的代表谈投资的事。代表王博士已经提前到了,正由程总陪同喝茶闲聊。瑞华风险投资公司是中美合资公司,美方投资者是大名鼎鼎的摩根士丹利投资公司,虽然成立不久,但公司在上海、北京的风险投资领域赫赫有名,成功孵化了近百个具有自有高新技术产权的项目。瑞华公司一个月前通过中央电视台2套和7套的电视节目了解丰天集团和丰天牛,专程派人考察和了解了丰天集团项目,这已是王博士与田总第二次见面了。三个人没有太多的客套和寒暄,直奔主题。

王博士说:"上一次对贵公司进行初步考察后,我们已把情况向总经理做了汇报,得知贵公司近来正在寻求战略合作者,我们陈总非常感兴趣。这次来是想近一步摸清公司的未来发展规划和前景,探讨我们合作的可能性。资金规模不是问题,我们公司的实力请您放心。"

田总点了点头,说道:"我们集团的优势在于种源、技术研发和人才方面,因此要发展的话必须依托高科技基因工程,一方面要提高目前丰天牛的品系和质量,推动高端肉牛养殖产业的跨越式发展,实现产业升级,以规范的生产和管理达到规模化、集约化、标准化。另一方面继续传统的饲料业务,为日本、新西兰、澳大利亚和国内高端肉牛养殖业提供精饲料服务。牛的全身都是宝,养殖肉牛的副产品,如牛皮、牛毛、牛粪等,也可以进行深加工,利润率也很高。我们的目标是最终形成集肉牛饲料生产、高端肉牛养殖、屠宰、加工及相关产品销售服务为一体的、具有国内竞争优势的产业集团公司。"

说到这儿，田总拉开身后的展板，露出丰天牧场的远期规划图。"你看，这是现有的牧场范围，分为犊牛隔离场区、综合饲养加工区、粪肥处理加工区、屠宰加工区"，一排排标准化肉牛饲养舍、养护设备、肉牛繁殖中心、综合饲料加工厂、粪肥无害化处理中心、生物肥加工厂和职工宿舍楼在田总指点下一一呈现，"牧场总占地600多亩。目前丰天牛的存栏数是6 000头，已与农户签订繁育合同7 800头，我们计划三年内扩大到2倍产能，到2010年出栏3万头。"王博士指着用绿线围起的一片区域问："这部分也是丰天牧场吗？"

田总说道："这是我们未来计划扩展的牧场区域。为了实现产能扩大，不但收购、繁育、饲养的成本要相应增加，而且要增加固定设施，新增牛舍60栋，建设一次性存栏3 000头、5 000头犊牛的隔离场各一个，4万吨饲料加工厂一个，年屠宰3万头规模的屠宰厂一个，1 000吨的冷冻库和1 000吨的冷藏库各一个，还要预留饲料及犊牛收购费用等流动资金，算起来集团有将近4个亿的资金缺口。"

王博士点点头："目前国内高端肉牛市场方兴未艾，扩大产能和规模是占领市场的一个必要之举。不知我们现在的管理团队和人才储备是否足以应对规模的扩张呢？"田总冲着程总示意道："这方面的情况由我夫人来介绍一下吧。"

程总说："集团目前不缺技术人才，我们的优势就在于生物工程、可追溯安全体系和生态良性循环。生物工程方面，我们拥有自主产权的胚胎移植、性控、超数排卵、试管牛生产等高科技含量的作业方式；安全生产体系方面，从繁殖培育、技术服务、犊牛收购、肉牛育肥、治疗防疫等全过程实现信息化管理，建立了完整的可追溯体系，技术水平处于世界前沿；生态循环方面，您上次来参观也看到了，采取生物酵素技术处理后整个牧场完全没有异味，从粪便深加工到屠宰后的副产品加工都是一环扣一环，完全无污染。我们以中国农业大学、华南农业大学、澳大利亚斯特维亚研究公司为技术依托，现有技术人才以及人才储备都不成问题。但是，管理人才方面我们的确比较缺乏，如销售总监、高级财务总监这些关键职位，如果能再引进几位得力的管理人才就更好了。"

"好的"，王博士拿出一个文件夹："这是我们公司提供的一份调查问卷，有助于增进对贵公司了解，特别是风险方面。希望贵公司能在两周后填好，反馈给我们。"田总接过来，翻看了一下，问卷包括股东结构、公司业务、产品客户、供应商、财务状况、关联交易等十余个大项，下面还有密密麻麻的明细问题，加起来足有数百项问题。"另外，上回您提供给我们的未来三年集团财务预测表，我们公司还要派专业人员结合产能计划重新核实，净利润由2007年年末的三千多万元增长到2010年的一个多亿，这其中的预测依据、风险因素以及费用的具体产生，我们都会一一考察。"

"问卷、财务计划核实、财务审计，这么麻烦啊——那，这要什么时候才能具体谈到资金问题。王博士，不瞒您说，我这里可是等米下锅呀。"田总的玩笑中夹杂着一丝焦虑。

"呵呵，我们是专做风险投资的公司，公司特点就是设计了专门的风险防火墙，争取在合作前就将未来可能面临的风险考察清楚。另外，贵公司可以说是'夫妻店'，我们对贵公司未来发展的正规性也得予以考虑，这一点请您理解。"王博士一派儒雅："我想按照时间表，如果顺利的话，大约4~6个月我们就可以具体谈到注资合同事宜了。"田总皱了皱眉头，但没说什么。

董事会上的讨论

下午四点，丰天集团的2号会议室，会议主题就是公司股份转让问题。程总正在介绍有意与公司合作的投资者情况。

丰天集团计划转让31%的股份。除了日本的北海株式会社以外，还有三家国内的投资人有意参股公司。其中一家是成广饲料有限责任公司，该公司也是民营企业，靠生产及经销饲料起家，在北方的猪饲料销售市场上稳坐半壁江山，拥有很好的销售渠道；一家是香江投资股份有限公司，该公司也是个多元化经营的集团，主业是连锁式旅游酒店，此外还分别持有某医药类上市公司和地方商业银行的部分股份；另外一个投资者是田总多年的好朋友赵先生，赵先生本人是某商业集团的财务总监，早年因为投资了一家小公司，后公司上市，几年来增资配股，获得了良好收益，近几个月因股市一路走高，赵先生拟出售所持有的股份加盟丰天集团。程总介绍完情况，就请各位董事发表意见。

曲董事首先发言："我个人认为，与香江投资合作比较有前景。集团公司的大客户多集中于高档酒店和西餐饭店，又以辽宁本地的客户居多，全国销售渠道没有完全打开。引进香江投资，可以利用他们的现有营业渠道打开丰天牛销售局面，他们的连锁店开到哪，我们的货就铺到哪，再配合广告，紧跟铺设直销专门店。销售不成问题，我们的投资才能尽快收回。再者，他们不是还参股商业银行吗？如果我们遇到短期资金困难，他们也不能袖手旁观吧？"

"也不能总是从销售角度考虑问题"，集团的独立董事许先生开口了："如果从生产角度讲，我觉得与成广饲料合作更好呢。但是，成广饲料此举明显是想发展下游产业链。他们做猪饲料已经做了二十年了，都做精了。他们参股丰天集团，是否有进一步发展牛饲料的打算？如果一旦他们借此涉足肉牛养殖，那我们岂不是培养了一个竞争对手吗？"

"就是呵，不管哪个股东加入，25%的股份，四分之一的天下。人家不可能不参与管理吧？那公司的核心技术如何保密？我们的胚胎移植和性控技术目前在全国可是数一数二的。我们这不是引狼入室吗？"列席会议的技术部吕部长发表意见。

许董事接着说："25%的股份可以由3~4家投资方共同认领，这个倒不是问题。我觉得咱引进投资方的关键是人家和咱是不是一个想法，在战略上、经营上是不是有认同感，双方合作关系很重要。从这个角度来看，我看起码可以考虑让赵先生入股。他毕竟与田总相处几十年了，更容易认同田总的想法。"

"老赵本人就是财务专家，我们集团需要一个能够把战略、经营、销售、生产全盘考虑，以财务数字准确表达出来的人，而且老赵的融资能力也不容小觑。"程总思忖着说道。

田总说："要不是到了万不得已，我也不愿意转让股份。毕竟现在咱们是自己说了算，能保证公司完全按咱们的想法发展。最近我在果园旅游上得到启发，我们可以搞一个牧场旅游，让游客参观丰天牧场，展演养殖全过程，亲手喂喂牛，还可以把我们'牛当家'烤肉直营店开到牧场里，游客能吃到鲜美牛肉，既有旅游收入还给公司做了免费宣传，多好啊。可是这些想法都需要钱，公司发展这么快，完全凭我们自有资金积累哪里够用?"他转向公司财务部的方部长:"老方,银行那边不能想想办法吗?毕竟银行的钱到位得最快。"

方部长抬头说:"我们已经向各家银行贷了4800多万了,其中长期借款3000万,短期借款1860万,公司的资产负债率已达37%。本来S市商业银行有点贷款意向,但是近年来国家宏观金融形势从紧,他们的信贷规模受到压缩,手里信贷额度有限,就算做做工作,也只能解决三五百万,对于我们公司来说是杯水车薪。"

"银行的贷款条件太苛刻,再说这一年内利率一涨再涨,集团贷款利息负担已经很重了,那可是得按时交差的皇粮呵。别说贷不了款,就算能贷来,我看也不能加以考虑。"程总断然否定。

大家讨论来讨论去,并没有形成一致性的意见。田总只得暂时休会,让董事们把几个投资者的情况拿回去再考虑考虑,到底吸收什么样的投资者进入要拿出一个标准。

茶馆里的新想法

吃过晚饭后,田总打算闭目小睡一下。手机响了,是老朋友赵先生,说是与几个朋友在喝茶,让田总来一起聚聚。田总一看表,八点半,正好手头没有什么事,于是就驱车赶到了五福茶馆。

赵先生给田总介绍了在座的几个朋友,麦创咨询公司的钱总,福大集团的许副总,还有一个田总的老相识——市商业银行的孙副行长。

"老田呵,本来是我们几个朋友小聚。后来,我把你的难处一说,大家说干脆让你过来,一起分析分析,没准我们这几个臭皮匠能顶个诸葛亮呢。"赵先生风趣地说。

田总一抱拳:"各位都是高参,一般人请都请不来,能过来给兄弟出出主意,我先行谢过了。"田总述说了目前公司的财务状况,说到融资的种种难处,更是连声叹气。

孙副行长说:"大笔贷款的可能性较小,如果走银行承兑或委托贷款还是有一些空间的,但是你得首先找到合适的投资方,再探讨与我们商行的合作。另外,也可以考虑与信托投资公司进行项目合作。"

"其实,融资有各种渠道,每个渠道都各有好处,也各有局限。"初次见面的麦创咨询的钱总慢条斯理地说,"关键是你最看重什么。短期内可以靠吸纳一些投资者,但如果想达到您所设想的规模化、集约化、规范化和标准化水平,建设大型现代化农业企业,我看还是应当从长计议,考虑上市融资。"

"上市?"田总深吸了口气,"这我可没敢想过。"

"为什么不敢想?现在有深沪两个交易市场,已经推出的中小板专门扶植像你们这样发展迅速的企业。"许副总呷了口茶说道。"就说福成五丰吧,也是专做肉牛养殖的企业。这才上市几年工夫,现在发展得多快。"

孙副行长点头同意许副总的意见:"上市与银行贷款相比,虽然申请核准程序严格一些,但一旦上市,好处多多,资金压力一下就能得以缓解,而且你也不必担心像银行贷款一样得按时付息,田总您也不必为加息头疼了。"

钱总接着说:"上市可以解决您关于公司控制权的担心,如果资金不足还可以增发股份再融资,而且对于推广公司形象和丰天牛品牌大有好处,这个年代品牌就是优势啊。"

"就是啊，听说你们丰天牛肉要上奥运餐桌，是真的吗？"赵先生问"如果是真的，那品牌效应就相当大了。再一上市，丰天牛的品牌会在全国具有影响力，融资就不成问题了。要不，让老钱给你们做一个全面的财务咨询？"

田总的眼睛越来越亮，上市的主意像生了根发了芽的小草，在他的心底茸茸地长起来。

……

夜风清凉，司机自觉地关闭了收音机正在播放的娱乐节目，车内非常安静。田总闭上眼睛，思路仍然沉浸在茶馆里那场热烈的讨论中，面对这么多的融资方案，田总拿不定主意，到底该采取哪种融资方式，才能使丰天集团尽早得到资金，按照预定轨道健康发展呢？

资料来源：姚宏. 丰天集团的融资决策. 中国管理案例共享中心，FAM-0011,2009 年 8 月. 该案例经中国管理案例共享中心同意授权引用。

讨论题：
1. 丰天集团融资渠道的备选方案有几个？各方案的可行性如何？
2. 在融资方式的决策中，田总的主要顾虑是什么？如何理解田总的这种顾虑？

思考题

1. 什么是创业融资？创业融资与普通融资的区别在哪里？
2. 创业融资的风险主要有哪几个方面？
3. 创业企业如何根据自身情况选择合适的融资方式？
4. 创业融资应该采取哪些可行的策略？

参考文献

[1] 张玉利. 创业管理[M]. 北京:机械工业出版社，2017.
[2] 贝恩公司，招商银行. 2017 中国私人财富报告[R]. 2017.
[3] 姚峰，夏龙河，熊小彤. 我国创业投资的发展模式[J]. 唐山学院学报，2003，16(1):70-71.
[4] 国家税务总局. 关于《国家税务总局关于创业投资企业和天使投资个人税收试点政策有关问题的公告》的解读[DB/OL]. http://www.chinatax.gov.cn/n810341/n810760/c2651505/content.html，2017-06-01.
[5] 吴君. 私募年度大数据：总规模 11 万亿产品 6 万 百亿私募 187 家[DB/OL]. http://simu.jrj.com.cn/2018/01/19093623972498.shtml，2018-01-19.
[6] 谷秀娟，张夏婧. 中国创业投资资金来源多元化探索[J]. 经济管理，2015，(12):66-69.
[7] 界面. BAT 历史投资清单汇总，谁将成为最大赢家？[DB/OL]. http://finance.sina.com.cn/roll/2018-01-02/doc-ifyqcsft9371152.shtml，2018-01-02.
[8] 中经未来产业研究院. 2016 年我国创业投资引导基金发展回顾及展望[DB/OL]. http://www.sohu.com/a/161971766_424367，2017-08-03.

[9] 陈果，徐艳. 小微企业 P2P 网贷平台融资模式探究[J]. 亚太经济，2017，(4):33-36.
[10] 零壹研究院. 中国 P2P 借贷服务行业发展报告(2016)[M]. 北京：中国经济出版社. 2016.
[11] 网贷之家. 2017 年中国网络信贷行业年报（完整版）[R]. 2018.
[12] 张雅. 股权众筹法律制度国际比较与中国路径[J]. 西南金融，2014，(11):47-50.
[13] Schwienbacher A，Larralde B. Crowdfunding of small entrepreneurial ventures[M]//Handbook of entrepreneurial finance. Oxford University Press，2010.
[14] 夏恩君，李淼，赵轩维. 国外众筹研究综述与展望[J]. 技术经济，34(10):10-16+126.
[15] 胡吉祥，吴颖萌. 众筹融资的发展及监管[J]. 2013，(12):60-65.
[16] 胡惠敏，王朝云. 我国创业企业融资渠道综述及展望[J]. 现代商贸工业，2015，(10):11-14.

第 10 章 创业企业的成长管理

我现在知道一个企业都是从小长到大的,别着急,而且创业大概有一年半到两年是"瓶颈"期,特别难,然后突破"瓶颈"组织成长、组织膨胀、业务膨胀,然后陷入经济危机,这时迅速调整,调整过来就好了,调整不过来就死掉。所以我清楚,头两年要克服"瓶颈",之后要控制组织,有了这样一套东西以后,我们心平气和了,知道一个企业要做大需要有很多年时间。

——万通集团控股董事长 冯仑

学习目标

- ✓ 了解创业企业成长的一般规律
- ✓ 了解创业企业成长的主要模式
- ✓ 了解成长的控制对企业发展的意义
- ✓ 了解危机管理的主要内容

引导案例

乐凡公司如何实现创业三级跳?

乐凡公司是全球最早专业从事移动互联网终端的高新科技企业之一。在创立不到五年的时间里就实现了自身发展的三级跳,从一个名不见经传的小公司,快速成长为微软和英特尔两大互联网巨头在中国的重要战略合作伙伴。

孕育阶段

2007年,平板电脑对很多人来说还是一个陌生的电子产品,人们对于互联网移动终端的概念也仅停留在 PC 或者是笔记本电脑的层面。不过,在那些 IT 精英眼里,平板电脑已是公认的 IT 界冉冉升起的一颗新星。宋昆鸿,作为国内最早从事 X86 架构平板电脑领域工作的 IT 精英之一,敏锐地嗅到了这一新兴市场的商机,携手另外两个志同道合的朋友开始了第三次创业之路。朋友之一是有着多年的军旅生涯和运营管理经验的汪先生,朋友之二是有着丰富社会工作经验及人脉的余女士。这年秋天,怀揣着共同创业梦想的三个人,聚集在一起,经过一番认真的商讨,他们一致认为代理销售 IT 高端消费类电子产品是一个好的商机,并且相信自己的经营模式会比前人更有效率。他们选择了一个冷门产品——基于 Windows 系统的 MID(Mobile Internet Device,移动互联网终端)、UMPC(Ultra-mobile Personal Computer,超级移动个人计算机)等移动互联网终端产品。原因很简单,尽管这些产品市场需求量非常少,但利润率却特别高,而且几乎没有竞争对手。

2007—2008 年,乐凡接触了第一个代理品牌——韩国的 VILIV。团队在缺乏客户和渠道,以及资金限制的情况下,没有引进新的产品线。但却通过对市场进行深入而又细致的研究,不断地推出自身差异化的服务,使得乐凡营业额持续上升的同时,也提高了品牌知名度。

2009 年,广州乐凡信息科技有限公司正式成立。公司运营逐渐步入正轨,各个职能部门分工明确。乐凡引进了第二条主力产品线 EKING,成为 EKING 在广东省及湖北省的总代理。公司的业务定位还是继续做 Windows 终端的产品代理商。2010 年年初,深圳凡想科技有限公司成立,面向全国开展 Windows 终端产品的品牌代理业务。明确了创始人之间的工作职责,建立健全了公司的组织机构,形成了一套较为完善的管理体系。乐凡不断地积累着行业的口碑和经验,并继续扩大渠道和产品线,新接 FSL 和 3GNET 两条主力产品线,引入多个知名品牌的畅销产品,完成了从单一品牌代理到多品牌代理的转型。

初创阶段

完成了第一次转型后,乐凡的市场渠道资源不断扩大,新增多条生产线,自身技术水平不断进步,团队先前的市场经验也积累起了自己的营销网络和伙伴关系等资源。然而行业市场法律法规的不健全,为乐凡的进一步发展带来了很大风险,在经历了其他代理厂商的恶意干扰市场以及合作厂商提前收回总代理权两次事件后,乐凡开始思索让自己强大起来的方式。与此同时,平板电脑市场逐渐火热起来,微软 Windows 平板电脑积极在国内寻求代理。此时,公司发展所需的关键资源是 ODM 代工厂商和营销渠道。在勇于面对挫折与挑战的团队和 Windows 平板市场方兴未艾的机会双重驱动下,乐凡实现了自身的第二次转型,由多品牌代理转为代理+ODM 代工生产自主品牌产品。

成长阶段

2013 年年初,长达三十余年的微软、英特尔联盟出现了松动。面对全球平板电脑市场的风云变幻,乐凡凭借一股执着的信念坚持着,充分发挥着自身在 windows 平板领域积累的经验和优势,始终坚守在 windows 平板电脑阵营,在夹缝中艰难成长。乐凡坚守 Windows 平板阵营的商业机会,使其逐渐成为微软和英特尔在中国的重要战略合作伙伴。乐凡也不再做其他品牌代理,不断推出乐凡系列自主品牌产品,完成自身的第三次转型。

2015 年 3 月 11 日,乐凡 S10 成功在京东众筹筹集资金 1 346 242 元,此次活动共得到了 10 409 名参与者的支持。2015 年 7 月 15 日,乐凡 F4(首款 windows10)在淘宝众筹筹集资金 598 362 元人民币,完成率达到 598%。

目前,乐凡团队在 Intel 架构终端产品方面已耕耘 8 年,目前专注行业移动终端定制,拥有自主品牌"乐凡 Livefan"，在 Windows 平板领域具有领导地位，并获得了 2016 年度行业平板创新产品奖。乐凡是 Microsoft 及 Intel 在大中华区重要的合作伙伴之一，拥有经验丰富的研发、技术团队，已拥有多项发明、实用新型专利以及多个软件著作权。乐凡终端设备广泛应用于金融、军警、测绘、监控、医疗、教育、航天航空等行业领域，积累技术方案达上百套，得到业内广泛认可。

资料来源：王国红，邢蕊等．乐凡公司如何实现创业三级跳？中国管理案例共享中心．PJMT-0172. 2015 年 8 月．该案例经中国管理案例共享中心同意授权引用。

生命周期理论认为，企业像生物有机体一样也有一个从生到死、由盛到衰的过程，这一过程可以划分为几个不同的阶段，在不同阶段企业面临的问题也有所不同。案例中乐凡公司在发展中经历了从孕育到成长的不同阶段，在不同的发展阶段企业所拥有的资源以及所面临的外部环境都在发生着变化，乐凡公司根据不同发展阶段企业的特点及面对的问题及时进行策略调整，维持各成长要素之间的动态平衡，实现了企业的持续成长。

那么，在创业企业成长过程中，通常会遇到哪些问题，有哪些理论、原则和方法可以帮助创业企业更好的理解并解决这些问题，这就是本章所要探讨的创业企业成长管理的内容。

10.1 企业成长的一般规律

10.1.1 企业成长的内涵与特征

"成长"是指有机体由小到大发展的机制和过程。最早明确企业成长观点的是新古典经济学派创始人、英国经济学家阿费里德·马歇尔，他在其著作《经济学原理》一书中指出，"一个企业成长、壮大，但以后也许停滞、衰朽。在其转折点，存在着生命力与衰朽力之间的平衡或均衡。"

关于企业成长的内涵，目前尚未有统一的界定，不同学派从各自的视角给出了定义。马歇尔的动态成长理论认为企业成长是足够的市场空间和企业良好的管理所带来的超出行业平均水平的效益。以美国学者科斯为代表的新制度经济学认为，企业成长是企业边界扩大的过程，其动因在于节约市场交易费用。根据交易费用理论，企业规模是由市场交易成本和组织内部交易成本之间的均衡所决定的，企业规模偏离均衡点，无论是过大还是过小都会引起过高的成本，导致缺乏效率。美国学者普拉哈拉德等认为核心能力对于中小企业的成长至关重要，企业的成长就是企业核心能力的构建提升的过程，企业的成长体现为企业核心能力的增强[1]。美国经济史学家钱德勒的制度变迁理论认为，企业成长是由古典企业向现代企业的变迁，组织能力为企业的持续成长提供了内在的动力，企业成长意味着一部分原先的市场交易内部化，这要求企业内部的行政协调机制相应发达，因此企业成长的重要方面是企业内部组织结构的变革，强化企业的组织能力[2]。

我国学者黎志成指出企业成长取决于企业在未来一段时间内实现"量"扩张和"质"

提高的能力和潜力，它不是指有利于企业成长的各个因素，即企业成长的促进力（动力），而是指企业成长的促进力（动力）和抑制力（阻力）的合力所可能产生的推动企业发展的能力、能量和发生的作用[3]。随后，学者唐丽艳和王国红等提出了"成长场"的概念，系统地分析了由内力和外力共同作用下的企业成长过程。他们认为在整个企业成长过程中，企业内部及外部成长环境中弥漫着一种场态物质，即企业"成长场"。企业成长的整个空间是布满力线的（成长）场，场力线由各个成长要素的相互作用力而生成，它们构成了企业"成长场"的脉络和神经，错综复杂地交织在一起共同影响着企业的发展。同时，这些力的作用也会随着企业的不断成长而发生变化。科技型中小企业正是在这样一个复杂多变的空间中成长起来的。"成长场"具有方向性和位势性，这就要求企业必须准确把握"场"的方向，选择合适的区位，借助于"场力"，获取最好的场效应，实现企业的快速、稳定成长[4]。

近年来对企业成长的研究认为，现代企业增长必须赋予结构变化和创新的含义。现代企业成长是指现代企业在利润性和社会性相统一的基础上，在多目标结构引导下，为了生存和发展，与企业的经营结构、组织结构、空间结构和技术结构等结构发展变化相适应的企业规模增长的机制和行为。上述表述主要包含以下两层含义：

（1）现代企业的利润性和社会性的统一。 现代企业早已超越了单纯追求利润的时代，美国早在20世纪30年代就提出了企业的社会责任问题。企业应有确保利润、生存和成长、履行社会责任等多重目标，并力图使这些目标均衡实现。

（2）现代企业内部结构发展变化是企业成长的核心内容。 企业成长理论存在内部化、实用化、机制化、结构化的趋势。结构化体现在注重企业内部经营结构、组织结构、空间结构的发展变化。这里提到的经营结构是指企业内部各业务活动之间的比例关系、相互的技术经济联系及相互作用。组织结构指企业内部各部门、各单位之间的组织设置及权利、责任分配、信息流通、决策过程等相互关系和结构特征。空间结构是指企业各个业务、各单位在地理空间上的分布及相互关系的特征。现代企业成长过程实质上是企业内部结构变动的过程。例如，当企业由单一产品、单一行业生产经营向多行业的生产经营发展时，其经营结构必将发生变化；当某企业在新的地区开设子公司时，其空间结构也将发生变化。一般而言，当经营结构、空间结构发生变化时，组织结构也要作相应的变动。

10.1.2 企业成长的阶段划分

美国学者伊查克·爱迪思根据企业灵活性和可控性的内部关系，认为一个完整的企业生命周期包括：孕育期、婴儿期、学步期、青春期、盛年期、稳定期、官僚期和死亡期。我国学者陈佳贵等在对爱迪思生命周期模型继承的基础上，将企业的生命周期划分为孕育期、求生存期、高速成长期、成熟期、衰退期和蜕变期六个阶段，突破了生命周期理论"宿命论"的缺陷，认为企业进入衰退期后，存在两种前途：一是衰退；二是蜕变。所谓蜕变是指"企业的经济形体、实物形体和产品都会发生巨大的变化，这种变化是革命性的脱胎换骨的变化"。一般来说，企业生命周期变化规律是以12年为周期的长程循环。此外，还有学者从企业的初创期和成长期两个阶段来研究新创企业的发展过程。

事实上，企业生命周期不是简单的时间序列，企业的成长过程受到诸多因素的影响。现实中，也并不是每个企业都会经历所有的阶段。从企业生命周期蜕变理论角度来看，中小企业普遍存在的问题是寿命太短，很多企业在孕育期就消亡了；生命周期各阶段不协调，存在较长的孕育期和求生存期，只有少数企业能够经历蜕变期而重获新生。

10.2 企业成长的主要模式

10.2.1 企业扩张的几种方式

下面将介绍五种主要的企业扩张方式：合资经营企业、收购现有企业、运作特许经营企业、多元化经营企业和专业化经营企业。

1. 合资经营企业

所谓合资企业就是指一个包括两个或者更多合伙人的独立的企业个体，合资企业是战略联盟的一种形式。其合伙人通常包括各种各样的参与者，如大学、非营利性组织、企业、政府部门等。合资企业在很长一段时间内被创业企业用来迅速扩展经营规模。它的一个根本特征是各方股东均具有不完整的控制权，这决定了合作双方一方面要保护其投入资源的完整性；另一方面要努力提高业绩，从而获取更大的收益。从第一个目的来看，合资的双方都会对自己的资源进行保护，以防止合作另一方的攫取资源的行为；从第二个目的来看，合资的目的是为了创造租金，而不是为了分配租金，如何投入资源和投入多少资源直接影响着合资企业的绩效[6]。

按合资企业创立的目的划分，合资企业有以下几种类型[7]。

（1）为了降低成本而建立的合资企业。例如，福特和 Mesasurex 在工厂自动化方面达成协议，通用汽车和丰田汽车在汽车生产上达成协议。

（2）为了共享技术而建立的合资企业。例如，2017 年沃尔沃汽车集团与吉利控股集团建立了一个合资技术公司，该合资公司将共享汽车技术，并将携手开发电动汽车技术；网易有道启动"同道计划"，成立教育合资公司。

（3）为了进入新市场而建立的合资企业。例如，第一汽车集团有限公司和德国大众汽车股份公司、奥迪汽车股份公司及大众汽车（中国）投资有限公司合资成立一汽—大众汽车有限公司；同程旅游与日本 HIS 国际旅行社成立合资公司抢占赴日游市场；京东金融为了进军海外市场，而与泰国尚泰集团有限公司进行合作等。

（4）为了合作进行研究和开发而建立的合资企业。例如，2017 年 9 月，丰田与马自达以及电装公司签订了电动车基础相关的合作研发协议，为有效推进该合作研发项目，三家公司决定成立新公司，届时三家公司的工程师将共同开展研发工作。合作研发范围将包括微型车（K-car）、普通乘用车、SUV、小型货车等多个车型类别，集丰田的"TNGA 架构"、马自达的"统一规划"和"基于模型的研发"、电装的"电子技术"等各公司之所长，改进研发方法。

（5）致力于研究的合资企业。例如，位于北加利福尼亚的三角公园的半导体研究公司，是一个非营利性研究组织，由 11 家美国芯片公司和计算机公司联合组成。自 1981

年该公司创建以来，参与公司的数目已达到35个。公司创建的目的是资助基础研究，并培养专业人才和工程师成为未来企业的领导者。

（6）为进行研究与开发，企业还可以与大学达成合资协议。营利性企业通过研究投资以获得看得见的成果和专利权为目标，并希望取得相应的所有知识产权。而大学则可以得到一定的经济利润，并可以通过研究工作获得知识和发表文章。例如，2016年浙江大学与中天科技合资成立中天海洋系统有限公司。其中，浙江大学将海底观测组网接驳技术研究团队所获得的十二项专利成果作价出资3 000万元整，中天科技海缆有限公司以相关专利技术、专有技术、软件使用权、现金出资3 000万元整，江苏中天科技股份有限公司以现金出资4 000万元整，共同合资成立注册资金为1亿元的中天海洋系统有限公司。

2. 收购现有企业

收购是指一个企业通过购买另一个现有企业的股权而接管该企业。投资收购现有的企业，包括既有企业并购（经营成功企业并购、待起死回生企业收购）和购买他人智能（知识产权的收购、特许加盟）等方式。客观来看，创业不外乎是培育某种财富生产能力，为自己创造利润，为社会提供福利。因此，通过产权交易，投入资金，直接变他人的财富制造能力为自己所有，也不失为创业企业成长的可行途径。显然，收购现有企业可以使成长中的创业企业扩大规模，获得迅速成长。而且，通过收购其他企业还可以实现创业企业与被收购企业资源的有效整合和优势互补，为创业企业未来拓展业务和市场空间提供强有力的支持。

在企业收购过程中出现的一个重要问题是如何正确地估计目标公司的价值，以便确定收购价格。收购价格的确定是出、受让双方谈判的核心，往往关系到收购协议能否达成。公司价值评估就是要对目标公司的资产状况和经营成果进行科学的测算。目标公司价值评估的方法有账面价值法、调整后的账面价值法、清算价值法、重置价值法、现金流量折现法、比较价值法、市盈率法等，每种方法都各有其长处和短处，只有将其结合使用才能相对准确地测定目标公司的价值[7]。

创业者应给予重视的是，企业收购行为的结束并非是企业收购战略的结束而是开端，或者说刚刚进入关键期。有时候，虽然收购可以使企业规模在短时间内迅速膨胀，但这并不意味着企业的工作效率和竞争力也一定会提高。据有关机构调查，自20世纪90年代以来约有3/4的收购中所产生的收益不足以弥补其成本。在收购活动最为频繁的美国，约1/3的收购形成的大公司因经营不善而在经历了短期的联合经营后，最终被拆解成多家规模较小的公司。其根本原因在于很多企业只重视收购的过程，而忽视收购完成后在人事、战略和文化等方面的整合工作。管理学大师德鲁克指出："公司收购不仅仅是一种财务活动，只有收购后对公司进行整合发展，在业务上取得成功，才是一个成功的收购，否则只有在财务上的操纵会导致业务和财务上的双双失败[7]。"

"蛇吞象"——吉利收购沃尔沃

2010年3月28日，浙江吉利控股完成了迄今为止中国企业对外国汽车企业最大规模的收购项目,此次"蛇吞象"的壮举从一开始就吸引了全世界的目光。

1999年,福特汽车以64亿美元收购了沃尔沃汽车。但十年后,全球金融危机爆发,沃尔沃汽车在2006—2008年三年销量逐年下降、连续亏损,福特汽车同样出现了巨额亏损。这就促使福特汽车决定今后主要发展福特品牌,出售沃尔沃汽车以缩减生产成本。

同时,在经济全球化的浪潮下,吉利汽车不仅致力于中国市场,也在积极扩展国外市场份额,寻求收购无疑是拓宽国外市场的最快途径。吉利汽车由于最初的市场定位和成本控制等原因,在人们心中留下了低价低端的品牌印象。而沃尔沃汽车在世界汽车市场中一直是高端、豪华、安全性能突出的汽车品牌代表,若吉利能成功收购沃尔沃,无疑有助于吉利提升自身品牌形象。

出于这种双赢局面,中国浙江吉利控股集团有限公司于2010年3月28日与美国福特汽车公司在瑞典哥德堡正式签署协议,吉利以18亿美元收购了沃尔沃100%的股权。

收购沃尔沃后,李书福曾发表了豪言壮志:要让沃尔沃轿车在2010年扭亏为盈!事实上,他也真的做到了。

沃尔沃2010年营业额达到1130亿瑞典克朗,比2009年增加174亿瑞典克朗。2011年,沃尔沃汽车公司共向全球客户交付了44.9万辆沃尔沃品牌汽车,同比增长20.3%,净增7.6万辆,一举成为2011年度全球增长速度最快的豪华汽车制造商。2012年,沃尔沃集团净销售额为3036亿瑞典克朗,虽较上年同期有所下降,但仍实现了5.8%的营业利润率。

而吉利公司也在2011年实现营业收入209.65亿元,同比增长4.3%,实现净利润15.43亿元。2012年,吉利汽车全年累计实现销售48.3万辆,同比增长15%,累计销量位居自主品牌第一位。至此,吉利对沃尔沃的收购可以说取得了初步的成功。

资料来源:根据"朱绍鹏,朱天竹,郑波. 沃尔沃给吉利汽车带来了什么[J]. 现代管理科学,2014(10):118-120."和"孙燏. 吉利并购沃尔沃案例分析[J]. 新财经·上半月,2013(4):346."整理改编而得。

3. 运作特许经营企业

特许经营(franchising)起始于美国,1851年Singer缝纫机公司开始授予缝纫机的经销权以拓展其缝纫机业务,在美国各地设置加盟店,并最先使用书面的特许经营合同书,这在业界被公认为是现代意义上的商业特许经营的起源。如今,特许经营企业已遍布世界各地,我们熟悉的肯德基和麦当劳都是典型的特许经营企业。按照国际特许经营协会(International franchise association)的定义,特许经营是指特许人与受许人之间的契约关系,对受许人经营的特定领域、经营诀窍和培训,特许人有义务提供或保持持续的兴趣;受许人的经营是在由特许人所有和控制下的共同标记、经营模式和(或)过程之下进行的,并且受许人从自己的资源中对其进行投资。

特许人就是我们所说的特许授权商,而受许人就是我们所说的特许加盟商。前者与后者的经营活动是分别进行的,后者可以接受前者的全部产品或部分产品。通常,特许权合同要求后者向前者缴纳特许经营所得的利润,而后者按照其经营总销售额的一定百分数,从前者处获得工资。前者还要经常提供管理培训、经营设备、装潢设计和全国性销售服务。

谭木匠：小店成就的特许经营传奇

一家依靠单一产品的特许经营企业，最终走上了资本市场，谭木匠独特的加盟文化是解开这一密码的关键。

2009年年末，谭木匠控股有限公司（下称谭木匠）登陆香港联交所，这多少有些让人意外，一家"依靠小店卖木梳"的特许经营企业也能上市？作为一家以制造、销售木梳为主的企业，谭木匠2009年的营业额达到1.39亿元，而加盟店是其唯一的销售渠道，创始人谭传华如何能让300位加盟商甘心跟随，成就这一"小店上市"的传奇呢？

单一产品的销售奇迹

从1995年正式注册"谭木匠"商标，木匠世家的谭传华就选择木梳作为唯一的产品，在销售方式上则尝试过沿街叫卖、主动进商场、被迫开专卖店，逐渐站稳了脚跟。而真正用特许经营的方式发展壮大，则颇有机缘巧合之意。

谭木匠创始人谭传华

1998年，一位四川南充的顾客主动要求在老家为谭木匠开分店，谭传华的承诺是，"不收加盟费，装修费由加盟商承担，进货先打款，卖不出去可以退货"，对店铺位置、装修等没什么特别要求。第一家加盟店随之诞生，并很快在两年左右时间突破了100家。

1999年，工商银行万州分行行长秘书李先群即将办理内退，想起两年前看到的谭木匠的"招聘银行"事件，觉得这位老板很有胆识，加上与谭木匠的品牌顾问李平是朋友，便决定到四川涪陵做谭木匠加盟店。如今，她已在北京拥有11家店铺。

对这把自己销售了8年的木梳，李先群的理解与8年前相同：梳子是生活必需品，但局限是可重复消费性不强，不可能走量，只能细水长流。不过谭木匠作为"工艺品日用化，日用品工艺化"的代表，其品质与品牌竞争力都具有优势。

直到现在，很多人也不明白，在单一渠道、单一品牌、单一产品这条"死胡同"中，谭木匠的盈利性究竟何在。对于这点，李先群也没完全想通，她的11家店铺里，有的一个月能够销售七八万元，较少时只能销售二三万元，但每年同期的销售额浮动都不大。

在零售业的特许加盟领域，单一产品如何销售算得上是一个大难题。两年前，谭木匠北京市场顾问陈思廷上任，他的一项重要任务是为加盟商进行销售指导，经常到加盟店中同店员聊天，分析每家的产品销售情况。他每个月为北京市场的加盟商讲课时，这些内容都将一同分享。

不过大家心知肚明，"礼品"是谭木匠木梳最实际的身份，让喜欢该品牌的人不断爱上新的产品才是最重要的。除公司内部研发团队之外，专业网站、院校以及国际设计师事务所都在为谭木匠的新品开发献策献力，这使谭木匠拥有近3 000个品种，已获得60项技术专利。也正因此，一把梳子的价格才能够卖到同类产品的几十倍。

找到"战略加盟商"

对谭木匠的加盟商来说，在开店初期耗些精力，等生意走上正轨，也就没太多可操心的地方了，cis系统为店主们减少了很多麻烦，再加上没有频繁的促销，价格统一"一口价"，谭木匠的店铺管理难度并不高，出现任何问题就找片区经理或督导。不过，谭木匠目前一个甚至几个省的片区经理与督导加起来只有两三个人，店铺出现问题的并不多。

用陈思廷的话说，店主们闲来无事，就会开始思考再开一家店。实际上，谭木匠的加盟商中很少有人只开一家店的，对他们来说，管理一家店与管理四五家并没有太大区别，而由于单店的利润率不高，多店能让加盟主有更好的回报。北京市场95%以上的店都能盈利，一年半左右即可收回投资，而剩余5%往往是由于房东拒绝续签合同而无法开下去，因此多开一家店就可以减少风险。

李先群的不少精力都花在找店址上。2003年之前，在顾问公司的建议下，谭传华一直希望能够在北京开直营店，没有开放加盟体系。计划更改之后，在他的鼓励下，李先群成了第一批获准进入北京的四个加盟商之一，四次北上才得以找到店址。在2008年谭木匠公司年会上，她将在北京找店址的遭遇讲述给现场的高管与加盟商们，连谭传华也感动得落泪。

如今寻找店址对她来说越来越顺。最近在商超中新开的店就是这样，由于在家乐福的店铺效益不错，欧尚与物美的招商负责人就会主动邀请她进驻。对谭传华来说，像李先群这样的"战略加盟商"在体系中占有重要的位置，这也是谭木匠在内地没有直营店，800多家店铺都是加盟店的原因。战略加盟商多开店可以提高收入，而总部的出货量也在增加，管理成本相应减少。

但在对加盟店的控制上，谭木匠一直保持着严谨的风格，加盟商无权促销，即便是团购价也是全国统一折扣。总部会将业绩水平、管理水平与投诉情况等多方面作为评价依据，把加盟店分为5个级别，级别高的店能够获得更多新品的销售资格。

资料来源：曲琳. 小店成就的特许经营传奇[J]. 创业邦，2010(5).

4. 多元化经营企业

多元化经营也称多样化经营或多种经营，是指企业同时生产和提供两种以上基本经济用途不同的产品或服务的一种经营战略。"二战"以来，多元化经营成为大公司迅速扩张的重要方式。特别是20世纪六七十年代，随着美国第三次兼并浪潮的出现，一些大公司纷纷通过兼并来实施多元化，从而掀起了一股多元化经营的热潮。多元化经营战略的优势在于它可以分散企业经营风险，节约外部交易成本，并且有利于企业内部的协作，提高效率[8]。

比亚迪：四大梦想，多元发展

1995年2月，王传福下海经商，于深圳注册了比亚迪实业。1997年，比亚迪已是镍镉电池业当之无愧的老大。2003年，比亚迪公司成为了全球第二大充电电池生产商，而就在这一年，比亚迪再次做出了一个重大的决定，那就是进军汽车行业。

2006年中国车市竞争进入白热化，各细分市场车型战、价格战、渠道战纷纷展开，比亚迪F3的销量却节节攀升。继一季度产、销量增幅和单一车型销量的"三冠王"后，在传统淡季的五六月也分别实现了 4 679 辆和 5 041 辆的现车销售,并以半年销售 32 500 辆现车的成绩进一步巩固了 F3 在中级车市场的领先地位。与同期相比,2006 年上半年比亚迪的销量增幅达到 614.2%,在各汽车品牌中位列第 1。

就在比亚迪疯狂扩张的时候,经销商退网事件、裁员事件、气囊门事件,以及随之而来的销售量连续下滑,给了比亚迪沉重的打击,一时间陷入低谷,比亚迪开始了为期三年的自我整改。

2014 年,中国政府首次表露出对新能源产业的支持,由此引发了比亚迪、北汽、江淮等车厂在新能源车用技术上的快速发展。"中国品牌""中国制造"的制造厂和精品,随着政府首脑频繁出访而被国人和世界所关注。比亚迪的 e6 电动出租车和 K9 电动大巴,成为了中国多个城市的公共交通运营主力,也输出至欧洲、美洲甚至日本进行示范运营。

2015 年 1 月比亚迪宣布其首款 542 战略车型——唐开启预售。唐是全球首款三擎四驱双模 SUV,三擎动力实现百公里加速 5 秒以内,唐为比亚迪汽车销量开辟了一个新的增长点。

2015 年 4 月,比亚迪正式发布"7+4"全市场战略布局,其中"7"代表 7 大常规领域,即城市公交、出租车、道路客运、城市商品物流、城市建筑物流、环卫车、私家车;"4"代表 4 大特殊领域,即仓储、矿山、机场、港口。比亚迪力争把中国道路交通领域所有用油的地方全部用电搞定,逐步实现全市场布局,将电动化进行到底。

如今,比亚迪确立了四大绿色梦想:通过太阳能电站、储能电站、电动车和轨道交通,改变传统的能源消耗方式,改善环境,实现人类的可持续发展。

太阳能电站方面,2017 年 9 月,比亚迪公司在美国国际太阳能展上宣布,获得美国千万美元太阳能组件订单。此次中标 170 兆瓦太阳能组件采购项目,将全部供给美国 NextEra 能源公司,用于美国境内多处太阳能电站的建设。据了解,比亚迪太阳能组件在美国新能源市场累计出货近 1 吉瓦,占据调频储能市场约 50% 的份额。

储能电站方面,在国内,比亚迪已成功与中国国家电网、南方电网、中广核等行业权威合作,其中中广核应急蓄电池电源系统是全球第一个应用于核电后备铁电池电源系统;比亚迪于 2014 年在深圳坪山新区建设的全球最大用户侧铁电池储能电站落成,该储能电站建设容量为 20MW/40MWH。在国外,比亚迪成功与杜克能源、雪佛龙、RES 等世界知名企业展开合作,完成了多个集装箱储能项目,运行稳定可靠。比亚迪的储能系统在技术、质量、安全等方面皆已达到了国际主流技术标准,使得比亚迪赢得了在全球储能领域的竞争力。

电动车方面,比亚迪在新能源汽车市场一马当先,2016 年首次突破 10 万辆,连续数年稳坐新能源汽车销量冠军宝座。同时,比亚迪继续走向全球:纯电动双层大巴伦敦交付、K9 首次登陆韩国、拿下美国最大的电动卡车订单、赢得意大利收个纯电动大巴招标。如今,比亚迪新能源汽车的足迹,已遍布全球六大洲的 50 个国家和地区,约 240 个城市。

轨道交通方面,"云轨"是比亚迪针对世界各国城市拥堵问题推出的战略性解决方案,将成为广大城市居民未来便捷出行的新型交通工具。比亚迪云轨项目已获全球 100 多个城市客户的来访与参观,并与广东省汕头市、深圳市,安徽省蚌埠市,四川省广安市,吉林省吉林市等多个城市达成战略合作，订单总额超过100亿元。

从一开始，比亚迪就不是一家纯粹的汽车企业。在储能、电池、光伏及手机配套厂家中，它是汽车做得最好的；在整车企业当中，它更像是一家新能源企业；在新能源企业当中，它又有着更加庞杂的体系存在。

资料来源：节选自"胡进.《比亚迪发展历程（下篇）：四大梦想，多元发展》.电动汽车资源网. http://www.evpartner.com/news/3/detail-31498.html，2017年11月2日。"

案例中，比亚迪公司通过多元化发展取得了巨大成功，而这一过程并非简单的业务扩张，而是一系列关乎企业生死存亡的重大决策的确定与实施过程，需要创业者和企业高层管理者审时度势，时刻保持清醒的头脑和果断的决策力。

随着多元化经营战略的实施，企业从原来熟悉的业务转换到比较陌生的业务，需要不断学习以增强其适应能力，管理组织则需要不断创新以适应变化了的环境。这也意味着多元化经营也会为企业带来一些风险。例如，企业资源和能力的分散、管理层注意力的分散或者盲目扩散带来的财务危机等。这就要求企业在决定是否进行多元化经营时，要根据自身的内部条件，"量力而行"，并且多元化经营要有利于培育企业的核心竞争力。此外，还要特别注意多元化经营的程度和行业跨度要适度[9]。

"三九系"从历史中消失

2006年8月11日，经过一轮长达40分钟的激烈竞价，浙江中耀药业集团有限公司以1 710万元的竞拍价，成功拍得三九集团旗下的三九医药连锁公司股权。2006年号称斥资10亿元的"三九万店连锁计划"却"寿终正寝"，原因是错综复杂的，如体制因素、企业决策因素、对产业理解的因素等，但更重要的根源则是经营战略方面的问题——公司实施的多元化经营战略给集团带来了灭顶之灾。

一个企业的成败与其战略和定位有直接关联，三九集团的经营战略就证实了这一点。三九集团实行的是混合一体化经济，也称多元化经营。企业之所以选择此种经营模式，主要基于三个理论，即范围经济理论、风险投资理论和交易费用理论。

三九集团的前身是1986年退伍军人赵新先创立的南方药厂。1991年，总后出资1亿元从广州第一军医大学手中收购了南方制药厂，成立了以三九医药、三九生化和三九发展为一体的三九集团，总资产达200多亿元。此后三九集团为加快发展，偏离了经营医药的主业，持巨资投向房地产、进出口贸易、食品、酒业、金融、汽车等领域，采取承债式收购了近60家企业，积淀了大量的债务风险。涉足过多的陌生领域，且规模过大，难以实施有效管理，给集团带来了巨大的财务窟窿。截至2003年年底，三九集团及其下属公司欠银行98亿元。2005年4月28日，为缓和财务危机，三九集团不得不将旗下上市公司三九发展卖给浙江民营企业鼎立建设集团，三九生化卖给山西民营企业振兴集团。自此"三九系"这一词汇便从历史中消失。

放弃主业，导致管理失控

三九集团本是以经营中药研发、生产及销售的企业，其主要发起人赵新先一直在军队从事医药研究开发，拥有较丰富的药务经营管理经验，赵新先及其创业团队研发的"三九胃泰""三九皮炎平""三九感冒灵""壮骨关节丸"和"正天丸"等品牌闻名全国。但为扩大企业规模和效益,集团贸然进入了与医药毫不相关的房地产、进出口贸易、食品、酒业、金融、汽车等领域。这些产业与主业没有一点联系,既不能与主业发展有效衔接,还分散了注意力;且这些非相关领域竞争激烈,风险大,原有管理人员很少有相关管理经验,造成了管理断档和管理真空。

带来巨额的内部交易费用

三九集团成立不到六年时间里,共兼并各类企业41家,集团总资产也达到97亿元。然而跨产业经营必然要增设新的科层组织、子公司或分部。随着规模的扩大,集团原有的管理幅度和管理层次相应增加,企业的各项决策的制定和实施在纵向和横向的传递过程中,可能会造成信息失真,导致决策失误,管理措施和经营决策无法畅通传递,同时,不断扩充管理机构,会带来企业员工的急剧增加,从而增加管理成本,降低工作效率。

经营范围过宽,规模过大,不但没有享受到范围经济的利益,反而使集团管理失控,资源无法优化配置,经营决策无法有效实施,加大了企业的内部交易费用。企业发展战略决策的失误是难以"返主弃从",由于投资其他产业的规模大、资产专用性强带来的巨额"沉淀成本"形成很高的退出壁垒,导致想退出却难以贸然退出。

盲目扩张高负债导致财务危机

三九集团业务经营不断扩张的资金主要是依靠外部尤其是银行贷款。在三九现象演绎过程中,银行是一股重要力量。依靠向银行借款起家的三九,在每一步的发展过程中都离不开银行的短期借贷。据三九集团的说法,三九药业的资产负债率在90%以上。这些年围绕核心业务的扩张,导致资金短缺,陷入财务危机。而集团资金链的亏空终于榨干了三九药业的精血,到了2004年,赵新先掌控下的三九集团拖欠商业银行的债务高达107亿元。2005年三九集团不得不将旗下上市公司三九发展、三九生化出售以缓和财务危机。

资料来源:节选自"李传彪.从'三九系'解体看企业多元化战略[J].经济导刊,2007(11):35-36."

5. 专业化经营企业

专业化经营是与多元化经营相对的一个概念。所谓专业化经营战略,是指企业将自己的业务范围限定在一个特定的领域内,集中资源培养企业在该领域的核心竞争力并提供相应的产品或服务。当然,企业规模不同,这一领域的大小也不同。一个小计算机配件公司的专业化经营领域可能只是计算机键盘,而一个大计算机公司的专业化经营领域则可能就是整个计算机硬件制造行业。随着消费者需要的多样性、复杂性和变化频繁,很少有哪一个企业能成功地解决消费者的所有问题,绝大多数企业专注于某一范围的市场提供用途更大的产品,力争成为该市场提供用途更大的产品,力争成为该市场范围内的领先者。

专业化经营可以使企业集中精力于最熟悉的领域,在生产技术、市场知名度、对用户要求的敏感性更强,也会让顾客更满意;实施企业整合战略,有效地进行规模化生产,可以取得行业内的成本优势;企业组织比较稳定,内部管理更有效;企业对追加资源要求低，企业财务得到更好地控制。当然专业化经营也存在一些劣势。例如，专业化战略使企业的竞争范围变窄，单纯采用这一战略的企业容易受到较大打击[10]。

雀巢：从多元化经营转向专业化发展

2010年，瑞士跨国公司雀巢集团以385亿美元的价格向诺华制药出售所持的爱尔康股权。消息一经传出，有关雀巢这笔资金用途的猜测就有很多种。在雀巢集团总部瑞士韦威举行的2009年度业绩报告会期间，集团首席执行官保罗·巴尔克表示，"转让爱尔康股份，雀巢旨在从战略上由多元化经营转向专业化发展，并让集团管理层得以专注于加速雀巢向全球领先的营养、健康、保健、高科技和个性化饮料食品方向发展。"

剥离边缘业务 专注专业发展

分管亚太区市场的雀巢集团副总裁佛里茨·范·迪吉凯说，几年前雀巢收购了法国矿泉水"巴黎水"（Perrier）后，在国际矿泉水市场份额上占了首位；在收购了德国冰淇淋公司"雪乐氏"（Scholler）后，又在世界冰淇淋市场坐上了头把交椅；当雀巢收购了巴西"卡罗托"巧克力糖果公司后，使集团当年营业额在原来基础上又猛增了3.1亿瑞士法郎（约合2.92亿美元），同时也扩大了集团在南美的销售网络。雀巢集团并不只是热衷于同业兼并，它在不断壮大集团食品饮料等主打产品的同时也在不断剥离公司的边缘业务，使得雀巢从战略上由多元化经营转向专业化发展。这是雀巢将自己定位于全球市场战略中的发展方向。

调整营销策略 赢得市场份额

在国际金融危机的大背景下，雀巢集团的销售额依然呈现稳步攀升之势。原因何在？雀巢集团销售额不跌反升的一个主要因素，是该集团能够根据属下企业所在国家情况因地制宜地调整销售策略，赢得更多的市场份额。其主要举措如下所述。

（1）**把握国际食品市场走势，及时推出新产品**。为适应国际市场上消费者对食品选择的更高要求，雀巢往往会在对市场进行全面调研的基础上，对其主要产品营销策略进行适时且适度的调整。

（2）**便利当地民众，创新销售渠道**。根据巴西市场的需求特点，雀巢及时通过当地政府组织起8 000多名当地妇女，利用她们熟悉左邻右舍的便利条件，通过她们实施雀巢集团的"分销责任制"销售办法，一举获得成功。此举不仅解决了当地部分妇女的就业问题，而且还得到了巴西政府的充分认可。

（3）**营销战略打破传统思维模式**。雀巢积极拓展思路适时调整产品营销策略，在一些条件成熟的地区率先向医保病人提供家庭护理期间的配套营养食品。

（4）**重视新兴经济体市场**。雀巢集团首席执行官保罗·巴尔克表示，在未来10年，雀巢整个集团年度销售总额的45%将来自新兴经济体市场，老年群体营养食品将成为雀巢新的增长点。

研发创新增添市场竞争力

巴尔克表示，雀巢的核心竞争力在于研发创新，公司的竞争优势可以归纳为以下四点：一是产品和品牌著名；二是研发能力领先于整个行业；三是业务地域遍布全球；四是独特的企业文化与价值观。这四部分相辅相成，共同支撑着雀巢各项业务的发展，而研发创新则是雀巢核心竞争力的关键所在。经过 143 年发展的雀巢，今天所推出的上万个产品早已超出了婴儿食品范畴，但注重研发的传统却始终没有改变。

专业化经营帮助雀巢更加敏感地捕捉最新的市场动态，根据市场需求研制新的产品，调整经营策略，使雀巢一度成为销量领先的时尚品牌。

资料来源：赵剑英.《雀巢：从多元化经营转向专业化发展》. 经济日报，2010 年 5 月 22 日，第 6 版.

10.2.2 公司创业

进入 21 世纪以来，知识与技术的变革在加快，全球化使企业的竞争加剧，给公司带来了极大的挑战。为了保持持续的创新活力和竞争优势，很多公司把创业当作一种重要的战略选择，公司创业成为了一种普遍的现象[11]。

公司创业（Corporate Entrepreneurship）是指现有的公司为了应对市场环境的变化，开发新的产品或者业务，实现提高公司竞争力和盈利能力，甚至进入国际市场等目标，以研发、生产、营销等过程的创新而开展的组织活动[12]。公司创业被认为是在位企业通过内部创新、合资或收购等形式驱动业务增长和战略更新的主要动力，同时也是促进产品、流程、管理创新和业务多元化以及企业员工把个人的创新构想转化为集体行动的主要动力。因此，公司创业对于企业的生存和发展具有极其重要的意义[13]。

目前，公司创业的表现形式主要有项目小组、内部创业和合资创业三种[12]。

（1）项目小组：为了进入新业务领域，公司往往先是筹备一个新项目小组来实施新领域的开拓，项目的资金投入全部由公司承担。这一种方式的优点在于项目小组的形式较为灵活，不需要更为复杂的筹备方式，项目组成员可以来自公司内部现有的职能部门，也可以从外面聘请一些临时人员，一旦新业务进展顺利，公司便可以基于项目而组建更正式的职能部门或者子公司来推进业务的成长。如果由于市场风险或者其他因素导致新业务停滞不前，那么项目小组的解散也非常容易，没有太多的其他成本。为了使得项目小组能够完成新业务的拓展工作，项目小组本身应当有一整套现实可行明确界定的目标、细致周到的完成计划、具体的人员配置以及相应的项目进展控制方案。

（2）内部创业（Intrapreneurship）：内部创业模式往往是由一些有创业意向的企业员工发起，在企业的支持下承担一些新的业务或工作项目，基于这一新业务或者项目进行创业活动，并与企业分享成果的创业模式。从公司的发展角度来看，为了满足公司创业的需要，公司应当要让员工深刻体会到公司未来的发展目标，在公司的新业务发展目标之下，鼓励员工进行符合公司战略发展的创新和创业活动，并承诺给予政策和资源上的支持。随着业内创业活动的不断发展，一些新项目的成长性逐渐显现出来。在此基础上，公司可以进一步从制度层面对新项目予以支持，甚至有可能把整体企业的资源转移到该项目上来，通过这样来鼓励内部创业，可以实现企业成功的业务发展甚至公司转型。

（3）合资创业（Joint Venture）：在这一种形式下，公司采用与其他企业合资的方式进入新领域。具体合资的形式可能是公司直接并购一家新领域的公司，或者采用与其他公司共同合资创立一个新企业的方式。与前面两种形式不同，这一形式下，公司进入新领域的方式是积极吸收公司外部现有的一些资源，而不是依靠企业原有的资源，因此，公司在搭建新业务平台方面节省了很多成本，尽管如此，由于公司要面临建立合资公司之后可能存在的经营管理风险，公司领导人尤其要慎重。而且，由于企业文化的不同，合资企业和公司总部也会存在种种需要调和的地方，这都在很大程度上挑战了公司领导人的决策能力和危机管理能力。在跨国化经营中，合资是非常重要的一种形式，欧美一些企业在进入中国的时候通常采用与中国的企业进行合资的方式，这样，国外的公司可以利用国内企业现有的生产、营销等渠道，很容易实现国外品牌在国内市场的拓展。

10.3 成长的控制

企业是一个不断发展的有机体，企业成长是一个受内外部因素约束和限制的过程。面对越来越大的竞争压力，很多企业明显加快了运转速度，其根本目的不仅在于提高短期收益，更在于增加公司的价值，实现企业成长的目标。然而，很多竭力追求成长的公司只为获得"市场份额的增长"而不是"有价值的、盈利丰厚的成长"，或是经过快速增长膨胀之后又迅速萎缩甚至消亡，或是在发展过程中总处于时盈时亏的剧烈震荡之中。这种成长失控现象具有一定的普遍性。在当前成长环境错综复杂和变化不定的情况下，组织发展和战略目标达成的一个关键，就是严谨和有效的控制。理性选择和确定成长控制策略，合理构建成长控制体系，确保成长过程尽可能处于一种稳定、均衡、持续盈利的可控状态，就成为企业战略管理的重要问题。

所谓企业成长控制，指的是围绕企业战略实施过程，以增强动态竞争和环境适应的能力为目标，对相关环境及成长要素进行全面监控，及时纠正偏差或创新（调整）成长路径，使企业发展处于稳定、均衡和持续盈利的状态[14]。在学习如何进行企业成长控制之前，首先让我们了解一下企业成长失控状态的一些典型表现。

10.3.1 企业成长失控的表现

在企业成长过程中，不同的发展阶段会产生不同的问题，需要有与之相适应的对策，若不及时加以调整、修正，就会阻碍企业的发展，甚至会引起企业的失控。企业在成长过程中的失控表现为以下四个方面。

（1）创业者对工作事无巨细，全部包揽，顾此失彼；缺乏前瞻性思维，缺乏管理经验，系统管理能力差，不能在萌芽状态解决问题，控制整体局面，平衡各种因素。

（2）决策得不到有效执行，管理就会失控。具体原因有很多种："人情"管理模式弱化制度建设与执行，膨胀发展的业务迫切需要分层次的管理；决策缺乏科学性，下面的员工抵制；首战告捷的前期胜利（如关键技术的突破、市场接受产品、服务等）冲昏了创业团队头脑，各种急功近利行为阻碍规范管理的突破。

（3）企业利润状况徘徊不前。企业内部作业流程混乱，市场营销缺乏整体战略，企业资源配置严重失调等都会导致该现象的出现。

（4）创业企业的技术创新能力与经营效益失衡。表现为企业偏好技术发展，欠缺将技术优势转化为生产力（商品）的能力。由于许多创业企业的创业者是技术专家出身，他们对产品开发方面具有较强的优势，不惜重金投入研发，却对企业管理方面缺乏深刻的认识，对如何有效配置企业资源缺乏信心。另外，创业企业对新技术、新产品的推出缺乏整体策划，遇到初期质量问题、市场定位推广问题后，一时难以解决，往往会造成该项目半途而废；还有许多企业过分追求产品性能指标完美，导致研发时间长、成本高，错过了市场黄金时期，也是创业企业遇到的较多问题之一。

凡客诚品和拉手网：快速成长下的过度膨胀和管理失控

比起初创公司的艰难，有另外一类公司——互联网细分行业（如电商、团购）的拓荒者，借势中国经济和消费崛起，依仗一轮又一轮融资等因素有着完美的开局，但在陡峭增长曲线背后却隐藏着种种危险：大规模烧钱导致巨额亏损，公司人员极速扩张素质却良莠不齐，迷信营销的力量而忽视更基本的质量问题……公司如同直插云霄的火箭突然失去动力而急速下坠，在高速扩张中，失控的风险急剧增加。凡客诚品和拉手网便是其中的典型案例。

成立于2007年的凡客诚品，曾经是快公司的典型样本。"我是凡客"等凡客体风靡一时，2009—2011年凡客迎来了疯狂扩张，但随之而来的是巨大的管控漏洞：数亿积压库存报损、被销毁或低价出售；由于过分扩张品类，凡客早期清晰的服装品牌定位逐渐模糊，供应商和质量管理出现失控；人员急剧增加，但很多员工却无所事事……在获得雷军等投资人的新一轮资金后，凡客开始了一场"小米式的变革"，但越来越多的迹象表明，凡客已经无法通过常规手段收复失地了。拉手网的快速跌落和凡客类似。作为国内团购市场早期曾经占据头把交椅的公司，拉手网从成立到递交上市申请不足两年半时间，但在经历了巨额的融资和高速的发展之后，其为冲击上市而扩大规模和业绩，造成内部管理混乱，完全靠烧钱来扩大市场份额，在上市受阻后迅速陨落，跌出了国内团购市场的第一阵营。

资料来源：节选自"顶呱呱.《14家公司失败案例总结创业7大问题》.创头条. http://www.ctoutiao.com/ 76521.html，2017年7月18日"。

10.3.2　控制快速增长失控

上述问题的根源在于创业企业缺乏系统管理的能力，因此产生了在企业实践中最困扰管理者的难题:如何合理和平衡地管理企业增长，如何在强调利润和关注风险的情况下保持可持续增长。

美国成长战略协会会长鲁斯·霍斯廷（Russ Holdstein）提到了小企业创业者控制快速增长失控的三个要点，可以给我们一些启发：①保持清醒。经常到企业外面以获得一个客观的观点。询问各个水平的企业——这将对企业有一全新的了解。与其他人一起工作有两个目的：它将能够防止因陷入公司业务中而做出不利的决定，并且它将鼓励员工忠诚。②制定战略。是主动性的而不是被动性的。估计公司的能力，直到有了适当的资源才超过它们。准备一份行动计划，当销售额达到一定基准时再使用。③适应。适应对小企业所有者来说容易些。当作决策和改革时，官僚管理、有限的预算具有最小限度的威胁。在企业经济和技术环境里的波动使得政策和程序的适应很有必要。

为了有效预防企业快速增长失控，可以加强企业的内部控制。常见的企业内部控制治理对策主要有如下四个方向[15]。

1. 优化内部控制制度设计

内部控制制度的总体设计一定要从本企业实际出发，科学有效。企业内部控制总体设计要做到组织架构完整、运行机制科学、工作流程合理，在这些基本要求的前提下，还要注意三个问题：一是要从本企业实际出发，结合现状，解决主要问题。因此，在设计时要充分考虑本企业管理水平和员工素质，提高内部控制的操作性和针对性，切不可脱离本企业的现实情况照搬照抄。二是要让监督功能到位。明确监督、审计的定位和职能，保证监督权和纠正权独立有效地履行，改变监督不到位的问题，这是减少或防止内部控制失控的重要手段。三是要把内部控制纳入企业管理的体系中。内部控制是企业管理的重要组成部分，管理是内部控制的基础，内部控制是管理的重点，两者有机统一。要用制度保障内部控制，用管理引导内部控制，从而使内部控制方向正确、效能提高。内部控制制度的设计必须遵循以下原则：①政策性原则；②有效性原则；③账、钱、物分管原则；④相互牵制原则；⑤成本效益原则；⑥整体结构原则。

2. 发展和完善企业内部审计控制

内部审计控制是指审计人员从研究和分析内部控制制度入手，通过符合性测试，对被审计资料所反映的有关经济活动的真实性、正确性、有效性以及可靠程度做出评价，再以此为基础，决定被审计项目所要进行实质性测试的范围和内容，并修订审计方向和目标，在审计计划执行过程中形成审计意见。

3. 构建合理的企业内部会计控制体系

内部会计控制体系是为了保护企业资产、检查会计数据的准确性和可靠性而实施的一系列方法、措施和程序的总和。其实质是内部会计制度的有机组成部分，是为了确保公司合法经营、控制财务舞弊、提高经营效率和效果。内部会计控制体系强化了风险评估和管理，确保公司稳健经营，主要包括如下两方面内容。

第一，要对企业的经营活动及会计行为制订详细的规定，包括设立独立的内部会计控制监评机构，执行更为严格的内部会计控制制度。主要从两个方面来执行：首先是要明确内部管理体制和管理目标，以明确内部会计控制制度的设计与建设方向。其次是企业应根据内部管理体制，明确规定企业各级机构的职责和具体岗位职责，并在此基础上设计起草内部会计控制制度和流程体系。

第二，加大企业舞弊相关各方的法律风险，切断其舞弊的利益源头。首先要求企业应与高管人员签订协议并公证；其次要建立合理的员工薪酬与晋升制度，将员工的薪酬和晋升与内部控制结合起来；最后要制定更合理的执行程序。

4. 强化内部控制意识

内部控制是在长期的社会经济活动实践中产生和发展起来的,只要人类社会活动中需要管理,我们就离不开控制。具体强化内部控制意识主要从三个方面着手。

首先,提高企业领导的管理素质。内部控制是否有效,与企业领导是否重视、是否带头执行有很大的关系。提高企业领导的管理水平和管理思想,使他们认识到建立内部控制制度的重要性和必要性,是企业内部控制制度得以正常发挥应有作用的关键。

其次,大力提高财会人员的业务技能和内部控制知识水平。针对企业财会人员存在专业技术水平普遍偏低、会计基础工作不规范、所披露会计信息不能真实反映企业财务状况和经营成果等状况,应从加强年度性会计资格认证制度管理上抓起,促进企业会计人员学习会计知识和会计法规,提高业务水平。

最后,加强全体员工道德修养和内部控制制度教育。企业应定期对职工进行内控知识的教育,使每一个企业员工都要有内部控制制度的概念和意识,应该严格按照企业的规章制度进行经营活动。

10.3.3 成长中的组织调整

在企业发展过程中,由于组织的不协调较多发生在企业由低级向高级阶段转化的过程中,它往往会阻碍企业的进步,制约企业的发展,危及企业的生存。因此在企业的发展过程中,必须时刻注意企业组织结构与企业发展不相适应的地方,以便采取有效的措施及时消除组织结构对企业发展的制约。

在创业企业发展轨迹中,在企业生命周期的每一阶段,企业面临的困难和问题不同,因此与各个阶段相适应的组织形式也不同。在从一个阶段向下一阶段发展时,企业将面临转型问题。

企业成长轨迹包括初创期、成长期、成熟期和衰退期四个阶段,而企业如果实现可持续发展则会经历初创期、成长期、成熟期和二次创业几个阶段。下面分别介绍企业在不同发展阶段的组织调整。

1. 初创期组织调整

处于初创期的企业,大多是由家族式经营或创业者合伙的形式开始,企业组织形式的发展往往采用简单的直线型或者直线职能型结构,从纵向来看,企业被划分为决策者、职能部门和基层组织等若干个层次,横向上大致设立了一些职能部门。在这种企业中,职能部门边界比较模糊,控制跨度宽,决策权集中在一个人手中,正规化程度较低。这种组织结构由于决策权集中、企业初创期层级较少,因此具有稳定和高效的特点。

在这一阶段,企业容易发生的组织问题表现为:一是缺乏专业分工,尤其是一开始就采用直线型结构的企业,往往由于缺乏专门的职能专家而导致工作粗放,在初创期后期一般会向直线职能型转化。一开始建立直线职能型的企业往往在职能机构设置上比较模糊和随意,缺乏与企业自身情况的适应性;二是缺乏计划,以行动为导向,做到哪里算哪里,做到什么程度算什么程度;三是往往缺乏规章制度,企业人员所承担的责任和任务交叉重叠。这时企业是围绕人来组织，而不是围绕工作本身进行组织，因此制度建设是这一阶段中后期的主要任务。经过对组织结构的不断调整和持续的制度建设，大多数创业企业在平稳度过初创期的时候，大多已经建立了相对较为严密的机械化组织结构和比较规范的企业制度。

2. 成长期组织调整

成长期企业最显著的特征是利润的快速增长。随着企业规模的不断扩大，企业面临的组织问题主要表现在集权的制约。在企业的初创期，由于企业规模较小，创业者没有必要也不应授权，因为高度的集权在较小范围内具有反应迅速、成本低的优势。但随着企业进入成长期，企业规模不断扩大，由于管理幅度的限制而要求管理层次不断的增加，高度集权使信息滞积于企业上层，决策就会迟缓甚至停滞，不能适应企业发展的需要。这时应采取组织结构的调整，分工和授权势在必行，在这一阶段的中后期，企业的组织结构将面临由集权的直线职能型向分权的事业部型或者集团控股制发展。

在创业企业进行组织结构变革过程中往往会遇到一定的障碍，那就是如何进行分权而不使企业失控。通常分权会要求引进职业管理人，即企业所有权和经营权分离的要求。从企业组织层次来说，这属于财产组织范畴，也就是说，由于创业企业产权制度的模糊性和一元化，往往要求对企业的产权制度和治理结构进行变革。由于成长期的快速发展，一些创业企业往往会急于进行多元化发展。对于处于成长初期的企业，不宜盲目追求多元化发展，而应立足于自身优势而迅速做强。与之相适应的也是成长初期的企业宜进行由机械性的直线职能型向灵活的矩阵型的调整，到成长中后期应考虑根据企业发展来进行由集权向分权结构的变革。

3. 成熟期组织调整

发展到成熟期，创业企业应该呈现出正规化的有序运转，企业摆脱了初创期的管理特色，取而代之的是现代企业制度；企业产权由原先集中的一元化向社会化和多元化分散，有的甚至有望成为上市公司。正规化和制度化的运行过程中极易产生的问题是组织的僵化和教条主义的盛行。随着企业提供的产品与服务以及市场和顾客的变化，企业将进一步转变组织结构，使企业的自控力和灵活性达到了相对平衡，企业组织变革的趋势是柔性化，实现组织结构的创新。一些企业需要在现有程度上有突破性的发展，则有可能对内部的业务流程进行重组，或者借助网络化力量来实现突破。

4. 衰退期组织调整

创业企业的衰退期往往体现出内部冲突明显的特点，其衰退往往不是企业产品本身或市场的问题，而是内部决策失效或者管理层出现矛盾冲突。一般来说，进入衰退期的企业往往会在短时期内解体，除非选择转换产业领域或者通过转换地域等战略手段来解决问题，仅仅依靠组织结构变革在这个阶段已经于事无补。实际上，在衰退期讨论组织结构变革为时已晚，在成熟期后期，企业就应该考虑彻底的变革。

10.4 成长中的危机管理

丰田召回事件：是谁将丰田"请"下神坛

2009年8月24日，丰田在华两家合资企业——广汽丰田、一汽丰田宣布，由于零部件出现缺陷，自8月25日开始，召回部分凯美瑞、雅力士、威驰及卡罗拉轿车，涉及车辆总计688 314辆。这是我国2004年实施汽车召回制度以来，数量最大的一项召回。自2004年7月至2009年8月，丰田在中国共有24次召回，涉及车辆近120万辆。而同期丰田在中国市场售出的汽车也不过是130多万辆，也就是说，丰田在中国平均每卖出10辆汽车，就有9辆存在隐患需要召回。

事实上，丰田这几年连续召回已经大大触动了全球消费者的神经，尤其当丰田汽车引以为傲的雷克萨斯也发生召回时，有关丰田汽车质量的神话就广遭质疑。在一系列对外解释中，丰田汽车竭力否认质量问题与其成本之间的关系，其相关高管在一次道歉之后，不得不进行下一次道歉。2009年前10个月，丰田已在全球召回了9次，涉及车辆达到625万余辆。如此频繁地大批量召回，让丰田质量大打折扣。在一项"你是否还会购买丰田汽车"的网上调查中，共有1万多名网友参与，其中有73%的网友表示不会购买。

2010年1月，丰田再次爆发了一系列的大规模召回事件。这次危机不仅给丰田汽车公司造成了巨大的直接的经济损失：据摩根大通分析师估计，召回事件给丰田带来的直接损失将高达18亿美元。此外，8种问题车型因修复油门踏板而被停售导致的损失也将高达7亿美元。召回事件也使丰田汽车公司和产品陷入了严重的质量危机和信任危机，影响了新车销量。在美国车市复苏的背景下，丰田在美国销量同比下降了16%。自爆发"踏板门"事件以来，丰田股价跌幅达到22%，市值蒸发400亿美元。

更为严重的是，由于公司对危机的处理不当，还给公司的品牌形象造成了非常沉重和长远的影响，国际信用评级机构正在考虑调低对丰田的评级。

资料来源：根据"百度百科'丰田召回事件'"和"黄清华，李海丽. 企业危机管理的基本原则探讨——以丰田汽车'召回门'事件为例[J].新闻界，2010(6): 151-152"整理而得。

"丰田召回门"事件是企业发展中面临的各种突发事件和危机的一个缩影。从这个案例中我们可以得到的启示是，企业遭遇各种危机在所难免，关键在于企业要对危机有积极的预防和处理能力。风平浪静的时候，要时刻警惕，对危机要设置完善的预警系统，对各种可能导致危机的征兆要有合理的评估。当危机来临时，要临危不乱，妥善处理。

10.4.1 企业危机管理的要素及特征

在大众媒介尤其是互联网发达的今天，对于危机的管理意识和能力是企业能否继续生存和发展的重要前提。危机管理，已经成为现代企业管理的一项重要的内容。对一个企业来说，可以称为企业危机的事件是指当企业面临与社会大众或顾客有密切关系且后果严重的重大事故，而为了应付危机的出现在企业内预先建立防范和处理这些重大事故的体制和措施，则称为企业的危机管理。从概念上看，危机管理是企业为应对各种危机情境所进行的规划决策、动态调整、化解处理及员工培训等活动过程，其目的在于消除或降低危机所带来的威胁和损失。

通常危机管理可以分为两大部分：危机爆发前的预计、预防管理，危机爆发后的应急善后管理。具体而言，危机管理的主要内容是：识别和预测企业内部及其外部环境中可能存在的将对企业产生潜在危机的一些薄弱环节和不确定因素，采取有效行动和手段防止企业危机的发生；一旦企业危机发生，企业能有效应对和处理，使危机对企业造成的潜在损失降至最低，并从危机管理过程中找到企业进一步发展的机遇[16]。

1. 危机管理的要素

（1）危机监测。危机管理的首要一环是对危机进行监测，在企业顺利发展时期，企业就应该有强烈的危机意识和危机应变的心理准备，建立一套危机管理机制，对危机进行监测。企业越是在风平浪静的时刻越应该重视危机监测，因为如同暴风雨来临之前，在其平静的背后往往隐藏着重重危机。

（2）危机预警。许多危机在爆发之前都会出现某些征兆，危机管理关注的不仅是危机爆发后的处理，而且要建立危机警戒线。企业在危机到来之前，把一些可以避免的危机消灭在萌芽之中，对于另一些不可避免的危机，能够通过预警系统及时得到解决。这样，企业才能从容不迫地应对危机带来的挑战，把企业的损失降至最低限度。

（3）危机决策。企业在调查的基础上制定正确的危机决策。决策要根据危机产生的来龙去脉，对几种可行方案进行对比优缺点后，选择出最佳方案。方案定位要准，推行要迅速。

（4）危机处理。第一，确认危机。确认危机包括将危机归类、收集与危机相关信息、确认危机程度、找出危机产生的原因、辨认危机影响的范围和影响的程度及后果。第二，控制危机。控制危机需要根据确认的某种危机后，遏止危机的扩散，使其不影响其他事物，紧急控制如同救火般刻不容缓。第三，处理危机。在处理危机中，关键的是速度。企业能够及时、有效地将危机决策运用到实际中化解危机，可以避免危机给企业造成的损失。

2. 企业危机的特征

危机的根本特征：①严重的危害性。危机事件不仅对组织，而且对社会都会造成严重的危害。它破坏了组织正常运行的秩序，带来的是严重的形象危机和巨大的经济损失。从社会的角度来看，它会给社会公众带来恐慌，甚至带来直接的损失。②舆论的关注性。由于危机高度的破坏性，必然会成为公众关注的焦点，激起公众的兴奋情绪。特别是危机情况下组织的反应会引起舆论的普遍关注，因而社会影响很大。如果不具备上述两个根本特征，突发性的恶性事件只是一般的事故，还不至于构成对组织的危机。

危机的一般性特征：①事态的不确定性。危机事件发生以后，公众的反应、事态的走向、事件造成的实际危害以及对组织未来发展的影响等因素，都是高度不确定的。同时危机事件中的小道消息和传闻，也增加了危机的不确定性和随意性，甚至事件会被无限夸大和扭曲。②情境的被动性。在突发事件面前，企业一开始往往处于被动地位。这种被动通常表现在企业将面临方方面面的压力：政府的压力、当事人的压力、舆论的压力以及时间的压力等。③演变的迅速性。由于时间的性质以及事态的发展，会使危机的社会影响迅速蔓延，如果企业处理不当，或者在处理的过程中，许多潜在的问题进一步暴露，事件将会发生无法预料的演变。④处理的非常规性。危机事件属于非常态事件，破坏了组织系统的稳定与常态，组织不能依靠现有的常规制度来处理，必须临时拟定危机事件处理的程序与应对计划，并随时根据事态的发展进行不断调整。

10.4.2 企业危机管理的基本原则

1. 制度化原则

危机发生的具体时间、实际规模、具体态势和影响深度，是难以完全预测的。这种突发事件往往会在很短时间内对企业或品牌产生恶劣影响。因此，企业内部应该有制度化、系统化的有关危机管理和灾难恢复方面的业务流程和组织机构。这些流程在业务正常时没有作用，但是危机发生时会及时启动并有效运转，对危机的处理发挥着重要作用。国际上一些大公司在危机发生时往往能够应付自如，其关键之一是制度化的危机处理机制，从而在发生危机时可以快速启动相应机制，全面而井然有序地开展工作。因此，企业应建立明确的危机管理制度、有效的组织管理机制、成熟的危机管理培训制度，逐步提高危机管理的快速反应能力。

2. 诚信形象原则

企业的诚信形象，是企业的生命线。危机的发生必然会给企业诚信形象带来损失，甚至危及企业的生存。矫正形象、塑造形象是企业危机管理的基本思路。在危机管理的全过程中，企业要努力减少对企业诚信形象带来的破坏，争取公众的谅解和信任。只要顾客或社会公众是由于使用本企业的产品而受到了伤害，企业就应该在第一时间向社会公众公开道歉以示诚意，并且给受害者相应的物质补偿。对于那些确实存在问题的产品应该不惜代价迅速收回，立即改进企业的产品或服务，以尽力挽回影响，赢得消费者的信任和忠诚，维护企业的诚信形象。假如三鹿奶粉能在最初发现三聚氰胺时，积极应对外界的质疑和媒体的追问，将真实情况公之于众，并采取相应的补救措施予以补偿，挽回消费者对品牌的信任和企业社会责任感的认同，曾经盛极一时的中国乳业巨头或许就不会因此而消失了。

3. 信息应用原则

随着信息技术日益广泛地被应用于政府和企业管理，良好的管理信息系统对企业危机管理的作用也日益明显。信息社会中，企业只有持续获得准确、及时、新鲜的信息资料，才能保障自己的生存和发展。预防危机必须建立高度灵敏、准确的信息监测系统，随时搜集各方面的信息，及时分析和处理，从而把隐患消灭在萌芽状态。在处理危机时，信息系统有助于有效诊断危机原因、及时汇总和传达相关信息，并有助于企业各部门统一口径协调作业，及时采取补救的措施。

4. 预防原则

防患于未然永远是危机管理最基本和最重要的要求。危机管理的重点应放在危机发生前的预防，预防与控制是成本最低、最简便的方法。为此，建立一套规范、全面的危机管理预警系统是必要的，现实中，危机的发生具有多种前兆，几乎所有的危机都是可以通过预防来化解的。危机的前兆主要表现在产品、服务等存在缺陷、企业高层管理人员大量流失、企业负债过高长期依赖银行贷款、企业销售额连续下降和企业连续多年亏损等，因此，企业要从危机征兆中透视企业存在的危机，企业越早认识到存在的危机，越早采取适当的行动，就越可能控制危机的发展。

5. 企业领导重视与参与原则

企业高层的直接参与和领导，是有效解决危机的重要措施。危机处理工作对内涉及从后勤、生产、营销到财务、法律、人事等各个部门，对外不仅需要与政府和媒体打交道，还需要与消费者、客户、供应商、渠道商、股东、债权银行、工会等方方面面进行沟通。如果没有企业高层领导的统一指挥协调，很难想象这么多部门能做到口径一致、步调一致、协作支持并快速行动。由于中国企业更趋向于人治，企业高层的不重视往往会直接导致整个企业对危机麻木不仁、反应迟缓，因此，企业应组建企业危机管理领导小组，担任危机领导小组组长的一般应该是企业"一把手"，或者是具备足够决策权的高层领导。

6. 快速反应原则

危机的解决，速度是关键。危机降临时，当事人应冷静下来，采取有效的措施，隔离危机要在第一时间查出原因，找准危机的根源，以便迅速、快捷地消除公众的疑虑。同时，企业必须以最快的速度启动危机应变计划并立刻制定相应的对策。如果是内因就要下狠心处置相应的责任人，给舆论和受害者一个合理的交代；如果是外因就要及时调整企业战略目标，重新考虑企业的发展方向；在危机发生后要同新闻媒体时刻保持密切的联系，借助公证、权威性的机构来帮助解决危机，承担起给予公众的精神和物质的补偿责任，从而迅速有效地解决企业危机。

7. 创新性原则

知识经济时代，创新已日益成为企业发展的核心因素。危机处理既要充分借鉴成功的处理经验，也要根据危机的实际情况，尤其要借助新技术、新信息和新思维，大胆创新。在自媒体快速发展的今天，企业更要充分认识自媒体的特点，认识自媒体对企业危机所造成的影响和后果远不同于传统媒体的时代；同时，企业也要建立好自己的危机公关系统，注意处理危机的策略，充分利用网络舆情监测工具，善于占领自媒体的平台，提高发言权，实现自媒体在转化矛盾方面的突出作用，从而提高企业处理危机公关问题的能力[17]。

阿里系的危机公关

支付宝——用专业引导用户

众所周知,2015年10月18日,网易微博上多名网友反映自己的网易邮箱被暴力破解,绑定网易邮箱的AppleID被锁,iPhone数据被清空,包括苹果Apple ID、微博、支付宝、百度云盘、游戏等均受到影响。在数据安全问题上,支付宝应该比网易敏感得多。巧合的是,就在同年十月初,支付宝也被曝出信息安全问题,幽灵账户、打款验证出现漏洞。由于牵涉到大家的钱包,这个问题一经曝出马上吸引了许多人的关注,毕竟如今的支付宝已经成了人们线上线下都离不开的支付工具。

问题被曝出之后,支付宝连续两天用长微博发布相关解释,用最通俗易懂的表达方式,让用户明白这次的漏洞到底是怎么回事、有没有危险、如何解决……支付宝遇到这种危机事件已经不是第一次了,但支付宝方面每次都能在第一时间做出比较恰当的危机公关,用自己的专业解释化险为夷。与其狡辩,不如花心思想想如何引导用户,及时弥补漏洞才是正道。

淘宝——欢迎打脸,重赏漏洞发现者

与支付宝师出同门的淘宝,在2014年2月也曾被网友举报安全漏洞,称用户可随意查看他人的淘宝账户。此事件反馈到淘宝之后,淘宝也通过微博发声,不但没有对这一漏洞作出任何诡辩,而且在第一时间修复了该漏洞后,更是出乎意料地宣布给予这一漏洞发现者5万元现金奖励。

事情还没完。同月,阿里安全应急响应中心正式推出阿里安全赏金计划,宣布拿出500万元现金奖励有突出贡献的白帽子(发现阿里巴巴旗下产品业务安全漏洞者),这一反其道而行的妙招,让阿里很快走出安全漏洞的舆论阴影,反而得到了用户和公众的好评。

危机公关并没有模式可循,成功的公关也各自不同,但依然能总结出那么几点:主动承认错误比狡辩更重要;放低身段比高高在上更有效;承担责任比互相推脱更值得尊重。还有危机公关的第一原则:永远,永远,永远不要把用户当傻瓜。

资料来源:节选自"张骏. 网易,看看别人家是怎么做危机公关的吧[J]. 公关世界,2015(10): 24-25."

8. 沟通原则

在西方的教科书中,通常把危机管理(Crisis Management)称为危机沟通管理(Crisis Communication Management)。原因就在于,加强信息的披露与公众的沟通,争取公众的谅解与支持是危机管理的基本对策。这一原则要求企业组织在进行危机处理的时候,一定要保持真诚坦率的态度,在第一时间与媒体公众沟通,把公众的利益放在首位,积极承担责任。一方面要让公众和各利益组织感受到企业的态度是真诚的,是积极的直面问题和努力解决问题的;另一方面要让公众和利益组织感觉到企业对信息的坦率、公开的态度,而不是试图隐藏和限制对企业不利信息的传播。在危机爆发之后,企业越是遮掩,就越让公众疑惑,各种猜测就越多,这就给谣言提供了温床。而且,信息的公开透明,容易获得公众的信任,一旦公众相信企业并且感觉到企业真诚坦率的态度,感觉到企业是在积极主动地寻求解决问题的办法的时候，企业事实上就已经对危机处理掌握了主动权，在此基础上制定出来的危机解决方案也更容易得到公众的认可[18]。

海底捞的危机公关

中国餐饮行业的"大哥大"海底捞火锅出事了：北京劲松店、太阳宫店被曝出卫生安全问题，厨房不但脏乱差，而且有老鼠出没，厨房管理的混乱程度让人大跌眼镜，和店面前端的美好服务形象形成了巨大反差。北京《法制晚报·看法》的新闻记者在海底捞卧底4个月，几张不堪入目的视频和照片将海底捞从神坛上拉了下来。

海底捞在中国本土餐饮品牌里首屈一指，掌门人张勇说海底捞2017年营收有望达到100亿元人民币，目前中国本土餐饮品牌里还没有一家能突破100亿元的。这次海底捞的卫生安全问题被曝出，势必影响消费者对海底捞的品牌信任。事情如此糟糕，海底捞是如何做危机公关的呢？旁观者清：不但海底捞的服务你学不会，海底捞的危机公关，你还是学不会。

海底捞的反应可谓神速：媒体报道后不到12个小时，海底捞立即发布致歉信，没有任何狡辩，而是承认报道属实，坦白认错，言辞诚恳。

道歉信发布后不到3个小时，海底捞又公布了事件处理通报。处理通报上细化地说明了公司对此事件的处理方法，并在每个处理环节后面都标明了责任人。

危机公关最重要的一个原则是"反应迅速、坦白诚恳"。事情发生了，要第一时间给公众一个交代，不管事态如何，不要采取鸵鸟政策。卫生负面新闻是餐饮的死敌，沾上它，会大伤元气。海底捞是大众品牌，拥有广泛的消费群体，这件事一出，势必引发情绪传染，即使海底捞之前树立的形象再高大上，也会瞬间让品牌的"好人设"崩塌。所以主动承认错误，不狡辩，第一时间给炸裂的舆论一个切实的交代是解决问题的第一步。消费者最讨厌你一副犯了错误还高高在上的样子，越是解释和狡辩，越容易激起反弹。

海底捞在处理通报中还附上了监督电话，欢迎媒体和消费者前往海底捞店面检查，保证和媒体的沟通，信息透明化，是遏制危机进一步蔓延的关键。

海底捞的这次危机公关还有一个很大的特点，就是没有做责任切割，也就是说没有把责任推卸到"临时工"身上。而是主动承认是"深层次的管理问题"，主要责任由公司董事会承担，树立起有勇于承担责任的正面形象。还安慰涉事停业整改的门店干部和员工不要恐慌。责任切割是很多品牌公关的套路，自以为聪明地把责任推给个别员工、个别店面。但是实际上于事无补，更显得底气不足。俗话说"埋死人是给活人看的"，海底捞在危机处理过程中善待员工、尊重员工的表现，更凸显了它与众不同的企业文化。

2011年海底捞也曾遭遇过一次危机公关，史称"海底捞勾兑门"。媒体曝光其骨汤勾兑、产品不称重、偷吃等问题，引起舆论轩然大波。危机爆发后，海底捞掌门人张勇的微博被引为经典："菜品不称重、偷吃等根源在于流程落实不到位，我还要难过地告诉大家我从未真正杜绝过这些现象发生。责任在管理不在青岛店，我不会因此次危机发生后追查责任，我已派心理辅导师到青岛以防该店员工压力太大。对饮料和白味汤底的合法性我给予充分保证，虽不敢承诺每一个单元的农产品都先检验再上桌，但责任一定该我承担。"张勇首先承认管理流程不到位，而且坦诚地说从未真正杜绝过这些现象的发生。

事实上，首先是几乎所有餐饮店都很难百分之百杜绝这类现象的发生。其次是主动承担全部责任，没有把自己责任撇清，这显示出最高管理者的诚信和责任心。公众是挑剔的，但也是健忘的，风波过后，人们依然对海底捞的服务赞不绝口。

资料来源：李光斗. 海底捞的危机公关[J]. 名人传记·财富人物,2017(9).

案例中海底捞的危机处理堪称经典："反应迅速、坦诚认错；不回避、不推诿；管理层勇于担责、不把责任推给临时工，而且拿出措施逐条落实；涉事门店立马关门整改……"事实上，企业在经营发展中遇到危机在所难免，而每一次危机本身既包含导致失败的根源，也孕育着成功的种子，是"转机与恶化的分水岭"。危机公关的最高境界是危中寻机：变坏事为好事。如果习惯于错误地估计形势，并使事态进一步恶化，则是不良的危机管理的典型。

10.4.3 不同成长阶段企业的危机管理

1. 创业期的危机管理

初创期企业的关键在于求得生存。没有消费者，没有能够满足消费者需求的产品或服务，企业就无法生存。因此，虽然创业期的新创企业必须执行组织成功所需的所有关键任务，但是其中的重中之重在于用产品或服务把握市场机会、实践商业模式。企业目标可以是开拓全新的细分市场领域，也可以是以更符合需求的产品或服务进入已经存在的目标市场；企业可能完全落实了最初的创业构想，也可能在另外一个市场中站稳了脚跟。但无论如何，创业期的企业必定要在某一个细分市场中有所建树，否则企业将无法生存。从这个意义上来说，市场拓展危机是创业期企业面临的最大危机。

创业期企业容易出现的错误并可能导致危机的主要原因如下。

（1）简单估算市场前景。处于快速成长阶段的新创企业，有时对市场需求的增长预测过多地依赖内部信息，如订单的增多、一线销售队伍的信息反馈，而忽视了未来市场的客观走向。在这一阶段，企业的工作重点是增大"市场份额"、销售"多多益善"，容易造成对市场增长的人为乐观。企业的工作中心很容易被销售人员和供货部门主导，产品研发、人才培养和运作效益的管理等难以得到高层经理的关注。新创企业从上到下缺乏冷静的分析：如市场的承受力，整个行业的生产规模，新进入该市场的商家数量，企业的竞争优势将会保持还是会被削弱等，而且，市场发展的客观规律是，当先行企业快速成长的时候，竞争对手发现了市场的前景，不断进入，产品开始出现多样化，客户有了更多的选择，市场竞争结构趋向于复杂化、多极化。对于那些靠单一产品起家的企业，如果仍旧把宝押在单一产品上，并且希望靠量的增加来扩大市场占有率，将是一个十分危险的策略。

（2）进入时机选择错误。那些以开拓新产品或新市场为己任的新创企业，当询问到产品的市场前景时，大部分创业团队都会对自己的产品抱有满腔热情，用自豪的口吻描述一连串规划中的销售业绩。即使是面对长期冷淡的市场反应，他们依然会信心百倍地勾画产品的未来。当然，也会说到业绩平平的具体原因，销售经验不足与促销手段不够成熟有效就顺理成章地成为罪魁祸首，仔细分析，富有企业家精神确实是创业团队跨越各种障碍的必备条件，但仅仅具备企业家精神而缺乏对目标产品市场以及相应的配套条件的理智思考，会使原本资源就相对缺乏的新创企业在面对市场危机时找不到有效的解决方案。广告、人员推销等策略、战术绝不是市场营销的全部，唤起消费者对新产品的需求、加快产品市场成熟速度才是持续优秀的经营业绩的源头。想要在危机四伏的市场竞争中成为最终的胜利者，就需要从美好的创业构想中摆脱出来，在产品研发、中试、投产、投放市场等的一系列过程中，冷静观察目标市场的发育状况，客观分析消费者对新产品的预期和可能的接受程度，尤其是要随时监测影响目标市场成熟度的相关因素的发展情况。

（3）营销模式的错误。这是那些在短期内快速成长，没能经历痛苦的市场导入过程的新创企业最容易犯的错误。20世纪末的中国企业界，曾经涌现了一批让我们寄予厚望的企业，借助轰炸式的广告效应、大规模的营销队伍和密集的销售网络，一度以惊人的速度发掘出大规模的消费需求，成功地把握住了中国市场的潜在机会。然而，短暂的辉煌如昙花一现。一时间，巨人倒塌，飞龙折翅，三株、爱多等昔日的明星企业纷纷如流星般陨落。这些企业创业失败的重要原因之一，就是在营销模式的设计和选择上出现了较大的失误，而这种失误对于那些快速进入成长期的新创企业而言，往往是致命的打击。

创业期企业市场开拓危机的解决办法主要如下所述。

（1）搭建策略调整机制。在积累了市场开拓的经验后，新创企业的创业团队必定会随着外部环境和内部资源条件的变化，修正最初的设想，形成在同一个方向上积累性的投资行为，这样一来战略路线就会越来越清晰。而这些投资行为、战略路线，具体到市场营销的战术层面上，也同样需要很好地适应变化中的行业结构，需要高效地整合并运用企业的各类资源。一个刚性的市场营销系统必然会受到内外部环境负面的反馈。建立市场监测及策略调整机制，也就是在企业运营过程中，定期重复市场分析过程，保持对关键市场信号的敏感度，结合产品试销推广阶段，调整先期制定的市场营销策略的机制。

（2）放弃及等待策略。"有所为，有所不为"这句话不仅是大公司进行多元化战略时需要时刻牢记，新创企业在选择业务内容时也可以作为参考。在实践创业设想的过程中，如果新创企业清楚自己提供的产品或服务不仅与短期市场需求不符，而且与三五年内的市场需求也不可能接轨，那么就有必要终止对现有产品或服务的人力、物力和财力的投入；如果新创企业能够确定现有产品短期内不符合市场需求，但不能判断出三五年内是否能适应市场的变化，那么暂时停止或大幅减少对现有产品或服务的投入，等待市场趋势的明朗不失为一种理性的选择。此时的等待并不消极，而是充分获取灵活性的价值，因为等待意味着拥有对未来做出进一步决策的权力，而这种权力具有优于现在就做出决策的价值。

（3）与强者联合规避市场风险。新创企业在创业实践过程中，还会遇到一种情况，那就是虽然短期内市场对它们提供的产品或服务的需求不够明显，但是经过一定时间的投入和培育，消费者的需求就会被唤起。当然，需求被唤起之后，企业的经营业绩取决于当时的经营实力和资源情况。在这种背景下，借助行业中强势企业的力量，借船出海，是最为有效、便捷的方法之一。

（4）顺应市场周期的营销策略。仔细分析一般产品的典型销售历史，就会发现它们会经历从初创期到成长期然后进入成熟期,直至衰退期的生命周期。在每一阶段,企业将面对不同利润潜力和销售增长潜力的机会与问题,所选择的营销策略也需要做出相应的调整。那些成功把握商机从而迅速成长的企业,未能经历拓展初期的煎熬,最容易忽略行业竞争结构和生命周期的发展变化,也最容易将初创阶段市场营销上的技巧归纳为成功经验而继续推广使用。

2. 成长期的危机管理

在中国这个充满机会和诱惑的市场环境中,曾经上演过一幕幕"明星企业变流星"的悲剧,例如,郑州亚细亚、沈阳飞龙、三株、巨人……作为前车之鉴,它们的迅速衰退往往都发生在快速成长的过程中,快速成长与迅速陨落似乎成为这个阶段的两大特征。公司的销售收入快速增长、人员迅速膨胀、业务不断拓展、机构不断增加,表面的欣欣向荣没能预示陷阱和悬崖,企业成长的速度似乎超出了人力控制的范围。继续向前,有可能是铺满鲜花的阳光大道,也有可能是布满荆棘的死亡之谷。未来的命运取决于企业将如何处理其中暗藏的种种问题。在这样一个惊险刺激但又前景美好的阶段,新创企业成败的关键在于成功地获取并驾驭所需的资源,建立和完善采购、产品递送、会计、收款、招聘等日常运营系统,使得不断增加的资源在可控的范围内为企业成长服务。成长期企业需要学会透过现象看本质,也就是要能够不被人员增加、客户增加、业务增加、机构增加等物质形态的现象所蒙蔽,要时刻关注企业经营的货币化结果。而且,这种货币化的结果绝不仅仅是最终的利润表现,关键还是现金流的实际状况。

成长期企业在现金流方面容易出现的错误主要如下所述。

(1) 融资计划的短期性。一般情况下,新创企业依照某一领域产品研发情况制定商业计划进行融资。融资成功后,创业团队会按照原有的计划,投入资金、人才等进行近期的产品开发。在这期间,如果没能组织人员对产品的市场环境进行跟进研究,也没有对企业开拓市场所需要投入的人力、资金及各种资源进行必要的计划和准备,那么,等到研发过程结束后,产品市场可能并未按照经营者在融资时计划的那样成长起来,前期投资的成果无法得到市场的认可和回报,或者第一轮所融资金大部分已用于购置研发设备和支付研发期间的费用,等到产品进入市场时,企业已无充裕资金进行市场开拓。短期的辉煌和冲动过后,创业团队将陷入市场和资金的双重困境中。缺乏长远的资金规划是产生这一现象的主要原因。

(2) 内部现金支出控制体系不规范。仔细盘点,这样的财务失控问题在巨人、亚细亚、飞龙等当时轰动全国的类似案例中都有发生。它们在企业快速扩张的辉煌业绩掩盖下,过多地关注市场运作,使得企业现金支出内部控制系统严重滞后于经营发展的要求,导致了组织体的坏死。

(3) 盲目投资导致的现金流降低。巨人集团为追求资产的盈利性,以超过其资金实力十几倍的规模投资于资金周转周期长的房地产业,固定资产的整体性和时间约束性,使公司有限的财务资源被冻结,资金周转产生困难,形成了十分严峻的资产盈利性与流动性矛盾。更严重的是,受房地产投资失误的影响,生物工程的基本费用和广告费用被抽调到房地产投资中,正常运作深受影响。多元化经营不仅没能在主营业务行业性被低估的情况下帮助巨人集团分散风险、渡过难关，反而因为资金运作不当，在没有利用财务杠杆的情况下，将资金投入固定资产中，降低了资金的流动性而陷入了财务困境。

成长期企业现金流问题的解决办法主要如下。

(1) 运用收付实现的财会制度控制现金流。权责发生制是在费用和销售发生时入账，收付实现制则是在付出和收到现金时入账。前者不能真实反映出现金的流入和流出、报表上的业务收入和净利润值。并不是企业实际交易发生的现金情况；后者与现金流量更一致，更利于现金流管理。一般而言，权责发生制适用于短期现金流充足的大企业，收付实现制更适合于新创企业。采用收入实现制的会计原则意味着新创企业必须时刻关注现金流量表，仔细分析预算的现金流量与现实的现金流量的差距，采取有针对性的措施来改善现金流状况。

(2) 谨慎投资。即便在产品销售情况良好、市场前景看好、短期现金流充裕的情况下，新创企业仍然需要全面考虑新增投资的回报率、回收期，以及由于新增投资带来的对企业现有能力的挑战和管理复杂化等连带问题，需要客观评价新增投资方面的发展前景以及新增投资对现有业务发展的价值。在新创企业快速成长阶段，组织的"肌体"还不够结实，竞争地位才刚刚建立，经营过于分散化会削弱原核心业务能力，尤其是当两项业务毫无协同效应时，这样的多元扩张战略会给原本脆弱的新创企业埋下经营危机的种子。因此，新创企业应该明确战略边界，强调企业决策的自律和规则，树立"有所为，有所不为"的投资理念。

(3) 以短期激励为主的节约现金流策略。从各类人才的择业风险来看，由于进入新创企业相比进入成熟企业来说要承担更大的风险，这种风险主要来自新创企业未来发展的不确定性，因此员工通常会要求高于成熟企业的回报，包括物质方面的回报和学习、能力增长等自身成长方面的回报。为了与成熟企业争夺优秀人才，新创企业不仅需要为员工规划清晰的发展前景，还必须支付相对较高的人工成本。高额的短期激励方式不仅会增加企业现金流的负担，而且不具备对员工长期约束的效果。国内许多企业。例如，华为，在初创阶段，创造性地采取了变短期激励为长期激励的策略，不仅承诺员工高于行业平均水平的个人收入，而且以企业年金、股权、股票期权等长期激励的方式兑现个人收入的相当一部分，给员工戴上"金手铐"，不仅解决了短期的现金流压力，并将员工个人利益与企业的长期发展直接联系在一起。

3. 成熟期的危机管理

随着企业一天天壮大，创业者的兴趣也许仍然停留在如何获得更多的客户上，那么他会渐渐发现，凭借个人能力很难去应对所有的问题，甚至将整个的创业团队都变成合格的管理者，也处理不完每天冒出的大小事务。这时候的创业者会越来越明显地感觉到，需要依赖更多人来完成企业的目标。创业者不得不花费一部分精力关注企业内部的管理事务。对于许多创业者来说，这是一个既不能让人兴奋，又十分陌生的领域。员工似乎比顾客更难对付，部门之间的协调比产品的调试更让人恼火。外部的人力资源市场似乎永远也不可能为创业者提供满意的员工。高薪吸引来的职业经理人，不断地以一个外来者的身份挑剔着企业的种种毛病，而创业伙伴则总是回顾创业时的艰难，表露出对后来者的不满。这个阶段危机的主要来源是组织本身和人才资源。

由于缺乏构建一个组织的经验，规范期的创业者往往会面临这些困难：用于内部沟通的时间越来越长，但沟通的效果却越来越差。随着员工的增多，部门化的出现以及管理层级的增加，沟通问题逐渐成为组织内部发展的障碍。在成熟期之前，创业者基本能认出每一位员工，能够知道每一位员工的能力与爱好，甚至连最基层的员工都有机会与老板一起春游、共进午餐，企业经营的信息就在家长里短的问候之中完成了上传下达。正如一位创业者回忆的那样："销售计划基本都是在快餐店里讨论出来的，年底的奖励计划也基本都是在公司旁边的星巴克完成的。"这种看似非正规的沟通渠道与沟通方式在企业的创业阶段发挥着关键性的信息传播作用。进入规范期之后，每个部门都会要求领导参加部门的会议，而部门之间的协调会议更是没有老板就基本无法形成任何决议。创业者的时间越来越多地被无穷无尽的会议所侵占。逐渐，创业者被埋没在永远都处理不完的文件与会议之中。创业者变成了现场问题的处理者，"处理"而不是"管理"，成为创业者的任务与职责。

成熟期企业组织人员危机的解决办法是构建组织。构建组织与创建商业模式是完全不同的两件事情。杜兰特利用自己的商业天赋创建了通用汽车初期的发展模式，而斯隆则利用理性思维为通用汽车建立了一个能够运行近一个世纪的组织。与创立之初相比，通用汽车的商业模式与经营理念发生了许多变化，但整个组织的基本原则与信念却没有发生太大的变化。从这个角度来看，构建组织比创建商业模式需要更多的精心设计，与此相对应的是，构建组织的方法与经验更容易被传授学习。但这绝对不是一蹴而就的事情，这是一个需要精心权衡的过程。对于组织的设计者来说，既要保持企业原有的企业家精神和创新源泉，又要构建一整套制度体系保证企业的运行不依赖任何人。

有计划、有针对性地引进一些在大公司工作过的职业经理人，有助于这一过程的实现。虽然职业经理人的引进可能会为组织的发展带来新的问题，但创业者应该学会把问题控制在最小范围，并利用权威和职业经理人的经验构建一个更有张力和效率的组织。

辉山乳业：乳企全产业链王者的资金断裂之伤

当A股投资者还在为最近的沪指长期盘桓在3 100点上下而焦虑时，一些港股投资者却要忍受无跌停限制的苦楚。2017年3月24日，辉山乳业在香港交易所上演了一场股价断崖式下跌的独幕剧，一小时内蒸发掉322亿港元的市值，并一举创造了港交所历史上最大的单日跌幅新纪录。这家雄踞东北地区的乳业巨头也由此在全国资本市场"声名鹊起"，给众多投资者和债权人当头一击。

实际上，这并不是辉山乳业第一次被推上社会舆论的风口浪尖。2016年12月16日，以善于发研究报告的美国知名做空机构浑水（Muddy Waters）发布了一篇针对中国辉山乳业的报告。在这份长达47页的报告里，浑水列举了辉山乳业至少从2014年开始便发布虚假财务报表，其价值接近于零，并指出一系列问题：辉山乳业财务造假，其所称的首蓿自给自足是谎言，同时在其奶牛养殖场的资本开支存在夸大行为等；质疑该公司董事会主席杨凯涉嫌挪用公司资产，从辉山乳业至少窃取了1.5亿元人民币的资产；辉山乳业过高的杠杆已使辉山乳业处于违约边缘，其股权价值接近零。这一重磅炸弹导致辉山乳业12月16日股票急剧波动。当晚辉山乳业发布澄清报告,对浑水报告进行了逐条批驳,否认了浑水的一系列指控,并宣称保留采取法律措施的权利。

12月19日,双方再度交手。浑水公司在官网挂出了第二份13页的调查报告,进一步指责辉山乳业在营业收入上有通过提高产品售价而提升销售额的欺诈嫌疑。辉山乳业再次发布公告对浑水报告的第二部分进行澄清。在做空机构与上市公司的两场交锋后,辉山乳业复牌首日股价并没有出现暴跌反而有所上涨。随后,国内各家银行开始对辉山乳业展开审计调查。但在后来的三个月时间里,辉山乳业股价一直维持在2.70港元至3港元之间,直至3月24日才出现股价暴跌一幕。好在大股东增持和股票回购的"双管齐下",使得辉山乳业的股价开始逐步回升。

像辉山乳业这般密集增持,在资本市场较为少见。然而,股东增持和股票回购的代价巨大。对于已经焦头烂额的辉山乳业及其掌门人杨凯来说,股票暴跌这一幕的出现已经激不起任何波澜。就在股票暴跌的前一天,在辉山乳业的债权协调会上,杨凯承认,公司资金链断裂,这成为压倒骆驼的最后一根稻草。

2017年3月20日,辉山乳业集团通知各银行,称由于资金无法及时调度,不能按时偿还部分银行利息,欠息约为3亿元。当时辉山乳业有70多家债权人,其中23家银行、十几家融资租赁公司,金融债权预计至少在120亿~130亿元。此时,辉山集团已经资不抵债。

面对巨额债务,董事长杨凯淡定地抛出自己的计划:拟将本人对上市公司的控股权从75%稀释到51%,按照3月平均3港元左右的价格进行增发,计划通过重组筹资150亿元来解决资金问题。没想到,第二天辉山乳业的股价即遭空袭,跌至0.42港元,重组计划鸡飞蛋打。其实杨凯真正可供出售的股权并不多:他通过冠丰公司持有辉山乳业70.76%的股权约95.4亿股,其中34.34亿股抵押给了平安银行,19.4亿股用作贷款抵押,7.5亿股用作控股其他公司的抵押。此外在股票经纪账户中还保有33.5亿股以确保冠丰公司获得保证金融资,如此算来,其持有的至少81%的股份处于质押和无法出售的状态。

银行贷款是辉山乳业最重要的资金来源,巨大的资金压力也使得管理层不断进行股权质押等所谓"增加企业流动性"的杠杆融资。除了银行贷款与股权质押外,辉山乳业还密集地采取"融资租赁"、P2P等渠道融资以缓冲紧张的资金链。然而,千方百计地融资额度相对于辉山乳业的债务来说仍是杯水车薪。辉山乳业的最新财报显示,公司两年内、五年内、五年后到期的贷款较上年变化不大,而2017年3月31日前到期的银行贷款为69.48亿元,较上一年增加了140%。

春天悄然来临,辉山牧场里的草地也开始纷纷冒出新芽,牧场的奶牛们悠闲地品味着自己的小幸福,然而辉山乳业的管理层却没有心情享受春天的美好。辉山乳业事件仍在持续发酵——董事会四名独董相继辞职;负责管理集团财务和现金业务、维持银企关系的执行董事葛坤失联玩起"离奇失踪";相关债权人纷纷"逼宫",要求辉山乳业尽快还款;董事长杨凯,焦头烂额地深陷债务危机的旋涡中。这场风波来得令人措手不及,至今仍余震不断,让人们再次审视乳制品全产业链模式的得失之余,更加警惕其可能带来的财务风险……

资料来源:姚宏,张颖欣,王丽杰. 辉山乳业:乳企全产业链王者的资金断裂之伤. 中国管理案例共享中心. FAM-04252, 2018年. 该案例经中国管理案例共享中心同意授权引用。

在企业的成长过程中，不同阶段会出现不同的危机，企业需要根据实际情况，及时调整策略来实现良好的危机管理。然而，财务危机却是企业在任何阶段都必须重点关注的问题。案例中，辉山乳业虽然凭借着较高的财务杠杆，实现了全产业链的商业模式创新，为企业带来了新的利润增长点。然而，筹资结构的不合理也为其一次次的财务危机埋下了伏笔，并最终成为压倒骆驼的最后一根稻草。由此可见，企业成长中面临的危机是多方面的，只有全面的统筹兼顾，增强危机防范意识，加强危机管理，才能在激烈的市场竞争中开拓出属于自己的一方天地。

 本章小结

企业成长，一直是人们关心与谈论的热点话题，在实践中，管理者们很容易认识到企业增长太慢带来的负面影响，并走向另一个极端：增长过快。事实上，企业的覆灭常常是因为"过度"增长，正如惠普公司的合伙创建人戴维·帕卡德所言："许多企业是死于消化不良而非饥饿。"

企业成长面临的痛苦，来源于环境的不确定性和复杂性增强。随着企业的渐渐成长，创业者更重要的是要学会做一个管理者，注重创业风格和管理风格的平衡。企业成长的模式有很多，包括合资经营企业、收购现有企业、运作特许经营企业、多元化经营企业和专业化经营企业，企业要依据自己不同的特性选择不同的外部扩张方式。创业企业还要注意企业成长过程中的危机，进行系统的危机管理。

重要概念

创业企业成长　合资经营　收购　特许经营　多元化经营　专业化经营　企业危机管理

讨论案例

在危机中成长的格兰仕

2001年，世界上第一台成功应用数码光波技术的光波微波炉在格兰仕问世，该产品的诞生标志着整个微波炉产业进入一个全新的时代。随后，日本、韩国的著名跨国公司纷纷模仿光波技术，格兰仕作为"全球微波炉研发中心"的努力得到了全球业界的肯定。可以说，格兰仕人用智慧和汗水，走出了一条通往成功之路。

- 洪水中的劫后重生

新成长起来的年轻人或许并不知道，20世纪八九十年代，格兰仕创始人梁庆德也有过一段传奇的经历。1978年，他在顺德桂洲镇细河边的荒滩上，搭了几个窝棚，就开始了创业。起先领着十几个人，从农村收购鸡鸭毛做成鸡毛掸子，拿到城里卖，后来成立了桂洲羽绒厂，以手工洗涤鹅鸭羽毛供外贸单位出口，并逐渐成为国内羽绒加工行业的翘楚。

但好景不长。1991年，因为国际羽绒制品市场日趋饱和，贸易壁垒加厚，一直拿不到自营进出口权的他毅然转身，进军微波炉行业。这在当时的很多人看来，都有点孤注一掷的味道。梁庆德为此六赴上海，请来技术专家，并从东芝引进先进的微波炉技术，亲自到上海指挥销售。

1993年，格兰仕微波炉不足1万台的销量备受同行嘲笑。梁庆德一气之下，在厂区中央竖起一块硕大的耻辱牌，把对手的攻击言词写在上面，知耻而后勇。到1994年上半年，格兰仕微波炉产销量刚突破3万台，一场百年不遇的洪水就席卷了珠江三角洲，广东成为重灾区，位于广东顺德的格兰仕厂区也未能幸免。黑压压的人群奋战在洪水中，试图保卫他们的家园，洪水却从一个不起眼的老鼠洞里涌出，刹那间呈决堤之势，不到10分钟，工厂就被淹没了，同时淹没的还有格兰仕刚刚起步的成果，而这一年5月，格兰仕才刚刚转制。

梁庆德做的第一个决定，是借钱给每位员工发了两个月工资，让他们自由选择，愿意留下的人就一起抗洪，不愿留下的就先回去等工厂复工，这大大地稳定了军心。

当时给父亲当副手的梁昭贤，亲眼见证了格兰仕置之死地而后生的力量。没有一个人离开，大家一致要求实行两班倒，每天工作12小时，机器24小时运转。水退后3天，第一条生产线开工，3个月后，全面恢复生产。梁庆德终于从洪灾后稀软的滩涂上，重建了中国最坚硬的民营企业。

- "微波炉"的启蒙运动

但梁庆德却认为："暂时的成功，不等于永远的成功"。在背水一战的危机感中起家的格兰仕，从没有被获得的成功冲昏头脑，而是不断地反思企业在竞争中隐藏的种种危机。

1995年，格兰仕决策层认识到，在全国只有几十万台容量的狭窄市场上，企业要想有所作为，就必须进行大规模消费引导，迅速扩充市场容量，中国的消费者是先入为主的，当多数中国老百姓还不知道微波炉为何物时，谁能在第一时间让他们接受，谁就是赢家。

于是，格兰仕发动了一场规模浩大的微波炉"启蒙运动"：联络全国400多家新闻媒体，以合办栏目的方式，做豆腐块大小的知识窗，系统介绍微波炉的好处、选购、使用、菜谱、保养方法等。新闻媒体的炒作迅速产生了连锁反应，有关微波炉的文章铺天盖地。随后，格兰仕又组织专家编写微波炉系列丛书，免费赠送100多万册，精心制作数百万张微波炉知识光碟免费送出，使微波炉概念得以迅速普及。

当时，格兰仕还只是中型企业，没有充裕的资金用于研发，因此便采用"拿来主义"。格兰仕本没有微波炉变压器生产线，而欧美和日本的变压器生产成本都高达20美元以上，为了廉价得到一条生产线，格兰仕创造了经典的"美食城模式"——以8美元的成本价将先进的生产线搬到格兰仕，格兰仕为国外企业做代加工。欧美国家的企业，工人每周开工一般25～30小时，而在格兰仕，每天实行三班制，每周开工时间可以达到150小时，同样是一条生产线，到了格兰仕可以将产能放大6～7倍。凭借着这条几乎免费的先进生产线，格兰仕和200多家世界跨国公司合作，获得了基本的利润，并把产品的质量做到了和国际名牌一样好。此外，格兰仕还利用这条生产线的剩余生产能力制造自己的产品，降低了成本。这也为之后格兰仕在市场竞争中致胜的"价格战"奠定了基础。

- 与时俱进拥抱"互联网+"

2015年4月22日，格兰仕联合中国科学院计算技术研究所发布"G+智慧家居平台"和"G+智慧家居白皮书（V1.0）"，企业通过G+将实现从工厂到流通渠道、用户家庭的信息交互和大数据共享，实现生产流程优化，生产效率提升等，真正实现从B2C到C2B的升级。格兰仕集团总裁梁昭贤指出，在新的互联网经济、信息化浪潮下，企业的思维、生产、管理、营销、商业模式都要改变。

在格兰仕的微波炉自动化新工厂，从装备自动化到产业工人全员技工化，格兰仕多年前便开始探索"中国制造的升级版"，并借助"智能化发展拐点"推动经营产品的中高端化和智能化转型。

一台微波炉从零部件装配到成品下线装箱，所有制造流程都在空中完成，通过数字化制造和自动化配送，实现家电制造从原材料到成品出厂"一箭式"直线型工业布局。据格兰仕微波炉总装车间统计，新建工厂的单线人均效率比传统生产线提升了62%，同时也大大减少了以往手工作业可能导致的损耗。以喷涂为例，以往一条生产线需要30多人用喷枪进行操作，工作强度大、效率低，随着自动喷涂线的引入，效率提高了50%以上，每分钟可以喷涂10个洗衣机箱体，且喷涂更均匀，产品的出品更稳定。

目前，格兰仕在国内建立了国家级微波炉实验室，空调、洗衣机、洗碗机等项目也都分别一步到位配套了行业领先的综合性多功能实验室。这些相当于国家级水平的测试实验室，可以对相关产品进行整机性能、寿命及零部件质量、性能指标等一系列严苛测试。以微波炉为例，超500小时整机耐久度测试，10万次薄膜按键测试，20万次开关门测试，一系列超越国际水平的测试标准带来的是卓越的产品质量和产品性能。而这些都为格兰仕未来的发展开辟出了更为广阔的空间。

资料来源：佚名. 在危机中成长的格兰仕[J]. 特区经济:经济与法治, 2015(8): 42-43.

讨论题：
1. 案例中格兰仕的成长历程经历了几次危机？
2. 是什么原因使得格兰仕能够度过一次次危机而获得成长？这对你有何启示？

思考题

1. 一般来说，创业企业有哪些成长模式？
2. 你如何理解创业企业的危机管理？不同成长阶段的企业危机管理有什么不同？

参考文献

[1] 李亚兵，宋丽娟. 中小企业成长及模式研究进展[J]. 企业活力，2011(3): 83-86.
[2] 小乔治·斯托尔克，等. 企业成长战略[M]. 赵锡军等，译. 北京：中国人民大学出版社，1999: 1-24, 94-110.

[3] 黎志成，刁兆峰. 论企业成长力及其形成机理[J].武汉理工大学学报，2003 (5): 86-90.
[4] 唐丽艳，王国红，邢蕊. 基于"成长场"的科技型中小企业成长机理研究[J]. 大连理工大学学报（社会科学版），2007(2): 30-33.
[5] 陈佳贵. 关于企业生命周期和企业蜕变的探讨[J]. 中国工业经济，1995 (11): 5-13.
[6] 李自杰，李毅，曾巍等. 管理控制与合资企业绩效：信任与沟通的调节作用[J]. 经济科学,2010 (5): 92-101.
[7] 唐丽艳，王国红，武春友. 创业管理（2 版）[M]. 北京：高等教育出版社，2013.
[8] 胡茂莉. 企业多元化经营战略研究综述[J]. 财会通讯，2011(36): 86-88.
[9] 张安榕. 企业多元化经营应注意的问题[J]. 审计与理财，2011(1): 38-39.
[10] 田由. 多元化经营战略与专业化经营战略的比较及选择[J].中文信息，2015(9): 59-60.
[11] 李作战. 基于社会资本理论视角的公司创业研究评述[J]. 科技进步与对策，2011, 28(14): 156-160.
[12] 林嵩，冯婷. 公司创业的概念内涵和支持要素[J]. 生产力研究，2009，(4): 49-54.
[13] 戴维奇，魏江，林巧. 公司创业活动影响因素研究前沿探析为未来热点展望[J]. 外国经济与管理，2009，31(6): 10-17.
[14] 刘志耘，刁兆峰. 企业成长控制的系统特性分析[J]. 当代经济，2009，(8): 148-149.
[15] 王丹. 企业内部控制失控问题与对策探讨[J]. 现代商贸工业，2012，(4): 147-148.
[16] 李自如，贺正楚. 企业危机及企业危机管理[J]. 长沙：湖南师范大学学报（社会科学版），2003，32(3): 70-71.
[17] 牛立成. 论自媒体时代的企业危机公关策略——结合农夫山泉"标准门"事件[J]. 中国商论，2014(13): 89-90.
[18] 黄清华，李海丽. 企业危机管理的基本原则探讨——以丰田汽车"召回门"事件为例.[J]. 新闻界，2010，(6): 151-152.

教师服务

感谢您选用清华大学出版社的教材！为了更好地服务教学，我们为授课教师提供本书的教学辅助资源，以及本学科重点教材信息。请您扫码获取。

》教辅获取

本书教辅资源，授课教师扫码获取

》样书赠送

创业与创新类重点教材，教师扫码获取样书

 清华大学出版社

E-mail: tupfuwu@163.com
电话: 010-83470332 / 83470142
地址: 北京市海淀区双清路学研大厦 B 座 509

网址: http://www.tup.com.cn/
传真: 8610-83470107
邮编: 100084